The Handbook of Solitude

고독의 심리학

1

고독의 다양한 얼굴들

이 학술서는 2017년 정부(교육부)의 재원으로 한국연구재단의
지원을 받아 출판되었음(2017S1A3A2067778).

The Handbook of Solitude

고독의 심리학

1

고독의 다양한 얼굴들

Robert J. Coplan · Julie C. Bowker 편저
이동형 · 김문재 · 김원희 · 김주영 · 박소영 · 배달샘
신지연 · 이창우 · 정진영 · 최문영 · 한정규 공역

학지사

역자 서문

'인간은 사회적 동물이다.'라는 그리스 철학자의 말을 굳이 떠올리지 않더라도 우리는 인간이 사회적 관계를 떠나서는 살 수 없음을 잘 알고 있다. 또한 많은 현자의 말이나 현대 긍정심리학의 연구결과를 인용하지 않더라도, 인간이 추구하는 행복이 만족스러운 사회적 관계와 불가분의 관계가 있음도 우리는 잘 인식하고 있다. 학문적으로, 사회적 존재로서의 인간은 심리학을 포함한 여러 사회과학에서 인간을 보는 기본 관점이므로 인간의 삶에서 사회적 맥락과 사회적 관계의 중요성에 대해서는 이미 많은 연구물과 전문지식이 축적되어 있다.

그렇다면 이 책의 주제인 '고독(孤獨, solitude)'은 어떠한가? 지금 이 서문을 읽고 있는 당신에게 고독은 어떤 의미인가? 인간이 사회적 존재임을 인식한다면, 고독은 인간이 피해야 할 그 어떤 것인가? 아니면 반대로 필요한 그 어떤 것인가? 인간이 사회적 존재임을 부인할 수 없듯이, 인간이 고독의 존재라는 사실 또한 부정하기 어렵다. 실존철학자들의 표현을 사용한다면, 적어도 인간은 실존적으로 홀로 있는 존재다. 인간은 홀로 세상에 던져지며, 수많은 관계를 추구하고 맺으며 살아가지만, 다른 한편으로, 그것이 자발적이든 그렇지 않든 홀로 있는 경험과 함께 살아가야 하며, 홀로 있는 경험 가운데 성장하고, 죽음의 순간까지 이 경험과 무관하게 살 수 없는 것이다.

이 책에서 고독으로 번역한 영어의 'solitude'라는 단어는 사전적으로 '홀로 있음' '홀로 있는 상태'를 의미할 뿐, 그 자체로서 '외로움'이라는 부정적 의미를 내포하는 것은 아니다. 홀로 있는 경험이 정서적 고통을 초래할 때 우리는 그것을 외로움이라고 부를 수 있다. 홀로 있는 경험 자체와 이 경험이 가져올 수 있는 부정적 정서는 서로 밀접하지만 분명히 구분되는 경험인 것이다. 인간이 본질적으로 고독의 존재라고 하더라도 외로움을 환영하는 사람은 없다. 그러나 고독의 경험을 환영하고 적극적으로 추구하며, 이 경험의 필요성을 역설해 온 많은 학자, 작가, 예술가, 일반인이 있었고, 이 서문을 읽고 있는 당신도 그중 한 사람일지 모른다.

고독이 내포하는 의미의 다양성과 역설은 성인뿐 아니라 아이의 세계에서도 찾아볼 수 있다. 또래가 주변에 많이 있음에도 불구하고 주로 홀로 시간을 보내는 어린 아이를 관찰해 본 적이 있는가? 이 아이는 이러한 홀로 있음(고독)의 경험을 원치 않지만 다른 아이들이 거부하거나 혹은 그들이 거부할 것으로 예상하여 사회적 관계에 어려움을 겪고 있을 수 있다. 심리학에서는 이러한 사회적 행동을 흔히 '사회적 위축(social withdrawal)'이라 명명한다. 그러나 유사하게 많은 시간을 주로 홀로 보내지만 스스로 선택하여 홀로 있는 것을 선호하는 것처럼 보이는 아이들도 있다. 그들은 다른 아이들과 어울릴 기회가 있다면 어울릴 수 있지만, 그러한 기회를 적극적으로 추구하거나 그리 즐기지 않는 것으로 보인다. 오히려 이런 아이들은 사회적으로 위축되어 있으면서 무언가 자신의 심리적 욕구를 채우는 것으로 보인다. 고독과 관련된 대표적인 개념 중 하나인 사회적 위축을 예로 들더라도 solitude 기저의 이유나 기능이 개인에 따라 이질적일 수 있음을 알 수 있다.

한편, 주변을 둘러보면 고독의 경험은 그 어느 때보다도 지금 이 시대를 사는 현대인에게 매우 친숙한 현상임을 직감할 수 있다. 출산율 감소와 고령화로 인해 핵가족화가 가속화되고 1인 가구의 증가와 '이웃'의 개념이나 공동체의 붕괴로 인한 사회적 단절과 고립, 노인의 고독사 등 고독은 수많은 사람의 삶에 더욱 가까이 다가와 있다. 그러나 다른 한편으로는, 정보통신 기술의 발달로 온라인을 통해 우리는 많은 다른 사람과 서로 연결되어 있고, 하루에도 수차례 예기치 않은 사회적 접촉에 원하든 그렇지 않든 간에 연루되기도 한다. 어찌 보면 진정한 의미의 고독을 경험하기가 어느 때보다도 쉽지 않은 시대인 것 같다. 고독의 경험이 인간의 삶에서 꼭 필요하다고 하더라도, 21세기를 사는 우리에게 고독의 경험은 그 어느 때보다도 획득하기 어려운 값비싼 경험이 되어 가고 있는지도 모른다. 4차 산업혁명시대에 진입하면서 아마도 인간의 삶에 있어서 사회적 관계와 고독의 경험, 그 의미와 기능은 재정의되고 재해석되어야 할 것이다.

이처럼 사회적 존재인 인간의 삶과 실존에 있어서 고독은 그 어느 때보다도 다채롭고 미묘한, 때로는 상호모순적인 복잡한 의미를 만들어 내고 있음이 자명하다. 그러나 인간에게 고독의 경험이 매우 보편적일 뿐 아니라 그 자체가 다양성과 모순성을 내포하고 있는 복잡한 심리적 현상임에도 불구하고, 이 주제에 대한 실증적 연구는 놀라울 만치 미미한 수준에 머물러 있다. 그나마 보다 자주 연구된 개념들(예: 사회적 위축, 고립, 외로움, 배척, 거부)조차도 고독을 주로 부정적 혹은 임상적 관점에서 탐구해 왔으며, 고독의 긍정적 혹은 역설적 측면이나 문화적 및 맥락적 다양성을 고려한 연구, 개입의 측면에 대한 실증연구는 대체로 외면되어 왔다.

이 책은 고독과 관련되는 다양한 구성개념에 대한 최신의 심리학적 연구들을 정리하여 소개하고, 최근의 진보된 관점을 충실히 반영하여 이 주제에 대한 '균형된' 시각을 제시하는 최초의 전문 편저서다. 여러 문화권의 학자가 고독과 관련된 여러 개념에 대해 다양한 이론적·발달적·맥락적·임상적 관점에서 집필하였으므로 그 내용이 매우 다채롭고 풍부하다(이 책의 구성 내용에 대한 전반적 소개는 1장에 자세히 소개되어 있다). 또한 심리학 이외 분야의 학자들이 일부 장을 집필하여 고독 관련 개념을 이해함에 있어서 자연스럽게 심리학의 학문적 경계를 넘나들도록 안내하는 등 학제적 접근이 돋보이는 책이기도 하다.

이 책의 역자들은 사회적 위축, 사회적 고립, 또래 거부, 배척, 외로움 등의 구성개념을 중심으로 최근의 연구물을 찾아 탐독하는 중에 이 책의 원서인 『The handbook of solitude』의 출간 소식을 접하였고, 이를 강독하며 약 3년간 함께 연구모임을 진행하였다. 강독을 진행하면서 책의 내용에 점점 더 매료되었고, 원서의 분량이 방대하여 다소의 우려는 있었지만 책 전체를 번역하기로 결정하였다. 원문과 한 문장 한 문장 일일이 비교 대조하며 번역된 원고를 수차례 수정 및 보완하는 긴 과정을 거쳐 마침내 출판용 원고를 완성하였다. 학술서인 만큼 전문 용어나 정의 등에서 원문의 의미가 훼손될 것을 우려하여 국어 표현이 다소 어색하더라도 가급적 원문에 충실하게 번역하는 원칙을 따랐지만, 이 주제에 생소한 독자들에게도 의미 전달이 충분히 이루어질 수 있도록 가급적 쉬운 표현으로 옮기고자 노력을 기울였다. 그러나 여전히 부족한 부분이 여러 군데 발견될 것으로 예상한다. 혹, 번역상의 오류나 매끄럽지 못한 부분이 있다면 이는 전적으로 역자들의 책임이니 독자 여러분의 아낌없는 질책과 피드백을 바라며, 이러한 점은 추후에 보완할 것을 약속 드린다.

이 책의 분량이 방대한 만큼 1권과 2권으로 분리하여 출간하게 되었고, 『고독의 심리학 1』은 고독 및 관련 구성개념에 대한 이론적 · 전생애 발달적 관점에서 접근한 14개의 장으로 구성되어 있다. 『고독의 심리학 2』는 맥락적 · 임상적 · 학제적 관점에서 접근한 17개의 장으로 구성될 예정이다. 1권은 이 책의 주제와 관련된 이론적 및 학문적 기초를 놓는 데 큰 도움을 줄 것이며, 2권은 이 책의 주제와 관련된 응용적 · 실용적 · 학제적 측면이 한층 부각되는 내용을 담고 있다.

이 책은 고독이라는 핵심 구성개념을 중심으로 이와 관련된 다양한 주제와 개념을 다루고 있으며, 여기에는 수줍음, 외로움, 사회적 위축, 고립, 또래 거부, 배척, 거부 민감성, 사회적 접근 및 회피 동기, 고독선호, 내향성, 마음챙김, 사회불안, 사회적 무쾌감증, 은둔형 외톨이, 성격장애 등이 포함된다. 따라서 이러한 심리적 변인에 전문적 관심을 가지고 접근하는 학자들이나 대학원생들에게 가장 유용할 것이다. 그러나 이 책의 많은 장은 고독과 관련된 문제를 경험한 사람들을 어떻게 조력할 것인지에 대해 많은 실천적 시사점을 제공하고 있다. 그러므로 고독 관련 경험이나 문제를 심리학적 관점에서 이해하고 이러한 전문지식을 자신의 실무 활동에 적용하고자 하는 심리학, 교육학, 상담학, 사회복지학, 간호학, 의학 전공자나 전문 실무자에게도 이 책은 유용한 참고서가 될 것이다.

고독 및 이와 관련된 경험들은 다른 사회적 행동(예: 공격행동, 이타행동)에 비해 발달,

문화, 사회, 시대적 요인 등 다양한 맥락적 요인의 영향을 크게 받는다. 이 책의 내용은 대부분 서구권이나 일부 문화권에서 수행된 연구결과를 제시하고 있다. 따라서 한국의 문화적 특성을 반영한 연구, 비교문화적 연구가 국제적 관점에서도 절실히 필요하다고 할 수 있으며, 역자들은 이 번역서가 국내 연구자들 사이에서 고독 및 관련 개념에 대한 학문적 관심을 높이고 관련 실증연구를 활성화시키는 데 기여할 수 있기를 기대한다.

이 획기적인 책을 기획하고 또 일부 장을 집필한 공동 편저자 Robert Coplan 교수와 Julie Bowker 교수의 노고에 깊은 감사의 마음을 전한다. 또한 전문 연구서적임에도 불구하고, 이 책의 가치를 인정하고 원출판사와 판권 계약을 추진하고, 좋은 책을 만들기 위해 편집 업무를 꼼꼼히 진행해 준 학지사 직원분들께도 감사의 마음을 전한다. 끝으로, 처음에는 생소했던 이 책의 세부 주제들을 하나씩 접하면서 시종일관 높은 학문적 호기심과 열정을 유지하고 번역 원고 준비의 긴 여정을 하룻길같이 인내하며 동행해 준 공동역자인 박사과정 학생들의 끈기를 치하하며, 역자로는 참여하지 않았지만 원고 준비 과정에서 틈틈이 크고 작은 도움을 준 학교심리연구실 소속의 대학원생들에게도 깊은 감사의 마음을 전한다.

미리내골 학교심리연구실
대표 역자 이동형

한국어판 환영의 글

이 책은 고독이라는 구성개념과 관련된 심리학적 연구를 모아 놓은 최초의 편저서로서, 고독을 발달심리, 신경심리, 사회 및 성격심리, 임상심리 등 여러 심리학적 관점에서 다루고 있다. 또한 아동기, 청소년기, 성인기, 노인기 등 전생애 발달 시기에 걸쳐, 그리고 자연환경, 대학 캠퍼스, 독신 생활, 명상, 사이버 공간 등 다양한 맥락을 고려하여 두루 탐색하고 있다. 더욱이 생물학, 인류학, 사회학, 정치학, 종교학, 철학 등 심리학 이외의 다른 학문 분야의 연구자들이 집필한 여러 장은 '외부'의 관점에서 고독 연구에 대해 독특한 시각을 제공한다.

이 책이 출간된 후 길지 않은 시간이 지났지만, 이 연구 영역에 대한 관심은 계속 확대되고 있다. 예를 들면, 최근 여러 연구는 컴퓨터를 매개로 한 과학기술과 사회적 연결망이 고독에 대한 우리의 지각과 경험에 미치는 영향을 탐구하고 있다. 이번에 이 책이 한국어로 번역되어 출간되는 것은 최근 고독 관련 연구 분야에서 나타나고 있는 세계화의 추세와 맥을 같이하는 것으로 매우 뜻깊은 일이라 할 수 있다. 이 책은 원래 12개국(호주, 벨기에, 캐나다, 핀란드, 그리스, 이스라엘, 이탈리아, 일본, 네덜란드, 스페인, 스위스, 미국) 출신의 저자들이 집필진으로 참여하였지만, 고독에 관한 연구는 중국, 이란,

말레이시아, 나이지리아, 포르투갈, 러시아, 스페인, 우간다 등 점차 전 세계적으로 확대되고 있다.

한국을 포함한 여러 문화권 간에 연구결과를 공유하고 협력하는 것은 이 엄청나게 복잡한 주제에 대한 우리의 이해를 더욱 풍부하게 할 것이라 기대한다. 또한 이 책이 고독과 이와 관련된 모든 측면에 대한 한국과 세계 여러 국가의 연구를 계속해서 촉진할 수 있기를 희망한다. 우리는 한국의 독자 분들도 이제 조용한 곳을 찾아서 홀로 앉아『고독의 심리학』한국어판을 탐독하는 즐거움을 만끽하실 수 있기를 바란다.『고독의 심리학』한국어판 출간을 진심으로 축하하고 환영한다.

공동 편저자

Robert J. Coplan & Julie C. Bowker

서문

고독, 사회적 위축과 고립에 관하여

Kenneth H. Rubin

연구실에 앉아서 이 특별한 개론서의 서문에 무슨 내용을 적어야 할지 깊이 생각하며 나는 홀로 있다. 문을 닫아 방해할 수 있는 것들로부터 나 자신을 보호하고 있으며, 고독의 긍정적 속성들을 다시금 상기하고 있다. 주변에는 아무도 없고, 그저 조용하다. 이제 나는 내가 당장 해야 할 일에 집중할 수 있다. 사실 이 책의 기고자들 중 여러 명이 고독의 유쾌한 측면들에 대해서 집필하였다. 나는 진심으로 이러한 관점에 동의하지만, 다수의 중요한 전제조건하에 동의한다. 이러한 전제조건이 무엇인지 다음 절에서 제시할 것이다. 그러나 이에 앞서 공상과학 소설 같은 상상 실험 한두 가지를 먼저 제안하고 싶다.

공상과학 소설 같은 상상 실험

　　우리는 왜 고독, 사회적 위축이나 고립의 중요성을 이해해야 할까? 작은 상상 실험을 한 번 해 보자. 적어도 1,000분의 1초 동안에 우리가 수십억의 사람들이 거주하는 한 행성에 도착했다고 상상해 보라. 이 사람들이 어떻게 있게 되었는지는 신경 쓰지 마라. 그들은 어쨌든 이 행성에 살게 되었고, 우리는 그들이 어떻게 이곳에 살게 되었는지에 대해서는 전혀 알지 못한다. 더 나아가 가정해 보자. 사람들 간에 서로 끄는 힘(자성)이 전혀 없다. 이 사람들은 결코 함께 모이지 않으며, 상호작용도 없고, 함께 부딪히거나 충돌하는 일도 전혀 없다. 우리가 볼 수 있는 것이라고는 목표 없이 배회하는, 아마도 간혹 서로 바라만 보는 홀로 있는 실체들뿐이다. 간단히 말해서, 집합적으로 하나의 거대한 사회적 빈 공간을 만들어 내는 많은 개체만 존재할 뿐이다. 지구의 관점에서 본다면, 우리는 이 모든 실상이 흥미롭거나 지루하거나 충격적이라고 느낄 것이며, 아마도 이 행성의 미래는 암울하다고 관측할 것이다.

　　지금은 '상상 연습'을 하고 있으므로 유머를 좀 발휘해서 앞서 사용했던 '사람'이라는 명사를 '원자'나 이의 내재적 속성인 전자, 양자, 중성자로 대체해 보겠다. 이렇게 하면, 자성, 충돌 그리고 이러한 작용의 산물 등의 주제에 대해서 숙고해 보아야 할 것이다. 이것은 즉각적으로 질량, 전기 및 자극에 대한 생각을 불러일으킬 것이다. 만일 자성(매력), 전기 및 자극이 없다면 우리에게 남는 것은 무엇일까? 내가 이 연습에 더 깊이 들어감에 따라 물리학에 대한 실제적 지식이 있는 것으로 가장하지 않는 한 점점 나 스스로 친숙하지 않은 영역에 도달하고 있음을 깨닫게 된다. 사실 힉스 입자에 대한 연구는 유럽핵연구소의 대형강입자충돌기 연구에 참여하는 일군의 학자들에게 맡기는 것이 제일 좋은 일이다.

　　잠시 물리학적 상상에서 탈피하여 **사람들**이 매력의 법칙 없이 존재하는 것으로 보이는 그 행성에 대한 생각으로 다시 되돌아가 보자. 만일 그 행성에 거주하는 '사람들'이 서로 충돌하지 않는다면, 우리에게 남는 것은 결국 고독이 가져올 무의미, 공허, 진공의 불가피성뿐일 것이다. 만일 '사람들'이 충돌하지 않고 상호작용하지 않는다면, '우리'의 개념은 존재하지 않을 것이다. 관계는 존재하지 않을 것이며, 인간 집단도, 공동체도, 문화도 존재하지 않을 것이다. 가치, 규범, 규칙, 법규에 대한 감각도 없을 것이다. 사회적 위계도 존재하지 않을 것이며, 다른 사람의 마음을 읽는다거나, 다른 사람의 조망을 수용한다거나, 대인 간 문제 해결에 대해 생각할 필요도 없을 것이다. 호감, 사랑, 수용, 거부, 배척, 괴롭힘 등 중요한 구성개념들도 아무런 관련이 없을 것이며, 사회적 비교, 자기평가, 안전감, 외로움, 거부민감성 등 발달, 사회, 성격, 인지 및 임상 심리학 문헌들에서 자주 등장하는 주제들 또한 더 이상 필요하지 않을 것이다. 감사하게도 물리학자로서가 아닌 발달과학자로서 나의 제한된 관점에서는 쓰고, 생각하고, 느끼고 혹은 존재할 것이 아무것도 없을 뿐이다. 유럽핵연구소의 연구자들 덕택에 자성이 중요하며, 상호작용도 중요하고, 군집도 중요하며, 이들이 서로 충돌하여 새로운 실체를 만들어 낼 수 있음을 우리는 배워 왔다. 이 학자들이 사람들에게는 어떠한 일이 일어나는지 고려하지 않고 원자 이하의 수준에서 사고하였다면, 나는 지난 40여 년을 사람들, 그들의 개인적 특성, 그들의 상호작용과 상호 충돌, 상호작용에 기초하여 형성되는 관계, 그리고 이러한 개인들과 관계가 발견될 수 있는 집단, 공동체, 문화에 대해서 연구하며 보냈다. 이러한 주제들에 대해서 적지 않은 양의 데이터를 수집해 오면서 고독, 고립 및 사회적 위축이 파멸을 가져올 수도 있다는 결론에 이르게 되었다. 이것은 공상과학 소설에 나오는 이야기가 아니다.

ㆍ또 다른 상상 실험

이제는 장면을 바꿔 조금 다른 상상 경험을 해 보자. 우리가 사는 지역사회가 지역주민들에게 유아기에서부터 규범적인 사회문화적 기대에 맞추어 서로 돕기, 나누기, 돌보기 등을 가르치며, 어떤 것이 '좋고, 나쁘고, 추한 것인지' 규범에 대해서 소통하며, 그러한 규범에 순응하거나 위반할 때 어떤 일이 일어나는지를 가르친다고 상상해 보자.

또한 상호작용, 협동, 관계가 중요한 지역사회 내에 그 이유가 무엇이든 간에 동료들과 상호작용하지 않는 사람들이 있다고 상상해 보자. 이러한 홀로 있는 사람들이 그렇게 행동하는 이유에 대해서 그 지역사회의 나머지 구성원이 숙고해 보고 그들의 고독에 대해 몇 가지 제안을 하였다고 생각해 보자.

예컨대, 다른 사람들과 상호작용을 잘 하지 않는 이 사람들은 다른 사람과 함께 있을 때 이들로 하여금 불편함을 느끼게 하는 생물학적 (아마도 일부는 유전적) 소인을 타고 난 것이라는 의견이 제안되었을 수 있다. 아마도 이 지역사회의 다른 구성원은 5-HTT 유전자 전사의 감소와 세로토닌 흡수율 감소에 대해서 읽었을 수도 있으며, 세로토닌의 조절 효과 없이 편도핵과 시상하부-뇌하수체-부신피질(HPA) 시스템이 과잉 활성화되어 두려움 많고 불안한 사람의 전형적인 신경학적 프로파일이 나타날 수 있다는 점에 대해서도 읽었을 수 있다. 지역사회 내의 다른 사람에게 접근하거나 친숙하지 않은 관계를 발전시키고자 시도할 때 일어날 수도 있는 일에 대한 두려움, 그들의 생각, 감정 및 행동을 판단할 수도 있는 다른 사람들에게 부정적 인상을 줄 수 있다는 두려움 등 두려움은 이처럼 홀로 있는 사람들의 행동을 안내하는 힘이 될 수 있다.

그러나 일부 사람들은 어떤 사람들이 홀로 있으려 하는 것은 두려움이 아니라, 홀로 있는 것 자체를 선호하도록 이끄는 생물학적 성향 때문이라고 믿을 수 있을 것이다. 이들은 생명이 없는 대상이나 물건들과 함께 있을 때 보다 긍정적인 느낌을 가질 수 있다. 이 점에 있어서 우리의 두 번째 상상 연습은 홀로 있는 사람들의 두 '유형'을 확인하는 것이 가능하다. 첫째는, 두려움, 사회적 평가 예상, 거부가능성에 대한 높은 민감성에 의해 동기화되는 사람들이며, 둘째는, 고독에 대해 분명한 선호를 보이는 사람들이다.

혼자 있는 행동의 역학적 '원인'이 무엇이든 협동, 협력, 돌봄의 중요성에 대한 강한 신념이 있는 사회 속에서는 이러한 문화적 분위기에 따르는 대다수의 사람은 상호작용이 결여된 사람들에 대해서 유쾌하게 생각하지 않기 시작할 것이다. 그들은 홀로 있는 사람들을 용인하기 어려운, 혼란을 주는 행동을 보이는 사람들로 생각할 것이고, 그들에 대해서 부정적으로 느끼기 시작할 것이며, 이러한 상호작용이 결여된 사람들을 배제시키거나 이들의 행동을 바꾸어야 할 필요성에 대해서 논의할 수도 있다. 사실 현재까지의 연구들에서는 대다수에게 부적절하거나 혐오적인 것으로 간주되는 행동을 드러내는 사람들은 집단에 의해 심지어 고립을 당할 수도 있음을 보여 주는데, 홀로 있는 사람들의 세 번째 유형 집단, 즉 사회적 집단에 의해 고립을 당하는 사람들이 존재한다는 점이다.

그러나 이러한 지역사회의 가설적 반응들이 비사교적이며 비순응적인 개인에게 어떤 영향을 미치는 것일까? 어떠한 종류의 상호작용적·비상호작용적 순환주기가 생성될 것인가? 홀로 있는 사람들은 그들에 대한 지역사회의 반응에 대해서 어떻게 생각하고 느낄 것인가?

요점

지금까지의 장황한 이야기를 통해 내가 전달하고 싶은 메시지는 한 가지다. '앞에 제시한 모든 것으로부터' 나는 고독이 징벌적이고, 비참하게 만들며, 무력화시키고, 파괴적일 수 있다고 말하려는 것이 아니다.

내가 진정으로 인정하는 바는 고독에 대해 찬가를 불러온 사람들의 관점을 무시하는 것은 어리석은 일이라는 점이다. 여기에는 이 책의 몇몇 장의 집필자들도 포함되며, 많은 사랑과 존경을 받아 온 저자, 시인, 화가, 철학자, 영성가, 과학자들이 포함된다. 그들은 최고의 작품이나 가장 심오한 사고는 광란의 무리로부터 벗어난 순간들로부터 나오는 것이라고 말해 왔다. 한두 가지 예를 들어 보면 이렇다.

1. "당신은 방에서 나갈 필요가 없다. 책상에 앉아 있으면서 귀를 기울이라. 심지어 귀도 기울이지 말고, 그저 기다리며 조용히 홀로 있어 보라. 세상은 자유로이 아무것도 가리지 않은 채 당신에게 그 자신을 제공할 것이며, 분명히 황홀경 속에 당신의 발아래에서 구를 것이다."

Franz Kafka

2. "이 정적이 얼마나 좋은가. 커피 잔도, 테이블도… 장대 위에 날개를 펼치고 홀로 있는 바닷새처럼
　나 홀로 앉아 있음이 얼마나 더없이 좋은 것인가. 나 여기 아무것 없이 이 커피 잔, 이 포크, 이 나이
　프. 모두 그대로 나 자신이 되어 영원히 앉아 있고 싶네."

Virginia Woolf

　　나는 고독을 찬미하는 수백 명의 다른 유명 인사의 말을 인용할 수도 있다. 그러나
나의 아마도 왜곡되고 제한된, 그리고 자아중심적인 관점에서 볼 때, 누구든 옷장, 동
굴, 텐트, 혹은 방에 감금되어 생산적이고 행복한 삶을 영위할 수 있을 것이라고 믿기
는 어려운 일이다. Virginia Woolf는 자살하였고, Kafka도 다른 사람과 긍정적이고 지
지적인 관계를 맺고 유지할 수 없는 심리적 문제를 가졌던 것으로 알려져 있다. 누구
든 고독을 선호할 수 있으며, 우리 중 다수는 숙고, 탐구, 문제해결, 내성, 사회적 · 학업
적 · 직업적 · 정치적 공동체로부터 야기되는 압력으로부터의 도피 등을 위해 고독이
필요하기도 하다. 앞서 첫 문단에 적었듯이, 고독을 추구하는 것은 전적으로 수용 가능
하지만, 여기에는 몇 가지 전제조건이 붙는다.

　　'전제조건'. 만일 누군가 자발적으로 홀로 시간을 보낸다면, 자신이 원할 때 사회집단에
참여할 수 있다면, 자신의 감정(예: 대인불안이나 분노)을 조절할 수 있다면, 그리고 중요
한 타인들과 긍정적이고 지지적인 관계를 시작하고 유지할 수 있다면, 홀로 있는 경험
은 생산적일 수 있다. 그러나 홀로 있는 경험에 내가 부가하는 이러한 전제조건들은 꽤
중요한 것들이다. 내가 확신하는 바는 이 책에 포함된 장들을 다 읽은 후에 독자들은
고독이 많은 얼굴을 가지고 있다는 점을 알게 될 것이라는 점이다. 이러한 많은 얼굴은
발달적 시작, 공변 요인들, 경과 등에 있어서 다양하며, 서로 다른 맥락, 공동체 및 문화
에서 서로 다른 방식으로 해석될 수 있다. 또한 여기에 제시한 이러한 전제조건들이 맥
락, 공동체 및 문화와 상관없이 동일하게 중요하다는 점이다. 솔직히 만일 이러한 전제
조건들을 기억하지 못한다면, 앞의 생각 실험으로 돌아가서 다른 사람과 '충돌'하지 못
하는 것이 불쾌한 결과를 가져올 것이라는 점을 다시 확인해야 할 것이다.

　　사람들은 다른 사람들과 '충돌'할 필요가 있다. 더 정확히 표현한다면, 상호작용할 필

요가 있다. 물론 이러한 상호작용은 양자가 모두 수용 가능하고, 긍정적이며, 생산적인 것으로 지각되어야 한다. 분명 이러한 상호작용은 욕구를 만족시키는 것이다. 이러한 상호작용의 중요성에 대해서 집필한 저자들(예: John Bowlby와 Robert Hinde)에 따르면, 이러한 상호작용 경험은 **동일한 상대방과의 미래 상호작용의 본질에 대한 기대를 형성**하는 데 영향을 미친다. 이러한 경험은 더 나아가 아직 알려지지 않은 다른 사람들과의 미래의 상호작용의 본질에 대해서도 일련의 기대를 형성하는 데 영향을 미칠 수 있다. 만일 개인이 경험한 상호작용이 유쾌하고 생산적이라면 긍정적인 양자(dyadic) 관계로 이어지겠지만, 상호작용이 불쾌하거나 어려움이 많다면 서로를 피하게 될 것이다. 그리고 어떤 경우에는 모든 상호작용이 결국 부정적일 것이라고 기대하게 된다면, 공동체로부터 철수(withdrawal)하는 결과로 이어질 것이다.

결어: 끔직한 한 해

2012년 처음 6개월간, 나는 심장 이식 수술과 여러 관련 합병증으로 인해 병원에서 '사는' 생활을 해야 했다. 나는 의료진과 많은 정기적인 방문객들에 의해 둘러싸여 있었지만, '바깥 세상'으로부터 문자 그대로 고립되어 있었다.

입원한 처음 2개월 동안 내 마음과 몸은 위기 상태였지만, 2012년 3월 즈음 신경세포가 정상적으로 발화하기 시작하여 의료진과 방문객들과 대화할 수 있게 되었을 때 나는 철저히 혼자라고 느꼈다. 방문객과 의료진이 나를 만날 때 마스크와 장갑을 착용하고, 의료 가운을 입어야 한다는 것도 무력하게 느껴졌다.

결국, 내 전문 경력의 대부분 동안 연구해 온 것의 한 극단을 내가 처절히 경험하며 살고 있다는 생각이 들었다. 아동과 청소년들, 그들의 부모, 친구, 또래들을 대상으로 질문지, 면담, 평정 척도, 관찰 등의 방법을 통해 내가 발견했던 것처럼, 고독은 외로움, 슬픔, 불안, 무력감, 무망감 같은 내적 감정을 불러일으켰다. 나는 내가 속한 개인적·전문적 공동체로부터 단절되었다고 느꼈다. 방문객들의 관용과 친절함에도 불구하고,

나는 비참하다고 느꼈다. 물론 내가 책을 읽고 노트북 컴퓨터를 사용할 수 있었을 때 내 생각들과 데이터를 가지고 놀 수 있는 기회를 얻게 되어 내 고독은 생산적일 수 있었지만, 부정적 정동(정서 조절 문제)은 방해가 되었다.

집에 돌아온 후 나는 재활을 시작하였고, 가족, 친구, 동료들, 학생들, 이전의 골프나 하키 '동호인들' 등 방문객들을 맞았다. 나는 가족, 친구, 학계, 일반 세상에 대한 뉴스들을 환영하였다. 특히 내 손자, 손녀들과 재회할 수 있어서 감사했다. 내 연구실에서 참여하고 있었던 다양한 프로젝트를 따라잡기 시작하였다. 몇 주 내에 출간할 원고를 공동집필하고 있었고, 여러 학회에서 발표하기 위해 제출해야 할 초록을 준비하고 있었다. 신체적으로는 쇠약하였고, 긴 거리를 걷거나 2~3 파운드보다 무거운 것을 들어올릴 수는 없었지만, 내 마음은 점차 회복되고 있었다. 나는 더 이상 혼자가 아니다! 또한 8월에 캠퍼스로 복귀하였을 때 나는 다시 다른 사람들과의 만남을 이어 갈 수 있었고, 가치 있게 여겨지고 있음을 느낄 수 있었다.

가장 기본적인 사실은, 나의 개인적 고독은 그것이 특히 오랜 시간 동안 외적으로, 그리고 비자발적으로 '강요되었던' 고독이라는 점에서 불쾌한 결과를 초래하였다는 점이다. 좋은 소식은 나의 동료들과 내가 여러 해에 걸쳐 수집한 데이터들이 실제로 학문의 장을 넘어서 의미가 있다는 점을 믿게 되었다는 것이다. 과도한 시간을 혼자 보내는 것, 단절되고 거부되고 외로움을 느끼는 것, 다른 사람들에 의해 배제되고 어쩌면 괴롭힘을 당하는 것, 다른 사람들과 유능하게 대화하거나 관계를 맺을 수 없는 것은 삶을 비참하고 불만스럽게 만들 수 있다. 어떤 경우에는 이러한 요인들이 합쳐져 자해나 타해 시도로 이어질 수도 있다. 폭력 가해자들(예: 콜럼바인 고등학교, 버지니아 공대, 뉴턴 고등학교, 보스턴 마라톤 폭탄 사건)이 홀로 지내고, 위축되며, 괴롭힘을 당하고, 고립되고, 친구가 없는 것으로 얼마나 자주 묘사되는지 잠시 생각해 보라. 또한 일부 가해자들이 자신을 어떻게 기술하는지 생각해 보라.

이 문장을 쓰면서 Eddie Vedder와 Jeff Ament가 작사·작곡한 〈Jeremy〉라는 노래가 떠오른다. 이 노래는 부분적으로 미국 텍사스주 리처드슨에 거주하였던 15세 고교생 Jeremy Wade Delle의 죽음에 대한 내용을 담고 있다. Jeremy는 급우들이 보는 앞에서 총을 쏴 자살함으로써 '오늘에서야 교실에서 말한' 조용하고 슬픈 청소년으로 묘사되고 있다. 가사에서 Jeremy는 부모의 학대와 무시를 겪었다고 하며, 뮤직비디오에서 Jeremy는 또래들로부터 거부되고, 배척되고, 고립된 것으로 묘사되었다. 비디오에서 '무해함(harmless)' '또래' '문제' 등의 단어들이 반복해서 나타난다. 이러한 가사의 '의미'에 대한 인터뷰에서 Vedder는 가족 및 또래 관계의 붕괴가 초래할 수 있는 심각한 결과에 대해서 알리고 싶었다고 하였다. 보다 중요하게, Vedder는 고립, 고독, 거부가 가져오는 피할 수 없어 보이는 부정적 결과에 대항하여 싸우기 위해 우리는 각자의 강점을 끌어와야 한다고 주장하였다. 핵심 메시지는 가족 구성원, 또래, 학교의 교직원, 지역사회의 리더들은 내적 및 대인관계적 황폐함의 전조가 되는 징후들에 대해서 잘 알고 있어야 한다는 점이다.

물론 '홀로' 있거나 '고립된' 것으로 묘사되는 모든 사람이 내적 혹은 대인관계적 문제를 가지고 있는 것은 아니다. 앞서 언급하였듯이, 고독과 사회적 위축이 '꼭 나쁜 것만은 아니다.' 우리 모두는 홀로 있는 시간을 필요로 한다. 활기를 얻거나 회복하기 위해, 숙고하거나 무언가 방해받지 않고 산출하기 위해서 말이다. 하지만 인간이라는 종은 사회적 종이다. 사람들과 상호작용 하고, 협력하고, 다른 사람들을 돕고, 돌보며, 관계를 맺고 집단과 공동체의 활동적인 구성원이 될 때 얻어지는 것이 훨씬 더 많다. 심리학자들이 연구하는 많은 다른 행동적 구성개념과 마찬가지로 고독은 정서 조절의 곤란, 사회적 유능성 및 지지적 관계의 결여와 합쳐져 불행한 결과를 초래할 수 있다. '필요한 것'은 가족, 또래집단, 공동체 속에서 개입이 필요한지, 언제 어떻게 필요한지에 대해서 아는 것이다.

마무리하면서, 나의 이전 지도 학생들(현재는 동료이며 가까운 친구)이 고독에 대한 이 개론서를 발간하는 멋진 작업을 잘해 낸 것에 대해서 매우 기쁘고 자부심을 느낀다. 언젠가 오래전에 내가 사회적 위축과 고독이라는 구성개념을 Rob Coplan과 Julie Bowker에게 소개하였을 것으로 생각된다. 하지만 Rob과 Julie에게 고독, 고립, 홀로 있음에 대해서 연구하라고 지시하거나 명령하였다고는 생각하지 않는다. 내 기억으로 그들 각자는 사회적인 것에 관심이 있었다. 내가 하게 된 일은 그들에게 어떻게, 그리고 왜 내가 연구하는 분야에 관심을 갖게 되었는지에 대해서 개인적·역사적(아마도 히스테리적인) 설명을 제공한 것뿐이었다. 물론 인류학, 생물학, 컴퓨터 과학, 신학, 신경과학, 정치학, 영장류 동물학, 정신분석, 사회학, 혹은 성격, 환경, 자폐증이나 성인 관계에 주로 초점을 맞추는 심리학 분야의 관점에서 고독을 연구한 학자들에게까지 연구의 범위나 생각이 미치도록 내가 어떤 영향을 끼쳤다고는 결코 주장할 수 없다. 이러한 점에서 이 개론서의 아름다움이 있다. 편집자인 Coplan과 Bowker는 그들 자신이 편안히 느끼는 발달과학의 영역을 넘어서 다른 분야로 시선을 돌리는 현명함을 보였다. 이렇게 함으로써 그들은 나를 매우 기쁘게 하였다. Coplan과 Bowker는 분명히 독자들로 하여금 인지적 불평형 상태를 초래하는 여러 영역으로 안내하고자 하였다. 그들은 또한 우리가 어떤 현상을 진정으로 이해하고자 한다면, 우리가 보통 안락함을 느끼는 저장고의 한계를 넘어서서 바라보는 것이 얼마나 중요한지를 느끼도록 안내하였다고 생각한다. 이제 당신의 손에 고독에 대한 다양한 관점을 기술한 정선된 읽을거리가 있다. 당신은 고독이 무엇과 같은지, 왜 사람들은 혼자 시간을 보내는지, 고독은 왜 필요한 경험인지, 다른 사람을 피하거나 사회적 공동체로부터 거부나 배척되어 홀로 많은 시간을 보내게 될 때 사람은 어떻게 느끼고 무슨 생각을 하는지에 대해서 읽게 될 것이다. 지금 당신이 보고 있는 이 책과 비슷한 개론서는 아직 없었다. 나는 편집자들의 노력에 박수를 보내며, 또한 독자들에게는 스스로 정의하는 자신의 전문 영역과 내적으로 편안한 영역을 넘어서는 이 책의 여러 장을 면밀히 검토하면서 자신의 역량을 더 훌륭히 발휘할 기회를 얻기 바란다.

차례

/

제1부

이론적 관점

/

/

제2부

전생애적 관점

/

고독의

심리학

1

제1부

이론적
관점

1

홀로 있음의 다양성:
고독에 대한 연구의 다양한 관점

Robert J. Coplan & Julie C. Bowker

난 홀로 있을 때 혼자가 아닌 것 같다. – Gordon Matthew Sumner(1979)

고독(solitude)의 경험은 매우 보편적인 현상이다. 역사적으로 예술가, 시인, 음악가, 그리고 철학자들이 홀로 있음(being alone)을 찬탄하면서도 한탄했다. 고독은 축복이자 저주로 여겨진 것이다. 살아가는 동안 인간은 각기 서로 다른 이유로 고독을 경험하며, 다양한 반응과 결과를 통해 고독에 대응한다. 어떤 사람들은 창조적인 자극을 촉진하거나 자연과의 교감을 통한 조용한 명상을 위해 삶의 스트레스에서 숨을 돌리면서 고독으로 철수할 수 있을 것이다. 다른 이들은 사회적 상호작용에서 철수하거나 또는 강제로 배제된 채 사회적 고립에서 오는 고통과 외로움으로 힘겨워 할 수도 있다. 참으로 우리 모두는 우리 삶에서 다양한 형태의 고독을 경험하고 있고, 앞으로도 경험하게 될

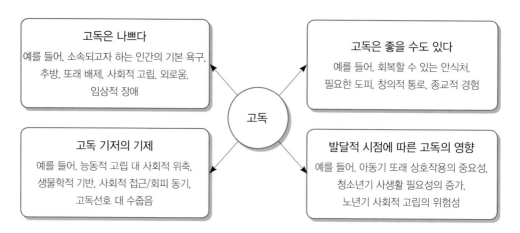

[그림 1-1] 고독에 대한 심리학적 연구에서 나타난 주제들

것이다.

우리가 고독과 맺고 있는 복잡한 관계와 고독의 다면적 특성은 우리의 일상 언어와 문화에 잘 반영되어 있다. 우리는 사람들 속에서 홀로일 수 있고, 자연과 단 둘일 수도 있고, 또는 혼자 생각에 잠길 수도 있다. 고독은 벌의 한 형태(예: 아동에 대한 타임아웃, 죄수에 대한 독방 감금)이거나 최적에 못 미치는 상황(예: 누구도 외딴섬이 아니다, 하나는 외로운 숫자다, 불행은 친구를 좋아한다)에서 이상적 상황(예: 자신을 위한 시간을 갖는 것, 자신만의 공간과 홀로 있는 시간에 대한 필요)에 이르기까지 광범위한 연속선을 따라 서로 다른 특성을 가질 수 있다. 이 책은 심리학뿐 아니라 다른 학문분야의 관점에서도 고독의 다양한 얼굴을 탐구한다. 이 도입 장에서는 고독에 대한 연구의 역사에서 나타난 몇몇 주요 주제를 살펴보고([그림 1-1] 참고), 이 책의 내용에 대해서 전체적으로 개관하고자 한다.

주요 주제들

고독에 관한 연구는 사실상 모든 심리학의 하위 분야를 가로지르고 있으며, 고독은 전생애에 걸쳐 다수의 다양한 이론적 관점에서 탐구되어 왔다. 따라서 고독의 본질, 고독과 안녕 간의 관계에 대하여 서로 상반되는 가설들이 존재하는 것은 그리 놀라운 일이 아니다. 오히려 이와 같이 고독의 특성에 대해서 기본적으로 매우 다른 입장들이 존재하는 것은 심리학적 구성개념으로서 고독에 대한 연구의 역사에서 가장 보편적으로 나타난다고 볼 수 있다. 본질적으로 고독의 본질에 대해 계속되고 있는 논쟁은 손익분석의 문제로 압축될 수 있다.

고독은 나쁘다

사회적 유친(social affiliation)은 인류의 생존을 위해 적응적인 것으로 오랫동안 간주되어 온 관계다(Barash, 1977). 사실, 사회적 집단은 몇 가지 잘 알려진 진화론적 유익(예: 포식자로부터의 보호, 협동 사냥, 식량 배분)을 제공한다(Hamilton, 1964; Trivers, 1971). 고독이 부정적인 결과를 가져올 수도 있다는 개념은 오랜 역사를 가지고 있고, 그야말로 성경 시대까지 거슬러 올라갈 수 있다(창 2:18, "여호와 하나님이 이르시되 사람이 혼자 사는 것이 좋지 아니하니….").

초기 심리학 실험 중의 하나에서 Triplett(1898)는 아이들은 다른 아이들과 함께할 때보다 혼자일 때, 간단한 일(낚싯줄 되감기)을 보다 천천히 수행한다는 것을 입증하였다. 따라서 세기가 바뀔 무렵에는 어떤 형태의 수행은 고독에 의해 방해 받는다는 것이 확실해졌다. 오랫동안 발달심리학자들 역시 아동기의 지나친 고독은 심리적 고통과 괴로움을 야기할 수 있고(예: Freud, 1930), 가족관계에 결정적으로 중요한 손상을 줄 수도 있으며(예: Bowlby, 1973; Harlow, 1958), 자기체계의 발달을 방해할 수 있고(Mead, 1934; Sullivan, 1953), 또한 또래들로부터의 학습을 막을 수 있다(예: Cooley, 1902; Piaget, 1926)고 제안해 왔다. Victor(Lane, 1976)나 Genie(Curtiss, 1977)의 사례에서 보듯이, 극단적인 아동기 동안의 사회적 고립은 극심한 심리적 손상을 초래할 수 있으며, 다른 사람과의 접촉은 인간 발달에 있어서 기본적 필요임을 알 수 있다.

사회심리학자들 역시 오랫동안 유친의 욕구를 인간의 기본적 욕구로 여겨 왔다

(Horney, 1945; Shipley & Veroff, 1952). Robbers Cave 실험(Sherif, Harvey, White, Hood & Sherif, 1961)과 같은 소집단 역동에 관한 초기 사회심리학 연구들에서는 집단 간 갈등이 발생할 수 있는 방식과 어떻게 집단 외 구성원이 빠른 시간 내에 부정적이고 정형화된 방식으로 지각되며 학대를 받게 되는지를 추가로 강조하게 되었다. 보다 최근의 소속욕구 이론(Baumeister & Leary, 1995)은 우리 모두가 **소속욕구**(need to belong), 즉 수용되고 다른 사람들과 긍정적인 관계를 유지하고자 하는 욕구를 가지고 있으며, 그런 욕구가 만족되지 않으면 심각한 신체적 및 심리적 고통이 야기될 수 있다고 제안하였다. 이와 관련하여 사회신경과학자들은 이제 외로움과 사회적 고립은 우리의 심리적 기능과 안녕뿐만 아니라 신체적 건강에도 해로울 수 있다고 제안하고 있다(Cacioppo & Patrick, 2008; House, Landis, & Umberson, 1988).

마지막으로, 전통적으로 임상심리학적 관점에서 사회적 고립은 개입의 표적이 되는 하나의 준거로 간주되어 왔다(Lowenstein & Svendsen, 1938). 『정신장애 진단 및 통계 편람(Diagnostic and statistical manual of mental disorders)』 초판(DSM-I; American Psychiatric Association[APA], 1952)에서 다른 사람들과 **효과적으로** 관계하지 못하는 사람들은 조현병과 같은 **정신증적 장애**, 불안과 같은 **신경증적 장애**, 혹은 부적절한 성격(부적응성, 부적합성, 빈약한 판단력, 신체적 및 정서적 에너지 부족, 사회적 비호환성)과 같은 **성격장애** 중 하나로 분류될 수 있었다. DSM-I에서 분열성(schizoid) 성격장애는 사회적 어려움, 특히 사회적 회피의 특징을 보이는 또 다른 성격장애로 기술되었다. 흥미롭게도, 이 편람에서 분열성 성격을 가진 아동들은 조용하고, 수줍어하고, 민감하며, 청소년들은 위축되고, 내향적이고, 비사교적이며, **틀어박혀 있다**(shut-ins)고 기술되어 있다.

고독은 좋을 수도 있다

극히 대조적으로, 그리고 매우 다른 역사적 전통에서 많은 이론가와 연구자는 오랫동안 홀로 있음의 유익에 대해 주의를 기울여 왔다(Montaigne, 1965; Merton, 1958; Zimmerman, 1805). 예를 들어, 고대 그리스와 로마시대 철학자들의 주된 의문 중 하나는 사회 속에서 집단의 역할, 그리고 지혜, 탁월함, 행복 등을 얻기 위해 개인이 어느 정도로 집단의 부분이 되거나 집단에서 분리되어야 하느냐에 관한 것이었다. 후에 Montaigne는 고독에 이르는 것이 어렵다는 것을 인정했지만, 개인이 탄압과 독단, 사고와 존재의 인습적인 방식, 부도덕, 그리고 집단의 힘으로부터 벗어나기 위해 고독의 경험을 가지려 애써야 한다고 주장하였다. Montaigne에게 있어 완전한 고독의 경험은 다른 사람들로부터 물리적으로 분리된다고 해서 보장될 수 있는 것이 아니었다. 대신 고독은 혼자이면서도 다른 사람들 속에서 얻을 수 있는 자연스러운 개인적 경험의 상태와 관련이 있었다. 비슷한 견해들은 종교적인 저술들과 신학에서 발견되기도 했다(Hay & Morisey, 1978). 예를 들어, 고독 속에서 많은 세월을 보낸 트라피스트회의 수도승인 Thomas Merton은 몇 권의 책과 글에서 고독은 명상과 기도에 대해 독특한 경험을 제공해 주고, 혼자 있도록 철수하는 시간이 다른 이들과 진정한 연결을 얻는 데 필수적임을 적극 강조하였다.

고독의 유익에 대한 견해들은 Winnicott(1958)의 저술에서도 찾아볼 수 있다. Winnicott에게 고독은 **충분히 좋은** 촉진적 환경이 가져다주는 홀로 있음의 경험이며, 이후의 심리적 성숙, 자기발견과 자기실현을 위해 영아기와 아동기에 필요한 사전조건이었다. 성인기에 다른 사람들과 떨어져 혼자 시간을 보내는 것 또한 창의적이고 창조적이며, 예술적 활동에도 필수적이라고 오랫동안 철학자들과 작가들 그리고 시인들은 주장해 왔다(예: Thoreau, 1854). 이런 관점에서 홀로 있음의 경험들은 개인이 혼자 있는 것을 선택할 때 이점을 제공해 준다. 그러나 Beatrix Potter와 Emily Dickinson과 같은 몇몇의 뛰어난 작가의 개인적인 일화들은 창조성과 예술적 재능 역시 오랜 기간 동안의 고통스런 사회적 고립과 거부에서 발전될 수 있음을 보여 준다(Middleton, 1935; Storr, 1988).

고독 기저의 기제

고독의 손익에 대한 논쟁이 다소 포괄적이지만, 우리의 고독 경험에 기저하는 메커니즘과 관련된 주제가 이러한 논쟁에 내재되어 있다. 우선, 고독이 타인으로부터 부과된 경우와 스스로 추구한 경우를 구분하는 것이 중요하다. Rubin(1982)은 개인이 또래집단으로부터 배제되거나 거부, 또는 배척되는 **사회적 고립**(social isolation)과 개인이 스스로 사회적 상호작용의 기회로부터 철수하는 **사회적 위축**(social withdrawal)을 구분하여 처음으로 기술한 심리학자들 중의 한 명이었다. 우리가 앞서 논의한 것처럼, 또래집단으로부터의 사회적 고립과 관련되는 다양한 부정적 결과에 대해 오랫동안 연구된 바 있다. 따라서 이제 우리는 왜 사람들이 고독으로 스스로 철수하기를 선택하는지에 관한 다양한 관점들을 고려해 보고자 한다.

심리학 문헌들을 보면 연구자들은 사생활에 대한 갈망(Pedersen, 1979)과 종교적 경험 추구(Hay & Morisey, 1978), 여가활동을 단순히 즐기는 것(Purcell & Keller, 1989), 그리고 불편한 상황으로부터 위로를 찾거나 이러한 상황을 피하는 것(Larson, 1990)을 포함하여 왜 사람들이 고독을 추구하는지에 대한 몇 가지 서로 다른 이유들을 강조해 왔다. 생물학적 · 신경생리학적 과정들 또한 홀로 있는 행동을 추구하는 원인으로 가정되어 왔다. 예를 들어, 고대 그리스 로마시대의 사람들은 생물학적 기반이 있는 인성의 개인차가 공포와 불안과 같은 기분 및 사교적 또는 비사교적 경향과 같은 사회적 행동 양식들을 결정하는 데 기여한다고 주장해 왔으며, 이러한 견해는 아동의 기질에 대한 현대 연구의 전조가 되었다(Kangan & Fox, 2006). 또한 사회적 행동에 관련되는 특정 신경계에 대한 최근의 관심은 1800년대 후반에 철도 건설 사고로 안와전두피질(orbitofrontal cortex)에 손상을 입고 이후에 더 이상 사회적 규범을 지키지 못하거나 긍정적 관계를 유지할 수 없었다고 보고된 Phineas Gage의 사례로 거슬러 올라갈 수 있다(Macmillan, 2000).

마지막으로 사회적 접촉의 **동기**(예: Murphy, 1954; Murray, 1938)와 관련된 주목할 만한 연구들이 있었는데, 이러한 동기는 인간 성격의 주요 기질적 토대인 것으로 이해되어 왔다(Eysenck, 1947). 사회적 접근동기와 사회적 회피동기 간에 중요한 구분이 이루어졌다(Lewinsky, 1941; Mehrabian & Ksionzky, 1970). 또한 그 이후로 이 사회적 동기에서의 개인차가 개인이 사회적 상호작용으로부터 철수하는 서로 다른 이유들을 잘 변별한다고 주장되어 왔다. 예를 들어, 낮은 사회적 접근동기 또는 고독지향성(solitropic orientation)이 높은 성인(Burger, 1995; Cheek & Buss, 1981; Leary, Herbst, & McCrary, 2001)과 아동(Asendorpf, 1990; Coplan, Rubin, Fox, Calkins, & Stewart, 1994)은 두려움 없이 고독을 선호하는 것으로 이해되고 있다(Cheek & Melchior, 1990; Jones, Briggs, & Smith, 1986). 반대로, 모순되는 사회적 접근동기와 사회적 회피동기 사이에서의 갈등 (다시 말해, 접근-회피 갈등)은 수줍음과 사회적 불안으로 이어진다고 여겨지고 있다 (Cheek & Melchior, 1990; Jones, Briggs, & Smith, 1986).

발달적 시점에 따른 고독의 영향

마지막 주제는 발달적 시점, 즉 고독이 경험되는 때(또는 어떤 연령/발달 시기)와 관련이 있다. 고독에 따른 대가는 청소년기나 성인기보다 아동기 동안이 더 크다고 생각되는 경우가 많은데, 이는 발달 중에 있는 어린 아동은 건강한 사회적, 정서적, 그리고 사회-인지적 발달과 안녕을 위해 상당량의 긍정적 또래 상호작용을 필요로 한다는 견해가 널리 인정되고 있기 때문이다(Rubin, Bukowski, & Parker, 2006). 이러한 보편적 믿음은 사회적 위축과 관련되는 변인들에 대한 상당수의 발달적 연구들이 왜 청소년보다는 아동에게 초점을 맞추어 왔는지를 부분적으로 설명한다. 더욱이 사생활과 고독의 필요가 증가하고 이를 즐기는 것이 청소년기 동안에 나타나는 것으로 생각되고 있다 (Larson, 1990). 이런 이유에서 또래 거부나 또래 괴롭힘 피해 등 아동기의 사회적 위축과 종종 관련되는 부정적 또래 관련 문제들은 청소년기 동안에는 줄어들 수 있다고 가정된다(Bowker, Rubin, & Coplan, 2012).

그러나 어떤 연령에서든지, 특히 타인에 의해 부과된다면, 고독은 외로움과 심리적 불안을 야기할 수 있다고 오랫동안 주장되어 왔다. 앞서 언급했듯이, 사회적 욕구는 모든 나이대의 개인에게 존재하는 것으로 생각되며, 이는 인간의 심리적 안녕이 사회적 욕구가 만족되는지에 의해 결정된다고 보는 여러 사회 및 발달 이론의 주장이기도 하다. 예컨대, Sullivan(1953)은 모든 개인은 사회적 욕구를 가지고 있으나 발달과 함께 사회적 욕구의 성질(예: 사춘기에는 성적 관계에 대한 욕구)뿐만 아니라 이러한 욕구를 충족하는 데 필요한 관계의 **형태**(예컨대, 부모와의 관계는 애정에 대한 초기 욕구를 만족시킬 수 있으며, 동성의 친구관계나 가장 친한 친구관계는 청소년 초기에 나타나는 친밀감에 대한 욕구를 만족시킬 수 있다)가 변화한다고 가정하였다. 그러나 발달적 변화와는 상관없이 사회적 욕구가 채워지지 않으면 심각한 부정적 자기체제(self-system)와 심리적 결과들이 따라올 수 있다고 Sullivan은 주장하였다. 어떠한 연령대에서든 외로움이 심리적 불편(ill-being)에 대한 가장 강력한 위험 요인들 중의 하나임을 확인한 연구결과들(Heinrich & Gullone, 2006)은 이러한 주장과 맥을 같이하고 있다.

발달 시기 중 언제 고독이 가장 큰 손해를 수반하는가에 대한 논쟁은 아직 해결되지 않았다. 그러나 또한 고독 경험의 본질 자체가 나이와 함께 변할 수도 있다는 것을 인정하여야 한다. 예를 들어, 어린 아이는 자신의 방으로 철수할 수도 있고, 또래들과 함께 있는 가운데 혼자서 놀 수도 있고, 또는 사회적 집단의 주변으로 강제로 밀려난 자신을 발견할 수도 있다. **타인에 의해 부과된 고독**(other-imposed solitude)이 더 많은 나이에도 비슷하게 나타날 수 있지만(예: 점심시간에 혼자 식사를 하도록 강요받는 청소년, 일과 후 모임에서 소외된 성인), 청소년과 성인들은 아동과 비교해서 자신이 선택한 고독한 경험에 대해 더 큰 통제력과 증가된 기회를 가지고 있다. 예를 들어, 청소년들은 때때로 부모의 감독 없이 집에 혼자 있거나 자신이 선택한 장소에 갈 수 있다. 어른들 또한 혼자 여행하는 것을 선택할 수 있고, 명상이나 종교적 묵상을 할 수도 있으며, 상대적으로 혼자 일할 수 있는 직업과 자유 시간을 혼자 보내는 방법 등을 선택할 수 있다. 반대로, 노인의 삶에서 사회적 접촉을 적극적으로 추구하는 능력이 현저히 제한되는 시점이 올 수 있다. 전생애에 걸쳐 고독과 관련된 이러한 능력에서의 잠재적 차이가 고독과 안녕의 관계에 대해서 무엇을 말해 줄지 더 지켜봐야 할 일이다.

이 책의 개요

이 책은 고독이라는 구성개념과 관련된 다양한 심리학적 연구를 포괄적으로 검토하여 편찬한 최초의 전문서적이다. 이 책은 전생애에 걸쳐, 그리고 광범위한 맥락과 발달 시기에 걸쳐 다양한 심리학적 관점에서 고독을 고찰한다. 더욱이 우리의 탐구를 더 확장하기 위한 노력의 일환으로 이 책의 마지막 부분 몇 개의 장은 심리학 밖의 다른 학문 분야의 관점을 제시하고 있다.

이 책의 첫 영역(이론적 관점)은 고독의 연구에 대한 역사적 · 이론적 · 방법론적 접근과 관련된 장들로 이루어져 있다. Bukowski와 Verroneau(2장)는 아동기의 사회적 위축과 사회적 고립에 대한 개념화 및 측정에 대해 풍부한 역사적 개관을 제공하였으며, 특히 또래의 역할에 초점을 맞추었다. Mikulincer와 Shaver(3장)는 매우 다른 관점에서 고독에 직면하여 경험하는 외로움을 이해하는 데 있어 애착이론이 어떠한 도움을 주는지를 기술하였다. 이 두 장은 개인이 어떻게 고독을 경험하고 고독에 반응하게 되는지에 있어서 가족과 또래 모두가 독특하고 중요한 역할을 한다는 점을 분명히 제시하였다. Schmidt와 Miskovic(4장)은 아동과 성인의 수줍음 발현에 기저를 이루는 것으로 보이는 뇌기반 신경생리학적 요인들을 설명하는 생물학의 공헌을 다루었다.

과학으로서 심리학의 출현에 Freud의 정신분석이 미친 실질적이며 장기적인 영향을 우리는 부인할 수 없다. Galanaki(5장)는 정신분석적 관점에서 고독 현상에 대한 포괄적인 역사적 분석을 제공하였다. 마지막으로, Averill과 Sundararajan(6장)은 이 영역에서 다른 장들과 매우 대조적으로 고독의 경험에 대한 보다 긍정적인 측면들을 제시하였으며, 또한 보다 광범위한 문화적 관점에 기초하여 고독을 다루었다.

이 책의 두 번째 영역(전생애 발달적 관점)에서는 일생에 걸친 서로 다른 발달 단계에서의 고독에 대한 연구를 제시하였다. 그러나 앞 영역과 마찬가지로 이 영역에서도 이질적인 고독의 성질이 강조되었으며, 고독과 관련된 서로 다른 다양한 개념, 유형 및 심리적 과정이 제시되었다. 처음 4개의 장은 유아기부터 초기 성인기까지 연령에 걸쳐 있다. Coplan과 Ooi(7장)는 유아기의 혼자 놀이 행동의 여러 가지 형태에 대한 특성을 기술하면서 이들의 서로 다른 의미와 시사점을 논의하였다. Nesdale과 Zimmer-Gembeck(8장)은 아동기 발달에서 또래 거부(즉, 부과된 고독)의 실질적이며 매우 포괄적인 부정적 결과에 대해 개관하였다. Goosens(9장)는 어떤 아이들은 혼자 있는 것을 꺼려 하지 않는다는 개념에 대해 상세히 탐구하면서, 아동기의 고독선호의 구성개념을 청소년기의 홀로 있음에 대한 유친성 개념과 연결 지었다. Bowker, Nelson, Markovic 및 Luster(10장)는 이러한 논의를 청소년기에서 성인진입기로 확장하면서 청소년과 젊은 성인들에게서 나타나는 서로 다른 유형의 사회적 위축의 개념을 제시하고 이들의 상이한 시사점을 논의하였다.

다음 3개의 장에서는 성인의 고독 경험에 있어서 나타나는 개인적 및 대인관계적 과정을 탐색하였다. Zelenski, Sobocko 및 Whelan(11장)은 특히 성격 5요인 중 내향성 차원에 초점을 맞추어 이러한 차원이 고독 경험 및 주관적 안녕감과 어떻게 (잠재적으로 복합하게) 연관되는지를 논의하였다. Nikitin과 Schoch(12장)는 어떻게 사회적 접근 및 사회적 회피동기가 사회적 상황에 대한 우리의 해석과 반응에 기반이 되는지에 대한 풍부한 통합적 관점을 제시하였다. 또한 아동기의 사회적 배제에 대한 이전의 장과 유사한 맥락에서 Wesselmann, Ren 및 Hales(13장)는 인류에게 사회적 추방(ostracism)이 가져오는 엄청난 부정적 시사점에 대해 논의하였다. 이 영역의 마지막 장에서 Wethington과 Pillemer(14장)는 노인기의 사회적 고립과 관련되는 어려움들에 대해 개관하였다.

세 번째 영역(맥락적 관점)[1]에서는 고독이 여러 맥락에 걸쳐 어떻게 달리 표현되고 경험될 수 있는지를 탐색하였다. 이 영역의 첫 번째 장에서 Gazelle과 Shell(2권의 1장)은 불안하고 고립된 아동과 청소년들이 학교에서 그들의 또래 및 교사들과 겪는, 그리고 상급학교로 진학을 하면서 겪는 경험들, 그러한 경험들이 그들의 행동과 심리사회적 적응에 미치는 영향에 대해서 기술하였다. 대학 시기에 초점을 맞추어 Asher와 Weeks(2권의 2장)는 외로움과 소속감에 대한 연구의 역사를 개관하였으며, 이 두 구성개념이 연관되어 있지만 심리적 경험의 측면에서는 구분됨을 제시하였다. 그 다음 장에서 DePaulo(2권의 3장)는 혼자 사는 사람은 외롭고 불행하다는 통념이 틀렸음을 보여 주는 연구들을 제시하였고, 미국에서 혼자 사는 사람들에 대한 최근의 태도 변화에

---

1) 세 번째 영역부터는 『고독의 심리학 2』에서 다룰 예정이다.

대해 논의하였다.

　Amichai-Hamburger와 Schneider(2권의 4장)는 가상세계에서의 고독을 다루면서 언제, 그리고 누구에게 인터넷 사용이 외로움으로 이어질 수 있는지 초점을 맞추었다. 이 영역에서는 고독 경험이 회복적 기능을 할 수 있는 맥락을 기술하는 2개의 장으로 마무리되어 있다. Salmon과 Matarese(2권의 5장)는 마음챙김 기반 스트레스 감소 프로그램의 예에서 알 수 있듯이, 지지적인 사람들과 함께 있을 때 고독을 경험한다면 가장 큰 이득을 누릴 수 있다고 주장하였다. 마지막으로, Korpela와 Staats(2권의 6장)는 자연 속에 홀로 있는 것이 사생활, 이완, 회복의 기회를 제공하는 방식에 대해 자세히 논의하였다.

　네 번째 영역(임상적 관점)에서는 고독을 임상심리학적 관점에서 고찰하였다. 여기서의 초점은 정신건강과 관련되는 고독이다. 예를 들어, Kwapil, Silvia 및 Barrantes-Vidal(2권의 7장)은 사회적 무쾌감증(사회적 접촉에 대한 무관심, 그리고 사회적 접촉에서 오는 즐거움이 감소된 특질)의 구성개념과 정신분열 스펙트럼과의 관계에 대해 검토하였다. Alder와 Auyeung(2권의 8장)은 사회불안 장애에 흔히 동반되는 정서적 고독에 대해 기술하였다. Kasari와 Sterling(2권의 9장)은 자폐 스펙트럼 장애를 가진 아동들이 경험하거나 경험하지 않을 수 있는 사회적 고립과 외로움에 초점을 맞추었다. Meehan, Levy, Temes 및 Detrixhe(2권의 10장)는 성격장애로 고통 받는 개인들이 고독을 어떻게 경험하고 표현하는지에 대한 면밀한 논의를 제공하였다. 마지막으로, Teo, Stufflebam 및 Kato(2권의 11장)는 비교적 최근에 연구된 개인이 장기간 동안 집에서 고독으로 철수하는 사회적 위축의 극단적인 형태인 일본의 히키코모리(은둔형 외톨이) 현상에 대해 기술하였다.

　이 책의 마지막 영역(학제적 관점)은 심리학 이외의 학문분야에서 연구한 고독 관련 장들로 구성되었다. Palagi(2권의 12장)는 생물학적인 관점에서 구세계(유럽, 아시아, 아프리카) 원숭이 종인 젤라다비비와 우리와 가장 가까운 인간 외 영장류인 난쟁이 침팬지를 예로 들어 인간 외 동물의 개체적 발달에서 혼자 놀이의 중요성에 대해 논의하였다. Coleman(2권의 13장)은 인류학적 관점에서 고독과 개인적 고립에 대한 현대의 경험들뿐만 아니라 도시 환경과 아노미(주로 현대성과 세계화에서 기인하는 혼란스럽고 무질서한 사회적 관계) 속에서의 고독에 대한 역사적 견해들을 기술하였다. Fong(2권의 14장)은 자신의 사회적 위치를 받아들이도록 강요하는 사회적 상황(투옥되는 경험과 같은)에 처한 사람들이 어떤 방식으로 고독을 사용하는지 실존적 사회학의 관점에서 검토하였다.

Ducheneaut와 Yee(2권의 15장)는 **컴퓨터 과학의 관점**에서 멀티플레이어 온라인 게임에 관한 최근 이론과 연구에 대해 탐색하였으며, 직접적 결속을 만들지 못할 수도 있지만 타인과 연결되는 느낌에 대한 욕구를 만족시킬 수 있는 편재(遍在)적 사교성(ambient sociability)과 고독을 구분 지었다. Bowker(2권의 16장)는 **정치학적 관점**에서 다양한 분야의 문헌들을 활용하여 고독에 대한 양가감정과 지각된 위험으로 인해 자기와 공동체가 결탁하여 진정한 고독의 경험을 못하게 되는 심리−정치적 딜레마에 대해 설명하였다. Barbour(2권의 17장)는 종교학적 관점에서 서로 다른 종교적 전통에서 고독에 대한 태도가 어떠한지 그 역사를 추적하였으며, 자신이 조직화된 특정 종교의 공동체 구성원이라고 여기지 않는 개인에게 있어 고독이 어떤 영적 의미가 있는지 논의함으로써 마무리를 지었다.

최종 논평 : 고독… 함께?

계속해서 확장되어 갈수록 더 연결되는 세계적인 사회적 공동체의 맥락 속에서 고독에 대한 미래의 연구가 수행될 것이라는 점은 다소 아이러니하다. 이 책 각 장의 저자들은 13개국에 걸쳐 있지만 이 영역의 교차문화적 연구 면에서는 단지 빙산의 일각만을 제시하고 있다. 여러 가지 형태의 고독의 의미뿐 아니라 그 영향이 문화에 따라 실질적으로 차이가 있음을 시사하는 증거가 늘고 있다(예: Chen & French, 2008). 따라서 보다 더 넓은 문화적 맥락 속에서 이러한 심리학적 연구를 수행하는 것이 결정적으로 중요하다.

더욱이, 이 책의 마지막 영역에 있는 장들이 입증하듯이 심리학자들은 다른 학문분야에 있는 동료로부터 고독에 관한 연구에 대해 배워야 할 것이 많다. 사실 우리는 우리의 연구영역에서 학제간의 협력이 보다 일반적이 되기를 기대해야 한다. 이러한 협력을 통해 고독의 경험에 대한 이해의 넓이와 깊이를 더할 수 있을 것이며, 고독이 언제 그리고 왜 유익하거나 해로운지 등과 같은 고독에 대한 이론과 연구에 나타나는 중요한 쟁점들을 풀어 가는 데 도움을 얻을 수 있을 것이다.

마지막으로, 급속하게 진보하는 기술의 발전으로 인해 우리 모두는 사회 및 정보 네트워크에 계속 연결되고 있다. 이는 미래에는 우리 중 누구든 진정 혼자일 수 있을까라는 질문을 필연적으로 제기한다. 디지털 시대에 고독과 우리와의 관계는 필연적으로 진화할 것이 분명하다. 이러한 점에서 고독 경험 그 자체가 과거의 구시대적 유물로 남겨질 것인지는 앞으로 지켜볼 일이다.

참고문헌

American Psychiatric Association. (1952). *Diagnostic and statistical manual of mental disorders* (1st ed.). Washington, DC: Author.

Asendorpf, J. B. (1990). Beyond social withdrawal: Shyness, unsociability, and peer avoidance. *Human Development, 33*, 250–259.

Barash, D. P. (1977). *Sociobiology and behavior.* New York: Elsevier.

Baumeister, R. F., & Leary, M. R. (1995). The need to belong: Desire for interpersonal attachments as a fundamental human motivation. *Psychological Bulletin, 117*, 497–529.

Bowker, J., Rubin, K. H., & Coplan, R. J. (2012). Social withdrawal in adolescence. In R. J. R. Levesque (Ed.), *Encyclopedia of adolescence.* New York: Springer.

Bowlby, J. (1973). *Attachment and loss: Vol. 2. Separation: anxiety and anger.* London: Hogarth Press.

Burger, J. M. (1995). Individual differences in preference for solitude. *Journal of Research in Personality, 29*, 85–108.

Cacioppo, J. T., & Patrick, B. (2008). *Loneliness: Human nature and the need for social connection.* New York: W. W. Norton.

Chen, X., & French, D. C. (2008). Children's social competence in cultural context. *Annual Review of Psychology, 59*, 591-616.

Cheek, J. M., & Buss, A. H. (1981). Shyness and sociability. *Journal of Personality and Social Psychology, 41*, 330-339.

Cheek, J. M., & Melchior, L. A. (1990). Shyness, self-esteem, and self-consciousness. In H. Leitenberg (Ed.), *Handbook of social and evaluation anxiety* (pp. 47-82). New York: Plenum.

Cooley, C. H. (1902). *Human nature and the social order*. New York: Scribner.

Coplan, R. J., Rubin, K. H., Fox, N. A., Calkins, S. D., & Stewart, S. L. (1994). Being alone, playing alone, and acting alone: Distinguishing among reticence and passive and active solitude in young children. *Child Development, 65*, 129-137.

Curtiss, S. (1977). *Genie: A psycholinguistic study of a modern-day "Wild Child."* Boston: Academic Press.

Eysenck, H. J. (1947). *Dimensions of personality*. Oxford, UK: Kegan Paul.

Freud, S. (1930/1961). Civilization and its discontents. In J. Strachey (Ed. & Trans.), *The standard edition of the complete psychological works of Sigmund Freud* (Vol. 21, pp. 57-145). London: Hogarth Press. (Original work published 1930)

Hamilton, W. D. (1964). The evolution of social behaviour II. *Journal of Theoretical Biology, 7*, 17-52.

Harlow, H., (1958). The nature of love. *American Psychologist, 13*, 573-685.

Hay, D., & Morisey, A. (1978). Reports of ecstatic, paranormal, or religious experience in Great Britain and the United States-A comparison of trends. *Journal for the Scientific Study of Religion, 17*, 255-268.

Heinrich, L. M., & Gullone, E. (2006). The clinical significance of loneliness: A literature review. *Clinical Psychology Review, 26*, 695-718.

Horney, K. (1945). *Our inner conflicts: A constructive theory of neurosis*. New York: Norton.

House, J. S., Landis, K. R., & Umberson, D. (1988). Social relationships and health. *Science, 241*, 544-545.

Jones, W. H., Briggs, S. R., & Smith, T. G. (1986). Shyness: Conceptualization and measurement. *Journal of Personality and Social Psychology, 51*, 629-639.

Kagan, J. R., & Fox, N. A. (2006). Biology, culture, and temperamental biases. In W. Damon & R. M. Learner (Eds.) & N. Eisenberg (Vol. Ed.), *Handbook of child psychology: Vol. 3. Social, emotional, and personality development* (pp. 167-225). Hoboken, NJ: Wiley.

Lane, H. (1976). *The wild boy of Aveyron*. Cambridge, MA: Harvard University Press.

Larson, R. W. (1990). The solitary side of life: An examination of the time people spend alone from childhood to old age. *Developmental Review, 10*, 155-183.

Leary, M. R., Herbst, K. C., & McCrary, F. (2001). Finding pleasure in solitary activities: Desire for aloneness or disinterest in social contact? *Personality and Individual Differences, 35*, 59-68.

Lewinsky, H. (1941). The nature of shyness. *British Journal of Psychology, 32,* 105-113.

Lowenstein, P., & Svendsen, M. (1938). Experimental modification of the behavior of a selected group of shy and withdrawn children. *American Journal of Orthopsychiatry, 8*, 639-654.

Macmillan, M. (2000). *An odd kind of fame: Stories of Phineas Gage*. Cambridge, MA: MIT Press.

Mead, G. H. (1934). *Mind, self, and society*. Chicago: University of Chicago Press.

Mehrabian, A., & Ksionzky, S. (1970). Models for affiliative and conformity behavior. *Psychological Bulletin, 74*, 110-126.

Merton, T. (1958). Thoughts in solitude. New York: Farrar, Straus, and Giroux.

Middleton, W. C. (1935). The propensity of genius to solitude. *The Journal of Abnormal and Social Psychology, 30*(3), 325-332.

Montaigne, M. (1965). Of solitude. In D. M. Frame (Ed. & Trans.), *The complete essays of Michel de Montaigne* (pp. 174-183). Stanford, CA: Stanford University Press.

Murphy, G. (1954). Social motivation. In G. Lindzey (Ed.), *Handbook of social psychology* (pp. 601-633). Cambridge, MA: Addison-Wesley.

Murray, H. A. (1938). *Explorations in personality*. New York: Oxford University Press.

Pedersen, D. M. (1979). Dimensions of privacy. *Perceptual and Motor Skills, 48*, 1291-1297.

Piaget, J. (1926). *The language and thought of the child.* London: Routlege & Kegan Paul.

Purcell, R. Z., & Keller, M. J. (1989). Characteristics of leisure activities which may lead to leisure satisfaction among older adults. *Activities, Adaptation and Aging, 13*(4), 17-29.

Rubin, K. H. (1982). Nonsocial play in preschoolers: Necessarily evil? *Child Development, 53*, 651-657.

Rubin, K. H., Bukowski, W., & Parker, J. (2006). Peer interactions, relationships, and groups. In N. Eisenberg, W. Damon, & R. M. Lerner (Eds.), *Handbook of child psychology: Vol. 3. Social, emotional, and personality development* (6th ed., pp. 571-645). New York: Wiley.

Sherif, M., Harvey, O. J., White, B. J., Hood, W. R., & Sherif, C. W. (1961). *The robbers cave experiment: Intergroup conflict and cooperation.* Middletown, CT: Wesleyan University Press.

Shipley, T. E., & Veroff, J. A. (1952). A projective measure of need for affiliation. *Journal of Experimental Psychology, 43*, 349-356.

Storr, A. (1988). *Solitude: A return to the self.* New York: Free Press.

Sullivan, H. S. (1953). *The interpersonal theory of psychiatry.* New York: Norton.

Thoreau, H. D. (1854). *Walden; or, life in the woods.* Boston: Ticknor & Fields.

Triplett, N. (1898). The dynamogenic factors in pacemaking and competition. *American Journal of Psychology, 9*, 507-533.

Trivers, R. (1971). The evolution of reciprocal altruism. *Quarterly Review of Biology, 46*, 35-57.

Winnicott, D. W. (1958). The capacity to be alone. In D. W. Winnicott (Ed.), *The maturational processes and the facilitating environment* (pp. 29-36). New York: International Universities Press.

Zimmerman, J. G. (1805). *Advantages of solitude upon the mind* (pp. 119-229). London, Great Britain: James Cundee.

2

또래집단에서의 위축과 고립에 대한 연구:
개념 및 측정기법의 역사적 진보

William M. Bukowski & Marie-Hélène Véronneau

　사회적 행동의 연구자들은 다양한 개념적 및 실제적 도전을 다루어야 한다. 특정 행동의 구성요소는 무엇이며, 무엇과 관련이 있는지, 어떻게 기능하는지, 어떻게 측정되어야 하는지, 그리고 무엇을 의미하는지 등 상호 관련된 의문들을 고려하여 어떤 행동이 형성되고 연구될 수 있는 합리적 가설을 세우고 검토해야 한다. 또한 이런 것들을 고려할 때, 문화 및 역사적 상황과 관련된 맥락적 차이들도 더불어 살펴야 한다. 어떠한 사회적 행동이든 기초적인 질문 중의 하나는 그 행동이 어느 정도로 자연적이고 보편적인 것이며 그 행동이 발생하거나 발달한 사회적 상황의 산물인가 하는 것이다. 예를 들면, 공격성 같이 일부 넓게 정의된 사회적 행동은 동물행동학적 유산과 관련된 과정 및 동기에 뿌리를 두고 있기 때문에 보다 일관된 의미와 중요성을 가질 가능성이 크다. 반면, 일부 사회적 행동은 개인과 사회적 맥락의 교차점에 대한 지배적인 문화 이

데올로기에 따라 그 의미와 중요성이 변화할 가능성이 크다. 지난 60년 동안 다양한 방식으로 연구되어 온 광범위한 형태의 사회적 행동 중의 하나가 바로 위축 혹은 고립이다. 넓게 정의한다면 사회적 위축은 아동이 사회적 상호작용의 기회로부터 자신을 철수시키는 과정으로 정의할 수 있는 반면, 사회적 고립은 사회적 활동의 참여에서 또래들에 의해 적극적으로 배제된 아동을 기술하는 데 사용된다(Rubin, Coplan, & Bowker, 2009).

이 장에서 우리는 단기 역사적 조망을 통해 사회적 위축이 또래관계 연구의 일부가 되어 온 과정을 검토할 것이다. 발달을 연구하기 위해 사용된 개념들은 그들 자체의 발달적 역사를 가지고 있다. 우리가 사용하는 개념과 견해들은 그 자체가 단지 특정한 시기에 특정한 장소에서의 아동의 발달만을 의미한다기보다는 그러한 현상들이 무엇이며, 그 현상들이 어떻게, 그리고 왜 특정한 방식으로 기능하는지를 정의하는 역사적, 학문적 또는 문화적 맥락에 내재되어 있다(Appadurai, 1988; Bronfenbrenner, 1979; Bukowski & Lisboa, 2007; Cairns, 1983a). 사회적 위축이나 고립은 이와 같은 개념 중의 하나로 발달심리학자들에 의해 연구되어 왔으며, 다양한 맥락적 요인이 가지고 있는 기능에 따라서, 그리고 그러한 기능 내에서 발전을 거듭해 왔다. 이 장에서 우리는 무엇이 위축을 구성하는가(즉, 또래집단으로부터의 분리)와 사회적 위축이 건강한 사회성 발달에 영향을 미치는 방식에 대한 우리의 이해에 맥락이 어떻게 중요한 역할을 해 왔는지를 다룰 것이다.

이 장의 기본 전제는 간단하다. 사회적 위축이라는 구성개념이 개인과 집단의 교차점에 놓여 있는 한 이 두 가지 사회적 구성개념과 관련된 광범위한 요인들에 따라 사회적 위축을 이해할 필요가 있다는 것이다. 즉, 사회적 구성물로서 개인이 된다는 것이 무엇인지에 대한 견해들과 집단의 중요성과 의미에 대한 견해들은 다양한 맥락적 요인들, 특히 문화와 역사에 따라 변화할 가능성이 있다는 점이다. 이 장의 또 다른 전제는 약간 복잡한데, 그것은 다음의 두 가지 주장과 관련이 있다. 첫 번째 주장은, 인간발달이 무엇이며, 어떻게 일어나며, 그것을 구성하는 것이 무엇인지에 대한 이론들은 개인이란 무엇이며 어떻게 연구되어야 하는가에 대한 지배적인 학문적 시대정신과 분리하여 생각할 수 없다는 것이다. 많은 견해와 개념은 인간의 본질을 구성하는 특징과 과정에 대한 대표적 이론들에 내재된 다른 개념들과 함께 제기되고 진화한다. 따라서 어떤 개념이 한 특정 문헌에서 어떻게 발전해 왔는가를 이해하려면 그 학문이 발달해 온 학문적 또는 역사적 풍토를 더 광범위하게 이해할 필요가 있다.

두 번째 주장은, 어떠한 주제에 대한 연구는 그 주제를 연구하는 방법이 가능한가에 따라 제약을 받을 수밖에 없다는 것이다. 어떤 것이 연구될 수 있는가와 연구자가 그것에 대해 질문을 던질 수 있는가는 적절한 연구방법과 통계적 기법이 있는가에 달려 있다. 연구자들은 더 나은 기법이 생길 때 보다 복잡하고 구체적인 의문들을 다룰 수 있고, 미묘한 차이를 가지는 정교한 연구결과들을 도출해 낼 수 있다. 이러한 두 가지 전제는 위축이 사회적 구성개념이고, 그것에 대한 연구는 특정한 역사적 또는 기술적 맥락 속에서 이루어지기 때문에 위축에 대한 연구는 그러한 연구들이 수행되는 맥락과 분리될 수 없다는 주장을 뒷받침한다. 이런 역사적 가변성은 이 구성개념의 강점도, 약점도 아님을 아는 것은 중요하다. 이것은 위축이 발달에서의 실체나 실제 의미가 결여된 무정형의 또는 예측할 수 없는 구성개념이라는 것을 의미하지 않는다. 다만, 맥락상 가변성이 아동이 어떻게 성장하는지와 연구자들이 어떻게 발달을 연구하는지에 영향을 주는 복잡하게 짜인 현실을 반영하는 기본적 특징임을 보여 준다. 이러한 가변성을 이해함으로써 우리의 연구는 더 복잡해지지만 또한 더 흥미로워진다.

따라서 우리는 사회적 발달의 연구자들(특히 동료 연구자들)이 특히 20세기 후반 동안의 변화에 대해 어떻게 사회적 위축을 연구해 왔는지를 논의할 것이다. 이 논의에서 우리는 측정기법과 개념화의 발달을 강조할 것이다. 이러한 논의 가운데 우리는 위축을 보다 넓은 학문적 · 역사적 맥락 속에서 다룰 것이다. 논의의 전반에 걸쳐 사회적 위축이 미래에도 연구되어야 하는가에 대하여 몇몇 질문을 제기하기를 희망한다.

사회적 위축과 고립은 항상 우리와 함께 있었다

1940년대와 1950년대

위축과 같은 사회적 구성개념에 관한 연구에 있어서 핵심 질문 중 하나는 언제 그것이 경험적 연구의 주제가 되었는가에 관한 것이다. 한 구성개념이 언제, 어떻게 연구문헌에 등장하였는가를 밝히는 것은 쉬운 일이 아니다. 그 질문들은 구성개념과 연구영역 자체가 불안정할 때 특히 도전적이다. 할 수 있는 일은 위축이나 관련 개념들에 대한 언급이 또래관계에 관한 주요 연구 개관서의 장이나 또래경험 연구에 사용된 연구방법 가운데 언제 처음 등장하였는지를 살펴보는 것이다. 그러나 개관서 검토는 분명 한계가 있는데, 그러한 개관서의 장들을 집필할 당시 연구자가 해당 주제의 연구 상태를 완전히 파악하였다고 보기 어려울 뿐만 아니라 누구를 독자로 생각하고 집필하였는지도 완전히 이해하기는 쉽지 않기 때문이다. 그럼에도 불구하고, 이러한 장들을 면밀히 읽어 본다면 적어도 이전에 연구했던 것이 무엇이며 어떤 아이디어들이 있었는지 전체적으로 조망해 볼 수 있다.

또래관계에 대한 가장 초기의 포괄적인 개관 장들 중 두 장은 『카마이클의 매뉴얼』(Carmichael, 1946, 1954)의 처음의 두 판본에서 찾아볼 수 있다. 이 장들은 Kurt Lewin(1946, 1954) 및 Anderson과 Anderson(1954)이 썼다. '전체 상황에서의 기능으로서의 행동과 발달(Behavior and development as a function of the total situation)'이라는 제목의 Lewin(1947년에 사망)이 쓴 장은 두 판본에 똑같이 실려 있다. '사회적 발달(social development)'이라는 제목의 Anderson 부부가 집필한 장은 두 번째 판본에 게재되어 있다(1954). 이러한 두 장 각각은 또래집단을 포함한 집단 내에서의 사회적 행동과 기능에 관한 매우 광범위한 주제를 다루고 있다.

이 두 장은 고립이나 사회적 위축에 대한 직접적 언급으로 볼 수 있는 어떠한 내용도 포함하지 않고 있지만, 당시에 위축이 어떻게 여겨졌는지, 그리고 위축과 관련된 사회적 역동에 대한 일견을 제공하는 관련 개념들을 논의하고 있다. Lewin의 장에서 위축과 관련하여 가장 근접한 언급은 집단소속의 개념과 생애공간(life space)이 어떠한 관계가 있는지에 대하여 논의한 내용이라고 볼 수 있다. Lewin에게 있어서 생애공간은 한 사람이 활동하는 모든 사회적 영역이나 장(fields)으로 구성된다. 그 영역이나 장은 가정, 교실 또는 이웃의 놀이터도 될 수 있다. Lewin의 사회적 발달 모델에서 핵심 요소는 연령이 증가함에 따라 생애공간을 구성하는 특정 장의 수가 보다 많아지며, 또한 보다 분화된다는 견해다. 그는 초기 청소년기 동안에 대부분의 남아 및 여아들은 아동기에 비해 더 많은 장소(예: 친구 집, 지역 커뮤니티 센터)를 접할 것이며, 이러한 새로운 맥락들은 가정이 제공하는 환경과는 매우 다를 것이라는 점을 제안하였다. 그러나 Lewin은 아이들이 연령과 관련된 이러한 과정에 얼마나 신속히 관여하게 될지는 개인 차가 있다고 조심스럽게 지적했다. 그는 "발달 동안 생애공간이 그 범위 면에서 증가하는 속도… 그리고 분화"에는 큰 차이가 있을 수 있다는 점을 주목하였다. 달리 말하면, 그는 어떤 아동과 청소년들은 다른 아이들에 비해 다양한 장에서 보다 신속하고 광범위하게 자리매김을 한다는 점을 언급하였다.

  이러한 관점이 내포하는 주장은 어떤 아동과 청소년들은 다양한 생애공간에 관여하게 되는 반면, 다른 아이들은 그러한 생애공간의 **아웃사이더**로서, 즉 보다 작은 범위의 장에 고립(Lewin의 표현이 아니라 필자들의 표현임)된 채 머물러 있다는 점이다. Lewin은 이것을 사회적 소속의 문제로 보았고, 사회적 목표는 특정 사회적 집단에 속하거나 속하고 싶지 않은 소원으로 이뤄진다고 주장했다. 어떤 아이들은 단순히 새롭고 상이한 장의 일부가 되는 목표가 없다. Lewin은 이러한 은둔성을 긍정적으로 보지 않았다. 그는 아웃사이더 상태는 부정적 결과로 이어진다고 보았으며, 집단의 아웃사이더가 되는 것은 집단보다는 자신의 권리나 의무에 영향을 미치며, 집단이 개인에게 미치는 잠재적인 긍정적 영향을 제한할 것이라고 주장하였다.

  Lewin이 아웃사이더 상태를 집단과정 혹은 개인–집단 접점의 부산물로 보았다는 점을 인식하는 것이 중요하다. Lewin은 그것을 완전히는 아니더라도 대체로 집단역동의 결과로서 이해할 수 있다고 믿었다. 그는 그것을 개인의 고유 특성이나 개인이 행동한 방식의 결과로 보지 않았다. 즉, Lewin에게 아웃사이더가 되는 것은 단지 특정 집단이 기능한 방식의 결과일 뿐이었다.

소속이나 아웃사이더 상태와 같은 개념들에 대한 Lewin의 접근은 매우 추상적이며 이론적이다. 그는 이런 현상들을 측정할 수 있는 과정들에 대한 실제적 또는 방법론적 질문들에 대해서는 거의 관심을 기울이지 않았다. 그가 집필한 장에는 집단 구조의 변화를 표현한 몇몇 소시오그램이 제시되어 있다. Lewin은 Bogardus(1933), Moreno(1934), Lippitt(1940)가 개발한 사회성측정 방법(sociometric methods)의 장점에 대한 매우 절제되고 미온적인 설명과 나란히 이러한 집단 구조 도식을 제시하였다. 이 소시오그램들은 어떤 아동은 집단 내의 다른 아동들과 거의 관계를 맺지 않았다는 것을 보여 주었다. Lewin은 소시오그램이 오직 "일부 상황 하에서만"(1946, p. 802) 집단에 소속됨의 지표가 될 수 있다고 진술하였다.

Lewin이 사회성측정 접근에 대해서 이토록 미온적인 태도를 취할 필요는 없었는지도 모른다. Moreno와 그를 따르는 연구자들이 제안한 견해, 구성개념, 기법들은 사회적 소속과 같이 Lewin의 관심을 끌었던 광범위한 구인들을 명료화하고 구체화하는 수단을 제공하였다. Lewin이 사회성측정법에 그다지 열정이 없었던 것은 이 기법에 관심이 있었던 Moreno나 다른 사람들과 Lewin의 강조점이 서로 확연히 달랐기 때문일 것이다. Lewin이 집단 그 자체와 집단역동에 관심을 더 가진 반면, 상대적으로 사회성측정 접근은 개인과 집단 내의 개인의 위치에 더 관심을 갖는다. 더욱이, Moreno의 기법들은 당시 완전히 개발되지 않았으며, 또한 전체로서 집단을 직접 평가하려 의도된 것은 아니었다. 적어도 어느 정도는 사회성측정법은 한 개인이 매력에 기초하여 다른 집단원에게 연결된 정도를 측정하려고 의도된 것이었다. 사회성측정 접근은 아웃사이더를 확인할 수 있으나, 그러한 아웃사이더 상태를 초래하는 집단역동을 확인할 수는 없었다. Lewin이 사회성측정법에 대해 다소 거부적인 태도를 취했다고 하더라도, 소속과 아웃사이더 상태의 기본적 지표를 측정하는 하나의 수단으로서 사회성측정 접근의 가치를 이해하고 있었을 것이다.

다른 이론가들의 연구와 같이, 사회적 발달에서 집단의 역할에 대해 Lewin이 자신의 견해를 발달시킨 맥락, 그리고 사회성측정법에 대한 최초의 견해들이 등장한 맥락을 고려하는 것은 중요하다. 전쟁 전 시기인 1930년대 후반과 제2차 세계대전 동안 및 직후의 시기는 집단의 힘과 개인의 뚜렷한 약점에 대한 깊은 반성의 시기였다. 파시스트 사회운동의 파괴적인 힘을 간과하는 것은 선택사항이 아니었다. 강력한 사회운동의 폭군적인 영향을 인지하는 것을 넘어 이와 동시에 문화(Mead, 1937)나 사회경제적 상황(Dollard, 1937)에 의해 야기될 수 있는 사회성 발달의 명백한 변형가능성에 대한 인식이 증가했다. 이 당시에 왜 집단이 주목 받았는가에 대해 또 다른 시각에서 고려해 볼 가치가 있다. 집단에 대한 이러한 과도한 강조는 발달에 관한 다른 주요 이론들(예: 정신분석-이 책의 5장 참조)에서 개인을 과도하게 강조하는 것을 적어도 부분적으로 상쇄하고자 의도된 것으로 생각해 볼 수 있다.

『매뉴얼 제2판』(1954)에 실린 Anderson과 Anderson의 사회적 발달에 대한 장은 개인에 대해 강조하였으며, 사회적 발달의 양상에 있어서의 개인차에 대해 보다 높은 관심을 나타냈다. 그들은 사회적 발달은 구체적으로 융화(integration: 즉, 타인에게 소속되는 것)와 분화(differentiation: 즉, 자율성 또는 개성화)라는 두 가지 목표에 의해 동기부여 된다고 주장했다. 그들 생각의 핵심은 **타인을 향한 움직임**(moving toward others)과 **타인에 반한 움직임**(moving against others) 사이의 구분이다. 전자가 개인 차원에서는 융화를, 집단 차원에서는 조직화를 촉진하는 한편, 후자는 이런 두 조건을 모두 방해한다. Anderson 부부는 공격성과 갈등이 사회적 융화 행동에 반하는 것으로 보았지만, 회피적 행동 또한 타인을 향해 움직이는 경향에 반하는 것이라고 보았다. 그들은 타인에게서 멀어지는 행동을 별개의 차원으로 언급하지는 않았으며, 대신 그것을 사회적으로 성공적인 아이들을 정의하는 특성들이 극단의 낮은 수준에 있는 것과 관련되는 힘의 불균형에 대한 일종의 순종적 혹은 비융화적 반응(즉, "낮은 자발성, 낮은 사회적 소통, 낮은 이해, 낮은 성취, 낮은 상호교류", p.1203)으로 보았다. 그들은 위축과 고립을 사회적 행동에서 개인차를 구분하는 광범위한 별개의 차원으로 다루지는 않았지만, 그들이 저술한 장의 요점은 어떤 아이들은 다른 아이들보다 또래들로부터 철수하거나 또래들을 피할 가능성이 높다는 것이다. 이러한 관점은 아직 당시의 사회성 발달에 대한 연구에서 명확한 개념은 아니었지만, 적어도 두 개의 다른 연구 패러다임에서 곧 등장하게 된다.

요컨대, 1950년대가 시작되기 전까지는 기껏해야 위축과 고립은 아동기의 바람직한 사회적 행동에는 못 미친다는 암묵적 관점이 존재하였다고 볼 수 있다. 위축 또는 고립된 아동들에 대한 명시적 언급이 당시 사회성 발달에 대한 주요 연구 문헌에서는 찾아보기 어렵지만, 타인으로부터 떨어져 있는 것, 즉 사회적 소속의 결여 혹은 좁은 범위의 사회적 맥락에 제한되어 있는 것은 건강한 발달의 지표가 아니라는 암묵적 관점이 존재하고 있었다. 그러나 사회적으로 위축되었거나 고립된 아동을 확인하려는 대상자 중심의 경험주의적 기법들에 대한 관심은 주요 연구물에서 아직 명확히 나타나지 않았다.

1950년대와 1960년대

이런 상황들은 1950년대 동안 변화하였다. 1960년 직전에 일어난 세 가지의 진보로 인해 위축과 고립의 개념은 사회적 발달에 있어서 중요하게 인식되었다. 첫 번째 진보는 주로 방법론적인 것으로, 오늘날에도 여전히 우리와 함께하고 있는 또래 연구에서 불후의 초석이 된 것이다. 이 발전은 바로 또래평가 절차(Bukowski, Cillessen, & Velasquez, 2012 참조) 분야에 있었다. 각각의 아동에 대해 또래들로부터 정보를 수집하는 기법은 1920년대부터 사용되었다. 처음에 이 방법들은 자기통제나 도덕적 행동 같은 특정 행동에 대한 자료를 수집하기 위해 사용되었다(예: Hartshorne & May, 1928; Hartshorne, May, & Maller, 1929). Mitchell(1956)은 또래평가 기법이 사회적 행동의 여러 기본적 차원에 걸쳐 개별 아동의 기능을 측정하는 데 사용될 수 있음을 인정하였다. 이전의 또래평가 접근이 협소하고 특정한 구성개념에 초점을 두었던 것과는 달리, Mitchell은 다양한 형태의 사회적 행동을 대표하는 이질적인 19개의 문항 세트를 활용하였다. 그는 아동들이 그들의 또래가 질문지의 특정 문항에 해당하는가를 확인하는 데 지필 검사지를 활용했다. 그들의 선택에 기초하여 Mitchell은 각 아동이 그 문항에 얼마나 많이 지명되었는가에 따라 각 아동에게 문항에 따른 점수를 부여했다. 요인분석을 통해 '타인을 향한 움직임(moving toward others), 타인과 반하여 움직임(moving against others), 그리고 **타인으로부터 멀어짐**(moving away from others)'의 기본적 차원을 가리키는 세 가지의 요인을 발견했다. Mitchell은 이 세 요인을 **사회적 수용성**("좋은 계획을 세우는 소년 그리고 소녀는 누구인가?"), **공격적 부적응**("규칙, 학교 규칙, 놀이 규칙을 깨는 사람은 누구인가?"), 그리고 **사회적 고립**("놀이에 참여하지 않은 소년과 소녀는 누구인가? 그들은 신나게 놀기를 좋아하지 않는다.")이라 명명하였다. Mitchell의 연구가 중요한 이유는 단지 사교성의 반대 개념으로서가 아니라, 또래와의 사회적 기능을 나타내는 하나의 기초 차원으로서 사회적 위축의 존재를 최초로 실증적인 방법을 사용하여 입증하였기 때문이다. 이 세 요인 구조는 이후에 나오는 더 잘 알려진 또래평가 기법의 기초적인 구성체계로 사용된다[예: Bower(1957)의 『교실놀이, 또래지명검사(Class play, The Peer nomination inventory)』(Wiggins & Winder, 1961; Winder & Wiggins, 1964), 『학생평가검사(The Pupil evaluation inventory)』(Pekarik, Prinz, Liebert, Weintraub, & Neale 1976), 그리고 『교실놀이 개정판(The Revised class play)』(Masten, Morison, & Pellegrini, 1985)]. 우리가 알기로 Mitchell의 기법은 또래관계 기능의 한 측면으로서 위축을 확인하고 평가한 최초의 절차였다.

　다른 두 가지 발전은 Mitchell이 위축을 또래 관련 사회적 행동의 기본 특징임을 발견하는 데 기여하였다. 하나는 Lewin과 Anderson 부부가 집필한 장에 명백히 드러난 주제인데, 사회적 발달에 대한 연구는 전인적 아동(whole child)을 인정할 필요가 있다는 점이었다. Mitchell은 특히 사람의 성격을 구성하는 기본적 차원을 밝히려는 Eysenck(1953)의 연구에 의해 영향을 받았다. Mitchell은 아동들이 또래와 어떻게 기능하는가를 분석하여 이 목표를 추구하기로 선택하였다. 이런 추구는 두 번째 발전, 즉 데이터 세트의 구조를 실증적으로 평가하는 요인분석 기법의 발전(예: Thurstone, 1947) 덕에 가능했다. 요인분석에서의 기술적 · 통계적 발전으로 인해 Mitchell은 위축이 특질과 마찬가지로 개인에 따라 다양하게 나타나는 또래집단 내에서의 사회적 행동의 기본 차원임을 보여 줄 수 있었다.

　이러한 두 조건은 제2차 세계대전 이후에 나타난 근대주의적 관심사의 표현, 즉 직접적으로 관찰되지는 않지만 인정해야만 하는 인간 기능의 풍부하고 다차원적인 복잡성의 존재를 표현한 것으로 볼 수 있다(Howe, 1967). 이는 또한 당시에 지배적이던 인간

본성에 대한 유토피아적 모델(예: 파시즘과 공산주의)은 엄중한 관점에서 신뢰할 수 없으며, 인간 기능을 이해할 때 관찰에 기초한 접근으로 대체되어야 한다는 근대주의적 관점과도 일치한다. Mitchell은 아동의 사회적 행동의 협소한 측면들이 특정 이론의 주요 구성요소임에도 불구하고 이러한 측면들을 평가하는 데에는 관심이 없었다. 대신 그는 아동의 사회적 행동을 정의하는 잠재적인 요인들에 대해 포괄적 관점을 취하기를 원했다. 이런 관점을 취하였을 때, 그는 위축이 아동기의 사회적 행동의 한 기본 차원이라는 증거를 얻었다.

두 번째 발전은 첫 번째와 거의 동시에 일어났지만 매우 다른 연구영역, 구체적으로는 기질에 대한 신생 연구에서 있었다. 그들의 기질에 대한 초기 연구에서 Chess, Thomas 및 Birch(1959)는 위축 및 고립의 개념과 유사한 새로움(novelty)에 대한 민감성의 두 차원에 대해 언급하였다. 이러한 두 차원은 활동성(activity)/수동성(passivity) 및 접근(approach)/위축(withdrawal)이었다. 그들의 프로젝트 이면에 깔린 내용은 아동발달에 대한 이론 및 젊은 부모들을 위한 지침서에 제시된 조언들에 만연해 있던 환경의 중요성에 대해 큰 반향을 불러일으켰다. 그들의 목표는 유아가 빈 석판이 아님을 알리고, 유아 행동의 종합적 평가를 제공하는 것이었다. 그들의 연구결과는 유아가 환경에 반응하는 기본적인 규준적 차원들을 제시하기 원했다는 측면에서 대체로 기술적이었다. 그들의 관찰은 유아들이 환경에 반응하는 방식들 중에 위축과 수동성이 있음을 보여 주었다. Mitchell(1956)의 연구결과와 마찬가지로 이들의 연구 증거 또한 위축이 사회성 발달을 기술하는 데 포함될 필요가 있는 특질 같은 행동의 한 형태임을 보여 주었다.

Mitchell(1956)과 Chess 및 동료들(1959)의 견해 간에는 또 다른 중요한 유사점이 있다. 위축이 사회적 행동의 기본적 한 형태라는 데 동의할 뿐 아니라, 그것이 문제행동의 직접적 지표가 아니라면 적어도 위험요소라는 데 동의하는 것으로 보인다. 그들의 연구에서 내포된 점은 긍정적인 발달을 위한 기회에 참여할 수 없게 하기 때문에 위축이 문제가 된다는 관점이다. Chess와 동료들은 부정적 기분이 긍정적인 기분의 반대가 되는 것과 같은 방식으로 위축은 접근의 반대라고 설명했다. Mitchell은 위축이 결국 부적응을 초래할 것이라고 보다 명시적으로 진술하였다.

1950년대와 1960년대의 세 번째 발전은 이미 언급한 분야인 사회성측정법에 있었다. 사회성측정법은 집단 구성원 사이의 호감과 반감을 이해하는 데 관련된 견해, 구성개념, 방법들의 집합을 의미한다(Cillessen & Bukowski, 2000). 사회성측정법 내에서 한 가지 전통은 아동의 선호(liking)와 비선호(disliking)의 차원에서 높은 수준을 보이는 아동을 식별하는 것에 관심을 가져왔다. 1950년대 동안 또래들로부터 **무시 당하는**(neglected) 아동이 누구인지 구별하는 기법에 상당한 진전이 있었다. 이전의 기법들은 누가 집단에서 **스타**(star) 또는 **인기 있는**(popular) 아동(즉, 또래들이 얼마나 그들을 좋아하는가에 있어서 평균보다 훨씬 높은 수준에 있으면서 또래들이 얼마나 싫어하는가에 있어서 평균보다 훨씬 낮은 수준)인지, **거부 당하는**(rejected) 아동(즉, 선호 차원에서 낮고, 비선호 차원에서 높음)인지, 그리고 이 두 차원 모두에 있어서 평균 수준에 있는 아동은 누구인지 구분할 수 있었던 반면, Lemann과 Solomon(1952), 그 외 다른 연구자들(Justman & Wrightstone, 1951; Thompson & Powell, 1951)이 개발한 새로운 기법은 거부 당하는 아동과 무시 당하는 아동(즉, 또래들이 좋아하는 것도 싫어하는 것도 아닌 아동)을 구별할 수 있었다. Dunnington(1957)은 그녀가 **지위**(status)와 **주목**(notice)이라고 명명한 두 가지의 새로운 구성개념을 만듦으로써 가장 큰 기여를 하였다. 지위는 상대적인 호감 가능성의 지표로, 좋아하지 않음의 합을 좋아함의 합에서 제함으로써 산출된다. 주목은 아동이 또래집단 내에서 눈에 띄는 정도를 나타내는 지표로, 좋아함과 좋아하지 않음의 점수를 함께 더함으로써 산출된다. 보다 최근에는 서열과 주목 대신에 **사회적 선호**(social preference)와 **사회적 영향**(social impact)(Coie, Dodge, & Coppotelli, 1982; Newcomb & Bukowski, 1983; Peery, 1979)과 같은 다른 용어들이 사용되고 있다. 주목 점수가 매우 낮은 아동(즉, 선호와 비선호 모두에서 점수가 매우 낮음)은 또래들에 의해 무시되는 것으로 가정되었다.

이 세 가지 발전이 보여 주는 바, 1960년대의 시작 즈음까지 사회적 위축은 기본적 형태의 사회적 행동으로 확인되었으며, 또래집단 내에서 위축과 무시에서의 개인차를 측정할 수 있는 실증적 기법들이 이용 가능하게 되었다. 이러한 발전들은 위축이 기초적이며, 측정가능한 사회적 행동의 한 차원이라는 수렴된 증거를 제공하지만 이들 간의 차이를 아는 것은 중요하다. Mitchell이 개발한 측정기법은 광범위한 일련의 지표에 초점을 둔 또래 지각평가의 한 형태로, 특히 사회적 혹은 대인관계적 맥락에서 불안과 은둔성의 지표들에 초점을 두고 있다. 그가 사용한 문항들은 다음과 같다. "게임에 참여하지 않는 소년과 소녀들… 그들은 신나게 노는 걸 좋아하지 않는다." "…수줍음이 심해서 쉽게 친구들을 사귀지 못한다. 이들에 대해서 알기 어렵다." "말을 걸거나 이야기하라고 요구하면 방해가 된다고 하거나 화를 낸다." "당신이 '주목'하지 않는 소녀나 소년들… 그들은 당신과 함께 있는지 아닌지 신경 쓰지 않는다." 그리고 "기회 잡기에 겁이 많고 두려워하는 아이들" 등이다. 이와 달리, Chess, Thomas 및 Birch가 기술한 위축과 관련된 차원은 운동행동(적극성/수동성)과 새로운 자극에 대한 초기 반응(접근/위축)을 강조하였다. 그들의 구성개념과 방법들은 사회적 및 비사회적 자극들 모두에 대한 반응으로서의 행동을 강조했다. 행동에 대한 이런 강조와는 더욱 대조적으로, Dunnington(1957)과 같은 연구자들에 의해 실시된 사회성측정 접근은 또래들이 한 아동에 대해 긍정 및 부정적 정서(즉, 선호 및 비선호)를 갖는 정도와 같이 정서적 측정치를 강조하였다. 이러한 다양성은 위축과 같은 구성개념의 풍부함과 복잡성을 가리키기 때문에 강점이 될 수 있다. 그러나 위축이라는 구성개념의 다면적 및 무정형적 성질이 너무도 두드러진다면 하나의 단일 실체적 개념보다는 상호 관련된 현상들의 집합체로서 위축을 연구할 필요가 있기에 이는 도전이기도 하다. 이러한 세 가지 발전에서 간과되지 말아야 할 마지막 한 측면은 이들 각각이 명시적이든, 함축적이든 위축을 아동으로 하여금 부적응적 결과의 위험에 처하게 하는 부정적 요인으로 본다는 점이다.

위축과 고립, 지하에 숨었다가 다른 방향에서 되돌아오다

1960년대와 1970년대 초반 동안 또래관계에 대한 연구들이 앞선 수십 년 동안에 이뤄진 것보다 더 많이 이뤄졌음에도 불구하고, 사회적 위축과 고립에 대한 연구는 그리 많지 않았다. 1950년대의 두드러진 발전이 이들 구성개념에 대한 관심을 증가시켰음에도 불구하고, 이 시간 동안 위축과 고립에 대한 연구는 드물었다. 이들 구성개념에 대해 상대적으로 연구가 부족한 것은 세 가지 이유 때문이었을 것이다. 하나는, 또래평가와 사회성측정법에서 발전된 내용을 적용함에 있어서, 특히 대규모 표본을 사용하는 데에는, 실제적인 문제에 직면하게 되었다. 이 시기에 컴퓨터 기능은 여전히 부족했고, 컴퓨터 기기와 유용한 소프트웨어에 접근하는 것도 매우 제한적이었다. 두 번째 이유는, 개인의 특성보다 과정에 더 강조를 둔 이론의 출현이었다. 1960년대와 1970년대 초반의 지배적인 이론적 모델은 인지적 및 사회인지적 발달에 관한 사회학습이론의 기계적 모델과 피아제 이론의 유기체적 모델이었다. 이러한 접근들 간에는 큰 차이가 있음에도 불구하고, 발달적 변화(특히 피아제의 접근)와 개인차의 출현(특히 사회학습이론적 접근)을 설명하는 과정을 매우 강조한다는 면에서 공통점이 있었다. 이러한 과정 지향성은 위축이나 고립된 아동과 같이 아동의 유형에 관심을 둘 여지를 남기지 않았다. 세 번째 이유는, 아동과 청소년의 유능한 기능 도모를 강조하는 서구 세계의 문화적 시대정신일 것이다. 냉전시대에 미국이 우주 경쟁에 뛰어들기에 앞서 소련이 스푸트닉호를 발사한 것은 서구의 젊은이들 사이에서 높은 수준의 수행을 장려하는 조화된 노력으로 이어지게 되었다. 뛰어난 성취자를 만들어 내는 데 목적을 둔 이 광적인 시대정신이 위축된 아동들에게 관심을 갖게 했을 가능성은 별로 없어 보인다.

이것은 사회적 위축 및 고립과 관련된 개념들이 이 시기에 완전히 사라졌다거나 또래집단에서의 성공을 좌우하는 요인들에 대한 관심이 전혀 없었다는 것을 의미하지는 않는다. Hartup의 1979년과 1983년의 『핸드북』(Hartup, 1979, 1983)은 또래 상호작용의 발달과 또래와의 경험이 행동 변화에 영향을 줄 수 있다는 증거에 대해 폭넓게 다루었다. 피아제 학파나 사회학습이론가들 사이에서 실험실 기반의 관찰이 선호되는 것과 일치하게 Hurtup이 다룬 연구의 대부분은 실험적 절차나 잘 고안된 인터뷰와 과제들을 사용하였다. 그럼에도 불구하고, Hurtup은 위축과 고립이라는 주제와 관련된 두 가지 쟁점에 주의를 기울였다. 또래관계가 발달에 미치는 영향에 대해 논의하면서 Hurtup은 이전에 Lewin(1946, 1954)과 Anderson 부부(Anderson & Anderson, 1954)가 다룬 쟁점, 구체적으로 집단에 소속되고 싶고 통합되고 싶은 욕구는 또래경험이 행동 변화에 미치는 영향에 기저를 이루는 강력한 동기적 힘이라는 사실을 조심스럽게 언급하였다. 1970년에 발간된 장에서 Hurtup은 더 큰 사회 단위의 일원이 되는 것이 아동에게 얼마나 강력한 소망이 될 수 있는지를 설명하기 위해서 Carson McCuller의 소설 『결혼의 구성원(A member of the wedding)』의 긴 구절을 인용했다. 이러한 관점에 내포된 것은 위축되고 고립된 아동은 집단의 일원이 되기 위해 필요한 기술이 비전형적이거나 부족하다는 점이다. Hurtup은 또한 이 두 장에서 또래집단에서의 수용에 영향을 미치는 요인들에 대한 연구를 언급하였다. 그는 위축에는 거의 관심이 기울여지지 않았음을 지적하였다.

또래관계에 대한 주류 문헌들이 사회적 위축과 고립에 관심을 거의 보이지 않는 듯하였으나, 이 시기에 다른 연구 영역에서 발전한 연구들은 이들 주제에 대한 관심을 고조시켰다. 1960년대와 1970년대 성인 정신건강의 뿌리에 관심을 가진 임상 지향의 심리학자들이 수행한 대규모 모집단 기반의 역학 연구들은 아동기 동안의 기능 지표들과 성인기 기능 측정치 간의 관계를 연구하기 시작했다. 개별적으로, 그리고 집단적으로 이들 연구들은 아동기의 문제 있는 또래관계 측정치가 성인기의 부적응을 예견하는 데 사용될 수 있음을 보여 주었다(예: Cowen, Pederson, Babigian, Izzo, & Trost, 1973; Kohn & Clausen, 1955; Roff, 1961; Roff, Sells, & Golden, 1972). 성인기의 문제와 관련 있는 아동기의 지표에는 위축과 고립의 측정치들이 포함되었다. 이러한 문헌에 대한 포괄적 개관에서 Parker와 Asher(1987)는 성인기의 심리사회적 문제의 강력한 위험 요인으로 위축의 측면들(예: 수줍음, 아웃사이더가 됨)을 확인하였다. 이러한 증거는 또래관계가 그저 사치품이 아니라 발달의 근간이 되는 영역이라는 Hurtup(1979)의 주장을 뒷받침하였다.

아동기의 또래와의 경험이 후속되는 안녕을 위해 중요한 의미를 갖는다는 이러한 발견은 또래관계의 특징과 영향에 관심을 갖는 발달 및 사회심리학자들과 부적응의 기원에 관심을 갖는 아동 임상심리학자들 간의 강하고 지속적인 동맹으로 이어지게 되었다. 기초 연구자들과 응용 연구자들의 이런 협업은 또래관계 연구문헌에 융합적 활기를 불어넣었다. 1960년대와 1970년대 초반의 연구실에서 이뤄진 과정 지향적 연구들과 대조적으로, 1970년대 후반과 1980년대 초반의 실증적 관심은 또래집단 내에서의 성공에 선행하는 개인 관련 요인들을 밝히는 데로 방향을 틀었다. 또래관계의 어떠한 측면들이 또래와의 유능하고 유능하지 못한 기능과 연결되는지에 대해 가설을 검증하기 위해서 연구자들은 다양한 형태의 행동과 다른 개인 차원의 변인들을 평가하고, 유능한 또래관계 기능의 지표로 사용할 수 있는 기법들을 필요로 하게 되었다. 그들은 또한 이 변인들 사이의 관계를 관찰할 수 있는 비실험적 절차들을 개발할 필요가 있었다.

두 가지 형태의 자연관찰법이 선호되었다. 놀이집단에 참여하도록 유도된, 이전에 서로 알지 못했던 낯선 아동들 혹은 유치원 교실에서 새로 알게 된 아동들의 상호작용을 관찰하는 것이 첫 번째 형태다. 이 연구들의 목적은 아동의 특정 행동으로 인해 새로운 친구들이 그를 좋아하거나 싫어하는 데 얼마나 영향을 미치는지를 측정하는 것이다. 이런 접근의 예는 Dodge, Schlundt, Schocken 및 Delugach(1983)과 Rubin 및 Daniels-Beirness(1983)의 예에서 찾아볼 수 있다. 다른 형태는 단기적 혹은 장기적 종단연구로, 또래들 사이에서 나타나는 사회적 기능의 여러 측면이 후속되는 안녕이나 후속되는 또래관계 경험과 어떻게 관련되는지를 평가하는 것으로 구성되었다. 이런 접근의 예로는 Coie와 Dodge(1983), 그리고 Schwartzman과 Ledingham의 연구가 있다(Ledingham & Schwartzman, 1984; Schwartzman, Ledingham, & Serbin, 1985).

이 두 가지 접근은 위축과 관련된 행동의 유형이나 특징을 평가하거나 또래집단 내에서 아동의 위치를 평가하는 새롭게 개발된 도구들의 사용을 통해 촉진되었다. 또래집단 내에서 아동의 위치를 측정하는 결정적 발전은 또래들에 의해 무시되는 아동을 찾아내는 공식적인 체계의 발달이었다. Peery(1979), Coie 및 동료들(1982), 그리고 Newcomb과 Bukowski(1983)에 의해 개발된 방법은 또래로부터 무시 당하는(즉, 좋아하는 것도 싫어하는 것도 아닌) 아동들의 집단을 확인하기 위해 인기 있는, 평범한, 그리고 거부된 아동들을 구분하는 수용(즉, 선호)과 거부(즉, 비선호)에 대한 척도를 사용하는 선행체계를 확장시켰다. 이런 방법들은 연구자들에게 당시에 광범위하게 사용되었던 가장 복잡한 통계적 절차였던 분산분석에 견줄 만한 아동의 집단을 산출할 수 있는 새롭고 강력한 분류체계를 제공하였다.

이러한 사회성측정 분류 기법들은 Dodge 및 동료들(1983)에 의해 두 관찰 연구에서 사용되었다. 이 연구들에서 그들은 서로 낯선 아동들이 새로운 또래들과 상호작용하기 위한 수단으로 서로 다른 전략을 사용하는 정도를 측정하였다. 이 전략들에는 질문 기법, 방해, 자기참조(self-reference), 집단지향적인 발언 및 기다리기/서성이기 등의 사용이 포함되었다. 그들의 두 논문 모두에서 무시된 집단에 있는 아동들은 인기가 있거나 거부된 집단에 있는 아동들에 비해서 다른 아동들과의 상호작용에 끼어드는 수단으로 매우 비주장적인 기다리기와 서성이기를 사용할 가능성이 매우 높았다. 이러한 발견들은 위축 관련 행동과 또래 집단 상황에서 아동의 위치 지표 사이에 연관성이 있다는 증거를 제시하였다.

유사한 증거가 사회측정적 지위와 사회적 행동 사이의 동시적 및 예언적 관련성에 대해 4년간 5회 측정한 Coie와 Dodge(1983)의 종단연구에서도 관찰되었다. 그들의 연구 참여자는 연구 첫 해에 3, 5학년이었던 218명의 남학생, 여학생들이었다. Mitchell이 개발한 것과 유사하지만 훨씬 더 적은 문항 세트를 사용한 또래평가 기법을 통해 그들은 각 아동이 협조적인, 수줍어하는, 파괴적인, 지도자인, 그리고 싸움꾼인 정도를 측정했다. 이들의 연구결과는 무시 당하는 집단에 지속적으로 소속되어 있던 아동들이나 시간이 지나면서 이러한 집단으로 옮겨 온 아동들이 수줍음 문항에서의 수준이 가볍게 상승되는 것으로 나타난다는 것을 보여 주었다. 그들은 집단 내에서 무시된 지위를 결정하는 요인으로서의 수줍음의 역할은 5학년에게서 더 강하게 나타난다는 점을 주목하였다.

Rubin과 Daniels-Beirness(1983)는 어린 학령기 아동의 사회적 행동과 이들 사이에서의 선호를 알아보는 1년간 총 2회 측정하는 종단연구에서 사회성측정 분류 절차를 사용하지 않았지만, 위축의 보다 풍부하고 복잡한 측정치들을 사용하였다. 자유놀이 상황에서 사회적 행동을 관찰하여 그들은 단독의 극적 놀이, 단독의 기능적 놀이, 단독의 탐색적 놀이를 포함하는 단독 활동의 여러 형태에 코드를 부여했다. 그들은 이러한 유형의 사회적 행동이 또래들에게 선호하는 것과 부적 관계가 있다고 보고했다. 이러한 관계성은 동시적일 뿐만 아니라 1년의 연구 기간에 걸쳐서도 예언적으로 관찰되었다. 이러한 결과들이 위축 행동과 무시 사이의 연관성을 직접적으로 드러내지는 않는다 하더라도 거의 그렇다고 보아야 한다. 이들의 연구에서 또 다른 매우 중요한 발견은 유치원에서의 단독적 형태의 놀이는 1년 후의 낮은 선호도 수준을 예언했다는 점이다.

Schwartzman과 Ledingham이 시도한 종단연구는 위축이 이 영역의 초기 연구들에서 어떻게 사용되었는가에 대한 다른 관점을 제공하였다. 이들의 연구는 목적과 측정 방법에 있어서 다른 연구들과 달랐다. 이 연구의 목표는 위축의 측정치를 포함하여 초등학교 시기 동안의 또래들과의 사회적 기능 지표들을 사용하여 성인의 정신과적 장애를 예측하는 것이었다. 공격과 호감성에 대한 측정치들과 함께 위축의 측정치는 **학생 평가 척도**(Pupil Evaluation Inventory: PEI)를 통해 이루어졌다(Pekarik et al., 1976). 처음부터 그들은 아동기 위축의 장기적 결과를 밝히는 장기 종단적 연구를 구상하였다. 장기적 설계와 정신 질환에 대한 초점을 제외하고, 그들의 연구는 두 가지 독특한 특징이 있었다. 하나는 각기 세 가지 차원에 대한 극단적인 집단을 만든 것이었다. 이 집단에 배정된 아동들은 특정 영역에 대한 백분위 점수가 95번째 백분위 수 이상이었다. 두 번째 혁신적 특징은 위축과 공격성 둘 다에서 높은 점수를 받은 아동 집단의 구분이었다.

종합적으로 1970년대 후반과 1980년대 초반에 수행되었던 이 연구들은 사회적 위축이 건강한 기능과 발달에 관한 모든 포괄적인 모델에서 고려되어야 하는 사회적 행동과 사회적 경험의 한 특징으로 여겨졌다는 풍부한 증거를 제공하였다. 전체적으로 이 연구들은 위축 연구에 대해 표준적 접근이 된 연구설계와 패러다임을 대표하였다. 이 시기의 저술에서 Cairns(1983b)는 사회적 연결망에 대한 관심이 되살아난 것은 아마도 사회적 발달 연구에서 가장 의미 있는 발전이 될 것이라고 주장하였다. 이 예언적 평가의 적절성을 논하기는 어렵다. 그러나 다음 시기에 나타난 발전들도 똑같이 중요해 보인다. 이 발전들은 위축에 대한 보다 정교한 설명과 위축이 설명되는 복잡한 방식들에 관한 것이다.

최근에 들어와서: 1980년대 후반과 1990년대

일반적으로 또래관계 연구, 특별히 위축 연구의 현 상태에 대한 Cairns의 평가에서 그는 당시의 개념적 및 경험적 문헌에서 그가 지각한 몇 가지 기본적 문제를 지적하였다. 그는 또래집단 내에서의 기능을 평가하는 데 활용될 수 있는 여러 접근을 언급하였으며, 그러한 것들 간의 차이, 곧 긴장(tension)을 인정하였다. 사실 비교 행동학자였던 Cairns는 이런 다양성을 인정하고 각 접근이 아동과 그들이 속한 집단에 대해서 무엇을 드러내 줄 수 있는지 이해할 필요가 있다고 지적하였다. 또래평가가 개별 아동의 행동과 특성에 대한 정보를 제공하는 반면, 사회성 측정치들은 어떤 아동이 또래들로부터 애정을 받고 덜 받는지 더 나아가 무시되는 정도를 알려 주는 지표였다. Cairns는 이런 측정치들이 다른 형태의 정보를 제공한다는 측면과 위축과 사회성 측정치들 간의 관련성은 기껏해야 중간 정도라는 점을 인정해야 한다고 강조하였다. 그는 또한 위축과 같은 폭넓은 구성개념의 측정치들이 제공하는 정보가 정확히 무엇을 의미하는지 항상 명확한 것은 아니라는 점도 피력하였다. 끝으로, 그는 Moreno와 Lewin과 같은 연구자들이 발전시킨 원래의 견해와 개념이 이전 시기 동안에 상실되었다는 우려도 심각히 제시하였다. 1980년대 후반과 1990년대의 연구들은 이러한 Cairns의 몇몇 우려를 종식시켰다.

사회적 위축 개념의 명료화

이 시기 동안 사회적 위축이라는 보다 큰 구성개념 내에 존재하는 보다 구체적인 차원들을 밝히는 데 더 많은 주의를 기울이게 되었다. 이 시기의 이정표로 볼 수 있는 출판물은 위축이 단일 요인의 구성개념이 아니고 적어도 두 개 이상의 기본적인 차원을 가진 이질적 현상임을 보여 주는 Rubin과 Mills(1988)의 연구다. 관찰 데이터를 사용해서 그들은 아동이 자유놀이 시간에 그들의 사회적 환경 속에서 조용히 탐색하거나 무언가를 구성하면서 홀로 시간을 보내는 정도를 나타내는 지표인 **단독적-수동적 활동** (solitary-passive activity) 측정치와 아동이 인지적으로 미숙한 방식으로 혼자 노는 정도를 평가할 수 있는 **단독적-적극적 놀이**(solitary-active play) 측정치들을 고안하였다 (이 책의 7장 참조). 이들은 Masten 및 동료들(1985)이 제작한 '개정판 학급놀이(Revised Class Play; 사회적 위축에 대한 또래 지명 평가)'의 문항을 이용하여 단독적-수동적 활동의 행동 측정치와 동일한 현상을 측정하는 것으로 가정할 수 있는 '수동적 고독(passive solitude)'의 측정치, 그리고 거부와 유사한 고립의 측정치를 고안하였다. 수동적 고독을 측정하는 또래평가 측정치는 네 문항(다른 아이들과 놀지 않고 혼자 노는 아이, 쉽게 상처 받는 아이, 매우 수줍음을 타는 아이, 그리고 평소에 슬픈 아이)을 포함한 반면, 거부와 유사한 측정치는 세 문항(다른 아이들이 자신의 말을 잘 안 들어 주는 아이, 친구들과 말썽을 일으키는 아이, 자주 혼자 남겨지는 아이)을 포함했다. Rubin과 Mills는 이들 네 가지 점수는 다른 발달적 양상과 서로 다른 변인들과 상관을 보인다는 점을 보여 주었다. 그들은 2학년과 4학년 기간 사이에 걸쳐서 단독적-수동적 활동 측정치는 안정적인 반면, 단독적-적극적 놀이는 그렇지 않다고 보고했다. 두 가지 또래평가 측정치 또한 안정적인 것으로 나타났다. 이 척도들의 상관과 관련하여 수동적 고독의 행동 및 또래평가 측정치들은 내재화된 문제와 동시적으로, 그리고 시간의 흐름에 따라 지속적으로 연관되어 있었으나 예상대로 또래에 의해 평가된 적극적 고립의 측정치는 거부(즉, 또래들이 선호하지 않음)와 더 강하게 연관되어 있었다. 이러한 결과의 핵심은 사회적 위축이라는 넓은 구성개념에 대한 연구는 적어도 (1) 아마 수줍음 때문일 수 있는 개인의 선호에서 비롯된 위축과 (2) 집단에서 밀려나거나 혹은 집단에 들어갈 수 없어서 초래된 고립 (isolation)을 구별할 필요가 있다는 것이다.

　Rubin과 Mills(1988)의 연구가 발간된 지 몇 년 후에 Younger와 Daniels(1992)가 소극적 위축(passive withdrawal: 즉, 타인과 함께 있기보다 혼자 있기를 선호함)과 적극적 고립(active isolation: 즉, 배척됨)을 구별해야 할 중요성에 대해 더욱 경험적인 증거를 제시하였다. 그들의 인터뷰 연구에서 학령기 아동들조차 소극적 위축을 측정하려는 의도를 가진 문항들과 적극적 고립을 평가하려는 의도를 가진 문항들 간의 차이점을 알 수 있었으며, 이런 상황들은 서로 다른 과정에서 비롯된다고 믿고 있음을 보여 주었다. Bowker, Bukowski, Zargarpour 및 Hoza(1998)가 수행한 확인적 요인분석의 결과는 아동기의 사회적 위축의 적극적 및 소극적 형태를 설명하기 위해서 정교화될 필요가 있다는 그들의 결론을 추가로 지지해 주었다.

집단 측정으로의 회귀

위축 측정의 명료성과 의미에 대해 Cairns가 제기한 우려와 관련하여 측정이 정교화되었던 이 시기 동안에 사회성 측정기법에서도 이와 비슷한 일련의 발전이 있었다. Cairns는 집단에 대한 연구가 1930년대에 멈춰 있으며, Moreno와 같은 이론가들이 만든 소시오그램은 1950년대의 추상적 기술의 잔재일 뿐이라고 불평했다. 사회학적 관점을 차용하여 연구자들은 사회적 관계망 분석(social network analysis)을 사용하여 사회적 역할과 사회적 행동이 특정 관계망(예: 주변, 중앙, 중간) 내의 특정 위치에 내재하는 방식을 연구하기 시작하였다. 연결망 분석은 개인 간의 연결 지표를 사용하여 집단의 구조나 조직화의 지표를 산출하며 집단 내 개인의 위치를 확인한다. 대부분의 이러한 기법들은 연구자들이 관계망 연결을 평가하기 위해 필요한 복잡한 계산을 할 수 있는 컴퓨터의 기술적 발전이 있은 이후에 가능하게 되었다.

관계망 위치(network position)라는 용어를 고려함으로써 연구자들은 인간의 행동은 기본적으로 기질과 사회화 경험에 의해 결정된다는 만연된 관점을 넘어설 수 있었고, 어떤 행동은 그 사람이 처해 있는 사회적 상황이 이를 가능하게 하거나 심지어 필요로 할 때에만 일어날 수 있음을 인정할 수 있었다. 사회관계망 분석은 한 사람의 관계망 위치(예: 관계망의 중심 또는 주변)와 관계망 내의 정보 흐름이나 의사결정을 촉진할 수 있는 그 사람의 잠재력을 측정할 수 있다는 점에서 가치가 있다. 예를 들면, 모형의 각 구성원에 대해서 그 사람이 어떤 다른 구성원과 가깝게 지내는지, 또는 그 사람의 **중재성**(betweenness: 즉, 관계망 안의 다른 누군가와 접촉할 수 있는 그 사람의 능력)을 측정하는 것이 가능하다.

집단 내 특정인의 위치를 평가하는 이점 외에도 사회관계망 분석은 관계망 자체에 대한 정보를 생산하는 데 사용될 수도 있다. 특히 관계망 분석이 다른 형태의 평가들과 결합되었을 때, 이 기능을 통해 몇몇 주제를 새롭게 개념화하는 것이 가능하다. 예를 들어, 배제나 거부를 측정할 때, 개인 수준의 점수를 상승시킬 가능성이 가장 큰 집단의 특징을 평가할 수 있다. 사회적 위축이 문제라고 가정한다면, 사회적 위축이 더 이상 개인만의 문제로 여겨지는 것이 아니라, 전체 관계망에 내재되어 있는 과정이나 조건에 의해 초래된 문제인 것이다. 그 결과, 사회적 위축의 부정적 결과는 고립된 관계망 구성원뿐 아니라 주변, 중간, 그리고 중심의 관계망 구성원에게 직·간접적으로 영향을 준다. 이런 연관성의 패턴은 또한 고려해야 할 중요한 특징이다. 예를 들어, 집단이 특정 크기에 도달할 때, 몇 명의 주변적이고 비교적 고립된 기여자들이 있는 더욱 중앙 집권적이고 계층적인 구조를 가지는 것이 팀의 노력을 확실한 방향으로 돌릴 수 있는 명확한 리더가 없이 조밀하고 상호 연결된 관계망을 가지는 것보다 더 효과적일 수 있다. 또한 몇몇 구성원은 관계망에 거의 유대가 없을 수 있으나 그렇지 않으면 서로 관련이 없을 둘 이상의 집단들을 연결함으로써 중요한 정보들이 전체 관계망으로 흐를 수 있도록 결정적인 역할을 할 수도 있다.

처음에는 위축을 개인적 문제일 뿐 아니라 사회적 문제로 여기는 것에 대해 많은 또래 연구자들에게는 직관적으로 즉각 이해되지 않을 수 있다. 그러나 이 분야에서 이미 일반적으로 사용되는 통계 기법들을 사용하여 추가적인 노력을 거의 들이지 않고도 이런 고려사항들을 기존의 연구 프로그램들에 결합할 수 있다. 특히 참여자들이 집단 속에 내재된(nested) 경우(예: 학생들이 학급에, 학급은 학교에 내재되어 있음)와 같이 또래 연구자들이 종종 사용하는 다층분석은 관심 있는 결과 변인에 집단 수준의 특징이 미치는 효과를 연구할 때 사용할 수 있다.

사회관계망 분석 기법의 흥미로운 특징은 유연성이다. 개인 간의 연결은 다양한 방식으로 가설화될 수 있다. 이는 특정한 형태의 관계로 정의되는 관계망 내의 다른 구성원으로부터 고립되어 있거나 매우 느슨하게 연결되어 있는 개인들은 또 다른 특성에 의해 정의된 상호 연결을 고려할 때, 관계망의 다른 구성원으로부터 반드시 고립되어 있는 것은 아님을 의미한다. 친구유대 관계망에서 철수되어 있는 것으로 분류된 사람은 다른 형태의 관계를 통해 다른 이들과 매우 잘 연결될 수 있다. 운동이나 공부 아니면 드문 자원(예: 집에 수영장이 있음)을 활용하는 것 등에 특정 재주가 있다면, 그 또는 그녀는 스포츠팀 참여, 스터디 그룹에 기반을 둔 유대감을 찾거나, 여름 휴가 동안 학교 밖의 상호작용을 찾을 때 친구들과 밀접하게 연결될 수 있다.

마찬가지로, 연구자들은 특정한 참여자가 고립되었는지 아닌지를 결정하기 위해서 개인 간의 관계의 방향성을 고려해야 할 필요가 있다. 학생 관계망 내에 있는 교우관계 유대의 예를 활용해 본다면, 일방향적인 유대관계를 고려했을 때 관계망에서 완전히 고립되어 있다고 나타나는 개인은 거의 없을 것이다(George & Hartmann, 1996; Hayes, Gershman, & Bolin, 1980). 사실, 대부분의 학생들은 학교에서 친구라고 생각하는 한 명 이상의 또래를 지명할 수 있다. 친구를 거의 지명하지 못하는 이들이 가장자리에 있지만 관계망에서 완전히 철수되어 있는 것은 아니다. 대신에 서로가 지명하는 친구관계를 고려할 때, 그 학생들이 친구라고 생각하는 한 명 이상의 사람을 찾을 수 있음에도 불구하고, 그 사람이 이 지명에 화답하지 않을 수도 있기 때문에 더 많은 학생이 관계망에서 완전히 철수된 것으로 나타날 수 있다. 이는 사회적 유대의 형태(예컨대, 이러한 유대가 약물 사용과 같은 위험행동과 관련될 때)에 따라 고립이 보호요인이 될 수도 있음을 기억할 필요가 있다. 관계망 분석은 앞서 논의한 수동성과 위축의 기질적 소인을 보다 정교하게 이해하도록 돕는 한 통로를 제공한다(Chess et al., 1959).

풍요함의 곤혹

1990년대 말 즈음, 위축과 고립을 연구하는 데 사용되었던 방법과 척도들은 더욱 다양해졌고, 더 정교해졌으며, 더 복잡해졌다. 사회적 위축이라는 구성개념을 어떻게 연구할 수 있을지에 관한 오래된 구상들을 해결할 수 있는 보다 풍부한 생각, 보다 분명한 의미, 그리고 새로워진 해결책이 있었으면 하는 Cairns의 열망은 대체로 충족되었다. 수년 전 유명한 발달심리이론가인 Heinz Werner는 진정한 발달의 두 가지 기본적인 특징은 분화와 명료화라고 하였다. 21세기에 들어서면서 또래관계 연구자들은 이제 위축을 연구하기 위한 분화되고 명료화된 개념 및 측정기법의 세트를 보유하게 되었다. 위축을 연구하기 위한 구성개념과 측정방법은 진정으로 발전되었다.

요약/과거는 서막이다

이 장의 목적은 위축이 지난 20세기의 후반 동안, 그리고 지금까지 어떻게 연구되어 왔는지를 고찰하는 것이었다. 우리는 개념, 방법, 그리고 측정 기법의 발달을 강조했다. 우리는 또래관계 연구의 초창기의 발전이 직접적이고 꾸준했다기보다는 한 시기에서 다른 시기에 이르기까지 사회/정치적 상황, 특정 시기에 만연해 있던 이론들, 그리고 이용 가능했던 연구 도구들에 따라 다양하게 전개되었다는 것을 보여 주고자 하였다. 과연 얼마나 많은 진전이 있었는지 궁금해 할 것이다. 분명히 우리가 보여 준 것처럼, 현재의 위축의 측정법들은 정교화되어 있고, 좋은 정보를 제공하며, 강력하다. 또한 보다 편리하고 유용하다. 또래평가 측정도구, 사회성측정법, 사회적 관계망 분석에서 발전이 있었으며, 적어도 지난 20여 년 동안 사회적 관계망 분석은 단순히 흥미로운 이미지 이상을 산출해 왔다.

지난 50년 동안의 위축 연구에서 중심이 된 두 가지 관점을 간과해서는 안 된다. 하나는 매우 긍정적인 것으로, 현 시대의 학문적 정신인 모더니즘적 특성과 일맥상통하는 점인데(Howe, 1967), 위축이 단일 징후를 가진 단일차원적 현상이 아니라 다양한 기법을 사용하여 측정될 필요가 있는 다면적 징후를 가진 복잡한 구성개념임을 깨닫게 되었다는 점이다. 각 측면은 고유의 장점을 가지고 있으며, 독특한 형태의 정보를 제공한다. 위축에 대한 또래평가 측정기법을 통해 집단에서 고립된 아동들이 왜 고립되고 있는지(즉, 참여하기를 꺼리는 아동의 경향 때문인지 아니면 배제되었기 때문인지)를 구별할 수 있다. 전통적인 사회성측정법을 통해 호감과 비호감을 사회적 영향력과 같은 중요한 구성개념과 통합하는 것이 가능하다. 사회적 관계망 분석은 전형적으로 단일한 형태의 정보(예: 선호의 패턴)에 의존하지만, 집단의 구조 및 각 개별 아동이 집단 내에서 차지하는 위치에 대해서 풍부한 일련의 지표를 제공하는 장점이 있다. 이와 같은 측정 기법과 변인의 다양성은 혼돈보다는 풍성함을 가져다주고 있다.

지난 50년의 위축에 대한 연구의 또 다른 중요한 특징은 다소 덜 긍정적이다. 이 시기를 지나면서 위축은 안 좋은 것이라는 암묵적 가정이 있어 왔다. 분명히 위축의 측정치들이 부정적인 결과와 관련된다는 수많은 증거가 있다(Parker & Asher, 1987; Rubin, Bukowski & Parker, 2006). 그럼에도 불구하고, 다른 국가들에서 얻은 결과들을 비교하는 연구들(예: Chen의 중국과 캐나다 온타리오 남서부 아동들 간의 비교)을 제외하고는 위축이 언제 위험 요인이 되고, 언제 긍정적 효과를 가져올 수 있으며, 탄력성에 기여할 수 있는지에 대해서는 거의 관심을 기울이지 않았다. 말 많은 세상 속에서 조용히 있는 것이 그렇게 좋지 않은 것인지를 재평가하라는 요청이 이미 있었다(Cain, 2012). 최소한 연구자들은 위축의 다양한 표현이 어떻게 발달과 관련되는지에 대한 전체적인 이미지를 밝히기 위해서 비선형적인 또는 맥락적인 효과를 포괄하는 보다 복잡한 형태의 모델 개발을 활용하고자 할 것이다. 이런 종류의 연구들은 다음 10년간의 위축에 대한 연구에서 큰 부분을 차지하게 될 것이다.

참고문헌

Anderson, H. H., & Anderson, G. L. (1954). Social development. In L. Carmichael (Ed.), *Manual of child psychology* (2nd ed., pp. 1162-1215). New York: Wiley.

Appadurai, A. (1988). *The social life of things: Commodities in cultural perspective.* Cambridge, UK: Cambridge University Press.

Bogardus, E. S. (1933). A social distance scale. *Sociology & Social Research, 17,* 265-271.

Bower, E. M. (1957). A process for identifying disturbed children. *Children, 4,* 143-147.

Bowker, A., Bukowski, W. M., Zargarpour, S., & Hoza, B. (1998). A structural and functional analysis of a two dimensional model of social isolation. *Merrill-Palmer Quarterly, 44,*

447-463.

Bronfenbrenner, U. (1979). Contexts of child rearing: Problems and prospects. *American Psychologist, 34*, 844-850.

Bukowski, W. M., Cillessen, A. H. N., & Velasquez, A. M. (2012). The use of peer ratings in developmental research. In B. Laursen, T. Little, & N. Card (Eds.), *Handbook of developmental research methods* (pp. 211-228). New York: Guilford.

Bukowski, W. M., & Lisboa, C. (2007). Understanding the place of place in developmental psychology. In R. C. Engels, M. Kerr, & H. Stattin (Eds.), *Friends, lovers and groups: Key relationships in adolescence* (pp. 163-173). New York: Wiley.

Cain, S. (2012). *Quiet*. New York: Crown.

Cairns, R. (1983a). The emergence of developmental psychology. In W. Kessen (Ed.), P. H. Mussen (Series Ed.), *Handbook of Child Psychology: Vol. 1. History, theory, and methods* (4th ed., pp. 41-102). New York: Wiley.

Cairns, R. (1983b). Sociometry, psychometry, and social structure: A commentary on six recent studies of popular, rejected, and neglected children. *Merrill-Palmer Quarterly, 29*, 429-438.

Carmichael, L. (Ed.). (1946). *Manual of child psychology*. New York: Wiley.

Carmichael, L. (Ed.). (1954). *Manual of child psychology* (2nd ed.). New York: Wiley.

Chess, S., Thomas, A., & Birch, H. (1959). Characteristics of the individual child's behavioral response to the environment. *American Journal of Orthopsychiatry, 29*, 791-802.

Cillessen, A. H. N., & Bukowski, W. M. (2000). *Recent advances in the study and measurement of acceptance and rejection in the peer group*. (Volume in the *New Directions for Child Development Series*). San Francisco: Jossey Bass.

Coie, J., & Dodge, K. A. (1983). Continuities and changes in children's social status: A five-year longitudinal study. *Merrill-Palmer Quarterly, 29*, 261-282.

Coie, J., Dodge, K. A., & Coppotelli, H. (1982). Dimensions and types of social status: A cross-age perspective. *Developmental Psychology, 18*, 557-570.

Cowen, E. L., Pederson, A., Babigian, H., Izzo, L. D., & Trost, M. A. (1973). Long-term follow-up of early detected vulnerable children. *Journal of Consulting and Clinical Psychology, 41*, 438-446.

Dodge, K. A., Schlundt, D. C., Schocken, I., & Delugach, J. (1983). Social competence and children's sociometric status: The role of peer group entry strategies. *Merrill-Palmer Quarterly, 29*, 309-336.

Dollard, J. (1937). *Class and caste in a southern town*. New Haven, CT: Yale.

Dunnington, M. J. (1957). Behavioral differences of sociometric status groups in a nursery school. *Child Development, 28*, 103-111.

Eysenck, H. T. (1953). *The structure of human personality*. New York: Wilev.

George, T. P., & Hartmann, D. P. (1996). Friendship networks of unpopular, average, and popular children. *Child Development, 67*(5), 2301-2316.

Hartshorne, H., & May, M. A. (1928). *Studies in the nature of character: Vol. 1. Studies in deceit*. New York: Macmillan.

Hartshorne, H., May, M., & Maller, J. (1929). *Studies in service and self-control*. New York: Macmillan.

Hartup, W. W. (1970). Peer interaction and social organization. In P. H. Mussen (Ed.), *Manual of child psychology* (pp. 361-456). New York: Wiley.

Hartup, W. W. (1979). The social worlds of childhood. *American Psychologist, 34*(10), 944.

Hartup, W. W. (1983). Peer relations. In E. M. Hetherington (Ed.), *Handbook of child psychology: Vol. 4. Socialization, personality, and social development* (pp. 103-198). New York: Wiley.

Hayes, D. S., Gershman, E., & Bolin, L. J. (1980). Friends and enemies: Cognitive bases for preschool children's unilateral and reciprocal relationships. *Child Development, 51*(4), 1276-1279.

Howe, I. (1967, November). The culture of modernism. *Commentary*, 48-59.

Justman, J., & Wrightstone, J. (1951). A comparison of three methods of measuring pupil status in the classroom. *Educational and Psychological Measurement, 11*, 362-367.

Kohn, M., & Clausen, J. (1955). Social isolation and schizophrenia. *American Sociological*

Review, 20, 265-273.

Ledingham, J. E., & Schwartzman, A. E. (1984). A 3-year follow-up of aggressive and withdrawn behavior in childhood: Preliminary findings. *Journal of Abnormal Child Psychology, 12*, 157-168.

Lemann, T. B., & Solomon, R. L. (1952). Group characteristics as revealed in sociometric patterns and personality ratings. *Sociometry, 15*, 7-90.

Lewin, K. (1946). Behavior and development as a function of the total situation. In L. Carmichael (Ed.), *Manual of Child Psychology* (pp. 791-844). Hoboken, NJ: John Wiley & Sons.

Lewin, K. (1954). Behavior and development as a function of the total situation. In L. Carmichael (Ed.), *Manual of child psychology* (2nd ed., pp. 918-970). New York: Wiley.

Lippitt, R. (1940). An experimental study of the effect of democratic and authoritarian group atmospheres. *University of Iowa Studies: Child Welfare, 16*, 43-195.

Masten, A. S., Morison, P., & Pellegrini, D. S. (1985). A revised class play method of peer assessment. *Developmental Psychology, 21*, 523-533.

Mead, M. (1937). *Cooperation and competition among primitive peoples*. New York: McGraw-Hill.

Mitchell, J. V. (1956). The factor analysis of a "guess who" questionnaire designed to identify significant behavior patterns in children. *Journal of Personality, 24*, 376-386.

Moreno, J. L. (1934). *Who shall survive?* Washington, DC: Nervous and Mental Disease.

Newcomb, A. F., & Bukowski, W. M. (1983). Social impact and social preference as determinants of children's peer group status. *Developmental Psychology, 19*, 856-867.

Parker, J. G., & Asher, S. R. (1987). Peer relations and later personal adjustment: Are low-accepted children at risk? *Psychological Bulletin, 102*, 357-389.

Peery, J. C. (1979). Popular, amiable, isolated, rejected: A reconceptualization of sociometric status in preschool children. *Child Development, 50*, 1231-1234.

Pekarik, E. G., Prinz, R. J., Liebert, D. E., Weintraub, S., & Neale, J. M. (1976). The pupil evaluation inventory: A sociometric technique for assessing children's social behavior. *Journal of Abnormal Child Psychology, 4*, 83-97.

Roff, M. (1961). Childhood social interactions and adult bad conduct. *Journal of Abnormal and Social Psychology, 6*(3), 333-337.

Roff, M., Sells, S. B., & Golden, M. M. (1972). *Social adjustment and personality development in children*. Minneapolis, MN: University of Minnesota Press.

Rubin, K. H., Bukowski, W. M., & Parker, J. G. (2006). Peer interactions, relationships and groups. In W. Damon (Series Ed.) & N. Eisenberg (Vol. Ed.), *The Handbook of Child Psychology* (6th ed., pp. 571-645). New York: Wiley.

Rubin, K. H., Coplan, R. J., & Bowker, J. (2009). Social withdrawal in childhood. *Annual Review of Psychology, 60*, 11.1-11.31.

Rubin, K. H., & Daniels-Beirness, T. (1983). Concurrent and predictive correlates of sociometric status in kindergarten and Grade 1 children. *Merrill-Palmer Quarterly, 29*, 337-351.

Rubin, K. H., & Mills, R. S. (1988). The many faces of social isolation in childhood. *Journal of Consulting and Clinical Psychology, 56*, 916-924.

Schwartzman, A. E., Ledingham, J. E., & Serbin, L. A. (1985). Identification of children at risk for adult schizophrenia: A longitudinal study. *Applied Psychology, 34*, 363-379.

Thompson, G., & Powell, M. (1951). An investigation of the rating scale approach to the measurement of social status. *Educational and Psychological Measurement, 11*, 440-455.

Thurstone, L. L. (1947). *Multiple factor analysis*. Chicago: University of Chicago.

Wiggins, J. S., & Winder, C. L. (1961). The peer nomination inventory: An empirically derived sociometric measure of adjustment in preadolescent boys. *Psychological Reports, 9*, 643-677.

Winder, C., & Wiggins, J. (1964). Social reputation and social behavior: A further validation of the peer nomination inventory. *Journal of Abnormal and Social Psychology, 68*, 681-684.

Younger, A., & Daniels, T. (1992). Children's reasons for nominating their peers as withdrawn: Withdrawal vs. active isolation. *Developmental Psychology, 28*, 955-960.

3

애착이론의 관점에서 본 외로움

Mario Mikulincer & Phillip R. Shaver

애착이론(Bowlby, 1969/1982, 1973, 1980)은 대인관계 행동과 친밀한 관계의 질을 개념화하고 연구하는 중요한 접근방식이다. 이 장에서 우리는 외로움의 개인차를 이해하기 위해 애착이론과의 관련성을 살펴보고, 이러한 차이를 설명할 수 있는 구체적인 애착-관련 인지적 및 행동적 기제들을 제안한다. 먼저 애착이론의 요점을 정리하고, 성인애착 지향의 두 주요 차원인 애착불안과 회피에 대해 설명하고자 한다. 이어 이러한 두 차원과 외로움의 관련성을 검토하면서 이러한 관계가 애착-관련 인지-동기적 기제에 의해 매개된다는 점을 제안할 것이다. 끝으로 애착 지향이 개인의 목표 수립, 자신과 타인에 대한 심리적 표상, 대인간의 교류에 대한 정신적 각본(mental scripts)에 기여하는 방식에 대한 연구들을 개관할 것이다.

애착이론 및 연구의 기본 개념

애착이론의 핵심 원리 중 하나(Bowlby, 1969/1982, 1973, 1980)는 인간은 필요할 때 중요한 타인들(애착대상)과 근접성을 추구하도록 동기화시키는 심리생물학적 시스템(애착행동시스템)을 가지고 태어난다는 것이다. Bowlby(1969/1982)에 따르면, 이 시스템의 목적은 적절한 보호와 지지를 유지하도록 하는 것으로 이는 주관적 안전 및 안정감을 동반한다. 이러한 목적은 실제적 또는 상징적 위험에 직면해서 애착대상이 충분히 가까이 있지 않거나, 흥미나 반응을 보이지 않음을 인지할 때 더욱 현저해진다(Bowlby). 이러한 상황에서 한 개인의 애착시스템은 상향조절되고, 이 사람은 애착대상에 대한 접근을 증가시키거나 재설정하여 **안전한 느낌**(Sroufe & Waters, 1977)을 얻고자 동기화된다.

Bowlby(1988)는 나이가 들고 성장함에 따라 한 개인이 자기 내면으로부터 안정감을 얻는 능력은 증가함에도 불구하고, 나이가 몇 살이든 현실세계에서 타인에게 전적으로 의지하지 않을 수 있는 사람은 없다고 주장했다(이 책의 5장 참조). 그러므로 두렵거나 괴로울 때 가까이 다가가고 지지를 얻으려는 성인들의 경향에서 볼 수 있듯이, 애착시스템은 전생애에 걸쳐 활성화되어 유지된다(Hazan & Zeifman, 1999). 더욱이 모든 연령대의 인간은 다양한 인간관계 대상자들(예: 형제자매, 친구, 연애 상대, 코치, 리더)을 보다 **강하고 지혜로운** 애착대상(Bowlby, 1969/1982)으로 삼아 이들에게 정서적으로 애착을 형성할 수 있다. 즉, 이들은 도움이 필요할 때 안전한 피난처로 기술을 탐색하고 발달시키는 데 필요한 안전 기지로 활용된다. 또한 이러한 대상들로부터 긴 기간 동안 혹은 영원히 분리될 때 고통을 경험하게 된다(Bowlby, 1980; Shaver & Fraley, 2008).

Bowlby(1973)는 주요 애착대상의 가용성, 반응성 및 지지성의 결과로 나타나는 애착시스템 기능에서의 개인차에 많은 관심을 기울였다. 필요시 가용하고, 세심하게 배려하며 지지적인 애착대상과의 상호작용은 (1) 애착 시스템의 원활한 기능을 촉진하고, (2) 유대감과 안전감을 증진시키며, (3) 자신과 타인에 대한 긍정적인 정신적 표상(작동모델: working models)을 강화시켜 준다. 반면, 애착대상이 가용하지 않고 지지적이지 않을 때, (1) 안전감을 얻을 수 없고, (2) 자신의 사회적 가치와 타인의 의도에 대한 걱정이 뿌리내리게 되며, (3) 근접 추구 이외의 정서통제전략(불안과 회피를 특징으로 하는 이차적 애착 전략)이 더 발달하게 된다.

성인의 애착시스템 기능의 개인차를 연구할 때, 애착 연구는 주로 **애착지향성**(혹은 애착유형)에 초점을 맞추어 왔다. 애착지향성은 과거의 구체적인 애착 경험을 내재화하여 형성된 관계 기대, 정서 및 행동의 양상을 의미한다(Shaver & Mikulincer, 2002). Ainsworth, Blehar, Waters 및 Wall(1978)에서 시작되어 사회 및 성격 심리학자들에 의해 계속 진행되고 있는 최근의 여러 연구[Mikulincer와 Shaver(2007)가 개관하였으며, 이 장에서 보완됨]에 따르면, 애착유형은 대략 두 개의 독립적인 차원(즉, 애착불안 및 애착관련 회피)에 의해 정의되는 2차원적 공간에 위치한다는 것을 보여 준다(Brennan, Clark, & Shaver, 1998). 회피 차원은 개인이 상대방의 호의를 불신하고, 방어적으로 행동의 독립성과 감정적 거리를 유지하려고 노력하는 정도를 나타낸다. 불안 차원은 자신이 사랑받을 가치가 없는 게 아닌가 하는 자기의심으로 인해 도움이 필요할 때 상대로부터 도움 받지 못할 것을 걱정하는 정도를 반영한다. 두 차원에서 모두 낮은 점수를 얻은 사람들은 애착에 있어서 안정적이다. 두 차원의 공간에서 개인의 위치는 신뢰할 수 있고 타당한 자기보고식 척도(예: Experiences in Close Relationships Scale: Brennan et al., 1998)로 측정할 수 있으며, 이 위치는 이론적으로 예측할 수 있는 방식에 따라 관계의 질 및 심리적 적응을 측정하는 다양한 측정치와 상관을 보인다.

필자들(Mikulincer & Shaver, 2007)은 2차원적인 불안-회피 차원에서 한 개인이 어디에 위치하는지가 그 사람의 애착 안정성 및 위협과 스트레스 자극을 다루는 방식 모두를 반영한다고 제안한 바 있다. 이러한 두 차원에서 낮은 점수를 기록하는 사람들은 일반적으로 안정되고, 자아와 타인에 대해 긍정적인 작동모델을 가지고 있으며, 건설적이고 효율적인 감정 조절 전략들을 사용하는 경향이 있다. 애착불안이나 회피에서 점수가 높거나 혹은 이 두 차원에서 점수가 모두 높은 사람들[두려움을 수반한 회피(fearful avoidance)로 불리는 상태]은 애착불안정, 자기에 대한 걱정, 그리고 필요할 때 타인이 베푸는 선의와 반응에 대한 불신으로 인해 고통을 받는다. 더욱이 이런 불안정한 사람들은 이차적 애착 전략을 사용하는 경향이 있다. 우리는 Cassidy와 Kobak(1988)의 제안에 따라 이를 위협, 좌절, 거부 및 상실에 대처하기 위한 애착시스템 **과잉활성화** 혹은 **불활성화**(deactivating)로 개념화하였다.

애착불안 점수가 높은 사람들은 과잉활성화 전략에 의존하는데, 이는 어떤 자원들이 자신에게 주어질 것이라는 확신의 결여, 그리고 그것들이 주어지지 않았을 때 느끼는 분노와 절망감 때문에 지지와 사랑을 얻기 위해 열정적으로 기울이는 노력들을 의미한다(Cassidy & Kobak, 1988). 이러한 반응들은 애착대상이 가끔은 반응적이지만 신뢰할 수 있는 방식으로 반응하는 것이 아니므로 도움이 필요한 사람이 접근을 추구할 때 과장하거나 관철하려는 행동이 보상을 받는 식으로 부분강화를 받게 되는데, 이는 이런 노력들이 가끔은 성공적이기 때문이다. 대조적으로, 애착 관련 회피 차원에서 점수가 높은 사람들은 불활성화 전략을 사용하는 경향이 있다. 위협을 느낄 때 다른 사람에게 접근하려 하지 않으며, 자신의 취약성과 다른 사람들이 필요함을 부인하고 관계에서의 친밀감과 의존을 회피한다. 이러한 전략들은 친밀해지려는 노력과 욕구의 빈번한 표현을 허용하지 않고 처벌하는 애착대상과의 관계에서 발달한다(Ainsworth et al., 1978).

불안 과잉활성화(anxious hyperactivation)와 회피 불활성화(avoidant deactivation) 모두 애착대상의 무반응에 의해 유도된 심리적 고통을 방어하기 위한 노력이다(Mikulincer & Shaver, 2007). 이런 전략들이 초기에는 적응적일 수 있다. 왜냐하면 이 전략들은 일관되지 않게 이용 가능하거나 또는 일관되게 거리를 두는 애착대상의 요구에 따라 아동의 행동을 조정해 주기 때문이다. 그러나 접근 추구와 협력적인 상호 의존이 생산적이고 보상적인 이후의 관계에서 계속 사용될 때 이 전략들은 부적응적일 수밖에 없다. 이 전략들은 또한 심리적 적응과 정신건강을 저해하는 부적절한 정서 조절 전략을 지속적으로 사용하도록 조장한다. 필자들의 2007년 저서(Mikulincer & Shaver)에서 요약한 수많은 연구는 사람들이 애착불안정으로 인해 정서적 어려움과 정신병리의 위험에 처하게 됨을 확인해 준다. 다음 절에서 우리는 애착불안정이 한 개인의 사회적 상호작용과 친밀한 관계의 질에 미치는 해로운 영향에 대한 증거를 검토할 것이다.

대인간 상호작용 및 가까운 관계에서 나타나는 애착 관련 차이들

불안이나 회피로 나타나는 애착불안정은 사회적·개인적 관계의 질과 안정성에 해로운 결과를 초래하는 경향이 있다. 덜 안정적인 사람들은 커플관계에서 낮은 수준의 만족도를 보이며, 덜 안정적인 연애관계를 가지는 경향이 있음을 수많은 연구가 일관되게 보여 주고 있다[개관을 위해서는 Mikulincer & Shaver(2007)를 참조]. 이러한 패턴은 연인관계나 부부관계 모두에 대한 횡단연구와 전향적 연구에서 지속적으로 관찰되었고, 이는 자존감이나 5요인 성격특질과 같은 다른 측정된 성격 요인들에 의해서는 설명이 되지 않았다(예: Noftle & Shaver, 2006). 더욱이 애착불안정과 관계 불만족 간의 관련성은 자녀를 둔 미국 부부들의 표본(서로 중첩되는 두 종단 표본) 대상의 연구에서도 확인되었는데, 이 연구는 첫 자녀를 출산한 후 15년 동안에 걸쳐 이 부부들을 추적 연구하였다(Hirschberger, Srivastava, Marsh, Cowan, & Cowan, 2009).

친밀한 관계에서 불안정한 사람들의 문제는 또래관계와 우정의 질을 평가하는 연구들에서도 드러났다. 예를 들어, 높은 애착불안정의 자기보고는 상대적으로 낮은 수준의 신뢰, 자아개방, 친밀감, 상호성 및 관계 만족도를 특징으로 하는 우정과 관련되어 있었다(Bippus & Rollin, 2003; Furman, Simon, Shaffer, & Bouchey, 2002; Grabill & Kerns, 2000). 뿐만 아니라, 친구들 간의 실제 상호작용을 평가한 실험실 연구에서는 애착불안정이 협응적이며, 친밀하고, 따뜻한 상호작용의 수준을 낮추는 데 기여한다는 것을 발견하였다(예: Black & McCartney, 1997; Weimer, Kerns, & Oldenburg, 2004).

성인애착 연구는 애착불안정이 대인 상호작용을 하는 동안 인지, 정서, 행동에 부정적 편향을 갖게 하는 경향이 있음을 밝혀 냈다. 예를 들어, 친구나 지인, 연애 상대와의 일상적인 상호작용에 있어 애착불안정은 부정적이며 역기능적인 해석을 부추긴다. 회피애착이 일상적인 사회적 상호작용에서 낮은 수준의 만족, 친밀함, 자기노출, 지원적 행동 및 긍정적인 감정과 일관되게 관련되는 반면, 애착불안은 이와 같은 상호작용에서 보다 부정적인 감정 표현, 보다 빈번한 거부 감정과 관련되어 있다(예: Kafetsios &

Nezlek, 2002; Pietromonaco & Barrett, 1997; Tidwell, Reis, & Shaver, 1996).

애착불안정은 또한 구애나 데이트 상호작용의 성공 가능성에 부정적 영향을 미치는 경향이 있다. 애착불안은 거부와 불만족의 가능성을 높이는 경향이 있는 데이트에 임의적이며, 무분별하게 접근하는 것과 관련되어 있다(McClure, Lydon, Baccus, & Baldwin, 2010). 애착 관련 회피는 데이트 상호작용의 실패에 대한 기대 및 헌신에 대한 혐오 모두와 결부되어 있다(Birnie, McClure, Lydon, & Holmberg, 2009). 즉, 회피적인 사람들은 헌신에 대한 혐오와 관계 실패에 대한 예상이 담긴 상세한 각본을 가지고 새로운 대인관계를 시작하며, 이는 차례로 장기적 관계로의 이행 가능성을 감소시킨다.

애착불안정(불안과 회피 모두)은 또한 대인간 의사소통의 질을 약화시킬 수도 있다는 증거가 있다. 회피애착은 따뜻하고 애정적인 상호작용에 참여하려는 관심을 줄일 수도 있고, 걱정과 감정을 표현하는 것 그리고 상대방의 욕구와 말에 민감하게 반응하는 데 어려움을 나타낼 수 있다. 애착불안은 자신에게 초점이 맞추어져 있고 비난받거나 거부당하는 것에 대해 걱정하기 때문에 상대방의 생각과 감정에 정확하게 주의를 기울이는 데 어려움을 느낄 수도 있다. 실제로, 애착불안정의 자기보고는 관계의 안정성을 저해하는 것으로 알려진 요구-철회 패턴의 상호작용과 정적 관계가 있는 것으로 밝혀졌다(예: Feeney, 1994; Fitzpatrick, Fey, Segrin, & Schiff, 1993). 또한 덜 안정적인 파트너들은 덜 긍정적인 비언어적 의사소통(표현성, 유쾌함, 주의집중; 예: Guerrero, 1996; Tucker & Anders, 1998) 양상을 유지하며, 자신의 감정을 표현하고 상대방의 비언어적 메시지를 해석하는 데 보다 덜 정확한 것으로 알려져 있다(예: Feeney, 1994).

연구결과들은 또한 애착불안정이 대인관계 갈등의 양과 심각성을 증가시킬 수 있고, 갈등을 다루는 데 상대방이 덜 적응적인 방식을 택하도록 만들 수 있음을 보여 준다. 예를 들어, Brassard, Lussier 및 Shaver(2009)는 애착불안이나 회피 점수가 높을수록 커플 관계 내의 갈등을 더 높게 지각한다는 점을 발견하였다. 또한 애착불안정이 파트너 사이의 대립적인 상호작용을 더욱 조장하고 더 많은 대인관계 스트레스를 만들어 낸다는 증거도 있다(예: Bottonari, Roberts, Kelly, Kashdan, & Ciesla, 2007; Hankin, Kassel, & Abela, 2005). 다른 연구자들은 애착불안정과 회피 척도의 점수가 높을수록 갈등을 점차 확대

(예: 철회, 강요)시키는 전략에 더 의존하며, 갈등이 일어나는 동안 언어적·신체적 공격을 행사하는 경향이 있다고 보고하였다(예: Cann, Norman, Welbourne, & Calhoun, 2008; Dominique & Mollen, 2009; Mehta, Cowan, & Cowan, 2009). 같은 맥락에서 Powers, Pietromonaco, Gunlicks 및 Sayer(2006)는 애착불안이나 회피 척도에서 점수가 높을수록 데이트 파트너와 풀리지 않는 갈등으로 15분 간 언쟁한 뒤에 타액의 코르티솔(생리적 스트레스 지표) 수준이 높았다고 보고하였다.

전체적으로 이상 살펴본 연구결과들은 애착불안정이 문제가 있고, 불안정한 관계의 위험을 증가시킴을 보여 준다. 이러한 결론은 사람들의 대인관계 문제에 관한 프로파일을 평가하는 연구들로부터 더욱 지지를 받는다(예: Bartholomew & Horowitz, 1991; Chen & Mallinckrodt, 2002; Gillath et al., 2005). 애착불안은 보다 높은 수준의 대인관계 문제와 **비주장성**(예: "다른 사람들에게 주장적 태도를 보이는 게 어렵다."), **피착취성**(예: "나는 다른 사람들이 나의 장점을 이용하도록 너무 많이 허용한다."), **과도한 표현성** 및 **요구성**(예: "나는 매우 많이 주목 받고 싶다.")과 관련된 문제들의 현저한 증가와 일관되게 관련되어 있다. 회피애착은 보통 **과도한 경쟁심**(예: "나는 다른 사람들과 너무 많이 싸운다."), **냉담성**(예: "나는 다른 사람들에 대해 너무 많이 거리를 둔다.") 및 **내향성**(예: "나는 다른 사람들 앞에서 너무 많이 당황해 한다.")과 관련되어 있다. 다음 절에서 우리는 불안정하게 애착이 형성된 사람들의 질 나쁘고 불안정한 관계가 외로움이라는 주관적인 느낌으로 표출된다는 것을 보여 주는 증거를 검토하고자 한다.

애착불안정과 외로움의 감정

애착이 불안정하게 형성된 사람들의 대인관계 문제와 질적으로 낮고 불안정한 관계는 쉽게 외로움이라는 주관적 느낌을 가져올 수 있다. 외로움이라는 용어는 개인의 관계에서 실제적 혹은 지각된 결핍 및 다른 사람과의 관계에서 느끼는 박탈감에서 나오는 부정적인 심리적 경험을 지칭한다(Peplau & Perlman, 1982—또한 2권의 2장 참조). 예를 들면, Larose, Guay 및 Boivin(2002)은 외로움을 "개개인이 그들의 사회적 세계에서 결핍을 인지하는 주관적인 고통과 불쾌한 상태"라고 정의하였다(p. 684). 이러한 결핍은 친구가 거의 없다거나 드문 사회적 활동과 같은 양적인 것뿐만 아니라, 사랑받지 못하거나 받아들여지지 않거나, 충분히 보살핌을 받지 못하는 것, 오해받는 것, 또는 파트너에게서 인정받지 못하는 것과 같은 친밀감과 정서적 가까움의 부족이 느껴지는 질 낮은 관계를 의미할 수도 있다. 실제로, 냉정하고 거부하며, 일관성이 없거나 도움이 되지 않는 파트너와의 가까운 관계에서 외로움을 느낄 수 있다(예: Rubenstein & Shaver, 1982; Weiss, 1973).

Weiss(1973)는 명시적으로 애착이론의 관점에서 외로움이란 애착 대상의 비가용성 및 비반응성으로 인해 친밀감, 사랑, 그리고 보살핌의 욕구가 만족되지 않았음을 의미하는 주관적 상태라고 정의하였다. 달리 말하면, 외로움은 기본적인 애착 요구를 만족시키는 데 실패함으로써 초래되는 분리 고통의 한 형태다. 따라서 외로움은 안전감을 도모하고 사랑, 수용, 이해와 보살핌에 대한 욕구를 만족시켜 주는 파트너 및 관계를 통해 완화되거나 제거되어야 한다. 이에 반해, 가용하지 않고 비반응적인 관계 파트너와의 관계의 역사와 이에 따른 애착불안정은 한 개인을 만성적으로 외로움에 취약하게 만든다(Berlin, Cassidy, & Belsky, 1995; Hazan & Shaver, 1987).

애착연구자들은 또한 불안애착이 회피애착보다 더 쉽게 외로움을 조장한다고 주장해 왔다(예: Berlin et al., 1995). 불안애착을 보이는 사람들은 만족되지 않은 사랑과 안전의 욕구를 과장하는데, 이는 불충분하거나 결핍된 친밀감, 정서적 가까움, 상대방의 수용, 이해 및 보살핌의 표시와 관련된 심리적 고통을 증폭시킨다. 회피애착을 보이는 사람들은 애착에 대한 욕구를 부정하거나 억제하려고 노력하기 때문에 질이 낮은 관계나 반응 없는 상대방으로 인해 덜 직접적이거나 덜 의식적으로 좌절할 수도 있다. 이들은 사회적 상호작용에 참여하지 않는 경향이 있으며, 이는 그들로 하여금 지루하고, 거리감 있고, 긴장되며 짜증나게 할 수 있으나 애정이나 연결감에 대한 욕구를 인정하지 않으면서도 이러한 감정을 인식할 수 있다. 사실, 이들은 지루함이나 짜증이 문제라고 여김으로써 자신의 외부에 있는 어떤 것을 비난하게 된다. 이들은 개인적 욕구, 부족 또는 타인에 대한 의존을 인정하지 않지만, 지루해 하거나 타인을 비난 또는 무시할 수 있다. Hazan과 Shaver(1987)에 따르면, 이런 태도로 인해 회피적인 사람들은 그들 자신이 외롭다고 생각하지 않으면서도 다른 사람으로부터 거리를 두고 있음을 인정한다.

애착 지향성에 대한 자기보고와 외로움이라는 감정 간의 관계를 살펴본 수많은 연구는 이러한 가설들을 지지해 왔다. 예를 들면, 청소년기 동안에 부모나 또래와의 관계에서 애착 안정성 평가 점수가 낮을수록 UCLA 외로움 척도(UCLA Loneliness Scale)에서 점수가 높았다(예: Larose & Boivin, 1997, 1998; Larose et al., 2002). 게다가 젊은 성인들의 애착불안과 회피에 대한 자기보고를 평가한 다수의 연구도 불안애착과 회피애착 모두 UCLA 외로움 척도의 점수와 높은 관련이 있음을 보여 주었다(예: Larose & Bernier, 2001; Wei, Russell, & Zakalik, 2005; Wiseman, Mayseless, & Sharabany, 2006). 불안과 회피 애착 지향성을 비교한 연구결과들(애착이 범주적으로 평가된 경우)은 덜 일관된 결과를 보여 주었다. 일부 연구에서는 불안정한 두 집단 사이에 큰 차이점이 없는 것으로 보고하고 있지만(예: Goosens, Marcoen, van-Hees, & van-de-Woestijne, 1998), 다른 연구들에서는 회피애착보다는 불안애착을 나타내는 사람들이 더 높은 수준의 외로움을 보고하는 것으로 나타났다(예: Man & Hamid, 1998; Marsa et al., 2004). 애착불안과 마찬가지로 회피 또한 외로움과 관련이 있다는 사실은 회피애착을 보이는 사람들이 지지적 관계의 부재에 대해서 전혀 신경 쓰지 않을 정도로 그들의 애착시스템을 비활성화시키지는 않을 수도 있다는 점을 시사한다.

그러나 불안애착과 회피애착을 보이는 사람들 모두 외로움을 느끼는 경향이 있다 하더라도, 오직 회피애착을 보이는 사람들만이 사회적 위축을 선택하며 고립된 채 머물러 있는 것으로 보인다. 예를 들어, Shaver와 Hazan(1987)은 불안애착을 보이는 사람들은 평생 외로워할 것이라고 기대하지 않았고 파트너 관계에 대한 연구에서 그들 자신을 희망적이고 적극적인 것으로 묘사한 반면, 회피애착을 보이는 사람들은 그들이 항상 외로울 것이라고 믿는 경향이 좀 더 있었다. 흥미롭지만 슬프게도 성인의 종단·횡단 연구들은 이러한 예상들이 일생을 걸쳐 실현되는 경향이 있음을 보여 주었다. 미국 성인들을 대상으로 한 전국적 조사연구에서 Mickelson, Kessler 및 Shaver(1997)는 애착불안 점수는 나이와 함께 감소하는 반면, 회피애착 점수는 해가 지나도 거의 같은 채로 남아 있다고 보고하였다. 30년에 걸친 성인기 여성 집단을 조사한 Klohnen과 Bera(1998)의 연구에서도 비슷한 결과를 얻었다.

회피애착을 보이는 사람들은 안정애착 혹은 불안애착을 보이는 동년배들에 비해 지난 몇 년 동안 다른 사람들과 어울리거나 친구 집단에 소속되지 않았으며, 누구와도 가깝다고 느끼지 않았다고 말할 가능성이 더 높았다(Shaver & Hazan, 1987). 이와 유사하게, Larose와 Bernier(2001)도 회피는 사회적 위축과 관련되지만 불안은 그렇지 않음을 발견하였고, Bookwala(2003), Davila, Steinberg, Kachadourian, Cobb와 Fincham (2004), 그리고 Kirkpatrick과 Hazan(1994)도 회피는 독신이 될 가능성이나 진지한 연애 관계를 맺지 않을 가능성을 높인다는 것을 발견했다(2권의 3장 참조). 그러나 이러한 연구결과들과는 달리 Schachner, Shaver 및 Gillath(2008)는 지역사회 표본에서 커플 참여자들과 비교할 때 장기간 독신이었던(과거 3년 이상 관계에 열정을 보이지 않았고 가까운 장래에도 그럴 것으로 보이는) 성인들의 회피애착 수준이 높다는 증거를 얻지 못했다고 보고하였다.

사회적 유대감의 보고로서 향수(nostalgia)라는 주관적 상태의 기능을 검토하는 최근 연구에서 Wildschut, Sedikides, Routledged와 Arndt(2010)는 회피애착이 이러한 회복적 과정을 억제하는 것으로 보인다는 연구결과를 제시하였다. 세 연구에서 그들은 외로움이 각성되면 회피애착 점수가 높은 사람들은 그렇지 않지만 낮은 사람들은 향수의 상태를 경험한다는 점을 보여 주었다. 예를 들면, (높은 회피와 비교하였을 때) 낮은 회피애착을 보이는 참여자들은 외로움에 대한 반응으로 향수를 느끼게 된다고 보고할 가능성이 더 높았다. 더욱이, 관계에서의 유대감 결핍을 실험적으로 유도해 본 결과, 회피애착에서 낮은 점수를 받은 실험대상들 사이에서 향수를 더 많이 보고하였지만, 이 차원에서 높은 점수를 받은 사람들은 그렇지 않았다. 또 다른 두 연구에서 연구자들은 향수가 회피애착의 점수가 높은 사람들은 그렇지 않지만, 낮은 점수를 얻은 사람들에게서는 사회적 소속감을 증가시킴을 발견했다. 전반적으로, 애착과 관련된 회피는 외로움 에피소드에 후속하여 유대감을 회복하도록 의도된 심리학적 기제(향수)를 억제하거나 간섭하는 것으로 보인다. 이런 방식으로 회피적인 사람들은 외로움 에피소드를 극복하지 못하고 사회적으로 단절된 느낌을 계속 쌓아 갈 수 있는데, 이는 곧 가까운 관계로부터의 사회적 위축 반응과 단절을 부추기게 된다.

　전반적으로, 앞서 살펴본 결과들은 애착불안정이 분명히 외로움과 관련됨을 제시한다. 다음 절에서 우리는 애착불안정과 외로움 사이의 연결을 매개할 수 있는 몇몇 인지적 메커니즘을 다룰 것이다. 구체적으로는 불안정애착을 나타내는 사람들이 대인관계에서 가지는 목표와 자신과 타인에 대한 신념, 그리고 그들의 대인관계 상호작용에 관한 정신 각본(mental scripts)을 이해하는 방식에 중점을 둘 것이다. 이러한 인지적 이해를 통해 이들의 문제 있는 대인관계적 행동과 이로 인해 초래되는 외로움이라는 감정의 관계를 설명할 수 있다.

애착-외로움 연결을 매개하는 인지적 메커니즘

　사람들은 동일한 대인관계 대상과 과거에 상호작용하는 동안에 획득한 지식과 태도를 가지고, 혹은 이전의 다른 관계들에서 얻은 지식과 태도를 옮기거나 적용하면서 사회적 상호작용에 참여한다(Brumbaugh & Fraley, 2006). 이러한 인지적 구성물(cognitive construals)에는 한 사람의 목표 구조(사회적 상호작용을 하는 동안에 자신이 자주 추구하는 목표들), 자신과 타인에 대한 서술적 지식(자신의 가치, 기술 그리고 효능감에 대한 신념; 상대방의 동기와 행동에 대한 신념), 그리고 대인관계 상호작용에 대한 절차적 지식(보통은 대인관계 상호작용이 전형적으로 전개되는 방식을 보여 주는 정신적 각본)이 포함된다. 이러한 인지적 구성물들은 대인 상호작용 동안에 하향적(top-down), 도식적(schematic) 과정을 통해 감정과 인지를 편향시킬 수 있다. 이러한 과정은 기대를 강화하는 정보에 대해서는 주의를 기울이고 부호화하는 것을 선호하는 한편, 기대에 맞지 않는 정보는 무시하거나 배제시킨다. 더욱 중요한 점은 이런 구성물들은 개인의 애착 지향성에서 나온 산물, 혹은 그 지향성의 일부라고 할 수 있으며, 애착불안정이 외로움이라는 감정으로 옮겨 가는 과정에서 주요 매개체 역할을 한다는 점이다.

대인관계 목표

애착이론에 따르면, 애착불안정의 두 가지 주요 유형(불안과 회피) 각각은 안전, 친밀, 의존, 그리고 자율에 대한 특정한 소망과 두려움을 포함하는데(예: Mikulincer & Shaver, 2007), 이는 대인간 상호작용 동안에 특정 목표를 추구하는 데 영향을 미칠 수 있다. 애착불안은 사랑과 친밀함에 대한 강렬한 욕구와 거부와 분리에 대한 두려움과 공존 가능한 대인관계 목표와 관련이 있다. 대조적으로, 회피애착은 정서적 거리 및 자기의존과 공존 가능하며 상호 의존 및 친밀함으로부터 철수하도록 만드는 대인관계 목표를 선호하는 것으로 보인다. Collins, Guichard, Ford 및 Feeney(2004)는 애착불안이 연애 상대의 사랑과 지지를 받는 것의 중요성을 과잉 강조하는 것과 관련이 있는 반면, 회피애착은 정서적 친밀감 및 상호 의존의 목표를 경시하는 것과 관련된다는 사실을 발견하였다. 더욱이 회피애착은 친밀감 혐오(예: Doi & Thelen, 1993), 관계 대상자를 자신의 핵심 자기로부터 상대적으로 거리가 먼 것으로 생각하는 것(Rowe & Carnelley, 2005), 그리고 다른 사람이 자신의 사적 공간에 들어올 때 불편함을 표현하는 것(예: Kaitz, Bar-Haim, Lehrer, & Grossman, 2004)과 관련이 있다. 또한 애착불안은 거부민감성(예: Downey & Feldman, 1996)이나 어휘판단과제에서 거부에 관한 단어를 재빨리 인지하는 것과도 관련이 있다(예: Baldwin & Kay, 2003).

이와 같이 다양한 대인관계 목표는 외로움의 감정에 기여할 수 있다. 사랑과 친밀함에 대한 굶주린 갈구와 고양된 거부민감성으로 인해 불안애착을 보이는 사람들은 상대방의 불승인, 비판, 비가용성 혹은 오해의 징후가 최소한으로 혹은 모호하게 나타날 때조차도 좌절, 고통, 단절된 느낌 등으로 반응할 수 있다. 대조적으로, 회피애착을 보이는 사람들은 자기의존과 친밀감 혐오에 대한 강박적인 추구로 인해 사회적으로 단절되고, 혼자이고, 외롭다고 느낄 가능성이 크다.

자기의 정신적 표상

Bowlby(1973)는 아동은 필요할 때 애착대상과 상호작용하면서 자기 자신에 대한 정신적 표상을 구성한다고 주장하였다. 애착대상 가용성의 일화는 자기 자신이 가치 있고, 사랑스럽고, 특별하다는 지각을 촉진시킬 수 있는데, 이는 그 극진한 애착대상이 그 사람을 실제로 가치 있고 사랑하고 특별하게 여기기 때문이다. 반면, 지지적이지 못한 애착대상과의 좌절스러운 상호작용은 이러한 긍정적 자기표상을 파괴한다. 실제로 성인 애착 연구는 애착불안정이 부정적 자기표상과 관련이 있음을 보여 주었다[개관을 위해서는 Mikulincer & Shaver(2007) 참조]. 예를 들어, 애착불안이 높은 사람들일수록 낮은 자아존중감을 보고하고(예: Mickelson 외, 1997), 자신이 유능하지도 효율적이지도 않다고 보며(예: Cooper, Shaver, & Collins, 1998), 스트레스를 다루는 능력에 대해서도 덜 긍정적인 기대(예: Berant, Mikulincer, & Florian, 2001)를 갖는 경향이 있다. 더욱이 애착불안과 회피는 둘 다 응집력이 부족한 자기모델을 갖는 것과 관련이 있다(Mikulincer, 1995).

일련의 실험실 연구에서 Mikulincer(1998)는 이차적 애착 전략 두 가지(불안 과잉활성화와 회피 불활성화)가 각기 다른 방식으로 자기표상을 왜곡함을 보여 주었다. 불안 과잉활성화는 불안한 사람들의 자기표상을 부정적으로 왜곡하는 반면, 회피 불활성화 전략은 자기고양(self-enhancement)과 자기팽창(self-inflation)이라는 방어적 과정을 선호한다. 한편으로, 불안 과잉활성화 전략들은 자기와 관련된 고통의 원천(예: 대인관계에서의 거부 기대)에 직접적으로 주의를 돌리게 하며, 자기패배적인 자기제시 경향을 악화시키는데, 여기에는 타인의 동정심과 지지를 유도하는 방식인 무력함과 취약함에 대한 강조가 포함된다. 대조적으로, 회피 불활성화 전략들은 고통의 자기 관련 원천으로부터 주의를 돌려서 강점과 능력을 부풀리는 자기 의존적 태도를 취하도록 고무시킨다.

자기표상에서의 이러한 편향은 또한 외로움의 감정에 기여할 수 있다. 불안애착을 보이는 사람들의 부정적인 자기모델은 사랑 받을 수 없다는 전반적 느낌과 타인에 의해 수용 받고, 이해 받고, 돌봄을 받는 것에 대한 비관적인 기대로 일반화하는 경향이 있다. 이는 차례로 대인관계 상호작용 동안에 인지와 감정을 부정적인 방향으로 편향시키며, 좌절, 고통, 외로움의 자기패배적 순환으로 이어질 수 있다. 회피애착을 보이는 사람들이 그들의 강점과 능력에 대해 방어적인 과장을 하는 것 또한 사회적 고립에 기여할 수 있는데, 이는 가까운 관계 대상자가 그의 불완전함, 약점, 결점을 드러내거나 말할 수 있고, 그의 방어적인 방패가 위험에 처할 수 있기 때문이다.

타인에 대한 정신적 표상

애착이론에 따르면, 서로 다른 애착 지향성을 가진 사람들은 타인 지각에서도 차이를 보인다(Bowlby, 1973). 가용하며 반응적인 애착대상과의 안정감을 높이는 상호작용은 타인에 대한 긍정적 관점을 촉진하는 반면, 가용하지 않거나 거부적인 애착대상과의 정서적으로 고통스럽고 좌절을 느끼는 상호작용은 타인에 대한 부정적 관점에 영향을 준다(Shaver & Hazan, 1993). 사실, 회피애착은 인간 본성에 대한 부정적 관점(예: Collins & Read, 1990), 타인에 대한 존중의 부족(예: Luke, Maio, & Carnelley, 2004), 타인이 신뢰 가능한지에 대한 회의(예: Cozzarelli, Hoelistra, & Bylsma, 2000), 그리고 타인의 행동에 대한 부정적인 기대와 관련이 있다(예: Baldwin, Fehr, Keedian, Seidel, & Thompson, 1993). 예를 들어, Baldwin과 동료들(1993)은 어휘판단과제를 사용하여 상대방의 행동 기대에 대한 인지적 접근성을 검토하였는데, 회피애착을 보이는 사람들은 안정애착을 나타내는 사람들에 비해 상대방의 부정적 행동 표상(예: 상대방이 상처 받음)에 대해 더 기꺼이(용이하게) 정신적으로 접근한다는 것을 발견하였다.

애착불안 점수가 높은 사람들은 또한 애착대상과 좌절을 주는 상호작용의 역사를 가지고 있음에도 불구하고, 자신의 접근 추구 노력을 더 강화하면 상대방이 더 많이 관심을 보이고, 더 충분한 지지를 줄 수도 있다고 믿는 경향이 있다(Cassidy & Berlin, 1994). 결과적으로, 그들은 가까운 관계의 상대방에 대해 더욱 양면적인 평가를 유지하게 되며, 상대방에 대해 생각할 때 서로 갈등적인 동기적 힘(바람/접근 및 두려움/회피)과 태도(긍정적 및 부정적)를 동시적으로 활성화시키게 된다. 일련의 최근 연구에서 Mikulincer,

Shaver, Bar-On 및 Ein-Dor(2010)는 관계 양가감정의 외현적 및 암묵적 측정도구들을 사용하여 이러한 가설을 검증하였다. 외현적 수준에서 참여자들은 연애상대의 몇 가지 특징에 대한 자신의 긍정적 · 부정적 감정을 평정하는 관계 양가감정에 대한 자기보고식 척도를 완성했다. 암묵적 수준에서는 참여자들에게 대인관계에서 상대방과의 관계적인 가까움 및 거리감과 관련된 긍정적 · 부정적 단어들(예: 가까움, 침투성, 사생활, 외로움)을 보여 주고, 그들이 특정한 단어의 의미를 알아차렸을 때 자기 앞으로 레버를 당기거나(접근반응), 아니면 멀리 밀어내라고(회피반응) 지시했다. 각 반응에 대한 시간은 자동적으로 저장되었다. 단어(또는 단어가 가지는 개념)에 대한 양가감정은 관계를 나타내는 단어에 대한 빠른 접근 및 회피 반응의 측면에 따라, 그리고 그러한 반응 간의 차이에 따라 평가되었다. 예상한 대로 애착불안은 관계적 양가감정의 외현적 및 암묵적 측정치 모두와 관련이 있었다.

두 실험 연구에서 Murray, Derrick, Leder 및 Holmes(2008)는 접근/유대감 목표를 인지적으로 준비시킨(priming) 후 연애상대와 관련된 관계 친밀성의 외현적 보고와 암묵적 연관성을 측정하였다. 긍정적인 자기모델을 가진 참여자들은 외현적 · 암묵적 측정 둘 다에서 연애상대와 관련된 더 긍정적인 감정과 연상을 나타냈다. 반면, 부정적 자기모델을 가진 참여자들은 접근 목표를 세우는 것이 암묵적 수준에서는 긍정적 연상을 활성화시켰지만(아마도 이는 사랑과 돌봄에 대한 갈구를 반영하였기 때문인 듯함) 외현적인 수준에서는 부정적인 감정을 활성화시켰다(이는 거부와 사랑 받을 자격이 없음에 대한 의식적 두려움을 반영하였기 때문인 것으로 보임).

관계 파트너에 대한 이러한 부정적 혹은 양가감정적 관점은 외로움의 감정을 더욱 악화시킬 수 있다. 파트너를 부정적으로 구성하는 것은 상대방이 부정적인 관계 행동을 했을 때 이런 행동들이 악의적인 성격이나 부정적인 의도에 의한 것이라고 여기기 때문에 상대방을 용서하기가 더 어렵게 된다. 결과적으로 불안정애착을 보이는 사람들은 상대방의 부정적 행동에 따라 그들의 관계의 질을 개선하고, 애착에 관련된 상처를 치유하며, 다시 조화로운 관계를 만들려고 노력하면서 절망과 무력감을 느낄 수 있다. 이것은 차례로 그 관계에 있는 사람을 괴롭힐 수 있고, 외로움의 감정을 커지게 할 수 있다.

정신적 각본

자기와 타인에 대한 작동 모델(working models)은 사회적 상호작용이 어떻게 펼쳐지며, 스트레스와 고통을 가장 잘 다룰 수 있는 방법이 무엇인지에 대한 절차적 지식을 포함한다(예: Waters, Rodrigues, & Ridgeway, 1998; Waters & Waters, 2006). Mikulincer와 Shaver(2007)에 따르면, 온정적 · 애정적 · 지지적 애착대상과의 상호작용은 관계와 관련된 '만약-그렇다면(if-then)'의 각본으로 구체화된다. Waters와 동료들(1998)은 이를 안정-기반 각본(secure-base script)이라고 불렀다. 이 각본은 다음의 명제와 같은 내용을 포함하는 것으로 생각된다. "만약 내가 장애물을 만나거나 고통 가운데 있다면 나는 중요한 다른 한 사람에게 다가가 도움을 청할 수 있다. 그 사람은 가용할 것이고 지지적일 것이다. 나는 이 사람과 가까이 있음으로 인해 안도감과 위로를 경험할 것이다. 나는 그런 다음에 다른 활동으로 되돌아갈 수 있다." 이 각본이 한 번 활성화되면 타인과의 상호작용을 하는 데 하나의 가이드를 제공하며, 그 자체로 스트레스를 완화시킬 뿐만 아니라, 낙관과 희망을 증진시키며, 안정된 개인으로 하여금 개인적 문제, 관계적 문제, 외로움의 감정에 잘 대처할 수 있도록 도와준다.

안정-기반 각본의 심리학적 실체에 대한 증거가 있다. Mikulincer, Shaver, Sapir-Lavid 및 Avihou-Kanza(2009)의 연구에서 참가자들에게 어려움에 처한 사람들(다쳐서 슬픈 표정으로 병원에 누워 있는 사람의 사진)의 사진을 보여 주었다. 거기서 그들에게 다음에 일어날 상황에 대한 이야기를 작성해 보라고 지시를 하였다. 안정애착을 형성한 사람들은 안정-기반 각본의 주요 요소(지지 추구, 지지 받기, 괴로움에 대한 안도감)가 들어 있는 이야기를 적을 확률이 보다 높았다. Waters와 Waters(2006)는 촉진 단어 설명법(prompt-word outline method)을 사용해서 안정애착 참여자들이 안정-기반 각본과 관련된 조직화된 이야기를 불안정애착 참여자들보다 더 많이 만들어 냈다고 보고했다. 게다가 Mikulincer와 동료들(2009)은 비교적 안정애착 참여자들은 주어진 안정-기반 각본 정보와 관련해서 더 많은 추론을 만들어 냈고, 그것에 대해 더 빠르고 확신에 찬 판단을 하는 것을 발견했다.

이러한 부류의 연구를 따라 Ein-Dor, Mikuliner 및 Shaver(2011)는 불안정애착을 형성한 사람들은 괴로움을 관리하는 정신적 각본을 가진다고 주장했다. 애착불안 지향의 사람들은 임박한 위험에 대한 높은 민감성과 위험한 상황에서 다른 사람들과 가까이 있을 때 위험에 대해 다른 사람들에게 경고하는 경향을 포함하는 **보초 각본**(sentinel script)에 의지한다. Ein-Dor와 동료들(2011)은 또한 회피애착에서 보다 높은 점수를 받은 사람들의 반응은 **신속한 투쟁-도망 각본**(a rapid fight-flight script)이라고 부르는 것을 중심으로 조직화될 것이라고 가설을 세웠다. 이러한 각본은 타인과 상의하거나 그들에게 도움을 구하지 않는 위험에 대한 재빠른 자기보호적 반응들을 포함한다. 관련된 5개의 연구에서 Ein-Dor와 동료들은 애착불안에서 더 높은 점수를 받은 참여자들일수록 위협적인 사건에 대한 이야기를 쓸 때 보초 각본의 요소에 정신적으로 더 쉽게 접근하였고, 덜 불안한 참여자들보다 더 빠르고 깊게 보초 각본을 처리하는 것을 발견했다.

이러한 각본들은 불안정애착을 보이는 사람들의 외로움 경험을 증폭시킬 가능성이 있다. 불안이 높은 사람일수록 지지 제공과 괴로움 경감에 관한 각본 요소가 부족하다. 즉, 그들의 각본은 안녕을 회복하기 위해 다른 사람에게 접근하도록 그들을 독려하지만, 이런 노력이 소용 없고 오히려 결과적으로 고통이나 좌절을 일으킬 수도 있다는 염려를 갖게 한다. 결과적으로, 그들은 괴로움, 고통, 그리고 외로움이라는 자기 악순환에 사로잡힐 수 있다. 회피애착을 보이는 사람들의 각본은 괴로움을 인정하고 지지를 추구하는 요소가 부족하다. 이는 그들로 하여금 대인관계 상대로부터 철수하도록 하고, 사회적 고립과 지루함을 악화시킨다.

결론적 논평

외로움은 애착에 관심이 있는 성격 및 사회 심리학자들에게 흥미로운 주제인데, 이는 Hazan과 Shaver(1987)가 애착이론적 관점으로부터 외로움을 연구하기 시작했을 때 외로움을 연구하고 있었고, Weiss(1973)의 저서의 영향을 받았기 때문이다. Weiss

는 런던에서 안식년을 보내는 동안에 Bowlby와 연구하였으며, 외로움을 분석하는 데 Bowlby의 견해를 활용한 최초의 사회과학자 중 한 명이었다. Hazan과 Shaver가 그들의 연구를 착수하기 전에 Rubenstein과 Shaver(1982)가 외로움과 긍정적인 고독 간의 차이를 구분한 바 있다. 그들은 외로움은 불안정애착 지향의 사람들에게서 보다 흔히 나타나며, 긍정적 고독은 건강한 상태라고 보았다. 애착과 외로움에 관한 1987년 이후의 연구들은 안정애착을 보이는 사람들은 고독이 가장 편안한 것일 수 있고, 건강하고 창의적인 방식으로 고독을 추구하며 고독의 유익을 누릴 수 있다는 점을 대체로 간과해 왔다. 이러한 가능성은 아직까지 연구되지 않았고, 향후에 활발히 연구되어야 할 주제가 될 것이다.

참고문헌

Ainsworth, M. D. S., Blehar, M. C., Waters, E., & Wall, S. (1978). *Patterns of attachment: Assessed in the strange situation and at home.* Hillsdale, NJ: Erlbaum.

Baldwin, M. W., Fehr, B., Keedian, E., Seidel, M., & Thompson, D. W. (1993). An exploration of the relational schemata underlying attachment styles: Self-report and lexical decision approaches. *Personality and Social Psychology Bulletin, 19,* 746-754.

Baldwin, M. W., & Kay, A. C. (2003). Adult attachment and the inhibition of rejection. *Journal of Social and Clinical Psychology, 22,* 275-293.

Bartholomew, K., & Horowitz, L. M. (1991). Attachment styles among young adults: A test of a four-category model. *Journal of Personality and Social Psychology, 61,* 226-244.

Berant, E., Mikulincer, M., & Florian, V. (2001). The association of mothers' attachment style and their psychological reactions to the diagnosis of infant's congenital heart disease. *Journal of Social and Clinical Psychology, 20,* 208-232.

Berlin, L. J., Cassidy, J., & Belsky, J. (1995). Loneliness in young children and infant-mother attachment: A longitudinal study. *Merrill Palmer Quarterly, 41,* 91-103.

Bippus, A. M., & Rollin, E. (2003). Attachment style differences in relational maintenance and conflict behaviors: Friends' perceptions. *Communication Reports, 16*, 113-123.

Birnie, D., McClure, M. J., Lydon, J. E., & Holmberg, D. (2009). Attachment avoidance and commitment aversion: A script for relationship failure. *Personal Relationships, 16*, 79-97.

Black, K. A., & McCartney, K. (1997). Adolescent females' security with parents predicts the quality of peer interactions. *Social Development, 6*, 91-110.

Bookwala, J. (2003). Being "single and unattached": The role of adult attachment styles. *Journal of Applied Social Psychology, 33*, 1564-1570.

Bottonari, K. A., Roberts, J. E., Kelly, M. A. R., Kashdan, T. B., & Ciesla, J. A. (2007). A prospective investigation of the impact of attachment style on stress generation among clinically depressed individuals. *Behavior Research and Therapy, 45*, 179-188.

Bowlby, J. (1973). *Attachment and loss: Vol. 2. Separation: Anxiety and anger.* New York: Basic Books.

Bowlby, J. (1980). *Attachment and loss: Vol. 3. Sadness and depression.* New York: Basic Books.

Bowlby, J. (1982). *Attachment and loss: Vol. 1. Attachment* (2nd ed.). New York: Basic Books. (Original work published 1969).

Bowlby, J. (1988). *A secure base: Clinical applications of attachment theory.* London: Routledge.

Brassard, A., Lussier, Y., & Shaver, P. R. (2009). Attachment, perceived conflict, and couple satisfaction: Test of a mediational dyadic model. *Family Relations, 58*, 634-646.

Brennan, K. A., Clark, C. L., & Shaver, P. R. (1998). Self-report measurement of adult romantic attachment: An integrative overview. In J. A. Simpson & W. S. Rholes (Eds.), *Attachment theory and close relationships* (pp. 46-76). New York: Guilford Press.

Brumbaugh, C. C., & Fraley, R. C. (2006). Transference and attachment: How do attachment patterns get carried forward from one relationship to the next? *Personality and Social Psychology Bulletin, 32*, 552-560.

Cann, A., Norman, M. A., Welbourne, J., & Calhoun, L. G. (2008). Attachment styles, conflict styles, and humor styles: Interrelationships and associations with relationship satisfaction.

European Journal of Personality, 22, 131-146.

Cassidy, J., & Berlin, L. J. (1994). The insecure/ambivalent pattern of attachment: Theory and research. *Child Development, 65*, 971-981.

Cassidy, J., & Kobak, R. R. (1988). Avoidance and its relationship with other defensive processes. In J. Belsky & T. Nezworski (Eds.), *Clinical implications of attachment* (pp. 300-323). Hillsdale, NJ: Erlbaum.

Chen, E. C., & Mallinckrodt, B. (2002). Attachment, group attraction, and self-other agreement in interpersonal circumplex problems and perceptions of group members. *Group Dynamics, 6*, 311-324.

Collins, N. L., Guichard, A. C., Ford, M. B., & Feeney, B. C. (2004). Working models of attachment: New developments and emerging themes. In W. S. Rholes & J. A. Simpson (Eds.), *Adult attachment: Theory, research, and clinical implications* (pp. 196-239). New York: Guilford Press.

Collins, N. L., & Read, S. J. (1990). Adult attachment, working models, and relationship quality in dating couples. *Journal of Personality and Social Psychology, 58*, 644-663.

Cooper, M. L., Shaver, P. R., & Collins, N. L. (1998). Attachment styles, emotion regulation, and adjustment in adolescence. *Journal of Personality and Social Psychology, 74*, 1380-1397.

Cozzarelli, C., Hoekstra, S. J., & Bylsma, W. H. (2000). General versus specific mental models of attachment: Are they associated with different outcomes? *Personality and Social Psychology Bulletin, 26*, 605-618.

Davila, J., Steinberg, S. J., Kachadourian, L., Cobb, R., & Fincham, F. (2004). Romantic involvement and depressive symptoms in early and late adolescence: The role of a preoccupied relational style. *Personal Relationships, 11*, 161-178.

Doi, S. C., & Thelen, M. H. (1993). The Fear-of-Intimacy Scale: Replication and extension. *Psychological Assessment, 5*, 377-383.

Dominique, R., & Mollen, D. (2009). Attachment and conflict communication in adult romantic relationships. *Journal of Social and Personal Relationships, 26*, 678-696.

Downey, G., & Feldman, S. I. (1996). Implications of rejection sensitivity for intimate relationships. *Journal of Personality and Social Psychology, 70*, 1327-1343.

Ein-Dor, T., Mikulincer, M., & Shaver, P. R. (2011). Attachment insecurities and the processing of threat-related information: Studying schemas involved in insecure people's coping strategies. *Journal of Personality and Social Psychology, 101*, 78-93.

Feeney, J. A. (1994). Attachment style, communication patterns, and satisfaction across the life cycle of marriage. *Personal Relationships, 1*, 333-348.

Fitzpatrick, M. A., Fey, J., Segrin, C., & Schiff, J. L. (1993). Internal working models of relationships and marital communication. *Journal of Language and Social Psychology, 12*, 103-131.

Furman, W., Simon, V. A., Shaffer, L., & Bouchey, H. A. (2002). Adolescents' working models and styles for relationships with parents, friends, and romantic partners. *Child Development, 73*, 241-255.

Gillath, O., Shaver, P. R., Mikulincer, M., Nitzberg, R. A., Erez, A., & van IJzendoorn, M. H. (2005). Attachment, caregiving, and volunteering: Placing volunteerism in an attachment-theoretical framework. *Personal Relationships, 12*, 425-446.

Goosens, L., Marcoen, A., van-Hees, S., & van de Woestijne, O. (1998). Attachment style and loneliness in adolescence. *European Journal of Psychology of Education, 13*, 529-542.

Grabill, C. M., & Kerns, K. A. (2000). Attachment style and intimacy in friendship. *Personal Relationships, 7*, 363-378.

Guerrero, L. K. (1996). Attachment-style differences in intimacy and involvement: A test of the four-category model. *Communication Monographs, 63*, 269-292.

Hankin, B. L., Kassel, J. D., & Abela, J. R. Z. (2005). Adult attachment dimensions and specificity of emotional distress symptoms: Prospective investigations of cognitive risk and interpersonal stress generation as mediating mechanisms. *Personality and Social Psychology Bulletin, 31*, 136-151.

Hazan, C., & Shaver, P. R. (1987). Romantic love conceptualized as an attachment process. *Journal of Personality and Social Psychology, 52*, 511-524.

Hazan, C., & Zeifman, D. (1999). Pair-bonds as attachments: Evaluating the evidence. In J. Cassidy & P. R. Shaver (Eds.), *Handbook of attachment: Theory, research, and clinical applications* (pp. 336-354). New York: Guilford Press.

Hirschberger, G., Srivastava, S., Marsh, P., Cowan, C., & Cowan, P. (2009). Attachment, marital satisfaction, and divorce during the first 15 years of parenthood. *Personal Relationships, 16*, 401-420.

Kafetsios, K., & Nezlek, J. B. (2002). Attachment styles in everyday social interaction. *European Journal of Social Psychology, 32*, 719-735.

Kaitz, M., Bar-Haim, Y., Lehrer, M., & Grossman, E. (2004). Adult attachment style and interpersonal distance. *Attachment and Human Development, 6*, 285-304.

Kirkpatrick, L. A., & Hazan, C. (1994). Attachment styles and close relationships: A four-year prospective study. *Personal Relationships, 1*, 123-142.

Klohnen, E. C., & Bera, S. (1998). Behavioral and experiential patterns of avoidantly and securely attached women across adulthood: A 31-year longitudinal perspective. *Journal of Personality and Social Psychology, 74*, 211-223.

Larose, S., & Bernier, A. (2001). Social support processes: Mediators of attachment state of mind and adjustment in late adolescence. *Attachment and Human Development, 3*, 96-120.

Larose, S., & Boivin, M. (1997). Structural relations among attachment working models of parents, general and specific support expectations, and personal adjustment in late adolescence. *Journal of Social and Personal Relationships, 14*, 579-601.

Larose, S., & Boivin, M. (1998). Attachment to parents, social support expectations, and socioemotional adjustment during the high school-college transition. *Journal of Research on Adolescence, 8*, 1-27.

Larose, S., Guay, F., & Boivin, M. (2002). Attachment, social support, and loneliness in young adulthood: A test of two models. *Personality and Social Psychology Bulletin, 28*, 684-693.

Luke, M. A., Maio, G. R., & Carnelley, K. B. (2004). Attachment models of the self and others: Relations with self-esteem, humanity-esteem, and parental treatment. *Personal Relationships, 11*, 281-303.

Man, K. O., & Hamid, P. (1998). The relationship between attachment prototypes, self-esteem, loneliness, and causal attributions in Chinese trainee teachers. *Personality and Individual Differences, 24*, 357-371.

Marsa, F., O'Reilly, G., Carr, A., Murphy, P., O'Sullivan, M., Cotter, A., et al. (2004). Attachment styles and psychological profiles of child sex offenders in Ireland. *Journal of Interpersonal Violence, 19*, 228-251.

McClure, M. J., Lydon, J. E., Baccus, J. R., & Baldwin, M. W. (2010). A signal detection analysis of chronic attachment anxiety at speed dating: Being unpopular is only the first part of the problem. *Personality and Social Psychology Bulletin, 36*, 1024-1036.

Mehta, N., Cowan, P. A., & Cowan, C. P. (2009). Working models of attachment to parents and partners: Implications for emotional behavior between partners. *Journal of Family Psychology, 23*, 895-899.

Mickelson, K. D., Kessler, R. C., & Shaver, P. R. (1997). Adult attachment in a nationally representative sample. *Journal of Personality and Social Psychology, 73*, 1092-1106.

Mikulincer, M. (1995). Attachment style and the mental representation of the self. *Journal of Personality and Social Psychology, 69*, 1203-1215.

Mikulincer, M. (1998). Adult attachment style and affect regulation: Strategic variations in self-appraisals. *Journal of Personality and Social Psychology, 75*, 420-435.

Mikulincer, M., & Shaver, P. R. (2007). *Attachment patterns in adulthood: Structure, dynamics, and change.* New York: Guilford Press.

Mikulincer, M., Shaver, P. R., Bar-On, N., & Ein-Dor, T. (2010). The pushes and pulls of close relationships: Attachment insecurities and relational ambivalence. *Journal of Personality and Social Psychology, 98*, 450-468.

Mikulincer, M., Shaver, P. R., Sapir-Lavid, Y., & Avihou-Kanza, N. (2009). What's inside the minds of securely and insecurely attached people? The secure-base script and its associations with attachment-style dimensions. *Journal of Personality and Social*

Psychology, 97, 615-633.

Murray, S. L., Derrick, J., Leder, S., & Holmes, J. G. (2008). Balancing connectedness and self-protection goals in close relationships: A levels of processing perspective on risk regulation. *Journal of Personality and Social Psychology, 94*, 429-459.

Noftle, E. E., & Shaver, P. R. (2006). Attachment dimensions and the big five personality traits: Associations and comparative ability to predict relationship quality. *Journal of Research in Personality, 40*, 179-208.

Peplau, L. A., & Perlman, D. (1982, Eds.). *Loneliness: A sourcebook of current theory, research, and therapy*. New York: Wiley.

Pietromonaco, P. R., & Barrett, L. F. (1997). Working models of attachment and daily social interactions. *Journal of Personality and Social Psychology, 73*, 1409-1423.

Powers, S. I., Pietromonaco, P. R., Gunlicks, M., & Sayer, A. (2006). Dating couples' attachment styles and patterns of cortisol reactivity and recovery in response to a relationship conflict. *Journal of Personality and Social Psychology, 90*, 613-628.

Rowe, A. C., & Carnelley, K. B. (2005). Preliminary support for the use of a hierarchical mapping technique to examine attachment networks. *Personal Relationships, 12*, 499-519.

Rubenstein, C., & Shaver, P. R. (1982). The experience of loneliness. In L. A. Peplau & D. Perlman (Eds.), *Loneliness: A sourcebook of current theory, research, and therapy* (pp. 206-223). New York: Wiley.

Schachner, D. A., Shaver, P. R., & Gillath, O. (2008). Attachment style and long-term singlehood. *Personal Relationships, 15*, 479-491.

Shaver, P. R., & Fraley, R. C. (2008). Attachment, loss, and grief: Bowlby's views and current controversies. In J. Cassidy & P. R. Shaver (Eds.), *Handbook of attachment: Theory, research, and clinical applications* (2nd ed., pp. 48-77). New York: Guilford Press.

Shaver, P. R., & Hazan, C. (1987). Being lonely, falling in love: Perspectives from attachment theory. *Journal of Social Behavior and Personality, 2*, 105-124.

Shaver, P. R., & Hazan, C. (1993). Adult romantic attachment: Theory and evidence. In D. Perlman & W. Jones (Eds.), *Advances in personal relationships* (Vol. 4, pp. 29-70).

London: Kingsley.

Shaver, P. R., & Mikulincer, M. (2002). Attachment-related psychodynamics. *Attachment and Human Development, 4*, 133-161.

Sroufe, L. A., & Waters, E. (1977). Attachment as an organizational construct. *Child Development, 48*, 1184-1199.

Tidwell, M. C. O., Reis, H. T., & Shaver, P. R. (1996). Attachment, attractiveness, and social interaction: A diary study. *Journal of Personality and Social Psychology, 71*, 729-745.

Tucker, J. S., & Anders, S. L. (1998). Adult attachment style and nonverbal closeness in dating couples. *Journal of Nonverbal Behavior, 22*, 124-109.

Waters, H. S., Rodrigues, L. M., & Ridgeway, D. (1998). Cognitive underpinnings of narrative attachment assessment. *Journal of Experimental Child Psychology, 71*, 211-234.

Waters, H. S., & Waters, E. (2006). The attachment working models concept: Among other things, we build script-like representations of secure base experiences. *Attachment and Human Development, 8*, 185-198.

Wei, M., Russell, D. W., & Zakalik, R. A. (2005). Adult attachment, social self-efficacy, self-disclosure, loneliness, and subsequent depression for freshman college students: A longitudinal study. *Journal of Counseling Psychology, 52*, 602-614.

Weimer, B. L., Kerns, K. A., & Oldenburg, C. M. (2004). Adolescents' interactions with a best friend: Associations with attachment style. *Journal of Experimental Child Psychology, 88*, 102-120.

Weiss, R. S. (1973). *Loneliness: The experience of emotional and social isolation.* Cambridge, MA: MIT Press.

Wildschut, T., Sedikides, C., Routledge, C., & Arndt, J. (2010). Nostalgia as a repository of social connectedness: The role of attachment-related avoidance, *Journal of Personality and Social Psychology, 98*, 573-586.

Wiseman, H., Mayseless, O., & Sharabany, R. (2006). Why are they lonely? Perceived quality of early relationships with parents, attachment, personality predispositions and loneliness in first-year university students. *Personality and Individual Differences, 40*, 237-248.

4

수줍음과 뇌의 전기적 활동:
이론과 방법론의 상호작용에 관하여

Louis A. Schmidt & Vladimir Miskovic

방법론적 시사점이 없는 이론은 최소한의 실증적 의미만을 가진 한가한 공상과 별로 다르지 않다. 이론적 바탕이 없는 방법론 또한 무익하며 고립된 기술적 궤변에 지나지 않을 수 있다.

– Van Maanen, Sorenson 및 Mitchell(2007, pp. 1145-1146)

어떤 과학적 영역에서든지 현상을 이해하는 데에는 이론과 방법의 상호작용이 필요하다. 개인차에 대한 과학적 연구도 다르지 않다. 75년 전에 두 가지의 발달, 즉 방법론적 발달과 이론적 발달이 신경학 및 성격심리학 영역에서 각각 독립적으로 출현하였다. 이러한 발달은 연구자들이 기질 및 성격에서의 개인차를 신경생리학에서 어떻게 연구할 것인지에 대한 정보를 제공하거나 계획할 수 있게 하였다.

그중 하나의 발달은 독일 신경정신의학자인 Hans Berger의 방법론적 연구였다.

Berger는 자신이 개발한 뇌전도(Electroencephalogram: EEG; Berger, 1929)라고 불리는 기술을 사용하여 인간 뇌의 전기적 활동을 기록한 최초의 사람이다. 처음에는 Berger의 새로운 기술에 대해 다소 회의적이었지만, 그의 방법과 연구결과들은 다시 계속 연구되었고, 오늘날 EEG는 기초 및 임상 연구 장면에서 전 세계적으로 사용되고 있다.

두 번째 핵심적 발달은 북미와 영국에서 거의 동시에 일어난 초기 성격과학 영역의 이론적 추론들이다. 성격의 기본 특질과 구조를 확인하는 것에서 더 나아가 미국의 Allport(1937)와 Murray(1938)나 영국의 Eysenck(1947, 1967)와 같이 잘 알려진 성격 이론가들은 성격에서의 개인차를 통해 신경생리학적 상관변인과 기질(substrates)을 확인할 수 있다고 추측하였다. 예를 들어, Allport는 성격 특질을 "신경심리학적 소인(dispositions)"이라고 불렀으며, 더 많은 "신경생리학의 도움"이 필요하다고 보았다(p.319). 반면에, Murray는 성격의 변화가 "뇌의 지배적인 구성(configurations)"에 의한 것이라고 강조하면서 "지금은… 이러한 것들을 추론해 내야 한다."라고 안타까워했다(p. 45). 불행히도 초기 추론들에서는 이러한 이론적 구성개념을 정량화하고 검증할 수 있는 적절한 방법론적 도구가 없었다.

Eysenck(1947, 1967)는 이후에 실증적으로 검증 가능한 가설을 고안하여 성격에서의 개인차를 이해하는 데 필요한 이론적인 뇌기반 모델을 제공하였다. Pavlov와 다른 구소련의 연구자들이 수행한 연구의 영향을 받아 Eysenck는 대뇌피질과 피질하부 회로의 민감성과 활동 억제에 있어서의 개인차가 감각 자극에 대한 조건화와 활성화에 영향을 미치며, 이는 성격에서의 개인차를 형성하는 요인이라고 주장하였다. 다행히도 제2차 세계대전 이후 시기까지 심리생리학적 방법으로 Eysenck의 이론과 가설을 검증할 수 있게 되었다.

70년 전, 그리고 그 이후로 이론과 방법론의 상호작용은 성격에 대한 신경생리학적 연구를 발전시키는 데 매우 중요한 역할을 해 왔다. 이론은 뇌와 성격을 연구하는 데 필요한 방법에 대한 정보를 제공했고, 연구 프로그램에 대한 계획을 설정하게 해 주었다. 방법론은 우리가 어떻게 하면 뇌를 이해할 수 있는가에 대한 정보를 제공하였고, 생물학에 기반을 두지 않은 과도한 추측을 제한하는 역할을 하였다.

신경과학 영역에서 최근의 이론적 및 방법론적 발전은 우리가 기질이나 성격 같은 복잡한 특질을 어떻게 하면 이해할 수 있을지에 대한 새로운 관심을 불러일으켰다. 아직 발견해야 할 것들이 많이 남아 있기는 하지만 뇌-행동 관계 및 복잡한 특질에서의 개인차의 생물학적 기원, 그리고 그것들을 유지시키는 신경학적 기제를 이해하는 데 중요한 발전이 있었다. 예를 들어, 현재 우리는 뇌의 기능과 구조가 초기 학령기 이후에도 고착되지 않는다는 것과 초기 경험이 뇌-행동 관계를 형성하는 데 중요한 역할을 한다는 것을 알고 있다. 또한 방법론의 발달로 인해 임상적 및 비임상적 성인 또는 아동 집단에서 비교적 불편을 주지 않으면서도 경제적인 방법으로 생물학적인 측정치를 수집하고 분석할 수 있게 되었다. 더 빠르고 강력한 컴퓨터의 등장도 방법론적 발전을 이끄는 데 기여하였다. 이는 역동적인 뇌의 전기적 활동을 실시간으로 표집하고 개인차와 심리적 과정에 대한 다양한 의문과 관련하여 측정된 자료에 대한 정교한 분석을 수행할 수 있게 해 주었다.

이 장에서 우리는 고독의 한 형태(즉, 수줍음)에 대한 신경생리학을 이해하는 데 있어 이론과 방법론의 상호작용이 중요하다는 점을 논의할 것이며, 이 장 전체를 통해 이러한 상호작용을 강조하고자 한다. 여기서 살펴볼 많은 연구결과는 20년 넘게 수행한 성인, 아동 및 임상 연구들을 기반으로 하고 있으며, 특히 수줍음 현상에 주안점을 두고 있다. 우리의 연구는 뇌기반의 접근-회피 모델을 따르고 있으며, 연속적인 전기 피질 활동의 변화를, 일반적으로는 사회적 행동, 특정적으로는 수줍음에서의 개인차와 관련이 있다. 20년이 넘게 우리를 포함한 많은 연구자가 수줍음의 신경학적 기초와 상관 변인들을 이해하기 위해 다수의 서로 다르면서도 상호보완적인 심리생리학 측정치들과 전기 피질 측정치들을 사용해 왔지만 우리는 연속적인 전기 피질 측정치들을 사용한 연구들에 국한하여 해당 연구들을 개관하고자 한다. 수줍음을 연구하는 데 있어서 다른 생물학적 측정치들을 사용하는 것에 관심이 있는 독자들은 다른 곳(Miskovic & Schmidt, 2012; Schmidt, Polak, & Spooner, 2005)을 참조하기 바란다.

이 장은 세 개의 주요 절로 구성되어 있다. 첫 번째 절에서는 우리의 연구 프로그램에 지침이 되어 온 수줍음에 대한 작업 정의와 개념화에 대해 다룰 것이다. 두 번째 절에서는 우리의 연구 프로그램에 대한 이론적 체계를 제공하는 뇌기반 접근-회피 모델에 대해 설명할 것이다. 우리는 또한 이러한 이론적 틀과 연속적 전기 피질 활동 측정치들을 사용하여 일반적으로는 사회적 행동, 특별히 수줍음에서의 개인차의 지표를 얻은 우리의 연구를 개관하고자 한다. 마지막 절에서는 이 분야에 대한 앞으로의 가능성과 주의할 점에 대해 논의하는 것으로 결론을 맺으려 한다.

수줍음: 정의와 개념적 틀

20년 넘게 우리의 연구 프로그램의 지침이 되어 온 수줍음의 정의와 수줍음 연구에 대한 개념적 틀을 제시하는 것으로 이 장을 시작하고자 한다. 수줍음은 현실적 그리고/또는 상상 속의 사회적 상호작용에 반응하여 나타나는 자기에 대한 불안한 집착으로 정의된다(Melchoir & Cheek, 1990). 이 현상은 초기 영아기의 기질로부터 시작하여 학령 전기와 학령기를 거치는 동안에 보통 정도로 유지되며, 많은 인지적/정서적, 행동적 및 심리생리학적인 스트레스 취약성 관련 변인들과 상관을 보인다(Kagan, 1994, 1999 참조). 이러한 변인들에는 낮은 자존감과 불안, 사회적 위축, 높은 안정기 심박수 및 아침 코르티솔 수준, 그리고 더 큰 상대적 우측 전두엽 EEG 활동 등이 포함된다. 수줍음은 많은 사람이 삶의 어떤 시점에서 경험하는 흔한 현상이지만 발달 과정에서 만성적인 수줍음을 보이는 사람들은 우울증이나 불안장애를 발달시킬 위험이 높다(Schmidt & Buss, 2010; 개관을 위해서는 Schmidt et al., 2005 참조).

Jens Asendorpf(1990, 1993; Asendorpf & Meier, 1993)가 개발하고 기술한 하나의 개념적 틀은 수줍음을 연구하는 연구자들에게 특히 유용하게 사용되었다. Asendorpf는 사회적 접근 차원과 사회적 회피 차원의 상호작용이 사회적 행동에서의 개인차를 이해하는 발견적(heuristic) 방법으로 사용될 수 있다고 주장하였다(이 책의 12장 참조). 이 두 차원의 상호작용을 통해 결과적으로 적어도 개인의 네 가지 사회적 행동 및 유형이 산출된다([그림 4-1] 참조). Asendorpf는 수줍음(4분면의 우측 상단)이 높은 접근 동기와 높은 회피동기 경향성 사이의 갈등으로 인해 발생한다고 주장한다. 수줍음을 가진 사람들은 사회적으로 매우 억압되어 있다. 이들은 상호작용을 원하지만 사회적 상황에서 억압되거나 불안하다고 느끼며 사회적인 갈등을 경험한다는 특징이 있다.

사회적 회피

	낮음	높음
사회적 접근　높음	사교적	수줍음
사회적 접근　낮음	비사교적	회피

[그림 4-1] 수줍음의 개인차를 이해하기 위한 접근 및 회피 차원의 발견적 틀:
사회적 접근 및 사회적 회피 차원들의 상호작용과 그 결과로 나타나는 네 가지 사회적 행동

출처: Asendorpf(1990).

　수줍음을 연구하는 데 사용된 접근-회피 틀은 지난 20년 넘게 견인차 역할을 해 왔다. 많은 실증 연구에서 다양한 행동 측정을 통해 수줍음을 가진 아동과 성인을 다른 사회적 위축을 가진 아동 및 성인과 구분할 수 있다는 것이 발견되었다(Asendorpf, 1993; Coplan, 2000; Coplan & Armer, 2007; Coplan, Prakash, O'Neil, & Armer, 2004; Coplan, Rubin, Fox, Calkins, & Stewart, 1994; Rubin & Asendorpf, 1993). 예를 들어, Coplan과 동료들은 수줍음을 가진 아동들(즉, 높은 접근동기와 높은 회피동기)이 다른 아동들에 비해 익숙한 사회적 상황에서 더 비참여적이며 방관적인 행동(수동적으로 다른 아동들을 관찰하는)을 보였고(Coplan et al., 1994), 유치원 입학 첫날(Coplan, 2000)과 학교 입학 후 몇 달 동안(Coplan et al., 2004) 다른 아이들과 비교하여 보다 높은 수준의 주저함(reticence)

을 보인다고 보고하였다. 또한 수줍음은 발달 기간 동안에 발생하는 적응 문제들을 예측하였는데, 여기에는 유치원 기간 동안의 보다 낮은 사회적 유능성(Coplan, Findlay, & Nelson, 2004)과 아동기에서 청소년기까지의 외로움, 낮은 자아존중감 및 사회불안(Crozier, 1995; Eisenberg, Shepard, Fabes, Murphy, & Guthrie, 1998)이 포함된다. 그리고 수줍은(즉, 사회적 갈등이 있는) 청소년들(Page, 1990)과 성인들(Santesso, Schmidt, & Fox, 2004)은 수줍어하지 않는 또래들과 비교했을 때, 불법적인 물질을 사용하거나 오남용하는 경향이 더 강했다. 우리의 연구에 따르면, 수줍은(즉, 사회적 갈등이 있는) 성인들은 정신병리에 대한 몇 가지 분명한 생물학적 소인도 보인다. 여기에는 수줍어하지 않는 또래 성인들에 비해 사회적 스트레스 상황에서 더 높게 지속되는 심박수(Schmidt & Fox, 1994)와 휴지기에 더 큰 상대적 우측 전두엽 EEG 활동(Schmidt, 1999), 더 높은 양손잡이의 출현율(Spere, Schmidt, Riniolo, & Fox, 2005)이 포함된다. 다음 절에서는 20년 넘게 우리 연구실에서 수행한 연구들에 대해 살펴보고자 한다. 이 연구들은 접근-회피의 개념적 틀을 사용하여 아동과 성인의 발달 기간 동안에 수줍음의 신경생리학적인 기초와 상관 변인들을 이해하는 데 집중했다.

이론과 방법론의 상호작용에서 관하여: 전두엽 EEG 비대칭과 사회적 행동

수줍음 및 관련 구성개념의 심리생리학적인 상관 변인과 기질(substrates)에 대한 탐색은 성인 성격 문헌에서 길고 풍부한 역사를 가지고 있으며(Eysenck, 1947, 1957, 1967; Gray, 1970, 1982; Gray & McNaughton, 2000), 중추 및 말초 심리생리학적 방법들이 개선되면서 여러 해에 걸쳐 발전되어 왔다(Cacioppo, Tassinary, & Berntson, 2007). Eysenck는 신경증과 외향성이라는 교차 분할하는 두 직교 차원들이 성격의 개인차 대부분을 설명한다고 주장하였다(이 책의 11장 참조). 수줍음은 신경증적 성격과 외향성의 상호작용으로부터 발생한다. 높은 수준의 신경증과 낮은 수준의 외향성을 가진 사람들은 사회적 수줍음의 특징을 나타낸다. Eysenck는 Pavlov의 흥분-억제 및 가동성(mobility)의 개념에서 영향을 받아 내향성-외향성을 흥분 및 억제 과정으로 각각 설명한 반면, 신경증은 가동성과 관련되는 것으로 보았다(Corr & Perkins, 2006 참조). 성격에 대한 Eysenck(1967)의 후기 이론은 흥분-억제 균형과 가동성의 개념을 대뇌피질의 각성 및 변연계의 활성화에 국한시키려는 시도를 기반으로 한다. 대체로 수줍은 사람들은 전반적으로 대뇌피질이 더 높은 수준으로 각성되어 있을 뿐 아니라 중뇌와 전뇌 영역의 각성 임계치가 보다 낮을 것이라고 추정되었다.

그러나 Eysenck의 이론에는 한계가 있다. 첫째, 그의 이론에 대한 많은 실증적 증거에 의하면 말초신경계는 심리생리학적 측정들을 통해 얻어진 것이다(Zahn, 1986). 전체 대뇌피질의 흥분성이나 각성을 나타내는 중추신경계 EEG 측정을 사용하여 그의 이론을 검증한 연구들은 일관된 결과를 제시하지 못했다(Gale, 1983; Gale, Coles, & Blaydon, 1969; Gale, Coles, Kline, & Penfold, 1971). 뿐만 아니라 Eysenck의 모델도 그 시대의 많은 다른 각성 모델과 같은 문제를 가지고 있었는데, 그것은 각성이 특이성이 부족한 일반적 용어라는 점이다.

성격의 심리생리학에 관한 다른 영향력 있는 이론은 약 40년 정도 전에 Jeffrey Gray(1970, 1982, 1987, 1994; Gray & McNaughton, 2000)에 의해 개발되어 지금도 여전히 큰 역할을 하고 있다. Gray의 강화민감성 이론에서는 세 가지의 독립적인 체계, 즉 투쟁-도주-정지 체계(fight-flight-freeze), 행동활성체계(Behavioral Activation: BAS) 및 행동억제체계(Behavioral Inhibition: BIS)가 존재한다고 제안하였다. 각각의 체계는 구별되는 신경회로 및 관련 행동 전략들과 연관된다. Eysenck의 모델과는 달리 Gray의 이론은 다양한 형태의 정서를 예측하는 데 더 높은 특이성을 가지고 있다. 예를 들어, 공포와 불안은 대개 상호 관련성이 있음에도 불구하고 독립적이다. 공포는 자극에 보다 얽매이는 반면, 불안은 일반화된 예기적 과정과 더 관련이 되는 것으로 생각된다. Gray의 모델은 이런 분리가 뇌의 어느 위치에 존재하며, 이러한 독립성의 기저를 이루는 가설화된 신경생리학적 차이에 대해 구체적인 예측이 가능하게 한다. Gray의 모델은 특히 공포와 불안이 서로 다른 역할을 하는 것으로 알려진 다양한 정신과적 장애들을 이해하는 데 도움이 된다.

Gray의 모델에서 수줍은 사람은 BIS 및 BAS 수준이 높다. Gray의 가설적 동기 차원인 BIS 및 BAS는 심리측정학적으로도 측정되었으며(Carver & White, 1994), BIS-BAS 수준이 다양한 사람의 전기피질 활동을 측정하려는 시도들도 있었다(Sutton & Davidson, 1997; 추가 논의는 이어지는 다음 내용 참조).

명확히 접근-회피 개념틀에 따라 조직화되지 않았지만, Hans Eysenck와 Jeffrey Gray의 이론적 연구와 실증적 결과들은 일반적으로는 성격, 특별히 수줍음의 신경생리학에 관한 현재의 사고에 많은 영향을 끼쳐 왔다. 우리는 이제 한 가지의 뇌기반 모델과 그에 해당하는 전기피질 측정 방법에 대해 논의하고자 한다. 이는 지난 20년 동안 수줍음 및 그와 관련된 행동 프로파일에 대한 우리 연구 프로그램의 방향이 되어 왔고, 이러한 초기 이론가들로부터 많은 영향을 받아 왔다. 우리는 또한 성인과 아동 대상, 그리고 일부 임상 집단에 대한 실증적 연구결과들을 개관하고자 한다. 이 연구들은 주로 우리 연구실에서 수행된 것들이지만, 이 영역에서 다른 연구자들의 연구 또한 강조할 것이다.

성격 및 정서적 양식에 있어서의 개인차에 관한 다양한 뇌기반 모델이 존재한다는 것과 사회불안의 프로파일과 관련된 뇌활동을 기록하는 데 다양한 방법이 사용되어 왔다는 점을 지적할 필요가 있다. 여기에는 다음 절에서 설명되는 방법들 외에도 fMRI와 다른 전기피질 측정 방법들도 포함된다(Miskovic & Schmidt, 2012 참조). 예를 들어, 최근 우리(그리고 다른 연구자들)는 수줍음과 사회불안을 가진 개인들을 대상으로 fMRI 반응(Beaton, Schmidt, Schulkin, & Hall, 2010; Beaton et al., 2008b, 2009)과 유발 전기피질 ERP 반응(Jetha, Zheng, Schmidt, & Segalowitz, 2012), 뇌파의 교차 주파수 동기화(Miskovic et al., 2010, 2011a, 2011b), 오류 모니터링(McDermott et al., 2009) 등을 검토해 왔다. 이러한 방법들/측정치들은 접근-회피 모델 및 다른 모델들(예: 과잉경계-회피, 피질-피질하부 혼선, 정보처리)을 기반으로 하고 있다. 간단히 말해, 이후에 우리는 정서에 대한 접근-회피 뇌기반 모델과 휴지기에 나타나는, 그리고 사회적·정서적 도전에 반응하여 주로 수줍은 사람들이 보이는 연속적 전기피질 측정치들에 초점을 맞추고자 한다. 뿐만 아니라 사회불안이나 행동억제 같은 관련 구성개념도 함께 고려하고자 한다.

전두엽 활성화 비대칭과 정서: 접근-회피 모델

이론과 방법론 사이의 상호작용이 중요하다는 점을 잘 예시하였으며, 접근-회피 개념 틀에 따라 조직화된 현대의 뇌기반 모델 중 하나는 Richard Davidson과 Nathan Fox가 개발한 것이다. 이 모델은 성격과 정서 양식에 있어서 개인차의 신경학적 기초에 대한 중요한 통찰을 제공해 왔으며, 20년이 넘게 우리의 연구 프로그램을 안내해 왔다. Davidson과 Fox(Fox & Davidson, 1984; Davidson, 1993, 2000; Fox, 1991, 1994 참조)는 정서가 접근-회피 동기 경향성에 따라 조직화된다고 주장하였으며, 정서에 대한 전두엽 활성화 모델을 발전시켰다. 이 동기적 차원들은 복측 대뇌피질 수준에서 다르게 편중되어 있다. 즐거움이나 행복, 관심과 같은 접근 관련 정서들은 좌측 전두엽 영역이 담당하는 반면, 공포나 슬픔, 혐오감과 같은 회피 관련 정서들은 우측 전두엽 영역이 담당한다.

Davidson과 Fox가 이 모델을 개발할 당시에는 EEG 데이터를 얻고 분석하는 데 있어서 중요한 기술적 발전 및 방법론적 발전이 이루어지고 있었다. 수십 년 전에 뇌-행동의 연관성을 알아보기 위해 EEG를 사용하는 데 관심을 가지고 있던 연구자들은 기록계에서 나타나는 아날로그 EEG 신호의 수동적인 해석에 의존했다. 그래서 데이터와 해석상의 오류를 검토하는 데 시간이 많이 걸렸고, 신호 에너지의 양적 추정치들을 도출하는 데 어려움이 많았다. 더 효과적인 알고리즘(예: 고속 푸리에 변환)과 함께 더 빠르고 강력한 컴퓨터의 등장으로 실시간에 가까운 속도로 두피에서 전기 신호를 얻어 디지털화할 수 있게 되었고, 효과적인 사용자-독립적인 데이터 처리 도구들을 사용하여 얻어진 신호들에 대한 주파수 분석을 수행할 수 있게 되었다. 이러한 발전은 복잡한 뇌 역동의 신뢰도 및 시간적 문제 해결을 개선시켰다. 특정 주파수와 다양한 뇌 영역 내에서의 뇌 활동 패턴들을 고려하는 가설들은 행동 및 다양한 형태의 실험적 도전과 관련하여 검토될 수 있었다.

일련의 초기 실험들에서 Davidson과 Fox는 정서와 성격의 특질 또는 상태 관련 특성의 지표를 얻고자 전방 두피에서 나타나는 국부적인 EEG 알파파(8~13Hz) 활동을 측정하였다. 알파파는 인간의 뇌에서 나타나는 주요 전기적 주파수이며 전통적으로 대뇌피질의 휴지기 리듬(알파파 활동의 현대적 해설에 대해서는 Jensen & Mazaheri, 2010 참조)으로 개념화되어 왔다. 원래 Berger가 주장하였듯이, 알파파는 휴지기 상태 동안에는 높게 동기화되고 급성 스트레스나 정신 활동 상태 동안에는 비동기화(즉, 활동 증가)된다. Berger 이후로 알파파는 '활동 관련' 주파수 대역으로 알려졌다.

국부적 EEG 측정을 사용하여 성인(Davidson, 1993, 2000; Davidson, Ekman, Saron, Senulis, & Friesen, 1990; 개관을 위해서는 Davidson, Jackson, & Kalin, 2000 참조)과 아동(Fox, 1991, 1994 참조)을 대상으로 수행한 일련의 연구에서 Davidson과 Fox는 부정적 정서(예: 공포, 슬픔, 혐오)를 유발하는 시각 자극이 제시되는 동안에 상대적으로 보다 큰 우측 전두엽 EEG 활동이 나타난다는 것을 보여 주었다. 반면에, 상대적으로 보다 큰 좌측 전두엽 EEG 활동은 긍정적 정서(예: 행복, 즐거움, 흥미)를 유발하는 시각 자극이 제시되는 동안에 발견되었다. 정서적 자극에 대한 전두엽 EEG 반응들이 이와 같은 동일한 기본 패턴을 보이는 점은 광범위한 연령대에서 다양한 감각 양식에 걸쳐 관찰되었다(Fox & Davidson, 1987, 1988; Santesso, Schmidt, & Trainor, 2007; Schmidt & Trainor, 2001 참조). 아동을 대상으로 한 연구에서 알파파 활동이 성인과 다른 주파수 범위(예: 4~6Hz나 6~9Hz)를 보인 것에 주목할 필요가 있는데, 이러한 범위는 심리적으로나 기능적으로 성인 알파파에 맞먹는 것으로 추정된다.

이후에 Davidson과 Fox(Davidson, 1993, 2000; Fox, 1991, 1994 참고)는 휴지 혹은 긴장 시 뇌반구의 전두부에 나타나는 편중된 알파파 활동 패턴이 스트레스 상황에서의 반응과 정서 양식에서의 개인차를 예측한다는 것을 이론화하였다. Davidson은 개인들 간에 분명하게 나타나는 기질적 기분과 정서적 반응성에서의 광범위한 가변성을 지칭하기 위해 '정서 양식(affective style)'이라는 용어를 만들었다(Davidson, 2000). 휴지기의 전두엽 활동의 패턴에 있어서 개인차는 감정의 유지와 조절에 관련된 전뇌 변연계의 회로 민감성의 차이를 반영한 것으로 가정된다. 전두부, 특히 전전두엽 피질은 편도체와 같은 피질하부 영역의 조절과 관련되어 있다고 여겨지는데(LeDoux, Iwata, Cicchetti, & Reis, 1988), 편도체는 위축과 관련된 부정적 정서와 밀접히 연관되어 있는 영역으로 알려져 있다. 예를 들어, Davidson과 Fox(1989)는 전두엽 EEG 뇌활동에 근거하여 어떤 아기들이 엄마와의 분리에 대한 반응으로 울게 될지를 예측할 수 있었다. 성인들을 대상으로 한 일련의 연구들(Henriques & Davidson, 1990, 1991)에서 Davidson과 동료들은 우울하고 불안한 사람들이 휴지기에 우측 전두엽에서 상대적으로 더 큰 EGG 활동을 보인다는 점을 발견하였다.

휴식기의 전두엽 EEG 알파파 활동 패턴이 특질적인 것이라면, 심리측정적으로 동일한 개인들 내에서 다양한 검사 점수가 수용 가능한 수준의 검사-재검사 신뢰도를 보여 주어야 한다는 점에 주목할 필요가 있다. 사실, 국부적 EEG 알파파의 비대칭 및 강도 측정치들의 검사-재검사 신뢰도는 시간대에 따라(McEvoy, Smith, & Gevins, 2000; Salinsky, Oken, & Morehead, 1991; Tomarken, Davidson, Wheeler, & Kinney, 1992), 다양한 맥락에 따라(Schmidt, cote, Santesso, & Milner, 2003) 비임상적 성인 표본들에서, 그리고 조현병(Jetha, Schmidt, & Goldberg, 2009a) 및 우울증(Allen, Urry, Hitt, & Coan, 2004; Vuga et al., 2006), 그리고 가장 최근에는 사회불안장애(SAD; Schmidt et al., 2012)를 가진 성인들을 포함한 일부 임상 집단에서 잘 입증되었다. 또한 전두엽 비대칭과 감정 처리와 정서 양식에서의 개인차에 대한 Davidson과 Fox의 모델은 100편이 넘는 연구에서 반복 검증되었다는 점에 주목해야 할 필요가 있다(Coan & Allen, 2004). 그러나 국부적 대뇌 비대칭성을 성격과 감정의 차이에 연관시키는 다른 대안적 모델들도 존재한다(Heller, 1993 참조).

우리는 수줍음 및 관련되는 성인, 아동 그리고 일부 임상적 집단에서 나타나는 사회적으로 불안한 특성의 신경생리학적 상관 변인들을 이해하기 위해 전두엽 활성화 비대칭 모델과 연속적인 국부적 EEG 알파파 활동 측정치를 사용해 왔다. 이제 우리는 이 주제에 대한 우리 자신의 연구결과들과 다른 연구자들이 수행한 관련 연구들을 개관하고자 한다. 그러나 우선 정의와 관련된 몇 가지 문제를 지적할 필요가 있다. 이 영역에서의 문제들 중 하나는 연구자들이 관련 개념을 기술하기 위해 일부 용어들을 상호교환적으로 사용해 왔다는 점이다(Rubin & Asendorpf, 1993 참조). 예를 들어, 수줍음, 사회적 과묵, 사회적 불안, 사회공포증, 사회적 고립, 사회적 위축, 내향성, 그리고 행동억제는 자주 상호교환적으로 사용되지만, 이러한 것들은 서로 다른 의미와 기원, 상관 변인 및 결과들을 가지고 있다. 이런 논쟁 및 관련 문제들을 모두 다루는 것은 이 장의 범위를 넘어서는 것이지만, 체계성과 명료성을 위해 우리는 이어지는 각 절의 초반에서 접근-회피 개념틀을 사용하여 개념적으로 정의된 수줍음에 대한 측정을 사용했던 연구들에 대해 먼저 검토하고자 한다. 이러한 연구들은 주로 우리의 실험실에서 수행한 것들이다. 그런 다음 관련된 개념을 사용하는 연구들에 대해 논의할 것이다(예: 사회불안, 사회공포증, 사회적 위축). 마지막으로, 우리는 보다 기본적인 기질적 차원의 개념들, 즉 행동억제와 관련된 연구들을 검토할 것이다.

성인 연구

우리는 접근-회피 개념틀을 사용하여 수줍음의 다양한 형태를 구분할 수 있을지를 알아보는 데 관심을 갖고 10여 년 전에 두 가지 연구를 처음으로 수행하였다. Cheek과 Buss의 수줍음 및 사교성 척도(Cheek, 1983; Cheek & Buss, 1981)를 사용하여 높은 수준과 낮은 수준의 수줍음 및 사교성을 가진 젊은 성인들을 선발하였다. 그런 다음 휴지기(Schmidt, 1999) 및 예상된 사회적 상호작용에 반응할 때(Schmidt & Fox, 1994) 얻은 국부적 EEG 측정값을 수집하였다. 우리는 특히 수줍음과 사교성 수준이 모두 높은 사람들에게 관심이 있었는데, 이는 이들 집단을 접근-회피 갈등으로 설명할 수 있기 때문이다. 우리는 수줍음과 사교성의 수준이 높은(즉, 갈등적인) 사람들과 높은 수준의 수줍음과 낮은 수준의 사교성을 가진(즉, 회피적인) 사람들 모두 휴지기에 더 큰 상대적 우측 전두엽 EEG 활동을 보였으나, 전자 집단은 좌측 전두엽 영역의 절대적 활동량에 있어서 후자 집단과 구분된다는 것을 발견하였다. 즉, 갈등 집단은 회피 집단보다 좌측 전두엽 부분에서만 더 큰 활동을 보였다(Schmidt, 1999). 이러한 결과는 좌반구에 편중된 접근-관련 동기적 경향이 갈등 집단의 경우에 더욱 크게 동원되었기 때문인 것으로 해석되었다. 갈등 집단의 경우, 사회적 상호작용에 참여하려는 욕구가 높은 수준의 사회적 공포로 인해 방해를 받았기 때문이다.

동일한 선발 전략을 사용한 보다 이전의 한 연구(Schmidt & Fox, 1994)에서는 예견된 낯선 사회적 상호작용 반응에서 수줍음 하위유형 간에 전두엽 EEG 측정값에서 차이를 발견하지 못했다. 그러나 갈등 집단에 속한 사람들은 심혈관계 측정치들에서 다른 사람들과 구분되었다. 즉, 갈등 집단 하위유형은 예견된 낯선 사회적 상호작용에 대한 반응에서 다른 하위유형에 비해 보다 높은 상태의, 보다 일정하게 유지되는 심장박동수를 보였다. 이러한 심장계의 반응 패턴은 교감신경계에 의해 매개되는 스트레스 반응이 증가하였음을 의미한다. 보다 최근에 Cole, Zapp, Nelson 및 Perez-Edgar(2012)는 Cheek과 Buss의 수줍음 및 사교성 척도를 사용하여 측정한 수줍음과 사회적 위축이 높은 성인들은 수줍음이 낮은 사람들과 비교할 때, 불안한 발표자의 비디오 시청을 포함하는 사회적 도전 동안에 우측 전두엽 EEG 활동의 증가를 보인다는 점을 발견하였다.

우리는 또한 수줍음의 성격 특질(Beaton et al., 2008a)과 관련 개념인 사회불안의 수준이 다양한 사람 가운데 나타나는 휴지기 전두엽 EEG 알파파 활동 패턴을 조사하였다. 국부적 EEG는 사회불안이 높고 낮은 수준에 따라 선발된 비임상적 젊은 성인들을 표본으로 하여 측정되었다. 우리는 스스로 보고한 사회불안이 높으면 휴지기 우측 전두엽 EEG 비대칭이 함께 증가한다는 것을 발견하였으나, 이러한 관련성은 공존하는 우울을 통제를 할 때에만 나타났다.

수줍음과 사회적 불안 외에도, 휴지기 전두엽 뇌활동 패턴을 관련 특질들과 연관시키려는 다른 시도들도 있었다. 많은 연구가 연속적인 국부적 EEG 알파파 측정값들과 성인들의 행동억제 및 행동활성화를 나타내는 자기보고식 측정치들 간의 관계를 검토하였다(Carver & White, 1994). 이 두 차원은 앞서 논의되었던 Gray의 이론에서 도출되었으며, 접근-회피 개념틀의 기본적 동기 차원을 제공하고, 개념적으로는 전두엽 활성화 모델과 연결되어 있다. Sutton과 Davidson(1997)은 행동활성 민감성에서 높은 수준을 보이고 행동억제 민감성에서 낮은 수준을 보이는 사람들은 상대적으로 보다 큰 좌측 전두엽 EEG 비대칭을 보인다는 점을 처음으로 발견하였다. 계속해서 다른 두 연구(Coan & Allen, 2003; Harmon-Jones & Allen, 1997)에서도 상대적으로 보다 큰 좌측 전두엽 EEG 비대칭과 BAS 민감성이라는 이전에 발견되었던 패턴이 재차 발견되었다. Knyazev와 동료들(knyazev, Slobodskaya, & Wilson, 2002)의 또 다른 연구는 우측 전두엽 EEG 활동과 자기보고된 행동억제 간의 관련성을 보고하였지만, 이러한 관련성이 일반적으로 사용되는 알파파 주파수 범위에서는 발견되지 않았고 더 높은 주파수 범위인 베타와 감마 활동에서 발견되었다.

이론 및 방법론의 발전으로 인해 연구자들은 이제 행동억제의 근간을 이루는 것으로 추정되는 신경회로를 확인하기 시작하였다. 이러한 발전의 한 가지 예가 Davidson과 동료들(Shackman, McMenamin, Maxwell, Greischar, & Davidson, 2009)의 보다 최근 연구에서 나타났다. 이들은 복잡한 배열의 EEG(dense array EEG)와 전류원 모델링을 사용하여 행동억제를 보조하는 뇌 회로를 정확히 찾고자 하였다. 제한된 수의 전극(보통 32개 이하)을 사용했던 이전의 연구와 달리 복잡한 배열 기록법은 두피 전체에 위치한 100개 이상의 센서들을 사용하는데, 이는 뇌활동에 대한 공간적 해상도를 증가시켜 준다. 컴퓨터와 소프트웨어 성능의 발전과 복잡한 배열의 기록법은 과거 보다 EEG 신호를 더 정교하게 분석해 주고, 두피에서 발생한 신호들의 원인을 보다 정확하게 추론할 수 있게 해 준다. 이러한 방법을 사용하여 Davidson과 동료들은 우측 배측면 전전두 피질의 활성화와 행동억제체계에서 나타나는 개인차 간의 관련성을 보고하였고, 그렇게 함으로써 일반적인 정서적 소질의 근간이 되는 특정 뇌 영역들 사이의 관련성에 대한 보다 구체적인 설명을 제공하였다.

아동 연구

이전 연구들에서 우리는 학령기 전과 학령기 초기에 있는 아동들을 대상으로 휴지기 때와 사회적 어려움 및 정서적 어려움에 대해 반응할 때의 국부적 EEG 활동을 검토하였다. 우리가 수행한 한 편의 연구에서 수줍어하는 4세 아동들은 수줍어하지 않는 아동들보다 휴지기에, 그리고 공포를 유도하는 단편 영상을 보여 주었을 때 상대으로 보다 큰 우측 중앙부 EEG 활동을 보인다는 것을 발견하였다. 또한 수줍어하는 4세 여아들은 슬프고 행복하고 두려운 단편 영상을 보여 주었을 때, 상대적으로 보다 큰 좌측 중전두엽 EEG 활동을 보이는 수줍은 남아들에 비해 상대적으로 보다 큰 우측 중전두엽 EEG 활동을 보였다(Theall-Honey & Schmidt, 2006). 우리가 수행한 다른 연구에서는 수줍어하는 7세 아동들이 자기표현에 대한 발표를 기다릴 때, 수줍어하지 않는 또래들과 비교했을 때, 좌측이 아닌 우측 전두엽 EEG 활동에서만 더 큰 증가를 보였다(Schmidt, Fox, Schulkin, & Gold, 1999).

　유아와 아동을 대상으로 한 일련의 연구에서 Fox와 동료들은 휴지기 전두엽 EEG 비대칭의 패턴과 사회적 행동에서의 개인차 간에 관련이 있음을 보고하였다. 한 연구에서 동성의 동갑내기 또래들과 노는 동안에 사회적으로 과묵하거나 단독으로 소극적인 태도를 보이는 아동으로 분류된 4세 아동들 모두가 사교적인 아동들에 비해 휴지기에 더 큰 상대적 우측 전두엽 EEG 활동을 보였다. 그러나 소극적인 태도를 가진 아동 집단과 비교했을 때, 사회적으로 과묵한 아동들만 공포 기질에 대한 측정에서 더 높은 점수를 받았다(Henderson, Marshall, Fox, & Rubin, 2004). Fox와 동료들(1995)은 사회적으로 위축된 학령기 전 아동들이 사회적 외향성과 사회적 유능성이 높은 아동들에 비해 더 큰 상대적 우측 전두엽 EEG 활동을 보인다는 것도 발견하였다. 흥미롭게도 이 연구자들은 각 뇌반구의 전두엽에서 나타나는 독특한 EEG 강도의 효과를 검토하기 위해 새로운 방법론적 접근을 사용하였다. 그 결과 이러한 차이들이 좌측 뇌반구의 전두엽에서의 강도와 관련이 있다는 것을 발견하였다. 다른 세 편의 연구에서 Fox와 동료들은 행동억제에 대한 기질적 성향(수줍음의 예측인자)을 가진 유아들이 이미 9개월이 되었을 때, 상대적으로 보다 큰 우측 전두엽 EEG 활동을 보인다고 보고하였다(Calkins, Fox, & Marshall, 1996). 우측 전두엽 EEG 활동 패턴은 행동적으로 억제된 아동이 4살을 지나는 동안에도 안정적으로 유지되었다(Fox, Henderson, Rubin, Calkins, & Schmidt, 2001). 우측 전두엽의 비대칭은 9개월 된 영아들의 기질적 억제와 이들이 4세가 되었을 때 보이는 사회적 경계심(social wariness) 간의 관계를 조절하였다(Henderson, Fox, & Rubin, 2001).

또한 다른 연구들은 행동억제를 예측하는 기질을 가진 유아들을 선정하여 종단적으로 연구하였을 때, 나이가 더 든 아동들(McManis, Kagan, Snidman, & Woodward, 2002)과 6개월 정도의 어린 아이들(Buss et al., 2003) 모두에게서 우측 전두엽 EEG 활동과 사회적 위축 관련 행동들 사이에 연관성이 있음을 보고하였다. 예를 들어, McManis와 동료들은 행동적으로 억제된 10~12세의 아동들이 상대적으로 보다 큰 우측 전두엽 EEG 활동을 보인다고 보고하였다. Buss와 동료들은 보다 높은 수준의 기저 및 반응 코르티솔(즉, 스트레스 호르몬) 수준이 극단적인 우측 전두엽 EEG 비대칭과 관련이 있으며, 위축-부정적 정서 작업 동안에 나타나는 이러한 EEG의 패턴은 출생 후 처음 반년 동안의 두렵고 슬픈 행동들과 관련이 있다는 것을 발견하였다. 흥미롭게도, Kalin과 동료들(Kalin, Larson, Shelton, & Davidson, 1998)은 인간이 아닌 영장류의 우측 전두엽 EEG 활동과 높은 코르티솔 수준 사이의 관련성을 보고하였는데, 이는 이러한 공포 관련 체계 및 관련된 신경학적 기질들(substrates)이 비교적 보존되었음을 시사한다.

임상 연구

다양한 임상 집단에서 나타나는 사회적 행동을 이해하기 위해 전두엽 활성화-정서 모델과 국부적 EEG의 연속적 측정치를 사용한 많은 연구가 있었다. Davidson의 연구팀은 사회불안으로 진단된 성인들이 공석에서 발언하는 것을 떠올릴 때, 우측 전방의 EEG 활동과 심박수가 증가한다고 보고하였다(Davidson, Marshall, Tomarken, & Henriques, 2000; 2권의 6장 참조). 또한 우리는 최근 사회불안을 가진 집단을 대상으로 한두 개의 서로 다른 연구에서도 이러한 모델과 측정에 대해서 검토하였다. 한 연구에서 우리는 사회불안장애(SAD) 진단을 받은 성인들을 대상으로 하여 휴지기 전두엽 EEG 비대칭 패턴이 인지행동치료(CBT)에 반응하여 수정이 가능한지를 검토하였다(Moscovitch et al., 2011). 우리는 SAD를 가진 성인들이 처치 전 기초선에서 상대적으로 보다 큰 우측 전두엽 EEG 활동을 보인다는 것과 처치 후 상대적으로 보다 큰 좌측 전두엽 EEG 활동을 보인다는 것을 발견하였고, 사회적 불안을 가진 사람들의 전두엽 비대칭 패턴이 개입을 통해 바뀔 수도 있다는 것을 주장하였다. 중요한 것은 휴지기 전두엽 EEG 비대칭 패턴이 CBT가 시작되기 전, 두 번의 초기 기초선 평가에서 안정적으로 유지되었다는 것이다(Schmidt et al., 2012).

　SAD로 진단을 받은 부모의 자녀에 대한 별도의 연구(Campbell et al., 2007)에서 우리는 정상적인 통제 집단의 아동들보다 이러한 고위험군의 자녀들이 더 큰 전반적 전두엽 활동(스트레스 취약성의 표식)을 보인다는 것을 발견하였다. 참고로, 이 두 집단은 수줍음에 대한 측정에서는 서로 다르지 않았다. 이러한 연구는 휴지기 전두엽 EEG 활동이 문제행동 출현 전 위험 상태의 심리생리학적 상관 변인일 수 있음을 시사한다.

　다른 신경정신의학적 장애를 가진 집단들을 대상으로 휴지기 전두엽 뇌 전기 활동과 사회적으로 불안한 행동 사이의 관계를 검토한 두 연구를 추가로 살펴봄으로써 이 부분을 마무리하고자 한다. 최근 연구에서 우리는 조현병을 가지고 있지만 지역사회에 거주하면서 안정된 성인 집단에서 휴지기 우측 전두엽 EEG 알파파 활동과 수줍음 사이에 관련성이 있음을 보고하였다(Jetha, Schmidt, & Goldberg, 2009b). 이러한 뇌-행동 간의 관계는 이 장애의 양성 및 음성 증상들을 통제한 후에만 나타났는데, 이는 이러한 관계가 장애가 있는 뇌에서조차 그 기능이 보존된 기본적 뇌-성격 기제를 반영하는 것임을 시사한다. 또 다른 연구에서 Sutton과 동료들(2005)은 우측 전두엽 비대칭을 보이는 고기능 자폐 아동들이 좌측 전두엽 비대칭을 가진 아동들에 비해 보다 많은 사회적 손상 관련 증상을 나타낸다고 보고하였다.

요약 및 제한점

　현존하는 연구들은 아동, 성인, 그리고 임상집단에서 정서에 관한 전두엽 EEG 알파파 비대칭 모델이 수줍음 및 관련 개념에 대한 신경생리학적 상관 변인들을 이해하는 데 유용한 많은 정보를 제공해 주었음을 시사한다. 그러나 몇 가지 개념적 및 방법론적 제한점에 대해 논의할 필요가 있다. 첫째, 이 분야는 연구자들에 따라서, 심지어는 같은 실험실 내에서조차도 동일한 현상을 설명하기 위해 다양한 용어와 개념을 상호교환적으로 사용해 왔다. 이 분야는 수줍음의 의미와 정의에 대한 합의가 여전히 필요하다(예: Schmidt & Buss, 2010 참조). 이는 이 분야에 대한 후속연구와 전망을 제한한다. 둘째, 처치 효과에 대한 연구들임에도 불구하고, 이 장에서 검토한 연구들은 본질적으로 상관연구들이다. 그 결과, 전두엽 뇌활동이 수줍음과 사회적 위축의 원인인지 결과인지는 알 수가 없다. 구조방정식 모델링, 위계적 선형 회귀, 처치효과 검증과 같은 통계적 기법들을 이용한 미래의 종단연구들은 뇌-행동 관련성에서 원인경로를 설명하는 데 도움이 될 수 있다. 이와 비슷하게 경두개 자기 자극술과 같이 특정 신경회로를 흥분시키거나 억제시키는 새로운 신경과학 기술의 적용은 인과관계에 대한 질문에 많은 정보를 제공할 것이다. 셋째, 우리는 전기피질 신호의 출처에 대해서 아직 모르고 있다. EEG는 일반적으로 두피 수준에서 측정되고, 체액과 조직, 뼈와 같은 여러 층을 투과하는 동안에 적지 않은 신호의 오염과 왜곡이 발생한다. 출처 분석이 이러한 문제를 해결하는 데 도움을 주고는 있지만 여전히 엄격한 심리측정적 검사를 필요로 한다. 보다 깊숙한 뇌 영역을 영상화하고 뇌 내부의 기록들까지도 추적할 수 있는 집중적 뇌 영상 기술들(예: fMRI, DTI: 확산텐서영상)은 다양한 생체 내의 약리학적·전기적·역학적 조작이 가능한 동물 모델의 신경생리학적 연구에서 그러한 것처럼 인간에게도 큰 도움이 될 수 있을 것이다.

결론 및 유의점

이 장에서 우리는 고독의 한 가지 형태인 수줍음에 대한 신경생리학적 연구에서 과거, 현재, 미래를 막론하고 이론과 방법론의 통합이 중요하다는 점에 대해 논의하였다. 이론 및 방법론적 발전은 전례 없는 속도로 일어나고 있으며, 현상에 대한 보다 깊은 이해를 가능하게 하고 있다.

그러나 이런 발전과 함께 주의가 요구되는 것들도 생긴다. 오늘날 우리는 방법론의 사용이 우리가 가진 이론적 의문들을 앞서지 않아야 한다는 것과 방법만 중시하지 않아야 한다는 것도 주의해야 할 점이다. 방법론적 동향들은 보통 일시적 현상이지만, 그것들을 사용하도록 동기화하는 근본적인 의문들은 보다 지속적이다. 이 장에서 논의된 도구들이 성격에서의 개인차에 기저를 이루는 복잡한 뇌의 역동을 관찰할 수 있는 특별한 기회를 제공해 주지만, 많은 심리생리학적 방법은 규준이 개발되지 못했고, 그것들의 심리측정적 속성(예: 검사-재검사 신뢰도) 또한 확립되지 못했다.

수줍음의 기원 및 유지가 의심할 여지없이 다양한 요인에 의해 결정된다는 점에 주목하는 것 또한 중요하다. 수줍음의 기저가 되는 단일 유전자나 단일 뇌 영역, 생리학적 패턴, 또는 유일한 환경적 조건이나 맥락은 존재하지 않는 것으로 보인다. 뇌는 전형적으로 복잡한 체계로서 1,000억 개의 뉴런과 100조 개의 시냅스의 연결로 구성되어 있다. 이 신체 기관에 대한 과학적 연구는 분자, 세포, 회로, 그리고 시스템 수준에서 접근할 수 있다(Markram, 2012). 아마도 이들 각각의 수준은 그 자체의 환경적(신체 외부나 신체 그 자체의 내부 환경 모두로 이해되는 환경의) 맥락에 내재되어 있고, 독특한 물리적 형태와 기하학적 구조를 지니며, 모든 수준 내 및 모든 수준 간의 상호작용, 내외적 사건들에 대한 반응으로서 나타나는 속성을 지니고 있다(Schmidt, Fox, Perez-Edgar, & Hamer, 2009; Schmidt & Miskovic, 2013 참조). 분명히, 성격과학 분야는 구체적이고 보편적인 예측을 만들어 내기보다는 일반적인 통계적 경향에 대해 추론하는 것에 국한된다. 이는 측정에서의 한계 때문이 아니라 유기체 자체의 고유한 속성 때문이다.

이러한 고려사항에도 불구하고 이 장에서 설명하였듯이, 오늘날 우리가 수줍음을 이해할 수 있게 된 것은 지난 수십 년 간의 이론적 및 방법론적 발전 덕분이다. Allport나 Murray 같은 초기 성격 이론가들이 남긴 약속들이 실현되고 있다. 수줍음에 대한 앞으로의 연구는 복합적인 방법들과 다양한 수준의 분석들이 포용되고 통합되는 학제간 연구를 통해 풍부해질 것이다.

감사의 글

이 장은 Natural Sciences and Engineering Research Council of Canada(NSERC), Social Sciences and Humanities Research Council of Canada(SSHRC), Canadian Institutes of Health Research(CIHR)가 Louis Schmidt에게 지원한 연구비와 Vladimir Miskovic이 수혜 받은 NSERC Vanier Doctoral Scholarship으로 집필되었다. 큰 도움이 되었던 논평을 해 준 Ryan Van Lieshout에게 감사의 마음을 전한다.

참고문헌

Allen, J. J. B., Urry, H. L., Hitt, S. K., & Coan, J. A. (2004). The stability of resting frontal electroencephalographic asymmetry in depression. *Psychophysiology, 41*, 269-280.

Allport, G. W. (1937). *Personality: A psychological interpretation*. London: Constable.

Asendorpf, J. B. (1990). Beyond social withdrawal: Shyness, unsociability, and peer avoidance. *Human Development, 33*, 250-259.

Asendorpf, J. B. (1993). Abnormal shyness in children. *Journal of Child Psychology and Psychiatry, 34*, 1069-1081.

Asendorpf, J. B., & Meier, G. H. (1993). Personality effects on children's speech in everyday life: Sociability-mediated exposure and shyness-mediated reactivity to social situations. *Journal of Personality and Social Psychology, 64*, 1072-1083.

Beaton E. A., Schmidt, L. A., Ashbaugh, A. R., Santesso, D. L., Antony, M. M., & McCabe, R. E. (2008a). Resting and reactive frontal brain electrical activity (EEG) among a non-clinical sample of socially anxious adults: Does concurrent depressive mood matter? *Neuropsychiatric Disease and Treatment, 4*, 187-192.

Beaton, E. A., Schmidt, L. A., Schulkin, J., Antony, M. M., Swinson, R. P., & Hall, G. B. (2008b). Different neural responses to stranger and personally familiar faces in shy and bold adults. *Behavioral Neuroscience, 122*, 704–709.

Beaton, E. A., Schmidt, L. A., Schulkin, J., Antony, M. M., Swinson, R. P., & Hall, G. B. (2009). Different fusiform activity to stranger and personally familiar faces in shy and social adults. *Social Neuroscience, 4*, 308–316.

Beaton, E. A., Schmidt, L. A., Schulkin, J., & Hall, G. B. (2010). Neural correlates of implicit processing of facial emotions in shy adults. *Personality and Individual Differences, 49*, 755–761.

Berger, H. (1929). Uber das elektrenkephalogramm des menschen, I. *Archiv fur Psychiatrie und Nervenkrankheiten, 87*, 551–553, 567–570.

Buss, K. A., Schumacher, J. R., Dolski, I., Kalin, N. H., Goldsmith, H. H., & Davidson, R. J. (2003). Right frontal brain activity, cortisol, and withdrawal behavior in 6-month-old infants. *Behavioral Neuroscience, 117*, 11–20.

Cacioppo, J. T., Tassinary, L. G., & Berntson, G. C. (Eds.) (2007). *Handbook of psychophysiology* (3rd ed.). New York: Cambridge University Press.

Calkins, S. D., Fox, N. A., & Marshall, T. R. (1996). *Behavioral and physiological antecedents of inhibited and uninhibited behavior. Child Development, 67*, 523–540.

Campbell, M. J., Schmidt, L. A., Santesso, D. L., Van Ameringen, M., Mancini, C. L., & Oakman, J. M. (2007). Behavioral and psychophysiological characteristics of children of parents with social phobia: A pilot study. *International Journal of Neuroscience, 117*, 605–616.

Carver, C. S., & White, T. L. (1994). Behavioral inhibition, behavioral activation, and affective responses to impending reward and punishment: The BIS/BAS Scales. *Journal of Personality and Social Psychology, 67*, 319–333.

Cheek, J. M. (1983). *The revised Cheek and Buss Shyness Scale.* Unpublished manuscript, Wellesley College, Wellesley, MA.

Cheek, J. M., & Buss, A. H. (1981). Shyness and sociability. *Journal of Personality and Social Psychology, 41*, 330–339.

Coan, J. A., & Allen, J. J. B. (2003). Frontal EEG asymmetry and the behavioral activation and inhibition systems. *Psychophysiology, 40*, 106-114.

Coan, J. A., & Allen, J. J. B. (2004). Frontal EEG asymmetry as a moderator and mediator of emotion. *Biological Psychology, 67*, 7-49.

Cole, C., Zapp, D. J., Nelson, K., & Perez-Edgar, K. (2012). Speech presentation cues moderate frontal EEG asymmetry in socially withdrawn young adults. *Brain and Cognition, 78*, 156-162.

Coplan, R. J. (2000). Assessing nonsocial play in early childhood: Conceptual and methodological approaches. In K. Gitlin-Weiner, A. Sandgrund, & C. Schaefer (Eds.), *Play, diagnosis and assessment* (2nd ed., pp. 563-598). New York: Wiley.

Coplan, R. J., & Armer, M. (2007). A "multitude" of solitude: A closer look at social withdrawal and nonsocial play in early childhood. *Child Development Perspectives, 1*, 26-32.

Coplan, R. J., Findlay, L. C., & Nelson, L. J. (2004). Characteristics of preschoolers with lower perceived competence. *Journal of Abnormal Child Psychology, 32*, 399-408.

Coplan, R. J., Prakash, K., O'Neil, K., & Armer, M. (2004). Do you "want" to play? Distinguishing between conflicted shyness and social disinterest in early childhood. *Developmental Psychology, 40*, 244-258.

Coplan, R. J., Rubin, K. H., Fox, N. A., Calkins, S. D., & Stewart, S. L. (1994). Being alone, playing alone, acting alone: Distinguishing among reticence and passive and active solitude in young children. *Child Development, 65*, 129-138.

Corr, P. J., & Perkins, A. M. (2006). The role of theory in the psychophysiology of personality: From Ivan Pavlov to Jeffrey Gray. *International Journal of Psychophysiology, 62*, 367-376.

Crozier, W. R. (1995). Shyness and self-esteem in middle childhood. *British Journal of Educational Psychology, 65*, 85-95.

Davidson, R. J. (1993). The neuropsychology of emotion and affective style. In M. Lewis & J. M. Haviland (Eds.), *Handbook of emotion* (pp. 143-154). New York: Guilford.

Davidson, R. J. (2000). Affective style, psychopathology, and resilience: Brain mechanisms and plasticity. *American Psychologist, 55*, 1196-1214.

Davidson, R. J., Ekman, P., Saron, C. D., Senulis, J. A., & Friesen, W. V. (1990). Approach/ withdrawal and cerebral asymmetry: Emotional expression and brain physiology I. *Journal of Personality and Social Psychology, 58*, 330-341.

Davidson, R. J., & Fox, N. A. (1989). Frontal brain asymmetry predicts infants' responses to maternal separation. *Journal of Abnormal Psychology, 98*, 127-131.

Davidson, R. J., Jackson, D. C., & Kalin, N. H. (2000). Emotion, plasticity, context, and regulation: Perspectives from affective neuroscience. *Psychological Bulletin, 126*, 890-909.

Davidson, R. J., Marshall, J. R., Tomarken, A. J., & Henriques, J. B. (2000). While a phobic waits: Regional brain electrical and autonomic activity in social phobics during anticipation of public speaking. *Biological Psychiatry, 47*, 85-95.

Eisenberg, N., Shepard, S. A., Fabes, R. A., Murphy, B. C., & Guthrie, I. K. (1998). Shyness and children's emotionality, regulation, and coping: Contemporaneous, longitudinal, and across-context relations. *Child Development, 69*, 767-790.

Eysenck, H. J. (1947). *Dimensions of personality*. London: Methuen.

Eysenck, H. J. (1957). *The dynamics of anxiety and hysteria*. New York: Praeger.

Eysenck, H. J. (1967). *The biological basis of personality*. Springfield, IL: Thomas.

Fox, N. A. (1991). If it's not left, it's right: Electroencephalogram asymmetry and the development of emotion. *American Psychologist, 46*, 863-872.

Fox, N. A. (1994). *The development of emotion regulation: Behavioral and biological considerations*. Monographs of the Society for Research in Child Development, 59 (2-3, Serial No. 240). Chicago: University of Chicago Press.

Fox, N. A., & Davidson, R. J. (1984). Hemispheric substrates of affect: A developmental model. In N. A. Fox & R. J. Davidson (Eds.), *The psychobiology of affective development* (pp. 353-382). Hillsdale, NJ: Erlbaum.

Fox, N. A., & Davidson, R. J. (1987). Electroencephalogram asymmetry in response to the approach of a stranger and maternal separation in 10-month-old infants. *Developmental Psychology, 23*, 233-240.

Fox, N. A., & Davidson, R. J. (1988). Patterns of brain electrical activity during facial signs of emotion in 10-month-old infants. *Developmental Psychology, 24*, 230-236.

Fox, N. A., Henderson, H. A., Rubin, K. H., Calkins, S. D., & Schmidt, L. A. (2001). Continuity and discontinuity of behavioral inhibition and exuberance: Psychophysiological and behavioral influences across the first four years of life. *Child Development, 72*, 1-21.

Fox, N. A., Rubin, K. H., Calkins, S. D., Marshall, T. R., Coplan, R. J., Porges, S. W., et al. (1995). Frontal activation asymmetry and social competence at four years of age. *Child Development, 66*, 1770-1784.

Gale, A. (1983). Electroencephalographic studies of extraversion-introversion: A case study in the psychophysiology of individual differences. *Personality and Individual Differences, 4*, 371-380.

Gale, A., Coles, M., & Blaydon. J. (1969). Extraversion-introversion and the EEG. *British Journal of Psychology, 60*, 209-223.

Gale, A., Coles, M., Kline, P., & Penfold, V. (1971). Extraversion-introversion, neuroticism and the EEG: Basal and response measures during habituation of the orienting response. *British Journal of Psychology, 62*, 533-543.

Gray, J. A. (1970). The psychophysiological basis of introversion-extraversion. *Behavior Research and Therapy, 8*, 249-266.

Gray, J. A. (1982). *The neuropsychology of anxiety*. Oxford, UK: Oxford University Press.

Gray, J. A. (1987). *The psychology of fear and stress*. London: Cambridge University Press.

Gray, J. A. (1994). Three fundamental emotion systems. In P. Ekman & R. J. Davidson (Eds.), *The nature of emotion: Fundamental questions* (pp. 243-247). Oxford: Oxford University Press.

Gray, J. A., & McNaughton, N. (2000). *The neuropsychology of anxiety: An enquiry into the functions of the septo-hippocampal system* (2nd ed.), Oxford, UK: Oxford University Press.

Harmon-Jones, E., & Allen, J. J. B. (1997). Behavioral activation sensitivity and resting frontal EEG asymmetry: Covariation of putative indicators related to risk for mood disorders.

Journal of Abnormal Psychology, 106, 159-163.

Heller, W. (1993). Neuropsychological mechanisms of individual differences in emotion, personality, and arousal. *Neuropsychology, 7*, 476-489.

Henderson, H. A., Fox, N. A., & Rubin, K. H. (2001). Temperamental contributions to social behavior: The moderating roles of frontal EEG asymmetry and gender. *Journal of the American Academy of Child & Adolescent Psychiatry, 40*, 68-74.

Henderson, H. A., Marshall, P. J., Fox, N. A., & Rubin, K. H. (2004). Psychophysiological and behavioral evidence for varying forms and functions of nonsocial behavior in preschoolers. *Child Development, 75*, 251-263.

Henriques, J. B., & Davidson, R. J. (1990). Regional brain electrical asymmetries discriminate between previously depressed subjects and healthy controls. *Journal of Abnormal Psychology, 99*, 22-31.

Henriques, J. B., & Davidson, R. J. (1991). Left frontal hypoactivation in depression. *Journal of Abnormal Psychology, 100*, 535-545.

Jensen, O., & Mazaheri, A. (2010). Shaping functional architecture by oscillatory alpha activity: Gating by inhibition. *Frontiers in Human Neuroscience, 4*, 1-8.

Jetha, M. K., Schmidt, L. A., & Goldberg, J. O. (2009a). Long-term stability of resting frontal EEG alpha asymmetry and power in a sample of stable community out-patients with schizophrenia. *International Journal of Psychophysiology, 72*, 228-233.

Jetha, M. K., Schmidt, L. A., & Goldberg, J. O. (2009b). Resting frontal EEG asymmetry and shyness and sociability in schizophrenia: A pilot study of community-based out-patients. *International Journal of Neuroscience, 119*, 847-856.

Jetha, M. K., Zheng, X., Schmidt, L. A., & Segalowitz, S. J. (2012). Shyness and the first 100 milliseconds of emotional face processing. *Social Neuroscience, 7*, 74-89.

Kagan, J. (1994). *Galen's prophecy: Temperament in human nature*. New York: Basic Books.

Kagan, J. (1999). The concept of behavioral inhibition. In L. A. Schmidt & J. Schulkin (Eds.), *Extreme fear, shyness, and social phobia: Origins, biological mechanisms, and clinical outcomes* (pp. 3-13). New York: Oxford University Press.

Kalin, N. H., Larson, C., Shelton, S. E., & Davidson, R. J. (1998). Asymmetric frontal brain activity, cortisol, and behavior associated with fearful temperament in rhesus monkeys. *Behavioral Neuroscience, 112*, 286-292.

Knyazev, G. G., Slobodskaya, H. R., & Wilson, G. D. (2002). Psychophysiological correlates of behavioural inhibition and activation. *Personality and Individual Differences, 33*, 647-660.

LeDoux, J. E., Iwata, J., Cicchetti, P., & Reis, D. J. (1988). Different projections of the central amygdaloid nucleus mediate autonomic and behavioral correlates of conditioned fear. *Journal of Neuroscience, 8*, 2517-2519.

Markram, H. (2012). The human brain project. *Scientific American, 306*, 50-55.

McDermott, J. M., Perez-Edgar, K., Henderson, H. A., Chronis-Tuscano, A., Pine, D. S., & Fox, N. A. (2009). A history of childhood behavioral inhibition and enhanced response monitoring in adolescence are linked to clinical anxiety. *Biological Psychiatry, 65*, 445-448.

McEvoy, L. K., Smith, M. E., & Gevins, A. (2000). Test-retest reliability of cognitive EEG. *Clinical Neurophysiology, 111*, 457-463.

McManis, M. H., Kagan, J., Snidman, N. C., & Woodward, S. A. (2002). EEG asymmetry, power, and temperament in children. *Developmental Psychobiology, 41*, 169-177.

Melchoir, L. A., & Cheek, J. M. (1990). Shyness and anxious self-preoccupation during a social interaction. *Journal of Social Behavior and Personality, 5*, 117-130.

Miskovic, V., Ashbaugh, A. R., Santesso, D. L., McCabe, R. E., Antony, M. M., & Schmidt, L. A. (2010). Frontal brain oscillations and social anxiety: A cross-frequency spectral analysis during baseline and speech anticipation. *Biological Psychology, 83*, 125-132.

Miskovic, V., Campbell, M. J., Santesso, D. L., Van Ameringen, M., Mancini, C. L., & Schmidt, L. A. (2011a). Frontal brain oscillatory coupling in children of parents with social phobia: A pilot study. *Journal of Neuropsychiatry and Clinical Neuroscience, 23*, 111-114.

Miskovic, V., Moscovitch, D. A., Santesso, D. L., McCabe, R. E., Antony, M. M., & Schmidt, L. A. (2011b). Changes in EEG cross-frequency coupling during cognitive behavioral therapy for social anxiety disorder. *Psychological Science, 22*, 507-516.

Miskovic, V., & Schmidt, L. A. (2012). Social fearfulness in the human brain. *Neuroscience & Biobehavioral Reviews, 36*, 459-478.

Moscovitch, D. A., Santesso, D. L., Miskovic, V., McCabe, R. E., Antony, M. M., & Schmidt, L. A. (2011). Frontal EEG asymmetry and symptom response to cognitive behavioral therapy in patients with social anxiety disorder. *Biological Psychology, 87*, 379-385.

Murray, H. A. (1938). *Explorations in personality*. New York: Oxford University Press.

Page, R. M. (1990). Shyness and sociability: A dangerous combination for illicit substance use in adolescent males? *Adolescence, 25*, 803-806.

Rubin, K. H., & Asendorpf, J. B. (1993). Social withdrawal, inhibition and shyness: Conceptual and definitional issues. In K. H. Rubin & J. B. Asendorpf (Eds.), *Social withdrawal, inhibition, and shyness in childhood* (pp. 3-17). Hillsdale, NJ: Erlbaum.

Salinsky, M., Oken. B., & Morehead, L. (1991). Test-retest reliability in EEG frequency analysis. *Electroencephalography and Clinical Neurophysiology, 79*, 382-392.

Santesso, D. L., Schmidt, L. A., & Fox, N. A. (2004). Are shyness and sociability still a dangerous combination for substance use? Evidence from a U.S. and Canadian sample. *Personality and Individual Differences, 37*, 5-17.

Santesso, D. L., Schmidt, L. A., & Trainor, L. J. (2007). Frontal brain electrical activity (EEG) and heart rate in response to affective infant-directed (ID) speech in 9-month old infants. *Brain and Cognition, 65*, 14-21.

Schmidt, L. A. (1999). Frontal brain electrical activity in shyness and sociability. *Psychological Science, 10*, 316-320.

Schmidt, L. A., & Buss, A. H. (2010). Understanding shyness: Four questions and four decades of research. In K. R. Rubin & R. J. Coplan (Eds.), *The development of shyness and social withdrawal* (pp. 23-41). New York: Guildford Publications.

Schmidt, L. A., Cote, K. A., Santesso, D. L., & Milner, C. E. (2003). Frontal electroencephalogram alpha asymmetry during sleep: Stability and its relation to affective style. *Emotion, 3*, 401-407.

Schmidt, L. A., & Fox, N. A. (1994). Patterns of cortical electrophysiology and autonomic activity in adults' shyness and sociability. *Biological Psychology, 38*, 183-198.

Schmidt, L. A., Fox, N. A., Perez-Edgar, K., & Hamer, D. H. (2009). Linking gene, brain, and behavior: DRD4, frontal asymmetry, and temperament. *Psychological Science, 20*, 831-837.

Schmidt, L. A., Fox, N. A., Schulkin, J., & Gold, P. W. (1999). Behavioral and psychophysiological correlates of self-presentation in temperamentally shy children. *Developmental Psychobiology, 35*, 119-135.

Schmidt, L. A., & Miskovic, V. (2013). A new perspective on temperamental shyness: Differential susceptibility to endoenvironmental influences. *Social & Personality Psychology Compass, 7*, 141-157.

Schmidt, L. A., Polak, C. P., & Spooner, A. L. (2005). Biological and environmental contributions to childhood shyness: A diathesis-stress model. In W. R. Crozier & L. E. Alden (Eds.), *The essential handbook of social anxiety for clinicians* (pp. 33-55). West Sussex, UK: John Wiley & Sons.

Schmidt, L. A., Santesso, D. L., Miskovic, V., Mathewson, K. J., McCabe, R. E., Antony, M. M., et al. (2012). Test-retest reliability of regional electroencephalogram (EEG) and cardiovascular measures in social anxiety disorder (SAD). *International Journal of Psychophysiology, 84*, 65-73.

Schmidt, L. A., & Segalowitz, S. J. (Eds). (2008). *Developmental psychophysiology: Theory, systems, and methods*. New York: Cambridge University Press.

Schmidt, L. A., & Trainor, L. J. (2001). Frontal brain electrical activity (EEG) distinguishes valence and intensity of musical emotions. *Cognition and Emotion, 15*, 487-500.

Shackman, A. J., McMenamin, B. W., Maxwell, J. S., Greischar, L. L., & Davidson, R. J. (2009). Right dorsolateral prefrontal cortical activity and behavioral inhibition. *Psychological Science, 20*, 1500-1506.

Spere, K. A., Schmidt, L. A., Riniolo, T. C., & Fox, N. A. (2005). Is a lack of cerebral hemisphere dominance a risk factor for social "conflictedness"? Mixed handedness in shyness and sociability. *Personality and Individual Differences, 39*, 271-281.

Sutton, S. K., Burnette, C. P., Mundy, P. C., Meyer, J., Vaughan, A., Sanders, C., et al. (2005). Resting cortical brain activity and social behavior in higher functioning children with autism. *Journal of Child Psychology and Psychiatry, 46*, 211-222.

Sutton, S. K., & Davidson, R. J. (1997). Prefrontal brain asymmetry: A biological substrate of the behavioral approach and inhibition systems. *Psychological Science, 8*, 204-210.

Theall-Honey, L. A., & Schmidt, L. A. (2006). Do temperamentally shy children process emotion differently than non-shy children? Behavioral, psychophysiological, and gender differences in reticent preschoolers. *Developmental Psychobiology, 48*, 187-196.

Tomarken, A. J., Davidson, R. J., Wheeler, R. E., & Kinney, L. (1992). Psychometric properties of resting anterior EEG asymmetry: Temporal stability and internal consistency. *Psychophysiology, 29*, 576-592.

Van Maanen, J., Sorensen, J. B., & Mitchell, T. R. (2007). The interplay between theory and method. *Academy of Management Review, 32*, 1145-1154.

Vuga, M., Fox, N. A., Cohn, J. F., George, C. J., Levenstein, R. M., & Kovacs, M. (2006). Long-term stability of frontal electroencephalographic asymmetry in adults with a history of depression and controls. *International Journal of Psychophysiology, 59*, 107-115.

Zahn, T. P. (1986). Psychophysiological approaches to psychopathology. In M. G. H. Coles, E. Donchin, & S. W. Porges (Eds.), *Psychophysiology: Systems, processes, and applications* (pp. 508-610). New York: Guildford.

Zimbardo, P. G. (1977). *Shyness: What is it and what to do about it.* New York: Symphony Press.

5

고독의 기원:
정신분석학적 관점

Evangelia Galanaki

정신분석학은 **홀로 있는 상태**(state of being alone)를 의미하는 고독을 인간의 근원적 경험으로 묘사하고 있으며, 이에 대해 수많은 의미를 부여해 왔다(Buchholz, 1997; Modell, 1993; Storr, 1988). 정신분석학 관점에서 **홀로 있는 고통스러운 경험**(painful experience of being alone)을 의미하는 외로움은 주로 임상가들이 발표한 수십 년 전의 연구들(예: Fromm-Reichmann, 1959; Klein, 1963/1975b)부터 최근 연구(예: Quinodoz, 1991/1993)에 이르기까지 잘 알려진 연구들이 독점해 온 주제다. 다양한 정신분석학적 관점에서 고독의 기원을 살펴보는 것은 매우 적절하고 유용한 작업이라고 할 수 있는데, 그 근거로 다음 세 가지를 들 수 있다. 첫째, 정신분석학에서는 어린 시절의 경험의 결정적 역할을 매우 강조해 왔다. 둘째, 대부분의 정신분석학적 모델에서 다루고 있는 주요 쟁점은, 인간이 겪게 되는 내적·개인적 경험과 외적·사회적 경험의 복잡한 관계이며, 이는 고독의 본질이라고 할 수 있다. 셋째, 이러한 관계가 정신분석에서는 매우 중요한데, 그 이유는 성격의 무의식적 층을 드러내는 것을 목표로 하는 정신분석적 심리치료에서 고독이 두 사람 간의 관계에 기초하기 때문이다.

이 장에서는 이러한 유형의 고독의 기원과 생후 1년간의 고독의 발달 과정에 대해 다양한 정신분석학적 관점에서 논하고 평가하되, 네 가지 주제를 중심으로 다룰 것이다. 이러한 주제에는 고독에 대한 두려움과 분리불안, 단독적 자기(the solitary self), 홀로 있는 능력(the ability to be alone)과 홀로 있음의 필요성(the necessity of being alone), 그리고 고독의 동반자적 특성이 포함된다. 끝으로, 결론과 향후 연구 방향은 고독의 역설적인 특징에 초점을 맞출 것이다.

고독에 대한 두려움과 분리불안

William James(1890/1950, p. 418)는 "유아기에 느끼는 공포의 주요 원천은 바로 고독이다." 라는 유명한 말을 남긴 바 있다. 고독에 대한 두려움과 분리불안은 서로 밀접하게 관련되어 있다. 분리불안은 대개 중요한 사람과의 정서적인 관계를 상실하거나 또는 상실할지도 모른다는 두려움을 느낄 때 나타난다(Bowlby, 1973; Quinodoz, 1991/1993). 이와 같은 불안은 자신이 버려진다는 두려움, 그리고 혼자 남게 된다는 두려움을 수반한다. 따라서 생의 초기부터 분리불안을 다룰 수 있는 능력은 고독에 대한 두려움을 감소시킬 수 있다. 그리고 그 반대 방향도 마찬가지인데, 홀로 있는 상태를 견디는 능력이 분리와 상실에 대한 불안 또한 견딜 만하게 만들어 준다.

고독에 대한 두려움은 인간이 가지고 있는 보편적 두려움으로 여겨진다. Sigmund Freud(1917/1963)는 잘 알려진 다음의 관찰 사례를 통해 불안을 고독 및 어둠과 연결 지었다.

상황과 관련하여 아동들에게 최초로 나타나는 공포증은 어둠과 고독에 대한 공포증이다. 이

중 어둠에 대한 공포증은 일생 동안 지속되는 경우도 있다. '나를 보살펴 주는 어떤 사랑하는 사람'의 부재, 다시 말해 엄마의 부재를 느끼고 있는 아이는 어둠과 고독에 대한 공포증 모두를 드러낸다. 나는 이웃집에서 들리는 한 아이의 애타는 외침을 들었는데, 그는 불이 꺼진 방에서 알 수 없는 공포를 느끼고 있었다. "나에게 말 좀 걸어 줄래요? 무서워요!" "내가 그렇게 한다고 도움이 되겠니? 어차피 너는 나를 볼 수 없잖아." 이 말에 아이가 대답했다. "만약 누군가가 말이라도 걸어 준다면, 방이 더 밝아질 것 같아요." 이와 같이 누군가에 대한 갈망은 어둠이 찾아왔을 때 어둠에 대한 공포로 변모한다(p. 407).

고독은 첫 불안 경험과 관련된다. Bowlby(1973)가 언급한 것처럼, 앞에 기술한 Freud의 관찰 사례는 "Freud의 불안이론의 핵심을 담고 있다"(p. 197). 불안의 원형은 사랑하는 사람으로부터의 **분리에 대한 두려움**이다. 특히 이것은 절대적 무기력의 시기인 영아기에 어머니로부터 분리되는 것에 대한 두려움을 의미한다. Freud 학파의 관점에서 볼 때, 불안은 어둠 속에 있는 상황, 그리고 홀로 있는 상황에서 나타난다. 이는 두 상황이 다름 아닌 분리를 의미하기 때문이다. 만일 이와 같은 불안이 생애 전반에 걸쳐 지속된다면, 불안은 신경증적으로 나타날 수 있다. Freud는 자신이 제안한 불안 모델(즉, 용납될 수 없는 리비도가 변형되어 나타나는 불안, 또는 위험의 신호로 나타나는 불안)에 구애 받지 않고, 불안을 항상 **외상적 대상 상실**과 관련지었다. Freud(1905/1953)는 그의 저서에 "아동의 불안은 사랑하는 사람에 대해 상실감을 느끼고 있다는 사실을 표현한 것에 불과한 것"(p. 224)으로 기술하였고, 이후에 발간한 에세이(Freud, 1908/1959a)에서 "불안은 대상이 상실되었다는 느낌에 대한 반응인 것으로 보인다"(p. 137)라고 기술하였다. 발달의 과정에서 불안은 또한 **대상의 사랑을 상실**할지도 모른다는 위협에 의해서도 결정된다. Freud(1908/1959a)는 상실의 위험에 대한 반응으로 나타나는 불안과 실제 상실에 대한 반응으로 나타나는 **애도의 고통**을 구별하였다. 따라서 외로움은 실제 대상을 상실하는 것에 대한, 또는 대상의 사랑을 상실하는 것에 대한 **고통스러운 갈망**으로 볼 수 있다.

단독적 자기

일차적 자기애

처음에 Freud(1914/1957b)는 자기애를 자신의 몸을 성적 대상으로 여기고 있는 상태로 정의했다. 이와 같은 **자기성애**(autoerotism) 상태에서 유아는 자신의 신체 이미지를 통합하고 리비도(즉, 본능적인 추동과 연관된 정신 에너지)와 부착된(즉, 투입된) 자아를 형성시켜 나간다. 후에 Freud(1915/1917/1957a, 1921/1955b)는 (자기성애에 후속하는) **일차적 자기애**(primary narcissism) 개념을 도입하였다. 이 단계에서는 자기(self)와 대상(object)뿐 아니라 자아와 원초아가 서로 분화되지 않은 상태에 있다. 대상관계의 형성은 이후의 삶에서 나타난다. 그 다음 단계에서는 대상에 대한 자기애적 동일시와 같은 일차적 자기애로의 퇴행이 나타날 수 있는데, 이 상태를 **이차적 자기애**(secondary narcissism)라고 한다. 그러므로 이와 같은 관점에서의 발달이란 발달의 주체(subject)가 대상(object)으로부터 점진적으로 분화해 나가는 것이며, 서서히 자신이 아닌 특정 대상(최초에는 엄마)에게 리비도를 부착해 나가는 과정, 그리고 전능감의 감소로 여겨진다. 자아 리비도(ego libido)와 대상 리비도(object libido)는 서로 상반되는 개념으로, 한쪽의 증가는 다른 한쪽의 감소를 의미한다.

한편, Freud의 글은 초기의 대상 부재 또는 전(前)대상관계 단계(pre-objectal stage)가 존재하는지, 그리고 자기성애와 일차적 자기애가 확연히 구분되는 상태인지 아니면 일차적 자기애가 자아의 확립에 선행하는 단계인지 명확한 답을 제시하지 않는다. Laplanche와 Pontalis(1967/1973)는 일차적 자기애가 대상 부재 단계는 아니라고 주장하였는데, 그 정의에 **거울관계**(mirror relation; 그리스 신화 속에 등장하는 나르키소스는 자신 또는 쌍둥이 남매의 모습과 사랑에 빠졌다)가 포함되어 있기 때문이다. 다른 정신분석학자들은 애초부터 대상관계가 존재하고 있는 것으로 간주하였다. Fairbairn(1952)은 리비도가 처음부터 쾌락이 아닌 **대상추구**(object-seeking)라고 주장하였고, Balint(1953)

는 유아기 초기 동안에 나타나는 **일차적 대상애**(primary object love) 개념을 소개하였다. 또한 Klein(1975a)은 영아가 출생 직후부터 자신과 구별된 타인의 존재를 인정하게 된다는 점을 받아들였고, Bion(1967)은 **엄마의 젖가슴이 없는 내면**(absent breast inside)이 사고들을 사고하기 위한 장치(apparatus for thinking thoughts)로 이어질 수 있다고 주장하였다.[1] 그러나 주체와 대상 간의 **미분화**(lack of differentiation) 혹은 **최초의 비이원론**(initial a-dualism)은 여전히 거의 모든 고전적 정신분석 이론의 기본 전제로 남아 있다.

Freud 학파의 이론으로 볼 때, 대상관계는 인간의 삶 속에 필연적으로 나타난다. 개인은 환각적 소망 성취라는 고립된 상태에 머무를 수 없다. Freud(1914/1957b)는 다음과 같이 기술하였다.

> 강한 자아본위(egoism)는 탈이 나지 않도록 막아 주는 보호책이지만, 탈이 나지 않기 위해서는 마지막 수단으로서 사랑을 시작해야만 한다. 만일 좌절의 결과로 우리가 사랑할 수 없다면, 우리는 탈이 날 수밖에 없다(p. 85).

Freud(1930/1961)는 문명을 주제로 서술한 그의 글에서 **자발적 고립**에 대해 논하였다. 그는 불행의 세 가지 근원인 육신(body), 외부 세계(external world), 인간관계(human relations) 중 가장 마지막 것, 즉 인간관계 속에서 가장 큰 **고통**이 생긴다고 주장했다. "우리는 누군가를 사랑할 때 고통을 방어할 수 있는 능력이 전혀 없으며, 사랑하는 대상이나 그 사랑을 잃었을 때 속수무책으로 불행에 빠져들게 된다"(p. 82). 고통을 피하기 위해 우리는 스스로를 철회시키며, 결국 평온한 상태에 이르러 스스로 해결책을 찾게 된다. 예컨대, 우리는 일하고, 예술과 과학을 창조하고, 예술과 미를 즐기면서, 혹은

---

1) 역자 주: Bion의 개념인 '사고들을 사고하기 위한 장치'에서 '사고'라는 용어는 개념이나 관념 등을 가리키는 사고의 요소가 아니라, 사고를 만들어 내는 사고의 작용에 관련된다. Bion은 아기가 가지게 되는 최초의 감각적·감정적 요소는 엄마의 젖가슴의 부재로 인한 좌절이라고 생각하였다. 따라서 아기는 이러한 좌절로부터 벗어나기 위해서 이러한 최초의 감각을 배출해 버리거나 변화시킨다. 그 후에 좌절을 견뎌 내고, 기다리고, 젖가슴의 부재로 비어 있는 것을 사고로 변형시킬 수 있게 됨에 따라서 사고 능력이 나타나기 시작한다.

중독성 약물에 자신을 굴복시킴으로써 개인적 세상을 구축할 수 있다. 이러한 철회(위축)는 **방어적**(defensive) 자기보호의 한 형태라고 할 수 있겠지만, 정신병리가 발생하는 맥락일 수도 있다. 따라서 Freud는 우리 자신이 인류 공동체의 구성원이 되도록 분투하는 것이 낫다고 결론지었다.

자극장벽

Freud(1920/1955a)는 자극장벽에 대해 처음으로 언급하면서 이는 신생아의 선천적인 기관으로, "자극을 막아 주는 보호막"(p. 27) 기능을 한다고 기술하였다. 이같이 과도하거나 유해한 자극을 막아 주는 보호막은 신생아에게 있어서는 자극을 수용하는 것에 비해 더 중요한 기능을 하는 것으로 간주된다.

Freud(1920/1955a)는 자극장벽이라는 비유에 생물-신경학적 특성을 부여하였다. 그는 자극장벽이 외부에서 들어오는 자극에 대한 감각적 및 지각적 문턱이며, 보다 깊은 층이 존재하는 외막이라고 보았다. 자극장벽은 원초아와 외부 세계를 이어 주는 매개체의 전조로, 이것은 후에 **자아**(ego)로 불리게 되었다. 그러므로 자극장벽은 내적 자극에 대한 문턱이기도 하다. 이 자극장벽을 통해 긴장이 감소되며, 항상성이 유지된다.

그러나 이처럼 생물학적 개념과 심리학적 개념을 병합함으로써 자극장벽에 대한 혼란이 야기되기도 하였다(Esman, 1983). Daniel Stern(1985)은 자극장벽의 개념에 대해 비판적인 입장을 취했는데, 그 까닭은 Freud가 Stern이 반박한 개념인 초기 자기애의 틀 안에서 자극장벽을 제안했기 때문이다. 정신분석학 분야의 또 다른 연구자들은 이 개념을 다르게 표현하였다. Esman에 따르면, 자극장벽은 "생득적이고 선택적이며 성숙하는 선별 메커니즘"이다(p. 204). 또한 유기체의 적응에 도움을 줄 수 있느냐 없느냐에 따라 어떤 종류 혹은 강도의 자극은 받아들이지만 그렇지 못한 자극은 막아낸다는 점에서 이중적 **자기조절** 기능을 갖는 능동적 메커니즘이다. 이 점에서 자극장벽은 최적의 자극을 보전하고자 한다(Esman, 1983; Gediman, 1971). 이것은 유아가 자극을 추구하기도 하고, 동시에 회피하기도 한다는 것을 의미한다. 자극 회피는 이러한 생득적이고,

특이한 조직을 통해, 그리고 자극장벽으로 기능하는 것으로 보이는 어머니 자체가 제공하는 보호를 통해 촉진된다(Benjamin, 1965; Khan, 1963). 자극 탐색은 애착에 도움을 주고, 자극 회피는 방어 및 개별화의 전조가 되는데, 여기에 홀로 있는 능력도 추가될 수 있다(Shapiro & Stern, 1980). 많은 연구자가 자극장벽은 인간의 일생 동안 사라지지 않고 존재하며, 보다 수동적인 메커니즘에서 복잡한 자아기능으로 진화한다고 생각하였다(Furst, 1978; Gediman, 1971).

만약 외부자극의 침투로 인해 자극장벽이 붕괴된다면, 우리는 아마도 이를 외상(trauma)으로 부를 수 있을 것이다. 그러나 외상은 압도적인 자극뿐만 아니라, 자극박탈의 결과일 수 있다. 이 두 상황은 모두 급성 혹은 만성적일 수 있으며, 누적될 수도 있다. 자극포화와 자극박탈은 동전의 양면과도 같다. 개인은 자극의 효과를 감소시키기 원하는 동시에 계속해서 유사한 새로운 자극을 찾게 된다. 보통은 다른 자극들을 선호하여 인간관계를 피하게 된다. 따라서 혼자서 스스로 만족을 느낄 수 없는 것은 박탈과 강력한 자극장벽뿐 아니라 만성적인 과부하 및 약한 자극장벽에서 기인하는 것일 수 있다(Gediman, 1971). 이로 인해 혼자 있는 게 더 낫다(better-be-alone-than)는 전술의 한 형태라고 할 수 있는 철회(위축)가 방어적 반응으로 나타나게 된다. 앞서 언급한 내용에 비추어 본다면, 자극에 대한 동시적 욕망과 혐오(즉, 고독을 보호하려고 분투하면서 도피를 갈망함)는 이제 덜 당황스러운 패러독스가 된다.

정상적 자폐와 공생

Margaret Mahler(Mahler, Pine, & Bergman, 1975)는 분리-개별화 이론에서 유아는 출생 직후에는 절대적으로 혼자이며 무기력한 존재라고 가정하였다. 정상적 자폐기(normal autistic phase)인 생후 두 달 동안 유아는 자폐적 껍데기(autistic shall) 속에서 살게 되지만 이로 인해 혼란을 경험하지는 않는다. 자극장벽과 생물학적 욕구 충족에서 나오는 전능감 및 환상적 소망 성취(모든 Freud 학파의 관점)가 유아로 하여금 자신의 고립을 자각하지 못하도록 지켜준다. 그러나 정상적인 발달 단계 중 하나를 자폐장애와 동일시하고 있는 이와 같은 주장은 극렬한 과학적 논쟁을 촉발시켰다. 이에 1982년에 Mahler는 정상적 자폐기란 자궁 밖 생활을 위한 유아의 적응 단계로, 이 기간 동안 "신 생아는 생리적 항상성, 즉 양육자의 목소리나 몸짓의 리듬과 하나가 되도록 적절한 내 적 조절을 성취해야 하며… 모든 유아는 **생애 초기 대화에서 적극적인 파트너**(이 장의 저자 가 강조함)"이라고 하였다(Bergman, 1999, p. 5). 또한 1983년에 Mahler는 Stern과의 개인 적인 교신에서 정상적 자폐기를 **깨어나는**(awakening) 단계로 명명할 수도 있다고 하였 는데(Stern, 1985, p. 235), 이 용어는 Stern이 사용한 용어인 출현하는 자기감과 아주 흡 사하다. Mahler의 협력자였던 Pine(1994)은 **상대적 자폐**(relative autism)라는 용어를 사용 하였는데, 그는 이것을 "내적 생리적 자극들에 대한 일차적 조율"이라 하였다(p. 10).

분리-개별화 이론에 따르면, 생후 2개월부터 유아가 경험하기 시작하는 것은 바로 **사회적 공생**(social symbiosis)이다. 자폐의 껍데기에서 깨어난 유아는 "공통된 경계를 가 진다는 망상"을 가지고, 엄마와 미분화된 상태인 **이중적 연합**(dual unity) 상태로 들어간 다(Mahler et al., 1975, p. 45). 전능한 공생적 융합은 유아가 분리를 자각(분리와는 다름) 하지 못하도록 보호하며, 따라서 홀로 있다는 충격적 자각으로 놀라지 않도록 보호해 준다. 유아 연구의 관점에서 Pine(1994, 2004)은 이러한 단계가 수유 과정에서 나타날 수 있는 **융합의 순간**(예: 미분화성, 무경계성)을 경험하는 데 중요하다고 주장하였다(하나 됨의 경험에 대한 논의는 다음 절을 참조). 융합은 유아뿐만 아니라 엄마에게도 매우 중요 하다. 이와 같은 융합은 이후 각 모자쌍마다 다른 일종의 해결에 도달하게 된다.

일차적 홀로 있음, 비의사소통적 자기, 지속되는 존재

D. W. Winnicott의 연구는 고독의 근원과 발달적 의미를 이해하는 데 있어서 매우 중요하다. 또한 정신분석학 분야 안팎에서 이 문제를 다루고 있는 현대 사조에 여전한 영향력을 발휘하고 있다[예: Bollas(1989)의 idiom 개념이나 Ogden(1994)의 유아기 동안의 자폐적 접촉 상태에서 나타나는 개인적 고립의 개념 참조]. Winnicott(1988)은 발달의 원시 적 단계 이전에서 나타나는 생애 초기의 본질적 외로움에 대해 언급했다. 이것은 **의존 이**

전의 홀로 있음(aloneness of predependence)이기 때문에 역설적이라고 여겨진다. 다시 말해, 이 시기의 유아는 자신이 부모(또는 보호자)에게 절대적으로 의존하고 있다는 사실을 미처 알아채지 못한다. 또한 이 개념은 자기애, 전능하다는 환상, 그리고 엄마-유아 사이의 미분화를 시사한다. 홀로 있음은 유일한 **일차적 상태**(the primary state)가 아니라 **하나의 일차적 상태**(a primary state)로 간주되는데, 이는 엄마-유아 사이에 공유 또는 동반자 관계와 같은 다른 일차적 상태가 존재할 수 있다는 것을 의미한다(Eigen, 2008).

비의사소통적 자기(noncommunicating self)는 생후 1년 동안에 나타난다. 이후 유아는 사랑하는 대상을 **주관적 대상**(subjective object)이 아닌 **객관적으로 지각된 대상**(objectively perceived object)으로 인식하게 된다. 다시 말해, 엄마와 융합된 상태에서 분리된 상태로 전환되는 것이다(Winnicott, 1965). 유아가 상징을 사용하기 시작하면서 암묵적이고 모호하던 의사소통의 방식은 명시적이고 구체적인 방식으로 변화한다. 홀로 만끽하던 전능감이라는 울타리를 벗어나 쌍방향의 의사소통을 즐기기 시작하는 것이다. 그러나 바로 그때에도 고립된 채로 남아 있어야 하기(has to) 때문에 소통하지 않고 언제나 고립되어 있는 온전한 자신만의 핵심이 존재한다. Winnicott은 다음과 같이 기술하였다.

> 건강한 사람들이 의사소통을 하고 그것을 즐긴다는 것이 사실이기도 하지만, 그 반대의 사실 역시 맞는 말이다. 즉, 각 개인은 고립되어 있고, 영원히 의사소통하지 않으며, 영원히 알 수 없으며, 사실상 알려지지도 않았다(Winnicott이 강조한 내용, p. 187).

이것은 "숨을 때는 즐겁지만 안 찾아주면 재앙"이 되어 버리는 숨바꼭질 놀이와 같다(Winnicott, 1965, p. 186). 의사소통의 이런 양태는 비언어적일 뿐만 아니라 영원한 침묵이며, 사적 영역이며, 살아 있음의 증표가 된다. 이와 같은 관점은 실존적 외로움을 반영하고 있는 것으로 보인다.

또한 Winnicott(1965)은 '건강'의 의미를 (1) 주관적으로 지각된 대상과의 조용하거나 비밀스러운 의사소통이라는 뜻에서 비의사소통(noncommunication)을 사용할 수 있는 능력, 그리고 (2) **참자기**(true self)를 보호하고 성장시키기 위해, 또한 현실을 느끼기 위해 흔히 경험하는 현실과의 접촉을 끊을 수 있는 능력이라고 진술하였다. 실제로 이와 같은 **금언적인 요소**(incommunicado element; Winnicott, 1965)가 밖으로 드러나거나 변화를 요구하는 위협에 직면하게 될수록 이에 대처하기 위한 방어의 모습은 점점 더 원시적인 형태로 나타나게 되는데, 이는 가장 내밀한 존재를 보호해야 참자기의 확립이 가능하기 때문이다. 이런 점에서 Winnicott은 고독의 이점을 연구해 온 후기 연구자들의 선구자로 보인다(개관을 위해서는 이 책의 1장 참조).

인간으로 태어난 모든 유아는 참자기를 가지고 있다. 유아는 **자발적인 몸짓**을 통해 자신의 참자기를 표현하게 되며, 또한 **충분히 좋은 엄마**(good-enough mother)를 통해 자신의 참자기를 인식하게 된다. 엄마는 유아를 비추는 거울이다. 다시 말해, 유아의 욕구에 민감하게, 그리고 안정적으로 반응하는 엄마는 유아의 참자기 발달을 촉진시킨다(Winnicott, 1971). 유아는 **심리신체적 실체**(psychosomatic entity)인 **존재의 연속성**(continuity of being)으로 살아 있음을 느끼게 된다(Winnicott, 1958, 1965). 이런 운 좋은 상태는 유아가 상징(예: 언어, 상징놀이, 꿈)을 만들어 내고 사용할 수 있는 능력에 반영된다.

생애 초기의 환경이 유아의 필요에 응답함에 따라, 유아는 방해 받지 않는 고립 상태, 즉 **지속되는 존재**(going-on-being)의 상태를 경험하게 된다. 유아는 자발적인 몸짓을 표현하기 위해, 그리고 환경을 탐색하기 위해 자기감(sense of self)을 잃어버리지 않고 이와 같은 고립의 상태로부터 벗어난다. 그러나 만일 환경이 유아의 존재를 침해하면(예: 간섭하거나 복종을 요구함으로써 또는 일관성 없는 반응을 함으로써) 외부 자극에 지속적으로 반응할 필요가 없었던 존재의 경험은 여지없이 깨져 버린다. 유아는 다시 고립의 상태로 되돌아오게 되지만, 이러한 고립은 원시적인 방어들로 구성된다. 분리는 환경에 의해 강압적으로 변화되지 않도록 보호되어야 하는 참자기와 거짓 또는 순응적 자기 간에 발생한다. 개인은 고립에 대한 두려움 때문에 자신으로 존재하지 못하며, 삶의 경험을 통해 강화되지 않는 참자기가 숨겨진 상태를 유지해야 하기 때문에 진정한 대상 유대 또한 발달시킬 수 없다(Winnicott, 1958).

Winnicott(1965)은 이후에 **의사소통 하지 않음**(not-communicating)의 양태를 보다 분명하게 구별하고자 하였다. 단순한 의사소통 하지 않음(일종의 휴식) 외에도 능동적이거나 반응적인 의사소통 하지 않음이 있다. **능동적인 의사소통 하지 않음**(active not-communicating)은 자발적인(잠재적으로 유익한) 홀로 있음의 형태이며, 반면 반응적인 의**사소통 하지 않음**(reactive not-communicating)은 환경의 영향으로 인한 병리적인 상태다. 따라서 하나는 자기의 중심을 인정하고 보존하면서 고립되어 있는 것이며, 다른 하나는 현실 대상이 전혀 없는 세상에서 거짓으로 살고 있는 **절연된**(insulated) 상태다. Winnicott은 이와 같은 사적인 우주를 아름답게 묘사하였다.

> …우리는 건강의 이런 측면을 인식해야 한다. 그것은 의사소통 하지 않는 중심적 자기, 즉 현실원리에서 영원히 벗어나 있으며, 영원히 고요한 자기다. 이와 같은 의사소통은 단순히 비언어적인 것이 아니다. 이것은 '천체의 음악'과 같으며, 절대적으로 사적인 것이다. 그것은 생명체에게만 일어나는 일이다. 그리고 건강할 때, 바로 이것으로부터 의사소통이 자연스럽게 일어난다 (p. 192).

자기와 함께 있음의 스키마

자기와 함께 있음의 스키마(schema-of-being-with-the-self) 개념은 Stern(1994, 1995)에 의해 소개되었다. 이 개념은 Winnicott(1965)이 제안한 지속되는 존재 개념, 그리고 고기능 자폐아동에 대한 Tustin(1990)의 연구에서 영감을 받았다. Stern(1994, 1995)은 발달에 대한 계층적 모델을 도입한 후, 이 모델에 세 가지의 **언어사용 이전의 자기감**(preverbal senses of self), 즉 출현하는 자기감, 핵심적 자기감, 주관적(또는 상호주관적) 자기감을 포함시키기 위해 이후에 개정하였다(Stern, 2000). 그는 이와 같은 세 가지 자기감이 연속적으로 나타나기보다는 상호작용하면서 함께 나타난다고 주장하였다. 유아 연구(예: Trevarthen, 1979)의 영향을 받아 Stern은 **초기 이원론**의 관점을 지지하였는데, 초기 이원론이란 **상호주관성**(intersubjectivity)이 생의 시작부터 존재하는 것, 또는 자기가 처음부터 차별화된 타자와 함께 존재하며, 점진적으로 새로운 형태의 관계를 발달시킨다는 것을 의미한다.

고독과 관련되어 있는 **타자 앞에서의 자기**(self-in-the-presence-of-the-other; Stern, 1985, 2000)는 Winnicott의 개념인 엄마 앞에서 홀로 있는 능력을 연상시킨다. 이는 타인에게 맞춘 자기와 함께하는 자기(the self-being-with-a-self-regulated-other)의 변형으로, 양육자와 신체적으로 가까이하면서 자신의 지각, 감정, 생각, 행동을 유지한 채 갖는 유아의 홀로 있음의 경험을 지칭한다. **자기와 함께 있음의 스키마**(Schema-of-being-with-the-self)는 고독에 대한 연구와 한층 더 깊은 관련이 있는데, 이는 정신활동이 일어나지만 그 개인은 그런 정신활동에 신경 쓰지 않는 "홀로, 정신적으로 떠 있는 상태"이며(Stern, 1995, p. 108), 주변에 누구도 없이 자기 자신과 함께 있는 방식을 나타낸다.

나아가 Stern(1995)은 균형 상태를 유지하기 위해 평온한 순간을 일부러 연장하는 것과 같이 우리가 홀로 있을 때 "항상 무슨 일이 일어나고 있다"(p. 109)고 주장했다. 이것은 느낌의 형태다. 살아온 경험의 순간은 '자기와 함께하는 방식(a-way-of-being-with-the-self)'이거나 더 적절하게는 '자기의 어느 한 부분이 자기의 다른 부분과 함께하는 방식(a-way-of-one-part-of-the-self's-being with-another-part-of-the-self)'이다. 이는 마치 개인이 어떤 일을 완성하거나 어떤 것을 생산할 필요 없이 그저 먼발치에서 그들의 복잡한 정신활동을 관찰하는 것과 같다. 또한 그 순간은 다음과 같이 두 가지 방식으로 대인관계적이라고 할 수 있다. 첫째는, '누군가와 함께하는 부정적 방식(a-negative-way-of-being-with-someone)'인데, 이는 타인에 대한 의식과 타인의 방해를 줄이기 때문이다. 둘째는, 자기의 일부가 다른 일부와 함께하는 방식이다.

자기와 함께 있음의 스키마는 타인과 함께 있음의 스키마와 기본적으로 동일한 구조를 가지고 있다(Stern, 1995). 이 두 스키마는 같은 종류의 상수를 사용하고, 느낌의 형태 주변에 구축되어 이야기 형태를 취하며, 대인관계의 동기와 기능이라는 특징을 갖는다. "이러한 경험들은 마치 음악이 그렇게 하는 것처럼 주관적인 시간의 구조를 형성한다. 이와 같은 구조는 존재감을 조직화할 뿐 아니라 또한 고조시킨다"(Stern, p. 108).

Stern(1985)이 받아들인 상호주관성에는, 어떤 경험들은 **공유할 수 없으며**, 이는 아마도 이러한 경험들이 엄마와 결코 **조율되지 않았기** 때문이라는 점을 수용하는 것이 포함된다(이는 Winnicott의 영향). 경험을 나눌 수 없으면 소외와 외로움으로 이어지는 것과 같이, 완전한 정신적 투명성은 정신병리로 이어진다. 유아기부터 우리는 이와 같은 두 극단 사이에서 살고 있다. 자기를 조절하는 타자와 함께 있는 것(being-with-a-self-regulating-other)은 자기노출과 프라이버시 사이에서 균형을 발견하는 것을 의미한다. 건강하지 않은 상태에서 엄마가 조율해 주지 않으면 유아는 기괴한 홀로 있음을 느낀다. Stern의 관점에서 외로움은 공유가 이루어지고 난 다음 사라졌을 때에만 느낀다. 마침내 생후 1년이 끝나갈 때쯤 언어가 출현하면서(언어적 자기 및 타인 감각), 어떤 경험들은 타인뿐 아니라 자기 자신과도 나눌 수 없음을 유아는 이전보다 더 경험하게 된다. 역설적이게도, 언어는 살아온 경험과 표상된 경험을 분리(split)시키고, 그렇게 함으로써 소원함을 가져온다. 반면, 언어는 동시에 "유아로 하여금 친밀함, 고립, 외로움, 두려움, 경외, 그리고 사랑 속에서 자신이 타인과 함께 존재하는 상태"를 공유할 수 있게 한다(Stern, p. 182). 상징 기능의 출현과 함께 거짓 자기와 참자기 사이에 사적인 영역이 만들어진다. 이는 공유는 안 되지만 부인할 수는 없는, 즉 언어로 접근할 수 있고 경험을 통해 변화할 수 있는 모든 경험을 포함한다.

홀로 있는 능력

까꿍 놀이

18개월 된 Freud의 손자가 다음과 같은 놀이를 반복하고 있었다. 그는 오-오-오-오 (O-O-O-O : gone을 의미하는 독일어 fort를 발음하려는 소리)라고 말하면서 작은 물건을 집어서 침대 밑 코너나 다른 데로 던졌다. 손자는 바닥에 닿지 않는 커다란 거울 앞에 서서 아래로 몸을 웅크려 거울에 비친 자신을 사라지게(gone) 만들었다. 엄마가 돌아왔을 때, 손자는 Baby O-O-O-O 라고 말하면서 그녀를 반겼다. 아빠가 앞에 있으면 손자는 인형을 가지고 놀다가 마음에 안 들면 "저리 가!"라고 말하며 인형을 던졌다. 엄마가 보이지 않자 손자는 실 한 가닥이 감겨 있는 나무 실타래를 들고는 실을 잡고 자신의 침대 너머로 던졌다. 실타래가 눈에서 사라지고 나면 손자는 O-O-O-O 라고 외치고는 다시 실을 당겨 실타래를 가까이 가져오고, 실타래를 다시 만나게 된 손자는 저기(da, there)라며 기뻐했다.

전 세계 모든 아동이 이와 같거나 유사한 놀이를 하고 있지만, Freud(1920/1955a)는 손자의 이런 놀이를 발달적 측면으로 관찰해서 이를 아동이 본능적인 만족을 포기하고 엄마의 부재를 견딜 수 있는 아동의 위대한 문화적 성취라고 하였다(p. 15). 유아의 생후 초기에 모든 엄마는 까꿍 놀이를 하면서 엄마가 사라지더라도 다시 만날 수 있음을 아이가 알 수 있도록 촉진한다. 아이는 엄마의 사라짐과 나타남을 떠올리면서 수동적으로 경험하다가 능동적으로 게임을 하게 된다(Freud, 1920/1955a, p. 17). 쾌락원리는 이러한 게임을 하도록 동기를 부여하는 것으로 보인다. 유아는 점차 분리의 고통을 정복할 수 있게 될 뿐 아니라, 이와 같은 활동에서 즐거움마저 찾을 수 있게 된다. 이 모든 게임에서 상징을 사용하고, 경험을 통해 엄마와 엄마의 재등장을 기억하는 유아의 능력은 부재와 고독에 대처하는 근원적 방식으로 보인다.

대양감과 일체감 경험

대양감(oceanic feeling; 혹은 영원의 느낌)이라는 개념은 Romain Rolland가 도입한 것으로 Freud(1930/1961) 또한 유아기의 일차적 자기애에 대한 자신의 신념을 바탕으로 이 개념에 대해 논하였다. Freud는 대양감을 "'영원'의 감각, 끝이 없고 방대한 어떤 것과 같은 느낌"(p. 64), 그리고 "깨지지 않을 것 같은 유대감, 외부 세계와 전체로서 하나인 듯한 느낌"(p. 65) 으로 정의하였다. 이러한 정의를 감안할 때, 이러한 느낌은 신, 자연, 또는 예술과 접촉하여 고독 상태에 있거나 아니면 외롭다는 느낌이 종식될 것 같은 사랑과 같이 다른 인간 존재와 가장 내밀한 상태에 있을 때 일어날 수 있을 것이다. 그것은 황홀하거나 신비스러운 경험의 형태로 경험될 수도 있다. Freud(1930/1961)는 이와 같은 경험을 발생학적(genetic)으로 설명하고자, 대양감을 내부와 외부가 구분이 없는 일차적 자기애 상태로 퇴행한 결과이거나 이후 Mahler(Mahler et al., 1975)가 (앞서 설명한 바와 같이) 융합 경험(merger experiences)을 기술하기 위해 훗날 차용한 관점인 무한한 자기애가 복원된 상태라고 간주했다.

보다 최근에 Storr(1988)는 타인과의 연합을 느끼는 능력이 높은 수준의 자아 조직과 통합을 예측한다고 주장했다. 이러한 능력은 개인에게 영원토록 긍정적인 효과를 선사하는 매우 주관적이고도 필수적인 경험이다. 때때로 이와 같은 경험은 한 사람의 인생을 완전히 바꾸어 놓을 수도 있다. 대양감이 퇴행적(즉, 다시 어린 아이로, 그리고 잃어버린 낙원으로 돌아가는 환상)이라는 Freud 학파의 관점은 받아들여지지 않았다. Storr는 이러한 경험을 촉발하는 추가적 요인으로 창의적 활동, 과학적 발견, 출산, 어떤 종류의 운동, 침묵, 그리고 고독 그 자체를 들었다. 이와 유사한 견해들이 정신분석과 유아 연구의 만남을 통해 나타나고 있다. 융합은 온전하고 경계가 있는 자기감(bounded sense of self)이 확립되고 나서야 가능하다(Lachmann & Beebe, 1989). 융합(또는 결합)과 같은 경험들은 자기감과 타인감이 형성된 이후에만 얻어지는 능력을 반영한다. 일체감(oneness)의 경험과 안정적 자기감 이 둘은 초기 엄마-유아 간의 합치(matching), 조율, 그리고 붕괴된 조율의 회복에서 비롯된다.

홀로 있는 능력과 홀로 있음의 필요성

홀로 있는 능력이라는 Winnicott(1965)의 훌륭한 개념은 그의 발달적 및 임상적 이론 구성의 핵심이자, 고독에 대한 정신분석적 통찰의 중심에 있다. 이러한 경험은 "유아나 어린 아동이 어머니가 존재할 때 혼자 있는 경험"(p. 30)이라는 측면에서 하나의 패러독스다. 출생 후 첫 한 달 동안, 엄마는 자신과 아이를 동일시하는데, 이를 일차적 모성 몰두(primary maternal preoccupation) 상태라고 하고, 아기를 안는 것을 자아 관계성(ego relatedness) 또는 대상관계 맺기(object relating)라고 한다. 시간이 흐르면서 유아는 이와 같은 지지적인 엄마를 내사화하여 고독을 견디고 즐길 수 있게 된다. 진정으로 홀로 있는 사람은 아무도 없는데, 누군가가 항상 거기에 있기 때문이며, 이러한 복잡한 홀로 있음(sophisticated aloneness) 속에서만 아동은 자신의 참자기를 펼칠 수 있다. 이러한 측면은 비록 Winnicott가 능력과 필요 간의 구분을 명확히 하지는 않았지만, 그의 개념 중 **홀로 있음의 필요성**(necessity of being alone)으로 볼 수 있다(Schacht, 2001). 홀로 있음의 필요성은 다음과 같은 문장에 잘 나타나 있다(Winnicott, 1965). "유아가 자신의 개인적 삶을 발견할 수 있는 것은 (말하자면 다른 사람의 존재 가운데) 홀로 있을 때다"(p. 34). 홀로 있을 수 있는 능력은 정서적 성숙을 나타내는 주요 지표로 모든 사람이 그런 능력을 획득하는 것은 아니지만, 누구에게나 홀로 있음의 필요성이 있다.

Winnicott(1965)는 우리가 "생후 1년간의 고독"이라고 부를 수 있는 것에 대해 포괄적으로 기술했다.

> 유아는 통합되지 않은 상태일 수도, 버둥거리고 있는 상태일 수도, 그리고 방향감이 전혀 없는 상태일 수도 있으며, 외부 침범에 반응하는 사람도 아니고 흥미나 움직임의 방향이 있는 능동적인 사람도 아닌 상태로 한동안 존재한다(p. 34).

또한 Winnicott은 많은 사람이 아동기가 끝나기 전에 고독을 즐길 수 있게 되며, 어떤 아동들은 심지어 고독을 가장 가치 있는 소유물로 여길 수도 있다는 발달적 관점을 제시하였다(Winnicott, 1965, p. 30). 의사소통하지 않는 자기에 대해 논의하면서 그는 홀로 있을 수 있는 능력과 아동기의 중요한 발달 목표, 과업에 집중하는 능력을 명백히 연관시키고 있다(Winnicott, 1965).

나는 홀로 존재한다(I am alone)의 상태는 다음의 세 발달 단계를 거친다. 첫 번째는, 개인의 통합 또는 단일화 단계인 '**나**(I)'이다; 나(I)는 내가 아닌 다른 모든 것(everything else is not me)을 포함한다(Winnicott, 1965, p. 61). 다음은, '**나는 존재한다**(I am)'인데, 이는 유아가 여전히 연약하거나 심지어 두려워하면서도 '존재한다, 살아 있다'는 것을 의미한다. 유아는 내사 및 투사 기제를 통해서 [내가 아닌(the not-me)] 현실과 접촉하고, 공유할 수 있다. 여기서 공유란 다른 것들 사이에서 유아의 존재가 **타인에 의해 인식**되는 것을 의미한다. 마지막 단계는, 유아가 나에게는 믿을 만한 엄마가 있음을 인식하는 데에서 생겨나는 '**나는 홀로 존재한다**(I am alone)'이다. 이런 점에서 보면, 외로움은 '나는 존재한다' 단계[이는 Klein(1975a)의 우울한 자리와 유사함]에서 일어나는 것으로 이해할 수 있다. 유아는 호의적인 환경에서조차 엄마가 유아를 보지 않거나, 존재를 인식하지 못하거나, 엄마에게 이해 받지 못함으로써 공유의 실패를 경험할 수도 있다. 그러므로 외로움은 자신의 존재를 인정받음으로써, 그리고 그것을 공유함으로써 감소된다.

홀로 있는 능력이 발달하기 위한 전제 조건은 **대상관계 맺기**에서 **대상사용**으로의 전환이다. Winnicott(1971)은 홀로 있는 능력을 정서적 성숙의 중요한 지표로 여겼던 것만큼 이 전환이 어쩌면 가장 어려운 발달과업일지도 모른다고 보았다. 그 과정에서 유아(주체)는 대상을 자신의 전능통제권 밖으로 내놓아야 한다. 다시 말해, 이 전환 과정은 대상의 존재를 별개의 독립체, 즉 대상을 생명을 가진 독립체로 인정해야 한다는 것을 전제로 한다. 이러한 절차가 성공적으로 완수되기 위해서는 대상이 그를 향한 주체의 파괴 행위로부터 살아남아야 한다. Winnicott(1971, p. 90)은 설령 살아남는다 할지라도 "대가는 치러야 한다"고 말했지만, 이 대가가 무엇인지는 [그의 또 다른 주장(p. 41)에서 고통(pain)이라고 언급하였지만] 분명하게 밝히지 않았다. 이 대가는 인간 존재의 본질적 외로움이라고 가정할 수도 있다. 외로움은 피할 수 없는 경험이지만, 대상들을 공유하는 세계를 창조함으로써 부분적으로 다루어질 수 있다. 이러한 창조를 통해 주체는 성숙한 상호의존성을 형성할 수 있으며, 이러한 상호의존성이 갖는 별개의 구분된 속성으로부터 주체는 보다 만족을 찾을 수 있게 된다.

유아의 홀로 있는 능력은 전생애에 걸쳐 발달하는 능력인데, 이는 주로 **엄마의 홀로 있는 능력**에 달려 있다. 갓 출생한 자녀를 향한 엄마의 완전한 헌신이라는 의미에서 일차적 모성 몰두는 시간이 지남에 따라 점차 사그라지게 된다. 엄마가 유아의 필요에 일부 성공적으로 반응하지 못하는 것은 필연적이고, 이런 점진적 **탈환상**(disillusionment)이 좌절에 대처하는 유아의 능력에 맞추어 진행된다면 유익할 수 있다. 엄마가 지난날 홀로 있었던 경험은 혼자 있었던 기억이든, 보살핌에 대한 기억이든 이러한 공유된 고독(solitude à deux, shared aloneness)에 영향을 주는데, 이에 대해 Winnicott(1965)은 다음과 같이 기술하였다.

자아관계성(ego-relatedness)은 두 사람 간의 관계로, 둘 중 적어도 한 명은 어쨌든 홀로 있다. 둘 다 홀로 있다 하더라도, 각각의 존재는 다른 사람에게 중요하다(p. 31).

따라서 위축(withdrawal)과 온건한 홀로 있음(benign aloneness)은 이제 구분될 수 있다. 위축은 박해에 대한 두려움이나 불안에 대항하는, 그리고 자신이 철회하는 그 대상과의 동일시를 잃게 될 잠재적 위험에 대항하는 방어라고 할 수 있다. 반면, 온건한 홀로 있음은 양가감정을 감내하고 고독을 공유하는 능력을 반영하는 것으로, 역시 홀로 있고, 홀로 있다고 지각하는 다른 사람이 존재할 때 홀로 있을 수 있는 능력을 나타낸다.

고독 속의 동반자

중간대상 및 중간현상

Winnicott(1958, 1971)은 내면의/심리적 현실과 외부의/공유된 현실 사이에 있으면서 양쪽 모두에 의해 촉진되며, 홀로 있을 수 있는 능력과 밀접하게 연관되는 제3의 경험의 중간 영역을 제시했다. 이 영역은 주체의 전능통제를 넘어서는 주체와 대상 사이에 위치한 잠재적 공간이다. 또한 이 영역은 "내부와 외부가 밀접하게 관련되어 있지만 분리되어 있도록 유지하는 인간의 항구적인 과업을 수행하는 각 개인의 안식처"다(Winnicott, 1971, p. 2).

생애 초기에 이 같은 중간 영역에서 중간대상(transitional objects)과 중간현상(transitional phenomena)이 나타나며, 뒤이어 상징의 사용과 놀이, 그리고 문화가 나타난다. 중간대상은 엄지손가락, 젖꼭지, 담요, 테디 베어, 인형일 수도 있으며, 아이들이 조금 더 자란 후에는 지속적으로 이용하는 단단한 물건(예: 장난감 자동차)일 수도 있다. 중간현상은 유아의 (음악적) 발성, 리드미컬한 움직임, 다른 습관과 의식과 같이 좀 더 무형의 상태를 띠는데, 보통은 유아가 잠자리에 들기 전에 나타난다. 부모는 중간대상의 사용을 인정하는데(예: 그들은 자녀가 중간대상을 데리고 다니도록 독려한다), 이는 유아가 그들의 환상을 충분히 경험할 수 있도록 부모가 허용하고 있다는 것을 의미한다. 중간대상과 중간현상은 건강하고 보편적인 것으로 여겨진다. Winnicott(1958)이 주장한 것처럼, 중간대상과 중간현상은 영아기와 걸음마 시기에 홀로 있는 시간의 중요한 부분을 차지하며, 심지어는 아동기에도 외로움의 고통에 대처하는 한 방법이다.

> 유아기에 만들어진 패턴은 아동기까지 지속될 수 있고, 따라서 원래의 부드러운 대상은 잠자리에 들 때 또는 외로울 때, 아니면 우울한 기분이 들 때에도 계속해서 절대적으로 필요하다(p. 232).

중간대상과 중간현상을 통해 유아의 **놀이**, **공유된 놀이**, 그리고 **창조성**이 최초로 발현된다. 유아가 자라면서 중간대상과 중간현상은 중요하지 않게 되고, 전체적인 문화적 경험으로 점차 확산된다. 아동이 홀로 있는 시간에 엄마 앞에서 놀이를 하는 동안, 그들은 놀이의 시공간 속에서 **무엇인가를** 하고, 외부 세계에 대한 통제감을 경험한다. 놀이를 한다는 것은 분리뿐 아니라 참여도 의미한다. 아동은 내부와 외부가 연결되는 것을 경험하는 동시에, **위축에 가까운 상태**를 달성하는데(Winnicott, 1971), 이는 엄마라는 대상과의 동일시는 잃지 않으면서 상실감과 몰두를 특징으로 한다. 아동은 자신이 형태도 없고, 통합되지 않은 상태에서 자신을 잊을 수 있는데, 왜냐하면 엄마는 아동을 홀로 남겨 둘 수 있었고, 엄마는 "잊어버렸다가 생각날 때" 다시 찾을 수 있기 때문이다(Winnicott, p. 48).

사람과 문화적 경험은 하나의 단위를 형성한다. 출생 후 1년간의 창조적인 놀이는 문화적 유산에서 무엇인가를 이끌어 내고, 또한 이것에 기여할 수 있는 역량의 전조라고 할 수 있다. 무생물 세계에 대한 이와 같은 관심은 중요한 자기조절 기능을 갖는 대상관계의 한 유형으로 간주될 수 있다(Eagle, 1981). Winnicott(1971)은 이러한 잠재적 공간이 고통(즉, 분리 그 자체)을 효과적으로 다룰 수 있도록 놀이로 채울 수 있는 **무한한 분리의 영역**이라고 적절하게 묘사하고 있다(p.108). 이러한 견해의 연장선에서 분리불안은 분리의 거부, 홀로 있을 수 없음을 나타낸다. Winnicott(1958)은 엄마의 우울증 때문에 실제로 분리되었던 경험 이후, 엄마와 떨어지는 것을 부정하기 위한 시도로 끈을 사용하여 물건들을 묶는 데 집착하는 8세 소년의 사례를 기술했다. 만약 가족 환경이 창조성을 발현시킬 수 있는 이 무한한 기회의 영역에서의 삶을 촉진한다면 분리는 점차적으로 그 개인의 문화가 가진 과거, 현재, 그리고 미래와의 일종의 연합을 이루게 된다.

일반화된 상호작용의 표상, 그리고 일깨워진 동반자

Stern(1985)은 생후 2~6개월의 기간을 인간의 가장 중요한 사회적 시기로 규정하였다. 이 기간 동안에 유아는 핵심적 자기감(sense of core self)과 핵심적 연결감(sense of core relatedness)을 경험하며, 타인과 함께 있는 경험을 조직화한다. 자기를 조절하는 타인과 함께 있는 이러한 경험은 일반화된 상호작용의 표상(Representations of Interactions that have been Generalized: RIGs)을 형성하는 근원이다. RIGs는 다른 사람들과의 실제 만남에서 생기는 일반화된 일화들을 정신적으로 표상한 것이라 할 수 있다. 이러한 표상이 활성화될 때마다 유아는 그들을 외로움으로부터 지켜주는, 전생애에 걸쳐 활성화될 수 있는 일깨워진 동반자(evoked companion)를 떠올리게 된다. Stern은 다음과 같이 기술하였다.

> … (어쩌면, 특히나) 생애 첫 6개월 동안조차 기억으로 인해 우리는 좀처럼 혼자일 수 없다. 유아는 현실의 파트너와는 일부 시간에 한하여 관계를 맺지만, 일깨워진 동반자와는 거의 대부분의 시간을 함께한다. 발달은 둘 사이에서의 지속적이고도 고요한 대화를 필요로 한다(p. 118).

이와 같은 의미에서, 고독은 항상 채워진다. 유아는 엄마가 이전에 생기를 불어넣었거나 마치 사람처럼 다루었던 장난감을 만지작거리며 잠시 홀로 있다. 이 장난감은 유아에게 자기-조절하는 사람-사물(a self-regulating person-thing), 즉 홀로 있을 때의 진정한 동반자가 된다. 유아의 경험이 "타인과 함께하는 나 경험(an I experience with an other)"(Stern, 1985, p. 115)이듯, 자기(self)는 단독적인 동시에 사회적이다. 타인이 실제의 사람이든 일깨워진 동반자이든 상관없이 그 경험은 우리(we) 경험도 아니고 융합 경험도 아니다.

상상 속의 동반자

유아, 미취학 아동의 곁에는 상상 속의 동반자(imaginary companion)가 존재한다. 이 동반자는 눈에 보이지 않는 사람이나 동물이다. 아동은 자신이 창조한 동반자가 실제로 살아 있는 것 마냥 상당 기간 함께 놀고 대화를 한다. 또한 그 동반자는 진짜 사람처럼 생긴 대상일 수도 있다(예: 인형). 상상 속의 존재를 만들어 내는 것의 발달적 기능에 대해 다양한 정신분석적 해석이 있는데, 그중 하나는 아동이 치열하게 외로움에 맞서고 있다는 것이다(Bender & Vogel, 1941; Benson & Pryor, 1973; Nagera, 1969). 예를 들어, 형제가 태어났을 때처럼 엄마의 관심이 다른 데로 옮겨 가서 무시나 거절 당하는 경험이나 입학 전에 같이 놀 친구가 없는 것은 외로움의 다소 일반적인 이유가 되거나 상상 속의 동반자를 만드는 동기가 된다. 아동의 삶에서 나타나는 결핍, 다소 더 혹은 덜 심각한 자기애적 외상은 이와 같은 환상에 의해 보상된다. 다음은 형제의 죽음을 경험한 후 아버지로부터 버림 받고 어머니에게 방임되었던 외동인 10살 소년의 이야기다(Bender & Vogel).

　　놀고 있었는데, 어느 날 John과 Mary라는 형과 누나가 있는 것 같았어요. 형이랑 누나는 내가 너무 외로울 때 찾아오고, 다른 친구들과 놀 때는 오지 않아요. 형과 누나는 나랑 너무 닮았어요. 형은 9살이고, 누나는 10살이에요. 잘생겼고, 예뻐요. 나랑 놀아 주고, 게임이랑 내가 있는 곳에 대해서만 얘기해요. 나한테 왜 항상 못되게 구냐고 했어요. 내가 항상 못되게 굴고 착하게 하지 않으면 다시는 오지 않겠다고 했어요. 완전히 나 혼자 있을 때 형과 누나가 너무 잘해 줘요 (p.59).

상상 속의 동반자는 대개 좋은 사람이다. 그들은 친절하고, 똑똑하며, 강하고, 사랑스럽고, 단정하고, 충실하기 때문에 부모에게 인정 받는다(Negera, 1969). 이런 상상을 통해서 아동은 유아적 전능감이 사그라지고, 이상화된 부모상을 점차 잃어가며, 애도 반응이 나타나는 시기 동안에 부모로부터 수용되고 사랑받는 것처럼 느낀다. 상상 속의 동반자는 모든 아동의 자기애적 수호자(narcissistic guardian; Bach, 1971; Benson & Pryor, 1973), 발달 과정과 상관없이 모든 아동이 경험하는 전환기적 자기(transitional self; Klein, 1985), 일상의 외로움을 낮춰 주고 불가피한 고독에서 유익을 얻는 수단으로 볼 수 있다.

결론과 향후 연구 방향: 최고의 역설

이 장에서는 홀로 있음이라는 의미에서 고독을 다루고 있는 다양한 정신분석학적 견해가 제시되고 논의되었다. 이러한 견해들은 예컨대 Freud 학파의 추동/구조, 대상관계 이론과 같은 서로 다른 이론적 모델들을 근간으로 하고 있다. 대부분의 견해에서 유아는 무력한 존재, 본질적으로 홀로 있는 존재, 그리고 아직 미분화된 존재로 묘사되고 있다. 유아와 대상 세계 간의 이러한 미분화의 주요 기능은 유아로 하여금 홀로 있는 상태나 양육자에게 완전히 의존하고 있는 상태를 자각하지 않게 함으로써 전능감이나 환상을 만들어 내도록 돕는다. 발달 중에 있는 개인은 심각한 자기애적 상태와 거의 철옹성 같은 홀로 있음과 갇혀 있는 상태로부터 좋은 대상이나 관계의 내재화로 점차 이행하면서 혼자 있을 때에도 외롭게 느끼지 않을 수 있다. 두 사람 간의 관계를 중요시하는 정신분석에서 고독에 대한 두려움을 참을 수 없는 인간의 공포로 일컬을 만하다. (눈에 띄는 차이는 있지만) 몇몇 연구자들은 사적이며, 고립되어 있는 핵심적인 자기(self)의 존재와 유아기 초기에 시작되는 분리와 홀로 있는 경험의 필요성 내지는 불가피함을 인정한다. 유아의 고독을 존중하지 않는 것은 이 시기의 관계적 박탈만큼이나 똑같이 외상적인 경험이다. "찬란한 고립(splendid isolation)"(Freud, 1914/1957c, p. 22) 속에서 살 수 있는 권리와 고독 박탈의 위험 또한 인정되고 있다.

능동적/자발적 홀로 있음과 반응적/방어적 홀로 있음은 구별될 수 있다. 그러나 방어적 입장에서의 고독은 그리 분명하게 다뤄진 주제가 아니며, 더 깊은 탐구가 필요하다. 유아의 단독적 삶에서 드러나는 능동성이나 수동성에 관해서는 연구자들 간에 차이가 있다. 그 무엇보다 고독이란 인간관계 속에 내재되어 있는 고통으로부터 물러나는 것이다. 그러나 고독은 단순히 회복적 기능을 갖는 것뿐 아니라 진정성, 창조성, 그리고 진솔한 관계가 함양될 수 있는 옥토를 제공하는 것으로 볼 수 있다. 하지만 정신분석학자들은 이 문제에 관심을 거의 기울이지 않았다. 양극성이나 반대편 간의 갈등(예: 쾌락추구 동기 vs. 대상추구 동기, 분리 vs. 합일, 의존성 vs. 자율성, 개인적 독특함 vs. 유사성과 순응, 사생활 vs. 공유)은 고독에 대한 여러 정신분석학적 해석의 핵심을 형성하며, 이러한 주제들은 서로 다른 관점에서 다루어진다. 유아기는 다양한 유형의 상징적 기능을 발달시킬 수 있는 민감기다. 이러한 상징적 기능들은 무엇보다 고독의 내용을 형성할 수 있으며, 또한 외로움을 감소시킬 수 있는 중요한, 그리고 아마도 유일한 경로다. 또한 착각적이고 퇴행적이든, 아니면 능동적이며 진보적이든, 전상징기적 경험으로서, 그리고 외로움을 초월하는 한 방법으로서 연합(unity)의 경험들은 유아의 초기 양육자와의 관계 속에서 만들어진다.

이 장에 기술된 고독에 관한 거의 모든 고전적인 정신분석적 이론은 Stern을 제외하고, 거의 미분화된 상태인 인간 유아의 최초 상태에 대한 개념에 기초하고 있다. 그러나 발달적 직관을 가지고 유아기를 연구했던 초기 연구자 중 한 사람인 Freud는 대상을 인식하는 유아의 능력에 대해 양가적인 태도를 가지고 있었다. Freud(1895/1966)는 그의 초기 저작에서 유아기 초기에 타인, 곧 **동료** 인간의 존재를 명확히 하였다. 그는 사랑과 미움의 첫 번째 대상이면서 도움 받을 수 있는 유일한 자원인 이러한 동료 인간, 곧 엄마와의 관계가 "인간이 인지하는 것을 배우는" 유일한 맥락이라고 주장하였다(p. 331). 생애 초기에 타인의 존재에 대해 가지는 정신분석의 이러한 양가적 태도는 유아가 홀로 있음을 경험할 가능성과 이러한 홀로 있음의 본질이 다양할 수 있음에 대한 동일한 양가성을 시사한다. 이는 또한 고독의 역설적인 본질을 잘 반영하는 것으로 보인다.

고독은 자기만큼이나 **다면적 역설**(multifaceted paradox; Modell, 1993)이며, 이 역설은

출생부터 아니 심지어 그 이전부터 명백하다. 이전에 논의된 정신분석학적 견해에서 나온 이 역설의 일부 측면들은 다음과 같다.

- 신생아와 유아는 본질적으로 홀로 있지만, 또한 다른 존재와 융합되어 있다.
- 사회적 공생과 병행되는 초기 자기애적(자기중심적) 상태가 존재한다.
- 우리는 긴장 감소를 위해서는 홀로 있는 순간을, 그리고 흥분을 위해서는 대상과의 유대를 필요로 한다.
- 우리는 타인, 처음에는 엄마가 있을 때 홀로 있으며(가장 운이 좋은 경우), 타인이 있을 때 외롭고(약간 운이 없는 경우), 타인과 있을 때 홀로인 것을 두려워한다(가장 운이 없는 경우).
- (홀로 있음을 두려워하지 않고) 진정 홀로 있는 경험과 고독의 즐거움은 오직 유대와 진정한 공유를 통해서만 얻어진다.
- 엄마-유아의 한 쌍으로 이뤄진 관계에서 홀로 있음에 대한 상호 인식과 공유가 있을 때 이는 건강한 관계로 이어진다.
- 자기의 일부는 자기의 다른 일부와 소통한다.
- 다양한 동반자가 홀로 있는 공간과 시간 속에서 함께 살고 있다.
- 분리, 부재, 상실은 상징적 연결을 위한 전제 조건이다.
- 사적인 핵심 자기의 보호는 진실한 관계의 결과이자 전제조건이다.
- 통합된 자기가 될 수 있는 능력을 통해서만 한 사람은 다른 사람과 함께 있을 수 있다.

인간의 처음 상태는 홀로 있음의 단독적 존재일까, 아니면 서로 연결된 양자적 존재일까라는 질문에 대해 정신분석적 관점의 최근 연구(예: Mitchell, 1997; Ogden, 1994)는 둘 다라고 답했다. 추동 감소와 대상관계 이론의 통합에 대한 현대 정신분석 이론(Eagle, 2011)은 고독은 자기조절과 내적 쾌락 성취를 위해 필요하며, 고독이 관계에 대해 선천적으로 타고난 준비성에 반할 때에는 재앙이 된다는 사실을 더욱 지지한다. 고

독이 가진 역설, 그리고 결코 완벽하게 해결될 수 없을 것 같은 그 변증법적 긴장 상태
를 받아들이는 것은 어렵기는 하지만 중요한 발달적, 그리고 인식론적 성취로 볼 수 있
다.

참고문헌

Bach, S. (1971). Notes on some imaginary companions. *The Psychoanalytic Study of the Child,*
26, 159-171.

Balint, M. (1953). *Primary love and psychoanalytic technique.* New York: Liveright.

Bender, L., & Vogel, B. F. (1941). Imaginary companions of children. *American Journal of*
Orthopsychiatry, 11, 56-65.

Benjamin, J. D. (1965). Developmental biology and psychoanalysis. In N. S. Greenfield & W.
C. Lewis (Eds.), *Psychoanalysis and current biological thought* (pp. 57-80). Madison:
University of Wisconsin Press.

Benson, R. M., & Pryor, D. B. (1973). "When friends fall out": Developmental interference with
the function of some imaginary companions. *Journal of the American Psychoanalytic*
Association, 21, 457-468.

Bergman, A. (1999). *Ours, yours, mine: Mutuality and the emergence of the separate self.*
Northvale, NJ: Jason Aronson.

Bion, W. R. (1967). *Second thoughts: Selected papers on psycho-analysis.* New York: Jason
Aronson.

Bollas, C. (1989). *Forces of destiny: Psychoanalysis and human idiom.* London: Free
Association Books.

Bowlby, J. (1973). *Attachment and loss: Vol. 2. Separation: Anxiety and anger.* London:
Hogarth Press.

Buchholz, E. S. (1997). *The call of solitude: Alonetime in a world of attachment.* New York:
Simon & Schuster.

Eagle, M. (1981). Interests as object relations. Psychoanalysis and Contemporary *Thought, 4,* 527-565.

Eagle, M. N. (2011). *From classical to contemporary psychoanalysis: A critique and integration.* New York: Routledge.

Eigen, M. (2008). Primary aloneness. *Psychoanalytic Perspectives, 5,* 63-68.

Esman, A. H. (1983). The "stimulus barrier"-A review and reconsideration. *The Psychoanalytic Study of the Child, 38,* 193-207.

Fairbairn, W. R. D. (1952). *Psychoanalytic studies of the personality.* London: Tavistock/ Routledge & Kegan Paul.

Freud, S. (1953). Three essays on the theory of sexuality. In J. Strachey (Ed. & Trans.), *The standard edition of the complete psychological works of Sigmund Freud* (Vol. *7,* pp. *125-243*). London: Hogarth Press. (Original work published 1905)

Freud, S. (1955a). Beyond the pleasure principle. In J. Strachey (Ed. & Trans.), *The standard edition of the complete psychological works of Sigmund Freud* (Vol. *18,* pp. *3-64*). London: Hogarth Press. (Original work published 1920)

Freud, S. (1955b). Group psychology and the analysis of the ego. In J. Strachey (Ed. & Trans.), *The standard edition of the complete psychological works of Sigmund Freud* (Vol. *18,* pp. *65-143*). London: Hogarth Press. (Original work published 1921)

Freud, S. (1957a). Mourning and melancholia. In J. Strachey (Ed. & Trans.), *The standard edition of the complete psychological works of Sigmund Freud* (Vol. *14,* pp. *239-258*). London: Hogarth Press. (Original work published 1917[1915])

Freud, S. (1957b). On narcissism: An introduction. In J. Strachey (Ed. & Trans.), *The standard edition of the complete psychological works of Sigmund Freud* (Vol. *14,* pp. *67-102*). London: Hogarth Press. (Original work published 1914)

Freud, S. (1957c). On the history of the psycho-analytic movement. In J. Strachey (Ed. & Trans.), *The standard edition of the complete psychological works of Sigmund Freud* (Vol. *14,* pp. *7-66*). London: Hogarth Press. (Original work published 1914)

Freud, S. (1959a). Creative writers and daydreaming. In J. Strachey (Ed. & Trans.), *The standard edition of the complete psychological works of Sigmund Freud* (Vol. *9*, pp. *143-153*). London: Hogarth Press. (Original work published 1908)

Freud, S. (1959b). Inhibitions, symptoms and anxiety. In J. Strachey (Ed. & Trans.), *The standard edition of the complete psychological works of Sigmund Freud* (Vol. *20*, pp. *75-172*). London: Hogarth Press. (Original work published 1926)

Freud, S. (1961). Civilization and its discontents. In J. Strachey (Ed. & Trans.), *The standard edition of the complete psychological works of Sigmund Freud* (Vol. *21*, pp. *57-145*). London: Hogarth Press. (Original work published 1930)

Freud, S. (1963). Anxiety. In J. Strachey (Ed. & Trans.), *The standard edition of the complete psychological works of Sigmund Freud* (Vol. *16*, pp. *392-411*). London: Hogarth Press. (Original work published 1917)

Freud, S. (1966). Project for a scientific psychology. In J. Strachey (Ed. & Trans.), *The standard edition of the complete psychological works of Sigmund Freud* (Vol. *1*, pp. *295-397*). London: Hogarth Press. (Original work published 1895)

Fromm-Reichmann, F. (1959). Loneliness. *Psychiatry, 22*, 1-15.

Furst, S. S. (1978). The stimulus barrier and the pathogenicity of trauma. *International Journal of Psychoanalysis, 59*, 345-352.

Gediman, H. K. (1971). The concept of stimulus barrier: Its review and reformulation as an adaptive ego function. *International Journal of Psychoanalysis, 52*, 243-257.

James, W. (1950). *The principles of psychology* (Vol. *2*). New York: Dover Publications. (Original work published 1890)

Khan, M. M. (1963). The concept of cumulative trauma. *The Psychoanalytic Study of the Child, 18*, 266-306.

Klein, B. R. (1985). A child's imaginary companion: A transitional self. *Clinical Social Work Journal, 13*, 272-282.

Klein, M. (1975a). *Envy and gratitude and other works 1946-1963. The writings of Melanie Klein* (Vol. *3*). New York: Free Press.

Klein, M. (1975b). On the sense of loneliness. In M. Klein (Ed.), *Envy and gratitude and other* works 1946–1963. The writings of Melanie Klein (Vol. 3, pp. 300–313). New York: Free Press. (Original work published 1963)

Lachmann, F. M., & Beebe, B. (1989). Oneness fantasies revisited. Psychoanalytic Psychology, 6, 137–149.

Laplanche, J., & Pontalis, J-B. (1973). The language of psychoanalysis. London: Hogarth. (Original work published 1967)

Mahler, M. S., Pine, F., & Bergman, A. (1975). The psychological birth of the human infant. New York: Basic Books.

Mitchell, S. A. (1997). Influence and autonomy in psychoanalysis. Hillsdale, NJ: The Analytic Press.

Modell, A. H. (1993). The private self. Cambridge, MA: Harvard University Press.

Nagera, H. (1969). The imaginary companion: Its significance for ego development and conflict solution. The Psychoanalytic Study of the Child, 24, 165–195.

Ogden, T. H. (1994). Subjects of analysis. London: Karnac.

Pine, F. (1994). The era of separation-individuation. Psychoanalytic Inquiry, 14, 4–24.

Pine, F. (2004). Mahler's concepts of "symbiosis" and separation-individuation: Revisited, reevaluated, refined. Journal of the American Psychoanalytic Association, 52, 511–533.

Quinodoz, J-M. (1993). The taming of solitude: Separation anxiety in psychoanalysis. London/ New York: Routledge. (Original work published 1991)

Schacht, L. (2001). Between the capacity and the necessity of being alone. In M. Bertolini, A. Giannakoulas, M. Hernandez, & A. Molino (Eds.), Squiggles and spaces: Vol. 1. Revisiting the work of D. W. Winnicott (pp. 112–125). London/Philadelphia: Whurr.

Shapiro, T., & Stern, D. (1980). Psychoanalytic perspectives on the first years of life. In S. Greenspan & G. Pollock (Eds.), The course of life: Vol. 1. Infancy and early childhood (pp. 113–128). Bethesda, MD: National Institute of Mental Health.

Stern, D. N. (1985). The interpersonal world of the infant: A view from psychoanalysis and developmental psychology (2nd ed., 2000, with an new introduction). New York: Basic Books.

Stern, D. N. (1994). One way to build a clinically relevant baby. *Infant Mental Health Journal, 15,* 36–54.

Stern, D. N. (1995). *The motherhood constellation: A unified view of parent–infant psychotherapy.* New York: Basic Books.

Stern, D. (2000). *The interpersonal world of the infant: A view from psychoanalysis and developmental psychology.* New York: Basic Books.

Storr, A. (1988). *Solitude: A return to the self.* New York: Free Press.

Trevarthen, C. (1979). Communication and cooperation in early infancy: A description of primary intersubjectivity. In M. M. Bullowa (Ed.), *Before speech: The beginning of interpersonal communication* (pp. 321–347). New York: Cambridge University Press.

Tustin, F. (1990). *The protective shell in children and adults.* London: Karnac.

Winnicott, D. W. (1958). *Collected papers: Through pediatrics to psychoanalysis.* London: Tavistock.

Winnicott, D. W. (1965). *The maturational processes and the facilitating environment.* New York: International Universities Press.

Winnicott, D. W. (1971). *Playing and reality.* London: Tavistock.

Winnicott, D. W. (1988). *Human nature.* London: Free Association Books.

6

고독의 경험:
평가, 이론 및 문화 관련 쟁점

James R. Averill & Louise Sundararajan

고독은 그저 일어나는 어떤 것이 아니다. 고독을 통해 긍정적이든, 부정적이든 다양한 종류의 생각, 감정, 행동을 경험할 수 있다. 이 장에서 우리는 (1) 고독의 경험을 평가하는 일련의 평정 척도를 기술하고, (2) 그런 경험들을 해석하는 이론적 모델을 제시하며, (3) 개인뿐만 아니라 개인이 속한 문화에 영향을 미치는 고독의 몇몇 유익을 살펴볼 것이다. 이를 지지하는 증거를 제시하기 위해 우리는 미국과 중국의 자료들을 참조할 것이다.

먼저, 고독에 대한 한 가지 편견에 대해 주목해 보기로 하자. Robert Kull(2008)은 고독을 자기탐닉이며 무책임한 것이라고 비난한 고대 및 현대의 권위 있는 인물들을 인용하였다. 다음에 나오는 18세기 철학자 David Hume의 글은 이와 같은 관점을 보여준다.

금욕, 금식, 참회, 고행, 자기부정, 겸손, 침묵, 고독… 지각이 있는 사람들이 이러한 많은 수도승의 미덕들을 어디에서든 거부하는 이유가 무엇일까? 아무런 목적이나 의미가 없기 때문이다. 이들이 재산을 늘려 주는 것도 아니고, 더 가치 있는 사회 구성원으로 만들어 주지도 않으며, 다른 사람과 어울리는 즐거움을 높여 주지도 않고, 자기만족을 높여 주지 않아서가 아니다. 이들은 오히려 이 모든 바람직한 목표들을 막아선다. 이해를 막고, 완고하게 하며, 상상을 흐려 놓고, 기분을 상하게 할 뿐이다(Kull, 2008, p. 207 재인용).

오늘날 이같이 많은 수도승의 미덕들은 당연히 거부되겠지만, 이들 모두가 우리가 진정한 고독(authentic solitude)이라고 부르는 것과 관련되어 있지는 않다. Hume이 기술한 것에 맞는 일화들은 유사 고독(pseudo-solitude)이라고 하는 게 더 나을 것이다. 진정한 고독은 다음과 같은 Edward Abbey(1968)의 설명을 예로 삼을 수 있다. 젊은 시절에 Abbey는 미국 남동부 유타의 Arches National Monument에서 공원경비원으로 두 해 여름철에 일했다. 이곳은 사막의 나라였으며, 당시 그가 일하던 때에는 상대적으로 개발이 덜 된 상태였다. 포장된 진입로도 없었고, 도착지에는 편의시설도 거의 없었다. 당연히 관광객도 별로 없었다. Abbey는 오랜 시간 홀로였다. 체류가 시작될 즈음, 그는 다음과 같은 순간들을 경험했다.

이동 주택 안에서 저녁을 먹기 위해 테이블에 앉아 있곤 했다. 갑작스런 충격과 함께 돌연 내가 혼자라는 것을 알아차렸다. 테이블의 반대편에는 아무도 없었다. 전혀 없었다. 혼자임이 외로움이 되었고, 그 감각이 너무도 강해서 (어떻게 이를 잊을 수 있단 말인가?) 고독보다 더 나은 것, 고독보다 더 나은 유일한 것이 사회라는 것을 일깨워 주기에 충분했다(pp. 96-97).

저녁 식사 시간에 외로움을 덜어 볼까 싶어 Abbey는 몸소 만든 향나무가 타고 있는 야외 화로 곁에 앉아 저녁을 먹기도 하였다.

평생 다 가 볼 수 없을 것 같은 사막, 산들이 있고, 인간이 알고 있는 어떠한 한계도 없이 과거로 미래로 확장되는 크나큰 세상을 상상할 수 있었다. 신발을 벗고 발가락을 모래에 파묻은 채 더 큰 세상과 조우했다. 마음이 편안해지는 짜릿한 느낌이었다(p. 97).

다음의 짧은 구절들은 이 장을 진행하는 동안에 우리가 보다 자세히 살펴볼 내용 중 일부를 설명하고 있다.

1. 우리는 외로움과 대비되는 고독의 잠재적 유익에 주목한다. 무엇이 고독의 긍정적 경험과 지나친 외로움 간의 결정적 차이를 만드는가? 이 질문에 대해 한 단어로 답변하자면 바로 **선택**(choice)이다. 우리가 진정한 고독이라고 부르는 것은 일반적으로 홀로 있어야겠다는 결정을 기반으로 한다. 이에 반해, 외로움이 우세한 유사 고독은 버려진 느낌이나 원치 않는 고립을 포함한다.

2. 진정한 고독에서 선택이 핵심이라는 사실은 깊이 자리 잡은 사회적 욕구에 반하는 것처럼 보이기 때문에 반직관적으로 보인다. 사회적인 삶은 인류의 주요 생물학적 적응 중 하나다. 어림잡아 6백만 년에 걸쳐 인간이 진화하는 동안, 고독한 개인은 오랫동안 생존하지 못했을 것이다. 따라서 자연선택에 의해 인간은 홀로 있는 것, 즉 외로움의 경험을 선천적으로 혐오하게 되었다.

3. 그렇다면 평범한 사람은 왜 홀로 있는 것을 선택하는가? 이 문제를 상세히 다루기 전에 몇 가지 오해의 소지가 있는 답들에 주목해 볼 필요가 있다. 그 대답의 대부분은 자기(self)와 공동체 간의 잘못된 이분법에 의해 만들어졌다. 이 이분법은 자기가 공동체 없이는 관계를 맺을 수 없다고 가정한다. 이런 관점에서 보면 홀로 있겠다고 선택한 사람들은 사회적 관계가 필요 없기 때문에 비정상적인 것으로 여겨질 수 있다. 만약 비정상적인 것이 아니라면 그들의 친밀감에 대한 욕구가 고독 속에서는 결코 만족될 수 없기 때문에 영원한 외로움에 시달리게 될 것이다.

4. 우리가 제안하는 반론의 답변은 자기는 자신의 핵심과 관계를 맺는다는 것이다 (Gergen, 2009). 이런 주장에 대한 실증적 증거는 외로움 연구 등 많은 출처에서 나온다. 예컨대, Epley와 동료들은 외롭지 않은 연구 참여자들에 비해 외로운 참여자

들이 인간이 아닌 대상, 심지어 기계 장치에 대해 의인화된 평가를 내린다는 사실을 발견하였다(Epley, Akalis, Waytz, & Cacioppo, 2008). 자기와 공동체 사이의 잘못된 이분법 하에서 이런 식으로 의인화하는 것은 하나의 착각으로 해석될 수 있다. "다른 사람에게 다가갈 수 없는 수많은 고립된 사람은 사물에 다가간다. 생명이 없는 것들로 인간 연결의 빈 공간을 채우면서 말이다(Jaffe, 2008, p. 16)." Jaffe의 관찰이 옳을 수도 있으나, 의인화가 항상 세상과 관계를 맺는 잘못된 혹은 부적절한 방법이라는 점은 면밀하게 검토될 필요가 있다(의인화에 대한 보다 긍정적인 해석은 Sundararajan, 2009 참조). 고독을 진정으로 이해하기 위해서 우리는 열린 마음을 가질 필요가 있고, 홀로 있으면서도 교감할 수 있는 가능성을 새롭게 살펴보아야 한다.

5. 사회란 단지 관계적 존재로서 인간이 가지는 욕구의 해결을 위해 만든 구성체의 한 형태에 불과하다는 점을 재차 강조하고자 한다. 다른 형태의 구성체는 신, 자연, 심지어 가끔은 생명이 없는 대상과의 가상적 공동체가 포함된다. 이런 관점을 통해 우리는 하등동물이 서식지를 선택하고 꼭 맞는 보금자리를 구성하는 것과 비슷한 방식으로 사람들이 어떻게 다른 공동체를 찾아서 사회를 떠나는지를 알 수 있다. 이런 점에서 지나친 외로움은 이른바 "설계자 환경(designer environment)"(Clark, 2008)이라 불리는 꼭 맞는 적소를 찾지 못하거나 구성하지 못해서 원치 않게 사회를 떠나게 됨으로써 거주지를 잃게 된 것과 관련된 고충으로 이해할 수 있다.

6. 진정한 고독을 위한 설계자 환경과 관련된 인지적 구조에 초점을 맞춤으로써 우리의 연구는 실질적인 의미를 갖는다. 예컨대, 우리의 연구는 비자발적으로 타인으로부터 고립될 수밖에 없는 사람들에게 관련 기술을 가르쳐서 일부 외로움의 격통을 완화시킬 수 있는 가능성을 제안한다. 반대로, 우리의 연구는 분주함에 너무 몰입해 있는 사람들에게는 서로 다른 일련의 기술들을 가르쳐 대리적으로 고독을 경험할 수 있게 함으로써 타인으로부터의 실제적 고립 없이 홀로 있는 것의 몇몇 유익을 누리게 할 것을 제안한다.

홀로 있는 것에 대해 우리가 스스로에게 말하는 이야기들

　선택이란 한 사람의 마음이나 뇌 안에서 갑자기 발생하는 어떤 것이 아니다. 모든 선택에는 역사가 있으며, 선택을 실행하는 자기가 관여된다. 또한 모든 선택은 상황에 민감하며, 어떤 결과로 이어진다. 간단히 말해, 모든 선택의 이면에는 이야기(story)가 있다.

　고독의 이야기는 한 사람이 홀로 있을 때마다 새롭게 쓰이는 것이 아니다. 고독의 의미와 중요성과 관련하여 문화가 제공하는 이야기는 개인적 관심 이상으로 중요하다. 수도승 공동체의 한 구성원인 Thomas Merton(1958)이 홀로 있을 때 말할 수 있는 이야기는 토요일 밤에 갈 곳이 없는 18세 청년의 이야기와 다르다. 오늘날 특히 흔한 이야기는 의미 있는 사회 활동에 참여할 금융 자원이나 신체적 능력이 없는 혼자 사는 나이 든 과부나 홀아비의 이야기다. 불행히도 이러한 이야기는 종종 사실이다(이 책의 14장 참조). "나는 젊은 시절에는 고통스러웠지만, 성숙의 해에는 달콤한 고독 속에 살고 있다"(Sneider, 1936, p. 27)라는 Einstein의 말을 인정할 인적 자원을 가진 사람들은 거의 없다. Einstein이 이 글을 썼을 때, 그의 나이가 50대 중반이었다. 고독의 매력을 발견했지만 문화적인 편견에 의해 그 사실을 인정하는 데 주저해 온 더 나이 든 많은 사람에게도 이러한 정서는 마찬가지다(Wood, 1986).

　Winnicott(1958)는 홀로 있을 수 있는 개인의 능력 차이는 유아기에서 비롯된다고 하였다. 특히, 그는 유아기에 어머니라는 존재의 안정감 속에서 자유롭게 탐색하고 몰두할 수 있었던 사람들만이 성인기에 홀로 있을 수 있는 능력을 가지게 된다고 단정하였다. Winnicott의 의견에 근거할 때, 고독할 수 있는 능력은 홀로 있으면서도 공동체 의식을 유지할 수 있는 능력에 달려 있다. 유아기에는 공동체가 거의 엄마 이외로 확장되지 않지만, 자라면서 한 사람의 공동체 범위는 점점 넓어진다. 외부 상황을 통해서든 아니면 분열성 성격 등 자신의 행동에 의해서든, 공동체를 박탈당한 사람들은 외로움과 소외감으로 고통을 당한다. 우리가 제안하는 것은 진정한 고독은 홀로 있는 동안에 공동체를 보존할 수 있는 능력, 좀 더 역설적으로는 이상적인 (가상의) 공동체를 위해 현존하는 사회를 저버릴 수 있는 능력에 달려 있다는 점이다.

물론 선택에 의해 사회를 저버리는 사람들은 거의 없지만, 누구든 어쩔 수 없이 상황의 희생자가 될 수는 있다. 하지만 우리 자신이 처해 있는 그 상황은 꼭 아니더라도 우리가 말하는 이야기들 속에서 우리는 늘 선택권을 가진다. 이것이 바로 고독의 기회가 극도로 드물었던 나치의 강제 수용소에서 살아남은 Frankl(1984)이 가르쳐 주려고 했던 교훈 중 하나다.

이른바 미국 시민 종교(즉, 무교파)에 큰 영향을 미친 Henry David Thoreau(1817~1862)는 "대다수의 사람들은 고요한 절망의 삶을 영위한다"고 했다. 아마도 과장된 표현이겠지만, 사회는 자신이 제공하는 편의의 대가로 비용을 받는다는 사실을 부인할 수 없다. 그 비용 중 가장 중요한 것은 감소된 자율성으로, 이것이 절망, 침묵 등으로 이어질 수 있다. 이와 같은 비용을 피하기 위해 Thoreau가 선택한 것은 매사추세츠 주 콩코드 시 근처에 있는 월든 연못 주위의 숲에서 2년간 홀로 사는 것이었다. 그의 말을 그대로 인용하자면, 그는 "의도한 대로 살고, 오직 삶의 본질적 사실들만을 마주하고, 사회가 가르쳐야 했던 것을 내가 배울 수 없는지를 보고, 배울 수 없다면 내가 죽게 되었을 때, 나는 산 적이 없다는 것을 발견하기"를 원했다(p. 61).

요컨대, 고독은 자기(self)가 책임을 지도록 도전한다. 다른 세부적 내용이 추가될 수도 있지만, 이는 적어도 고독을 추구했던 많은 사람이 말한 이야기의 일반적인 줄거리다. 예컨대, Richard Byrd(1938/1987) 장군은 남극의 고립된 기상관측소에서 홀로 한 겨울을 보내는 삶을 선택했는데, 그것은 거의 생명을 담보로 한 선택이었다. Robert Kull(2008)은 오토바이 사고로 전에 다리 하나를 잃어버렸는데도 불구하고 칠레의 남쪽 해안 바람이 심한 외딴 섬에서 1년을 보내는 삶을 선택했다. Cheryl Strayed(2012)는 모친이 사망한 후 남편과 이혼하고 마약과 난교에 빠져 있다가 Thoreau가 가히 상상할 수 없는 방식으로 삶의 본질적 실상을 마주하고자 결정했다. 그녀가 선택한 것은 남부 캘리포니아에서 워싱턴 주의 경계까지 산악 지대 퍼시픽 크레스트 트레일을 따라 1,100마일을 홀로 하이킹하는 것이었다. 그 외에 많은 다른 사람들이 이처럼 힘든 상황은 아니었더라도, 오랜 기간을 홀로 생활하는 것을 선택하였다(예: Rufus, 2003; Sarton, 1973).

평가: 고독 경험의 유형

Thoreau, Byrd, Kull, Strayed, Rufus, Sarton이 고독에 대해 이와 같이 설명한 것은 유용한 정보를 주며, 더 나아가 영감을 준다. 그러나 그들은 특별한 상황에 처한 예외적인 사람들이며, 모두 유사한 문화 배경을 가진 사람들이었다. 따라서 다른 사람과 다른 상황에 대한 일반화가 문제가 된다. 외로움이나 단순히 홀로 있는 것과 구분하여 고독을 평가하는 것은 특히 아동들 사이에서 어려운 문제일 수 있다. Galanaki(2004)가 보여 준 바와 같이, 이러한 구분은 청소년기에 도달할 때까지 완전히 발달하지 않을 수도 있다. 성인들 사이에서 나타나는 전형적인 고독에 관해 더 연구하기 위해서는 평범한 상황에서 평범한 사람들이 겪는 다양한 경험을 평가하는 일련의 척도를 구비하는 것이 도움이 될 것이다.

문헌 고찰을 토대로 Long, Seburn, Averill 및 More(2003)는 9가지의 일반적 고독 경험을 확인하였으며, 여기에는 긍정적인 것과 부정적인 것이 포함되었다. 각 유형의 경험은 한 일화를 가장 잘 특징짓는 지배적인 생각, 감정 및 활동의 측면에서 정의되었다. 예를 들어, 문제 해결로서의 고독은 다음과 같이 기술되었다. "홀로 있음은 당신이 당면하고 있는 구체적인 문제나 결정에 대해 생각할 기회를 제공하고, 당신은 이를 해결하려 한다." Long과 동료들(2003)은 대학생 320명(여성 80%)에게 각 유형의 고독이 자신의 삶에 미치는 영향의 정도와 그와 같은 경험을 위해 자신이 들이고자 하는 노력의 정도를 평정하도록 요구하였다. 이러한 평정치들이 합산되어 중요성 지수가 산출된다.

요인분석 결과, 9가지 유형의 고독 경험을 3개 차원으로 정리할 수 있었다. 요인 1은 주로 자기와 자기에게 주어지는 유익에 초점이 맞추어졌기 때문에 내부-지향적 고독으로 명명되었다. 이 요인을 가장 잘 정의한 문항들은 자기-발견(0.73), 내면의 평화(0.68), 익명성(0.64), 창의성(0.58), 그리고 문제-해결(0.57)이었다. 요인 2는 외로움 차원으로, 외로움(0.70)과 기분전환(0.67)이 부하되었는데, 여기서 기분전환은 외로움에 대한 방어를 시사한다. 요인 3은 외부-지향적 고독으로 명명되었는데, 그 이유는 이 요인에 가장 높게 부하된 문항들이 자기 외의 어떤 존재나 대상에 초점을 맞추기 때문이다. 친밀성 (0.70)과 영성(0.63)은 요인 3에 해당되었다. 일부 친밀성 항목은 "당신이 마음을 쓰는 어떤 사람들, 예컨대 지금 없는 친구나 애인 또는 사망한 친인척 등을 특별히 가깝게 느낀다."와 같으며, 영성 문항은 가능한 친밀한 사람의 범위가 보다 크고 추상적인 단위 (예: 사회 집단, 인간, 자연, 신)까지 확장된다.

요인 1(내부-지향적 고독)과 요인 2(외로움) 유형의 경험들이 가장 일반적인 장면은 거주지, 예컨대, 기숙사 방이나 아파트와 같은 거주지였다. 영성은 자연환경에서 가장 자주 발생하는 유일한 유형의 경험이지만 가장 흔치 않은 유형의 경험이기도 하였다.

고독 경험 목록의 확장

석사 논문의 일부로, Yao Wang(2006)은 Long과 동료들(2003)이 사용한 고독 경험 목록을 9개에서 20개로 확장하여 중국 대학생과 미국 대학생의 고독 경험에서 나타날 수 있는 잠재적 차이를 연구하였다. 확장된 경험 목록 중에는 중국 대학생과 노인층과의 비공식적 인터뷰를 바탕으로 고독에 대한 미국인의 태도보다는 중국인의 태도를 더 많이 나타내는 것으로 보이는 항목들이 포함되었다(정서 순화와 같은 문항은 우리가 좀 더 논의하게 될 문항의 한 예다).

영어와 중국어에는 직접적인 등가성이 없는 단어들이 많이 있다. 한 가지 이유는 영어 단어가 종종 추상적이고 일반적이라면, 중국어 단어는 구체적인 세부사항에 중점을 두는 경향이 있기 때문이다. 예를 들어, (1) 홀로 있음(being alone, 孤獨), (2) 홀로 거주함(dwelling alone, 獨居), 그리고 (3) 은둔(hermitage, 隱遁), 즉 혼자 사는 생활양식 등 고독을 뜻하는 중국어들이 많다. [석사 논문에서 Wang은 (1)을 사용하여 'solitude'를 번역하였다.] 이들 단어의 어근이 'du(獨)'이기 때문에 이런 차이가 있을 수 있는데, 이 'du'는 중국어에서는 '독립성'이나 '독특성'이란 단어의 어근이기도 하다. 이러한 어근이 시사하는 바와 같이, 중국에는 강한 개인주의 전통이 있다. 이는 흔히 중국인들이 집단주의를 강조한다는 말과는 다르다. 개인주의와 집단주의 사이의 대조는 서구의 논평자들이 자주 과장되게 언급하였지만, 좀 더 자세히 살펴보면 그렇지 않은 경향이 있다. 앞으로 살펴보겠지만, 이것은 진정한 고독의 가상적 현실에서 특히 그렇다.

이와 유사한 번역의 어려움이 고독 경험의 유형들에도 적용된다. 예를 들어, 중국에서 정서 순화라는 단어에는 감정, 기분, 기질, 그리고 인격도 포함된다. 중국어의 정서 개념은 단순히 어떤 정서 상태만을 가리키는 것이 아니라 전인적인 측면들도 가리키기 때문이다. 또 다른 예를 들자면, Long과 동료들(2003)의 연구에서 영적 경험을 기술하는 문항을 고려해 보자. 중국어에서는 영성 추구가 추상적이기보다는 구체적인 용어로 명시된다. 따라서 Wang의 논문에서는 Long과 동료들이 사용한 **영성**(spirituality)이라는 단어가 **조화**(harmony: 주변 환경과의 일체감)와 **자기초월**(self-transcendence: 일상의 구별과 근심을 능가하기)을 나타내는 문항으로 대체되었다. 이 둘은 영적 경험이 가진 두 가지 공통된 측면들이다(Huxley, 1985). 이 두 측면은 친밀감 문항과 합쳐져 하나의 분리된 차원을 형성할 것으로 예상했지만, 다음 절에서 설명하듯이 그렇지 않다.

고독의 차원들

고독 경험의 20가지 유형을 기술하고 있는 문항의 전체 목록이 〈표 6-1〉에 제시되어 있다. 〈표 6-1〉의 문항들은 Wang(2006)이 사용한 문항들을 요약하거나 표현을 바꾼 버전이다. 여기서 우리가 주로 관심을 갖는 것은 20가지 문항에 대한 요인분석을 바탕으로 고독의 경험이 다양하게 나타날 수 있는 주요 차원이다. 〈표 6-1〉에는 각 문항에 대한 요인 부하량 및 평균 평점이 제시되어 있다.

〈표 6-1〉 요인에 따라 구분된 20가지 유형의 고독 경험 단축판(부하량은 괄호 안에 제시)

[이상적인 고독 일화로서 각 유형의 경험이 바람직한 정도가 '1(전혀 바람직하지 않음)'에서 '5(매우 바람직함)'로 평가되어 있음]

요인 1: 깨달음[a]

1. **창의성** *Creativity* (0.75): 홀로 있음은 고매한 생각이나 자신을 표현하는 혁신적인 방식을 자극한다. (평균 평점: 미국인=3.70, 중국인=3.81)
2. **문제 해결** *Problem-solving* (0.67): 특정한 문제에 대해 생각하고, 행동 과정을 계획한다. (평균 평점: 미국인=3.40, 중국인=4.10)
3. **자기발견** *Self-discovery* (0.64): 자신의 근원적인 가치와 목표, 독특한 강점과 약점에 대한 통찰을 얻는다. (평균 평점: 미국인=4.12, 중국인=4.14)
4. **깨달음** *Enlightenment* (0.63): 삶의 의미와 중요성에 대한 더 큰 깨달음을 얻는다. (평균 평점: 미국인=4.00, 중국인=4.21)
5. **정서 순화** *Emotional refinement* (0.61): 홀로 있음으로써 감정을 일구고 순화시킬 기회를 얻게 된다. (평균 평점: 미국인=3.85, 중국인=4.07).
6. **자기 계발** *Self-enrichment* (0.55): 자신을 계발하고 인식을 넓히는 데 시간을 쓰게 된다. (평균 평점: 미국인=3.79, 중국인=3.95)

요인 2: 외로움

7. **외로움** *Loneliness* (0.69): 인정 받지 못하는 것 같고, 우울하고, 불안하며 외롭다고 느낀다. (평균 평점: 미국인=1.35, 중국인=1.54)
8. **지루함** *Boredom* (0.63): 무언가가 내 마음을 사로잡아 주기를 바란다. (평균 평점: 미국인=1.41, 중국인=1.49)
9. **소외** *Alienation* (0.61): 사회의 나머지 사람들로부터 떨어져 있고, 뒤처져 있으며, 내가 잊혀졌다고 느낀다. (평균 평점: 미국인=1.77, 중국인=1.83)

요인 3: 자유[b]

10. **자유** *Freedom* (0.73): 사회적 규율에 대한 염려 없이 원하는 대로 자유로움을 느낀다. (평균 평점: 미국인=4.52, 중국인=3.86)
11. **몽상** *Daydreaming* (0.52): 원하는 무엇이든 할 수 있는 환상에 젖는다. (평균 평점: 미국인=4.00, 중국인=3.54)
12. **내면의 평화** *Inner peace* (0.50): 일상의 즐거움 속에서 차분함과 자유로움을 느낀다.(평균 평점: 미국인=4.62, 중국인4.11)

요인 4: 이완

13. 이완 *Relaxation* (0.62): 재충전을 위해 쉬거나 잠을 자는 데 시간을 쓴다. (평균 평점: 미국인
=3.74, 중국인=3.41)

14. 레크리에이션 *Recreation* (0.62): 예를 들어, TV 시청이나 인터넷 서핑 같은 산만한 행동을 한
다. (평균 평점: 미국인=2.36, 중국인=2.45)

요인 5: 친밀감

15. 추억 *Reminiscence* (0.77): 경험했던 일들이나 지인들을 회상한다. (평균 평점: 미국인=3.64,
중국인=3.33)

16. 친밀감 *Intimacy*[c] (0.45): 마음을 쓰는 누군가와 특별히 가깝게 느낀다. (평균 평점: 미국인
=3.53, 중국인=3.30)

하나 이상의 요인에서 유사하지만 중간 정도의 부하량을 보인 문항들

17. 자기초월 *Self-transcendence*: 명상에서처럼, 일상의 구별과 걱정을 초월하는 느낌을 가진다.
(평균 평점: 미국인=3.77, 중국인=3.99)

18. 조화 *Harmony*: 모든 것이 다른 모든 것과 연결되어 있는 것처럼 보인다. 세상과 균형을 이루
고 있다. (평균 평점: 미국인=4.20, 중국인=3.89)

19. 고조된 감각 자각 *Heightened sensory awareness*: 시각과 청각이 확대된 것처럼 느껴진다. 평
소에 알아차리지 못했던 작은 것들을 관찰하게 된다. (평균 평점: 미국인=3.45, 중국인=3.52)

20. 열망 *Longing*: 바로 지금 닿을 수 없는 사람이나 대상을 갈망한다. (평균 평점: 미국인=2.22, 중
국인=2.82)

주: 영어와 중국어 모두로 제작된 완전한 문항의 사본은 각 연구자에게 연락하면 구할 수 있음.
[a] 이 차원은 미국인 참여자들보다 중국인 참여자들에게 더 적합한 것으로 판단된다($p < 0.01$).
[b] 이 차원은 중국인들보다 미국인들에게 더 적합한 것으로 판단된다($p < 0.001$).
[c] 친밀감이 이 연구에서 중간 정도(0.45)의 부하량을 보임에도 불구하고, 이 차원에서는 두 번째로 큰 부하량을 보
였다. Long과 동료들의 연구(2003)에서는 0.70, 그리고 Wang의 연구 2에서는 미국인 집단은 0.73, 중국인 집단은
0.57로, 같은 문항이 유사한 차원에서 더 높은 부하량을 보였다. 그러므로 친밀감을 이 차원의 명칭으로 한다.
출처: Wang(2006), 연구 1.

연구 1

두 연구 중 첫 번째 연구에서 Wang은 미국 대학생 221명(여대생 79%)과 중국 대학생

190명(여대생 45%)을 대상으로 과거에 경험했던 자발적 고독의 두 일화와 비자발적 고독의 두 일화에 대한 생각을 물었다[2]. 자발적 조건과 비자발적 조건은 역균형화된 순서로 제시되었다. 이 조건들은 참여자들에게 다양한 고독 경험에 대해 상기시키고 그들이 평정 척도와 친숙해지게 하는 것일 뿐 우리 연구의 관심과는 무관하다. 다음으로, 더 폭넓은 문화적 규준을 얻기 위해 학생들에게 그들이 생각하는 이상적인 고독의 에피소드를 묘사해 보라고 하고, 20가지 유형의 경험 에피소드가 바람직한 정도를 평정하게 했다.

중국 참여자와 미국 참여자 모두에게 고독을 위한 이상적인 환경은, 예를 들어 해변, 산, 숲, 호수와 같은 자연환경이었다(중국 대학생의 경우 56%, 미국 대학생의 경우 51%). 집이나 아파트가 가장 일반적인 실제 (회상한) 일화의 환경이었음에도 불구하고, 이 중 절반 정도(대략 25%)만이 집이나 아파트를 이상적인 환경이라고 언급하였다. 이 연구 결과는 주로 자연환경에서 일어나는 영적 경험을 제외할 경우에 고독을 위한 전형적인 환경은 자신의 거주지라는 Long과 동료들(2003)의 연구결과와 일치한다.

탐색적 요인분석

중국인 및 미국인 대상 데이터를 가지고 프로맥스(promax) 사각회전을 이용한 주축 요인분석을 개별적으로 실시하였다. 요인구조는 두 경우에 유사했다. 따라서 결합한 표본으로 분석을 다시 실시하였다. 그 결과 5가지 요인이 추출되었는데, 각각 깨달음(요인 1), 외로움(요인 2), 자유(요인 3), 이완(요인 4), 그리고 친밀감(요인 5)으로 명명되었다.

연구 2

두 번째 연구에서 Wang(2006)은 미국 대학생 116명(여대생 52%)과 중국 대학생 108명(여대생 48%)에게 민족을 알 수 없는 4명의 인물(남성 2명과 여성 2명)이 생각과 감정을 기술하는 하나의 이야기를 말해 보도록 요구하였다. 즉, 해변에 홀로 있는 상황, 공원

에 홀로 있는 상황, 식당에 홀로 있는 상황, 지하철역에 홀로 있는 상황 중 한 상황에 있
는 각 인물을 보여 주었다. 번역에 따른 문제들을 피하면서 전형적인 고독의 장소에 관
한 정보를 제공하였을 뿐만 아니라, 그림을 보여 줌으로써 참여자가 고독 일반에 대해
서 생각할 수 있도록 준비시켰다.

그림에 대한 응답을 마친 후, 전체 문항에 익숙해지도록 참여자들에게 고독 경험의
20가지 유형의 목록을 읽도록 하였다. 그런 다음 다시 목록의 처음으로 되돌아가 각 유
형의 경험을 얼마나 많이 하고 싶은지 평정하게 하였다(1 = 전혀 하고 싶지 않음, 5 = 매우
하고 싶음). 목록은 3가지 무선적 방식으로 제시되었다.

확인적 요인분석

중국 참여자와 미국 참여자 데이터에 관해 개별적으로 확인적 요인분석을 실시하였
다. 이 두 샘플의 경우, 5-요인 모델이 확인되지 않았다. 이것은 요인 4를 정의하는 데
도움이 되었던 두 문항(이완과 레크리에이션)이 두 집단 모두에서 상관을 보이지 않았기
때문이다. 4 요인 모델(원래 요인이었던 요인1-깨달음, 2-외로움, 3-자유, 그리고 5-친밀감)
은 중국인과 미국인 모두에게 수용할 만한 적합도가 있는 것으로 나타났다.

Wang의 두 연구결과는 일반적으로 Long과 동료들(2003)의 연구결과와 일치한다.
다만 몇 가지 수정된 내용이 있다. Long과 동료들의 내면-지향적 고독은 이제 두 개의
상관($r = 0.39$)된 요인인 깨달음과 자유로 분할되었다. Long과 동료들의 외부-지향적 고
독은 Wang의 친밀감 요인에 해당되지만, 그 범위에 있어서 후자가 더 협소하다. 외부-
지향적 고독에는 친밀감뿐만 아니라 영성 문항이 포함되었다. 앞서 설명한 바와 같이,
Wang의 연구에서 영성은 자기-초월과 조화라는 두 가지 요소로 분할되었고, 각각 별개
로 평가되었다. 이 문항들 중 어떤 것도 친밀감 문항과 합쳐져 별개의 요인을 정의하지
못했으며, 오히려 깨달음 요인과 자유 요인에 낮거나 중간 정도의 부하량을 가졌다.

그럼에도 불구하고, Long과 동료들의 외부-지향적 고독 요인과 Wang의 친밀감 요인
은 모두 공동체적 관계에 기저하는 유일한 차원을 대표한다. 이 차원은 특정 타인에 대

한 가까움(친밀감 문항에서처럼)부터 가족, 사회적 또는 인종 집단, 심지어 더 넓은 인류 전체, 자연계, 그리고 심지어 추상적인 이상(Long과 동료들의 영성 문항이 함의하듯이)에 이르기까지 계속 확대되는 반경을 가질 수 있다. 따라서 이후부터, 잠재적 친밀함의 확장된 차원을 명명하기 위해 교감(communion)이란 용어를 사용하고자 한다.

고독에 관한 인지적 이론을 탐색하면서 곧 고독 경험의 구조를 다시 다룰 것이다. 현재로선 우리의 관심은 덜 추상적이다. 구체적으로 앞서 제시한 요인분석 결과와 함께 우리는 〈표 6-1〉에 표현을 바꾸어 제시된 고독 문항의 목록은, 일반인들이 일상적인 상황에서 겪는 고독의 경험을 평가하기 위한 척도를 구성하는 데 출발점이 될 것으로 믿는다.

중국 참여자와 미국 참여자 간의 차이들

비교문화 연구는 문화 간 보편적 패턴이나 구조를 확인하고 문화 간 차이를 밝히는 두 가지 기본 기능을 한다. 앞에서 설명한 요인분석 데이터는 이 두 가지 기능을 모두 담당한다. 우리는 세 가지 관계 차원(깨달음, 자유 및 교감)에는 뿌리 깊은 생물학적 욕구가 반영되어 있다고 주장한다. 따라서 미국 표본과 중국 표본 모두 유사한 구조를 드러내고 있다는 점은 놀랍지 않다. 다른 사람과의 원치 않는 분리로 경험되는 외로움도 마찬가지다.

이와 같이 가정한 보편적 틀 안에서 미국 참여자와 중국 참여자 간의 강조되는 부분의 차이를 볼 수 있다. 특히, Wang의 연구 1에서 중국 참여자들은 깨달음 요인의 경우에 결합된 점수에서 미국 참여자들보다 더 높은 점수를 기록하였으며(통계학적 유의성 $p < .01$), 미국 참여자들은 자유 요인에서 중국 참여자들보다 더 높은 점수를 받았다 ($p < .001$).

Wang의 연구 2에서 깨달음의 경우에 평균 점수는 미국 참여자들보다 중국 참여자들이 유의하게 높았다($p < 0.05$). 자유의 경우 평균 점수는 정반대의 패턴을 보였지만(즉, 미

국 참가자들이 중국 참가자들보다 더 높은 점수를 얻음), 그 차이는 적어 통계적으로 유의하지는 않았다. 그럼에도 불구하고, 연구결과들은 연구 1의 결과와 일치하고 있어서 이는 결과의 신뢰도를 높여 준다.

　문화는 시간을 통해 흐르는 물줄기와 같다. 따라서 Wang이 수집한 데이터는 그 물줄기의 순간적인 소용돌이를 포착한다. 이 장의 끝부분에서 우리는 중국의 은둔 전통을 바탕으로 중국과 미국 사이에서 고독과 관련하여 있을 수 있는 문화적 차이의 실체가 무엇인지를 밝히고자 한다. 그때 중국 문화이든 미국 문화이든 어떤 특정 문화가 아니라, 모든 사회의 문화에 고독이 미칠 수 있는 잠재적 기여라는 보다 폭넓은 주제를 고려할 것이다.

고독의 인지 이론을 향하여

　이 책의 다른 장에서도 논의하고 있지만 고독은 다양한 관점, 예를 들어 생물학적 · 발달학적 · 사회적 관점에서 접근할 수 있다. 우리가 채택하는 접근법은 주로 인지적 접근법, 즉 사람들이 자신의 고독 경험을 조직하고 의미 있게 만드는 방법이다. 우리의 분석은 다음과 같은 세 가지 기본적인 가정을 포함한다. (1) 우리는 결코 완전히 홀로 있지 않다. 적어도 진정한 고독일 때에는 그렇지 않다. (2) 진정한 고독은 정서적 및 지적 혁신을 요구하고 촉진하는 창조적 경험이다. (3) 진정한 고독은 일상생활의 물리적 및 사회적 현실과 구별되는 **설계자 환경**(designer environment)이나 정신적 공간에서 펼쳐진다. 우리는 앞의 두 가정을 통합하는 이 마지막 가정에 집중하고자 한다.

설계자 환경

　많은 동물은 자기들이 번성할 수 있는 적소를 구축할 수 있는 특별한 기술을 가지고 있다. 예를 들어, 거미는 거미줄을 짜고, 새들은 둥지를 틀며, 비버는 댐을 구축한다. 설계자 환경은 동물이 구축하는 적소에 대한 인지적 대응물이다. Clark(2008)가 설명한 바와 같이, 인간은 인지적 적소(cognitive niches)를 구축하고 그 안에서 거주한다. 그러한 인지적 적소는 "환경이 요구하는 복잡한 기술을 장착하기 위해(그리고 상용(常用)하기 위해) 특별한 트레이닝 체제뿐만 아니라 그 안에서 사고하고, 추론하고, 수행하는 설계자 환경"(p. 59)을 포함한다.

　　물리적 및 사회적 현실에 기반을 둔 자연적 서식지와는 달리, 설계자 환경은 인지적 공간에서만 발견된다. 이상적인 정신세계로 중국 시학에 알려진(Sundararajan, 2004) 설계자 환경에는 특별한 생활양식과 이와 관련된 인지적 및 정서적 기술이 포함된다. 특히 고독에 대해 특별히 중요한 것으로 보이는 한 가지 기술은 상충되는 정서적 요구에 직면했을 때 창의적으로 될 수 있는 능력이다. Long과 동료들(2003)의 연구에서 정서적 창의성 검사(Emotional Creativity Inventory, Averill, 1999)로 평가한 정서적 창의성은 내면–지향적 고독 경험과 외부–지향적 고독 경험 모두와 매우 높은 상관이 있는 개인적 변인이었다(정서적 창의성과 그 평가에 관해서는 Averill, 2005; Averill & Nunley, 1992; Sundararajan & Averill, 2007 참조)

고독의 인지적 구조

　　설계자 환경은 구조를 가지고 있지만, 그 구조는 고려하고 있는 심리적 상태에 따라 차이가 있다. 일례로 사랑에 대한 설계자 환경은 고독에 대한 설계자 환경과 다를 수 있다. 고독의 인지적 구조 모델이 [그림 6-1]에 제시되어 있다. 이 모델은 앞서 논의한 요인분석에 바탕을 두고 있지만, 일부 명칭에 변화가 있고 다른 출처를 참조하여 몇 가지를 추가하였다.

　　우선 [그림 6-1]의 위쪽에서부터 아래로, 고독의 관계적 대 비관계적 차원을 구분한다. 다음으로 Long과 동료들(2003)의 용어를 사용하여, 관계적 차원을 두 가지 하위범

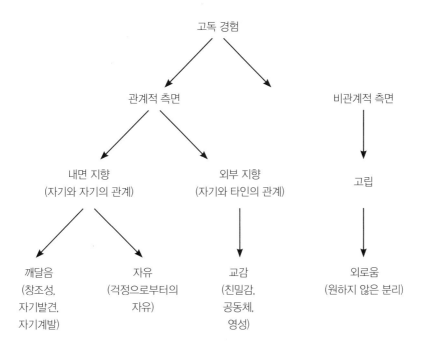

[그림 6-1] 고독의 인지적 구조

진정한 고독은 관계 차원(자기와 자기, 자기와 타인)이 지배적이지만, 비관계적 관심이 반드시 배제되는 것은 아니다. 유사 고독에서는 외로움이 지배적이거나 혹은 방어적 수단을 통해 전적으로 배제된다.

주, 즉 내부지향 고독(초점이 자기와의 관계에 있기 때문임)과 외부지향 고독(초점이 다른 사람과의 관계에 있기 때문임)으로 나눈다. 이전에 기술한 대로 Wang(2006)의 데이터는 내부지향 고독이 깨달음과 자유의 두 상관된 차원으로 추가로 구분할 수 있음을 보여 준다. 이러한 차원들의 이름은 다소 임의로 부여한 것이지만, 깨달음 차원은 창조성, 자기발견, 자기계발과 같은 특징을 포함한다. 깨달음을 통해 역량증진(empowerment) 혹은 간혹 "긍정적 자유"라 지칭하는 것이 나올 수 있다. 자유 차원 그 자체는 주로 "부정적 자유", 즉 사회적 염려나 책무로부터 벗어남과 관련된다.

앞서 설명한 바와 같이, Long과 동료들(2003)에 의해 확인된 외부-지향적 고독은 Wang의 친밀감 차원을 포괄한다. 이 차원은 존재하지 않는 다른 사람에 대한 가까움 (closeness)에서부터 사회 집단이나 공동체와의 동일시, 더 나아가 우주, 신 또는 도(道,

Tao)와의 일체감 같은 영적인 느낌으로 확장될 수 있다. 이 차원이 '긍정적 자유'와 '부정적 자유'를 내포하는 두 개의 내부–지향적 차원과 결합될 때, 우리는 Sayer(1978)가 "진정한 자유(real liberty)"라고 부른 것을 가질 수 있다. 그것은 "도시 안에 있지만 도시와 거리를 두는"(p. 40) 존재의 자유를 의미한다. 고독이 Sayer의 "진정한 자유"를 포함할 때, 중국의 은자(隱者) 전통에서 매우 환영되는 바와 같이 시장에 있으면서도 은자가 될 수 있는 것이다(Han, 1998).

고독의 비관계적 차원으로 돌아가면, 이는 외로움의 느낌에 의해 가장 명백하게 드러난다. 주로 긍정적인 경험으로 알고 있는 진정한 고독의 특징에 외로움을 포함시키는 것이 처음에는 이상하게 보일 수도 있다. 그러나 고독은 일반적으로 순간적인 상태가 아니며, 질적으로 상이한 경험들이 발생하여 하나의 일화 동안에 계속될 수 있다. 이 일화에는 외로움도 포함된다. 비록 고통스러운 것이지만, 외로움은 다른 식으로 하면 곪아 터질 수도 있는 문제들에 대한 해결책을 모색할 수 있도록 동기를 부여하는 유익한 원천이 될 수도 있다. 외로움이 지배적이고 외견상 극복할 수 없어 보이는 경우에만 우리는 지금까지 유사 고독(pseudo solitude)이라고 부르는 일화의 한 예로 간주할 수 있었다. 그 반대의 경우도 마찬가지다. 즉, 어떤 사람이 오랜 기간 동안 혼자였고 외로움의 순간을 전혀 경험한 적이 없다고 한다면, 우리는 무언가가 잘못되었다고 의심할 수 있을 것이다. 왜냐하면 분리에서 오는 외로움은 인류 유산 중 일부이기 때문이다.

정서적 순화(Frijda & Sundararajan, 2007)나 창의성(Sundararajan & Averill, 2007)과 같은 기술들은 외로움에 대처할 때 특히 필요하다. 대만의 한 선물 가게에서 판매하는 버튼에는 "이별의 슬픔을 향수(鄕愁)로 바꾸세요."라는 글귀가 있다. 동경, 추억, 친밀함의 요소들이 포함된 향수는 외로움에 맞서는 데 효과적인 것으로 밝혀졌다(Zhou, Sedikides, Wildschut, & Gao, 2008). 이것은 레크리에이션이나 기분전환과 같은 외로움 대처 방식과는 차이가 있을 수 있는데, 향수에는 정서 변환의 심리적 작업이 포함되지만 후자는 그렇지 않다는 점 때문이다.

진정한 고독을 위한 또 다른 필수적 기술은 물리적 및 사회적 현실로부터 정신적 현실을 분리시키는 능력이다. 공공 생활의 요구로부터 자유롭게 된 고독은 한편으로는 자기-탐구의 기회를 제공하고, 또 다른 한편으로는 이상적인 공동체를 추구하는 기회를 제공한다. Sayer(1978)의 말을 다시 인용하면, "사람은 진정한 사회를 창출하기 위해 사회에서 달아난다(p. 20)." 다음에 간략하게나마 논의하겠지만, 이것은 바로 중국 은일사상(eremitism)의 전통에서 매우 유명한 주제다.

지금까지 살펴본 간략한 이론적 검토를 요약하면 진정한 고독은 참된 자기(깨달음), 독립성(자유), 그리고 이상적인 공동체(교감)이라는 세 가지 상호 연관된 주제를 특징으로 하는 인지적 공간에서 펼쳐진다. 이 주제들은 의식의 표면으로부터 결코 멀리 있지 않은 4번째 주제, 즉 외로움을 완화시키며 또 외로움에 의해 완화된다.

중국 은일사상의 전통

서양에서 은자의 생활양식은 아웃사이더의 생활양식이었다. "그러나 동양의 많은 고대 문명에서는 오랫동안 은자의 상태가 자연스러우며 적절한 모든 인생의 최고봉으로 받아들여졌다"(France, 1996, p. 114). France는 삶의 4번째 및 최종 단계에서 고독을 자연스런 것으로 보는 인도의 힌두교에 대해 간략하게 논하면서 동서양의 차이를 설명한다. 이번 절에서는 중국의 은일사상에 중점을 두고 고독과 관련된 설계자 환경을 설명하고자 한다. 비록 은둔생활이 인도에서처럼 삶의 4단계 중 하나가 될 정도로 칭송받지는 않았지만, 중국의 역사에서 은둔생활은 여전히 선망의 대상이었다(현대 중국에서 이와 같은 전통의 자취를 문서화한 것은 Burger, 2005; Porter, 1993 참조).

Mote(1960)에 의하면, 중국의 은일사상을 규정하는 한 가지 특징은 정부에 대한 봉사를 거부한 지식인들이다. "녹봉에 의지하지 않고 대문을 걸어 잠그고, 생계를 꾸려가기 위해 오로지 관료로 입신함으로써 얻을 수 있는 사회적 지위에 대한 미련이 없음을 보여 주기 위해, 그리고 온 생을 자기수양, 학문, 예술 추구에 헌신하기 위해 은둔자가 되었다"(p. 203). 중국 문화에 은일사상이 얼마나 중요했는지는 중국 고전 시가의 1/3이 은둔자가 읊은 것이며, 은자에 관한 시가라는 사실로 잘 알 수 있다(Han, 1998).

은자의 새로운 거처 모색은 진정한 문화와 참된 자아에 대한 모색이다. Mote(1960)가 지적한 바와 같이, 진실한 중국 은자들은 원칙에 타협을 모르는 사람들이다. 그들은 관직 재임 중 자신들의 윤리적 원칙이 위협을 받는 것을 경험하였다. 그들이 공무를 거부하는 것은 통치자와 그 정부에 대한 항의의 표시였다. 은자들이 관리로서 얻을 수 있는 사회와 문명의 안락함, 재정적 안정, 그리고 사회적 지위를 기꺼이 포기하면서까지 추구하고자 했던 이상은 진정한 자기(깨달음), 독립(자유), 그리고 이상적 공동체(교감 communion) 등 진정한 고독의 세 가지 차원 속에 머무르는 것이었다. 이런 이상들은 도교에 그 뿌리를 두고 있는 것으로, 자연으로의 회귀뿐만 아니라 이 모든 것이 만들어지고 또 완벽해지는 이상과도 관련이 된다.

중국 은자들이 마음속에 그린 이상적인 공동체는 두 세상의 최상의 것, 즉 한편으로는 사회적 구속으로부터의 자유, 또 다른 한편으로는 뜻이 맞는 타인과의 교감을 통합하는 것이었다. 이와 같은 자유와 교감의 통합은 공동체와 친밀감(자유는 물론이고) 모두가 재정의되는 새로운 정서적 조망을 가져온다.

뜻이 맞는 타인이 존재하지 않을 때에도 은자들은 도교의 물활론적 전통 덕분에 돌멩이나 바위에서조차 그것들의 마음을 발견할 수 있다. 따라서 그들에게는 여전히 이상적인 공동체가 가능하다(Rowley, 1974: Sundararajan, 2009). 중국 역사의 가장 유명한 은자요, 시인 중 한 명이었던 이백(李白)이 묘사한 산과의 상호 응시를 생각해 보자.

서로를 바라보매 결코 지치지 않고-오직 청량산(清涼山)과 나만 있다(Liu & Lo, 1975, p. 110)

대리 고독

은둔 생활을 할 수 있는 시간이나 자원을 가진 사람들은 별로 없다. 그럼에도 불구하고, 고독을 대리적으로 경험하는 것은 가능하다. 이것은 많은 중국 예술이나 시가가 제공한 기능으로, 앞서 논의한 설계자 환경의 개념에 바탕을 둔 제안이다. 예술은 자연의 모방이 아니라, 예술가의 눈으로 본 자연에 대한 해석이다. 이 해석은 감상하는 사람에게 전달되고, 예술가와 감상하는 사람 모두에게 유사한 인지 구조를 공유할 수 있게 해 준다. 따라서 고독의 유익을 누리기 위해 홀로 산에 칩거할 필요가 없다. 고요한 방에서 벽에 그림을 그리거나 시 한 수를 읊는 것도 유사한 효과가 있을 수 있다.

예를 들자면, 일본의 물리학자로 노벨상을 수상한 유카와 히데키(Hideki Yukawa, 1973)는 유명한 은둔자인 노자와 장자의 작품과 은둔자이며 시인인 이백은 물론이고, 중국 산수화에 많은 흥미를 가졌다. 그는 "은자의 거처가 있는 산 사이로 폭포가 깊이 떨어지며, 홀로 폭포를 응시하는 은자가 보이는" 주제를 담은 중국 산수화를 좋아했다(pp. 96~97).

예술가의 정신세계가 감상자에게 전달될 수 있는 범위까지 고독은 이동가능하다. 유카와는 이 점에서 특별히 준비가 잘된 사람이었다. 그는 "무한하고 영원히 열려 있으면서 끝없이 움직이고 있다"고 믿은 경험세계(p. 80)와 또 다른 그의 "마음속에 겹겹이 숨겨져 있고, 닫혀 있으며, 자기 만족적인 영원한 고요의 세계"(p. 79), 이 두 세계를 가진 사람이었다. 후자의 세계에 대한 그의 사랑은 미니어처 풍경을 만들면서 즐거웠던 어린 시절에 시작되었다. 어머니가 가져다준 판지상자에 점토로 정원을 만든 후, "난 내가 만든 이 작은 세계에 살고 있다고 중얼거렸으며, 그런 생각은 형언할 수 없는 행복으로 나를 채웠다"(p. 78).

판지상자로 만든 공원에 얽힌 유카와(1973)의 경험은 이상적 정신세계의 원형이며, 중국 미학자들이 말하는 창의성의 진수를 구성하는 이상적 정신세계의 현시(顯示)다(Li, 1997: Sundararajan, 2004). 유카와(1973)도 이와 유사한 관점을 가지고 있었다. 그는 과학자가 실제로 살고 있는 세계, 즉 앞서 인용한 바와 같이 "무한하고 영원히 열려 있으면서 끝없이 움직이고 있는" 세계가 정확하게 과학자의 이상 세계(ideal world)인지 궁금해했다(p. 80). 그는 그렇게 생각하지 않았다. 오히려 매우 다른(반사실적인, 즉 이상적인) 세계, 영원한 안식의 세계가 과학자의 마음속에 자리를 잡고 있으며, 그러한 세계에 대한 비전이야말로 외견상 무질서 속 배후에 숨겨진 우주적 법칙과 구조적 요소에 대한 과학적 탐구(덧붙이자면, 유카와가 또한 고대 그리스 철학자들 덕분이라고 했던 탐구)를 이끄는 원동력으로 보았다.

　두말할 나위 없이 모든 자연 묘사가 대리 고독을 촉진하지는 않을 것이다. 중요한 것은, 말하자면 관찰자의 마음속에 은자의 설계자 환경을 재구축하는 것이다. 고독의 정신세계를 일깨울 수 있는 화가라면 그림 속에 은자의 모습이 없더라도 이 일을 할 수 있다. 이것은 유카와가 그토록 존경해 마지않은 중국 산수화가 서양의 산수화와 다른 방식이다. 중국 산수화는 아무리 훌륭하게, 그리고 미학적으로 즐거움을 준다 하더라도 자연 그 자체의 풍경이 아니다. 오히려 중국 산수화는 은자의 정신세계에 대한 표현이다(정신세계가 있는 그림과 그렇지 않은 그림 사이의 차이에 대한 논의는 Li, 1997 참조).

　대리 고독의 시사점 한 가지는 만약 우리가 역사의 한 시기에 나타난 은둔자 인구수만을 단순하게 측정만 한다면, 은둔에 대한 중국 전통의 영향이 과소평가된다는 점이다. 이것은 단순히 중국 전통의 경우에만 그런 것이 아니라 모든 문화의 은둔자의 경우에도 그렇다. 대리 고독이 일어나기 위한 필수적 요소는 예술가와 잠재적 청중 간의 의사소통이다. 인간 중재자나 해설자 없이 예술가가 자연 그 자체인 경우에도 마찬가지다. 이 경우, 관찰자가 그들이 가지고 있는 문화적 및 개인적 자산을 끌어와서 자기 자신의 환경을 설계할지는 개별 관찰자에게 달려 있다. 이장의 앞부분에 인용한 Edward Abbey(1968)의 구절과 그가 미칠 영향에 대해서 상기해 보라.

문화적 자원으로서의 고독

　앞부분에서 문화 전통(예: 도교사상)이 고독 경험에 영향을 미칠 수 있는 몇 가지 방식을 다루었다. 이제는 간략하게나마 역방향 관계, 즉 고독이 문화에 미치는 영향을 다루고자 한다. 이러한 영향이 존재한다는 데에는 의심의 여지가 없다. 도교사상의 창시자인 노자와 장자뿐만 아니라 모세, 부처, 예수, 모하메드를 포함한 많은 종교 지도자는 고독 속에서 의미 있는 시간을 많이 보냈다. 많은 창의적인 작가, 예술가, 철학자, 그리고 과학자도 창조적인 통찰력을 얻기 위해 고독에 의지하였다(Koch, 1994; Storr, 1988).

우리가 제안하는 것은 문화의 발전을 위해 고독이 필요충분조건이라는 점이 아니라, 단지 고독이 중요한 기여 요인이라는 점이다. 이를 설명하기 위해 인류학자이며 동시에 언어학자였던 Edward Sapir(1924/1956)의 저서를 참고하고자 한다. Sapir가 문화에 대한 고독의 영향에만 특별히 관심을 가진 것은 아니었지만, 그는 이 주제를 이해하는데 도움이 될 수 있는 몇 가지 구분을 하였다.

가장 관련이 있는 것으로, Sapir(1924/1956)는 진(眞)문화(genuine culture)와 가(假)문화(spurious culture)(대중문화와 모방문화)를 구별하고, 문화와 문명을 구분하였다. 그에 따르면, 진문화는 잉여 욕구들(surplus needs), 즉 실제적이고 물질적인 욕구를 넘어선 욕구들을 만족시키는 가치들에 대한 열망 속에 존재한다. 이러한 가치들은 창조적이고 영적인 삶의 차원과 긴밀한 관계가 있다. 문명은 진문화의 잔재다. Sapir는 "예술이 살아 있는 한 그것은 문화에 속한다"라고 하였으며, "예술에 죽음의 냉감이 드리울 때, 문명 연구의 관심사가 되어 버린다"(p. 113)고 주장하였다.

Sapir(1924/1956)의 관점에서 문명과 진문화는 서로 어긋나는 목적을 따라 흔히 작동한다. 사실, 문명이 더 진보할수록, 가문화가 융성할 가능성이 높다. 가문화는 집단사고를 하며 모방적이며 생각 없는 관습이 우세하다. 자신에 대한 진실성 측면에서 가문화가 진실성을 고취할 가능성은 더 적다. 그러므로 보다 단순한 문명이 진문화에 더 부합될 것으로 예상할 수 있다.

우리는 진문화가 고독과 깊은 관련이 있다고 제안한다. 이것은 앞부분에서 논의한 바와 같이, 중국의 은일 전통으로 잘 설명할 수 있다. 많은 칭송을 받는 중국 은둔자들은 문명을 버린 대가로 진문화를 보존하기 위해 고독을 추구하는 개인들이었다. 그것을 희생이라고 한다면, 그 희생은 사회의 이득이었다. 문명의 미래는 전통에 대한 의심 없는 고수보다는 오히려 진문화에 있기 때문이다.

서양에서는 비록 제도적 후원 및 이데올로기적 배경이 매우 상이하지만 때때로 수도원 생활이 동양의 은둔생활과 유사한 역할을 담당하였다(예: Cahill, 1995 참조). 오늘날 "지구 및 지구에 서식하는 동식물과의 조화로운 생태학적 균형 속에서 창조적으로 살아가는 인간"(Sessions, 1995, p. 305)을 마음에 그리는 심층생태운동(Deep Ecology

Movement)은 도교사상에 가까운 철학을 옹호하는 운동으로 유사한 효과가 있을 수 있다.

결론적 논평

현대 이전만 해도 대다수 사람에게 고독의 기회는 매우 제한적이었다. 예를 들어, 식민지 시대의 미국 젊은이들은 독립적으로 생활할 수 있는 수단을 가지자마자 가정을 꾸릴 것으로 기대했다. 가정 내에서 사생활은 거의 불가능했다. 심지어 침대에서도 마찬가지였다. 가정이 많은 기능(교육적, 상업적 등)을 수행한 이래로, 이번에는 지역사회에 의한 부단한 지도 및 감시 대상이 되었다(Gadlin, 1977). 산업화, 도시화되고, 이동이 쉬워지면서 상황이 극적으로 바뀌었다. 2010년 인구조사에 따르면, 3,100만 명 이상의 미국인들이 홀로 살았는데, 이는 모든 가구의 27%를 차지하였다. 우리는 다른 현대 사회들이 동일한 방향에서 이런 추세를 따르고 있다고 추정한다. 어떤 논평자들은 이러한 추세를 우려의 눈으로 보고 있으며, 사회적 구조(social fabric)가 해체되고 있다고 한다. 그들의 근심은 타당하다. 그러나 해결책은 개인의 선택을 제한하는 것이나 원치 않는 공존을 장려하는 것이 아니라, 오히려 진정한 고독과 진정한 문화가 의지하고 있는 제도적 지원을 제공하는 것이다. 이는 개인과 사회 모두에게 쉽지만은 않겠지만 그 이점은 고려해 볼 만하다.

주.

1. Wang의 학위논문은 제1저자(Averill)가 지도했다. 중국인인 제2저자(Sundararajan)는 고독 문항에 대해 컨설턴트와 역 번역가(back-translator)로 참여했다. 박사학위를 받은 후에 Wang은 중국으로 돌아갔고, 현재 주소는 알 수 없다.

2. 상황에 따라 남자와 여자는 고독을 다르게 경험할 것으로 예상할 수 있다. 그러나 Wang의 연구에서 평정은 상황 특정적이지 않았으며, 성차가 어떻게 나타나든 해석 가능한 형태는 아니었다.

이런 이유로 더 이상 논의하지 않았다.

참고문헌

Abbey, E. (1968). *Desert solitaire: A season in the wilderness*. New York: McGraw-Hill.

Averill, J. R. (1999). Individual differences in emotional creativity: Structure and correlates. *Journal of Personality, 67,* 331-371.

Averill, J. R. (2005). Emotions as mediators and as products of creative activity. In J. Kaufman & J. Baer (Eds.), *Creativity across domains: Faces of the muse* (pp. 225-243). Mahwah, NJ: Erlbaum.

Averill, J. R., & Nunley, E. P. (1992). *Voyages of the heart: Living an emotionally creative life.* New York: The Free Press.

Burger, E. A. (2005). *Amongst white clouds/Buddhist hermit masters of China's Zhongnan Mountains.* A Cosmos Pictures Production. New York.

Byrd, R. (1987). *Alone.* London: Queen Ann Press. (Original work published 1938).

Cahill, T. (1995). *How the Irish saved civilization.* New York: Doubleday.

Clark, A. (2008). *Supersizing the mind.* New York: Oxford University Press.

Epley, N., Akalis, S., Waytz, A., & Cacioppo, J. T. (2008). Creating social connection through inferential reproduction: Loneliness and perceived agency in gadgets, gods, and greyhounds. *Psychological Science, 19,* 114-120.

France, P. (1996). *Hermits: The insights of solitude.* New York: St. Martin's Press.

Frankl, V. E. (1984). *Man's search for meaning* (Rev. ed.). New York: Washington Square Press.

Frijda, N. H., & Sundararajan, L. (2007). Emotion refinement: A theory inspired by Chinese poetics. *Perspectives on Psychological Science, 2,* 227-241.

Gadlin, H. (1977). Private lives and public order: A critical view of the history of intimate relations in the United States. In G. Levinger & H. Raush (Eds.), *Close relationships: Perspectives on the meaning of intimacy* (pp. 33–72). Amherst: University of Massachusetts Press.

Galanaki, E. (2004). Are children able to distinguish among the concepts of aloneness, loneliness, and solitude? *International Journal of Behavioral Development, 28*, 435–443.

Gergen, K. J. (2009). *Relational being: Beyond self and community*. New York: Oxford University Press.

Han, Z. Q. (1998). *Hermits in ancient China* (ZhongGuogudaiyin shi). Taipei, Taiwan: Taiwan Shang Wu.

Huxley, A. (1985). *The perennial philosophy*. London: Triad Grafton.

Jaffe, E. (2008, December). Isolating the costs of loneliness. *Observer, 21*(11), 14–17.

Koch, P. (1994). *Solitude: A philosophical encounter*. Chicago: Open Court.

Kull, R. (2008). *Solitude: Seeking wisdom in extremes*. Novato, CA: New World Library.

Li, J. (1997). Creativity in horizontal and vertical domains. *Creativity Research Journal, 10*, 107–132.

Liu, W. C., & Lo, I. Y. (Eds.). (1975). *Sunflower splendor/Three thousand years of Chinese poetry*. Garden City, NY: Anchor.

Long, C. R., Seburn, M., Averill, J. R., & More, T. A. (2003). Solitude experiences: Varieties, settings, and individual differences. *Personality and Social Psychology Bulletin, 29*, 578–583.

Merton, T. (1958). *Thoughts in solitude*. New York: Farrar, Straus, and Giroux.

Mote, F. W. (1960). Confucian eremitism in the Yüan period. In A. F. Wright (Ed.), *The Confucian persuasion* (pp. 202–240). Stanford, CA: Stanford University Press.

Porter, B. (1993). *Road to heaven: Encounters with Chinese hermits*. Berkeley, CA: Counterpoint.

Rowley, G. (1974). *Principles of Chinese painting*. Princeton, NJ: Princeton University Press.

Rufus, A. (2003). *Party of one: The loners' manifesto*. New York: Marlow.

Sapir, E. (1956). Culture, genuine and spurious. In D. G. Mandelbaum (Ed.), *Edward Sapir: Culture, language and personality* (pp. 78–119). Berkeley: University of California Press. (Original work published 1924).

Sarton, M. (1973). *Journal of a solitude*. New York: Norton.

Sayer, R. (1978). *Solitude in society*. Cambridge, MA: Harvard University Press.

Sessions, G. (1995). Deep ecology and the new age movement. In G. Sessions (Ed.), *Deep ecology for the 21st century* (pp. 290–310). Boston: Shambhala.

Sneider, G. (1936). *Portraits and self-portraits*. Boston: Houghton Mifflin.

Storr, A. (1988). *Solitude: A return to the self*. New York: Ballantine.

Strayed, C. (2012). *Wild: From lost to found on the Pacific Crest Trail*. New York: Knopf.

Sundararajan, L. (2002). The veil and veracity of passion in Chinese poetics. *Consciousness & Emotion, 3*, 231–262.

Sundararajan, L. (2004). Twenty-four poetic moods: Poetry and personality in Chinese aesthetics. *Creativity Research Journal, 16*, 201–214.

Sundararajan, L. (2009). The painted dragon in emotion theories: Can the Chinese notion of ganlei add a transformative detail? *Journal of Theoretical and Philosophical Psychology, 29*, 114–121.

Sundararajan, L., & Averill, J. R. (2007). Creativity in the everyday: Culture, self, and emotions. In R. Richards (Ed.), *Everyday creativity and new views of human nature* (pp. 195–220). Washington, DC: American Psychological Association.

Wang, Y. (2006). *Culture and solitude: Meaning and significance of being alone*. Unpublished master's thesis, University of Massachusetts, Amherst.

Wood, L. A. (1986). Loneliness. In R. Harré (Ed.), *The social construction of emotions* (pp. 184–208). Oxford: Blackwell.

Winnicott, D. (1958). The capacity to be alone. *International Journal of Psychoanalysis, 39*, 416–420.

Yukawa, H. (1973). *Creativity and intuition* (J. Bester, Trans.). Tokyo: Kodansha International Ltd.

Zhou, X., Sedikides, C., Wildschut, T., & Gao, D-G. (2008). Counteracting loneliness: On the restorative function of nostalgia. *Psychological Science, 19*, 1023–1029.

고독의 ·
심리학 ·
1

제 2 부 ·

전생애적
관점

7

아동기 '혼자 놀기'의 원인과 결과

Robert J. Coplan & Laura Ooi

아이들이 자유롭게 놀고 있는 유치원 교실을 둘러보면 아이들이 정말 다양한 활동을 하느라 바쁜 것을 확인할 수 있다. 오늘 아침에 교실의 한가운데에서 아이들 한 무리가 변장놀이를 하고 있었다. 그들 스스로 만들어 낸 말하는 동물들의 세계에 빠진 채 말이다. 그 왼쪽에서는 두 아이가 주사위를 굴리는 가운데 이야기하고 웃으며 보드 게임에 집중하고 있었다. 다른 아이들은 교실 여기저기에 흩어져 있었는데, 한 아이는 본인도 노는 시늉을 하면서 놀고 있는 다른 아이들의 주변을 돌아다니지만 빤히 쳐다만 볼 뿐 놀이에 함께 참여하지는 않았다. 다른 아이는 나무 조각들을 반복해서 서로 부딪히면서 낄낄대고 소리 지르며 교실 안을 뛰어다녔고, 또 다른 아이는 퍼즐을 완성시키는 데 완전히 집중한 채 놀이방의 구석에서 조용히 놀고 있었다.

유아기에 어린 아이들은 또래와의 사회적 상호작용과 관련된 다양한 사회적ㆍ인지적·정서적 조절 능력을 막 배우기 시작한다(Coplan & Arbeau, 2009). 3~5세 사이의 연령대에는 집단 놀이와 또래 간 대화의 '빈도'가 급속히 증가할 뿐만 아니라, 사회적 상호작용 또한 더 조직적이며 더 오래 지속된다(Blurton-Jones, 1972; Eckerman, Whatley, & Kutz, 1975; Holmberg, 1980, Rubin, Watson, & Jambor, 1978; Rubin, Fein, & Vandenberg, 1983). 게다가, "다른 아이들과 잘 노는 것"은 초기 유아기의 주요 사회적 목표 중 하나이기도 하다(Hay, Caplan, & Nash, 2009). 동시에, 혼자 노는 것은 초기 유아기에 흔하고 일반적인 현상이다(Rubin, 1982).

앞에서 기술한 놀이집단에서 또래와 함께 노는 아이들은 더 사교적이고 외향적인 반면, 홀로 있는 아이들은 보다 수줍음이 많다고 결론짓고 싶을 것이다. 역사적으로, 많은 발달심리학자, 교육자, 임상치료사가 이러한 의견에 동의하였을 것이다. 그러나 비사회적 놀이(nonsocial play)는 사실상 복잡하고 다면적인 구인이다. 이러한 측면에서 고려해야 할 중요한 질문은 단지 "그 아이는 혼자 있나?" 또는 "얼마나 자주 그 아이가 혼자 있나?"가 아니라, "그 아이가 혼자일 때 무엇을 하고 있나?"와 "그 아이는 왜 혼자 있나?"다. 이제 살펴보겠지만 어린 아이들이 혼자 노는 이유는 다양할 수 있으며, 그들의 단독적 활동의 구조적 형태는 이러한 다양한 이유를 반영할 수 있다. 따라서 일부 유형의 행동적 고독은 일반적으로 여겨지며 상대적으로 경미해 보이는 반면에, 다른 유형들은 사회정서적 어려움에 기저하는 지표일 수도 있다. 이 장에서 우리는 비사회적 놀이의 다양한 형태를 구별하는 것이 중요함을 강조할 것이며, 유아기 혼자 놀기에 관해 가정된 다양한 '원인과 결과'를 기술할 것이다.

비사회적 놀이: 개념과 이론

이 장에서 우리는 다른 잠재적인 놀이 친구가 있을 때 나타나는 단독적 활동과 행동을 지칭하기 위해 '비사회적 놀이(nonsocial play)'라는 용어를 사용하고자 한다(Coplan, 2000; Coplan, 2011). 따라서 비사회적 놀이는 맥락의존적이며, 또래와 즉시 상호작용할 기회가 있음에도 불구하고 단독적 활동을 하는 것이다. 이 점에서 우리는 자신의 방에서 혼자 조용히 노는 아동에게 주목하는 것이 아니다. 또한 비사회적 놀이의 하위유형을 구체적으로 측정하기 위한 몇 가지 부모 또는 교사평정법(예: Coplan & Rubin, 1998; Fantuzzo, Coolahan, Mendez, McDermott, & Sutton-Smith, 1998; Hart et al., 2000)이 개발되었지만, 우리는 실증 연구들을 검토할 때 주로 관찰법을 사용한 연구들에 초점을 두었다.

비사회적 놀이에 대한 연구는 풍부하고 다양한 이론적 내력을 갖고 있다. 그 뿌리는 몇 가지 다소 다양한 개념적 관점으로 거슬러 올라갈 수 있다. 예컨대, 백 년이 넘는 시간 동안 또래관계 연구자들은 아동의 사회적·감정적·인지적·언어적·도덕적 발달을 위해서 사회적 상호작용의 중요성을 강조해 왔다(예: Cooley, 1902; Mead, 1934; Piaget, 1926; Sullivan, 1953). 이처럼 길게 이어져 온 관심의 결과로 파생된 것이 "자주 혼자 노는 아이들이 또래 상호작용의 여러 중요하고 독특한 이점을 놓칠 수 있다는 개념"이었다(Rubin, Bukowski, & Parker, 2006; 이 책의 2장 참조).

이와 관련하여 발달심리학 연구자들은 오랫동안 수줍고 사회적으로 위축된 아동들(즉, 또래와의 상호작용의 기회로부터 그들 스스로 물러나는 경향이 있는 아이들)의 사회정서적 기능, 특히 학교 장면에서의 기능에 관심을 가져야 한다고 가정해 왔다(Craig, 1922; Dealy, 1923; Lowenstein & Svendsen, 1938). 그러나 이러한 초기 연구들에도 불구하고, 그 이후로 수십 년 동안 임상심리학자들은 부적응의 위험 요소로서 사회적 위축의 장기적인 중요성을 경시해 왔다(Kohlberg, LaCrosse, & Ricks, 1972; Morris, Soroker, & Burruss, 1954; Robins, 1966). 그러나 1980년대까지 Kagan(Kagan, Reznick, Clarke, Snidman, & Garcia Coll, 1984), Buss(Buss & Plomin, 1984; Cheek & Buss, 1981), Rubin(Rubin, 1982, 1985; Rubin, Hymel, & Mills, 1989)이 수행한 영향력 있는 연구결과들은 아동기 수줍음과 사회적 위축과 관련된 잠재적인 부정적 결과에 대해 강력한 증거를 제시하였다(개관을 위해서는 Rubin, Coplan, & Bowker, 2009 참조).

조금 다른 관점에서 1920년대의 많은 연구자는 어린 아동들이 놀이집단에서 보이는 사회적·비사회적 행동을 관찰하고, 정의하고, 기술하기 시작했다(예: Andrus, 1924;

Bott, 1928; Lehman, 1926; Lehman & Anderson, 1928; Verry, 1923). 특히 영향력이 있었던 것은 Parten(1932)의 사회적 참여에 대한 분류법으로 몇 가지 서로 다른 비사회적 행동[예: 바라보기(onlooking), 미참여 행동, 단독 놀이]을 포함하였으며, 비사회적 놀이의 하위유형을 구분하는 현재 틀의 일부를 구축하는 데 도움이 되었다(Coplan, Rubin, Fox, Calkins, & Stewart, 1994; Rubin, 1982). 이 틀의 두 번째 부분은 놀이의 구조적 구성요소에 초점을 둔 초기 연구들로부터 생겨났다(Buhler, 1928; Stern, 1924). Piaget(1962)와 Smilansky(1968)는 아동의 놀이 형태의 선형적 진보를 발달 초기의 기능적/감각운동적 활동부터 유아기의 건설적 놀이와 대상 탐색, 그리고 마지막으로 상징적/드라마적 놀이의 출현까지 기술했다.

마지막으로, 고독의 긍정적 측면을 알려 온 이론가들을 인정하는 것 또한 중요하다(예: Bates, 1964; Maslow, 1970; Winnicott, 1965; 이 책의 6장 참조). 이러한 접근은 주로 성인에게 있어서 고독이 주는 유익에 주로 초점을 맞추었지만, 몇몇 이론가는 아동의 고독이 가진 긍정적 가치를 옹호해 왔다(예: Martlew, Connolly, & McLeod, 1976; Phillips & Sellitto, 1990). 이 장과 관련하여 주목할 만한 개념은 특정 유형의 단독 놀이는 어린 아동의 중요한 발달적 필요를 채워 줄 수 있다는 것이다(예: Katz & Buchholz, 1999; Moore, Evertson & Brophy, 1974; Rubin et al., 1978).

이런 다양한 이론적 관점에서 아동기의 비사회적 놀이는 아주 다양한 방식으로 개념화되고 특징지어질 수 있음이 분명하다. 사실, 이 장의 주요 주제는 유아기 비사회적 놀이는 이질적인 현상이며, 그 의미와 함의가 다른 여러 하위유형들로 이뤄져 있다는 것이다. 다음 절에서 우리는 현존하는 문헌들 가운데 가장 주목을 받아 온 세 가지의 비사회적 놀이 유형을 기술할 것이며, 특히 그들이 갖는 심리학적 의미와 어린 아동의 사회, 정서, 인지적 발달을 위한 잠재적 시사점에 초점을 맞출 것이다.

주저하는 행동: "너와 놀고 싶지만… 부끄러워서…"

한 아이가 놀고 있는 다른 아이들의 주변을 맴돌며, 골똘히 바라보았지만 참여하지는 않았다. 이 아이는 주저하는 행동(reticent behavior)을 보이고 있는데, 이 주저하는 행동은 방관(예: 참여 없이 다른 아이들을 바라보는 것)과 참여하지 않는 행동(예: 허공을 응시함, 목적 없이 배회)으로 구성된다(Coplan et al., 1994). 비사회적 놀이의 이러한 형태는 유아기에 꽤나 빈번하게 일어나는 현상인데, 친숙하지 않은 또래들 가운데서 자유 시간이 주어졌을 때 평균 약 20%의 비율로 관찰되었다(Chen, DeSousa, Chen, & Wang, 2006; Coplan et al., 1994; Perez-Edgar, Schmidt, Henderson, Schulkin, & Fox, 2008). 그리고 친숙한 유치원 친구들과 함께 자유 시간이 주어졌을 경우에는 10%에서 15%가 그러하였다(Bar-Haim & Bart, 2006; Coplan, Arbeau, & Armer, 2008; Coplan, Gavinski-Molina, Lagacé-Séguin, & Wichmann, 2001; Spinrad et al., 2004).

대부분의 아동의 경우, 주저하는 행동은 '혼자 노는 것'과 '함께 노는 것'의 가교(bridge) 역할을 한다. 이러한 과도기적 경로는 다른 아이들이 노는 것을 그저 바라보기(즉, 방관)에서 다른 아이들과 함께 놀지는 않지만 옆에서 놀기(즉, 병렬놀이)로, 그리고 사회적 참여(즉, 집단놀이와 또래 대화)로 이행한다(Bakeman & Brownlee, 1980; Robinson, Anderson, Porter, Hart, & Wouden-Miller, 2003; Smith, 1978). 하지만 일부 아동들은 처음의 바라보는 단계에서 더 이상 나아갈 수 없다. 사실, 동기적 관점에서 보면 주저하는 행동은 사회적 맥락 속에서 나타나는 접근-회피 갈등의 행동적 지표로 개념화할 수 있다(Coplan, Prakash, O'Neil, & Armer, 2004). Asendorpf(1990)는 이러한 동기적 갈등이 아동에게 갈망(즉, 높은 사회적 접근 동기)과 두려움(즉, 높은 사회적 회피 동기)이 모두 있을 때 일어난다고 기술하였다. 따라서 또래들 사이에서 자주 일어나는 주저하는 행동은 아동이 이러한 갈등, 즉 다른 아이들에게 관심(예: 바라보기, 맴돌기)은 있지만 사회적 접촉을 적극적으로 시작할 수는 없는 갈등에 갇혀 있음을 반영하는 것으로 생각해 볼 수 있다(Coplan, Prakash, et al., 2004). 간단히 말해, 또래 사이에서 더 자주 주저하는 행동을 보이는 어린 아동은 사회적 두려움과 불안 때문에 혼자 놀게 된다는 것이다.

이 개념을 지지하면서 몇몇 연구결과는 (부모가 평가한) 기질적 수줍음과 다양한 사회적 맥락에 있는 어린 아동의 주저하는 행동을 관찰한 결과 간에 관련성이 있음을 보고하였다. 이러한 사회적 맥락에는 (1) 낯선 또래들과 함께 있는 실험실 놀이방(예: Coplan et al., 1994; Rubin, Cheah, & Fox, 2001), (2) 유치원에서의 첫 날(Coplan, 2000), (3) 특정 학년에서의 몇 개월이 지난 시점(Coplan, DeBow, Schneider, & Graham, 2009; Coplan et al., 2008; Hastings et al., 2008; Spinrad et al., 2004)이 포함된다. 주저하는 행동은 또한 머리카락 잡아당기기, 엄지손가락 빨기, 울기 등과 같이 외현적으로 불안한 행동과 함께 관찰될 가능성이 높다(Coplan et al., 1994; Coplan, Prakash, et al., 2004). 더욱이 주저하는 행동을 가장 자주 보이는 아동들은 부모나 교사에 의해 불안한 것으로 평정될 가능성이 크다(Coplan et al., 1994; Coplan, Prakash, et al., 2004; Coplan et al., 2008; Fox, Henderson, Rubin, Calkins, & Schmidt, 2001; Henderson, Marshall, Fox, Rubin, 2004; Rubin et al., 2001).

흥미롭게도 극단적 수줍음과 사회적 억제에 기저하는 생리적 각성의 일부 지표들은 관찰된 주저하는 행동과도 관련되어 있었다(이 책의 4장 참조). 이러한 지표들에는 보다 큰 우뇌 전두엽 EEG 비대칭과 높은 스트레스 호르몬 코르티솔 수준 등이 포함된다(Fox et al., 1995; Henderson et al., 2004; Perez-Edgar et al., 2008). 또한 최근의 쌍생아 연구에서는 주저하는 행동이 일란성 쌍생아 간에 유사함을 밝혔다(Guimond et al., 2012).

또한 빈번하게 일어나는 주저하는 행동은 또래집단 내에서 몇몇 부정적 결과를 초래하는 것으로 보인다. 심지어 유아기에도 유아 또래들은 이러한 형태의 비사회적 놀이에 대해 거부와 배제로 반응하는 것으로 보였다(Coplan, Girardi, Findlay, & Frohlick, 2007; Coplan et al., 2008; Nelson, Hart, & Evans, 2008; Nelson, Rubin, & Fox, 2005). 실제로, 이러한 부정적인 또래 반응은 생생하게 일어나는 것으로 관찰되었다. Chen과 동료들은 (2006) 서로 친숙하지 않은 4세 아동 네 명을 실험 놀이방에서 구조화되지 않은 자유 놀이를 하는 동안에 관찰하였다. 또래들은 주저하는 행동에 대해 사회적 거부 행위(예: 명백한 거절, 동의하지 않음)로 직접적으로 반응할 가능성이 컸던 반면, 긍정적 사회적 행동(예: 승인, 협동)으로 반응할 가능성은 낮았다. 아마도 이런 결과로 인해, 주저하는 행동은 아동기의 부정적 자기지각과도 관련되어 왔다(Coplan, Findlay, & Nelson, 2004; Nelson et al., 2005; Nelson et al., 2008).

불안과 또래관계 곤란의 조기 징후들은 유아기의 학교 부적응과 관련된다(Buhs & Ladd, 2001; Buhs, Ladd & Herald, 2006; Ladd, Kochenderfer, & Coleman, 1996; Ladd & Price, 1987). 따라서 빈번하게 나타나는 주저하는 행동이 인지적 능력, 학업성취와도 부적으로 관련된다는 것은 놀라운 일이 아니다(Coplan et al., 1994; Coplan, Gavinski-Molina, et al., 2001; Levy-Shiff & Hoffman, 1989; Lloyd & Howe, 2003). 예컨대, Coplan(2008)은 유치원에서 관찰되는 주저하는 행동이 덜 친근한 교사-학생 관계, 아동의 학업 기술에 대한 교사의 낮은 평가, 아동 스스로 보고한 학업 능력과 학업적 유능성에 대한 부정적 지각과 관련된다고 보고하였다.

요약하면, 많은 아동들에게 있어서 주저하는 행동의 여러 측면은 단독적 활동에서 또래집단 활동으로의 점진적 이행을 가능하게 하는 적응적 기능을 담당할 수 있다. 그러나 이러한 형태의 비사회적 놀이를 자주 보이는 아동은 고독 가운데 있는 것으로 보인다. 왜냐하면 그들은 너무 수줍음이 많고 사회적으로 불안하여 또래 상호작용을 시작하거나 유지할 수 없기 때문이다. 이러한 점에서 Coplan(1994)은 주저하는 행동은 혼자 놀기(playing alone)보다는 혼자 있기(being alone)와 더 가깝다고 개념화하였다.

단독적-능동적 행동: "나와 함께 놀기 싫은 거야?"

다른 아이는 두 개의 나무 블록을 서로 반복해서 부딪히면서 낄낄거리고 소리치면서 마구 뛰어다닌다. 이 아이는 단독적-능동적 놀이를 보여 주고 있는데, 이 용어는 또래들이 있을 때 단독적-기능적(solitary-functional)이면서 단독적-극적(solitary-dramatic)인 행동을 나타내는 것을 기술하기 위해 사용된다(Rubin, 1982). 단독적-기능적 행동은 반복적인 감각 운동 행위를 특징으로 하며, 어떤 대상을 사용할 수도 있고(예: 블록을 서로 부딪히기), 그렇지 않을 수도 있다(예: 건너뛰기)(Coplan et al., 1994; Rubin, 1982). 아동들은 그들이 만들어 내는 신체적 감각을 얻기 위해 이러한 종류의 행동에 참여하는 것으로 제안되어 왔다(Piaget, 1962). 반면에, 단독적-극적 행동(간혹은 단독적-가장적인 것으로 지칭됨)은 혼자 노는 동안에 가장(假裝)해서 노는 것을 포함한다(예: 가장놀이).

단독적-능동적 행동은 유아기에 가장 낮은 빈도로 나타나는 단독 놀이의 형태로, 실내에서 또래들과 자유롭게 노는 동안에 2~3% 정도만 발생하였다(Bar-Haim & Bart, 2006; Coplan et al., 1994; Coplan, Gavinski-Molina, et al., 2001; Rubin, 1982). 게다가 이러한 유형의 비사회적 놀이는 발달적으로 규준적이지 않아 많은 아동이 이런 놀이에 간혹 참여하기보다는 아주 소수의 아동만이 이러한 행동을 매우 빈번하게 보이는 것으로 관찰되었다(그리고 대부분의 아동은 전혀 그렇게 행동하지 않았다; Coplan, Wichmann, & Lagace-Seguin, 2001).

이전에 기술한 주저하는 행동과 사회적 경계심 간의 관련성과는 대조적으로, 유아기의 단독적-능동적 놀이는 충동성과 사회적 미숙의 행동적 지표인 것으로 보인다(Coplan & Rubin, 1998; Coplan et al., 1994; Rubin, 1982; Rubin & Mills, 1988). 가령, 단독적-능동적 놀이를 자주 보이는 아동들은 (1) 감정 조절이 잘되지 않으며(즉, 높은 수준의 상호작용, 달래기 어려움), 높은 활동 수준을 보이고, 부주의하다고 부모로부터 평가를 받는 경향이 있으며, (2) 과도하게 활동적이며 산만한 것으로 교사로부터 평가를 받는 경향이 있고, (3) 협력적 과제를 완수하도록 요구할 때 방해하거나 과제 무관 행동을 보이는 것으로 관찰되는 경향이 있다(Choo, Xu, & Haron, 2012; Coplan, 2000; Coplan et al., 1994; Coplan, Gavinski-Molina, et al., 2001). 또한 단독적-능동적 놀이는 유아기의 보다 저조한 운동기술과 감각 반응성을 반영할 수도 있음을 시사하는 일부 예비적 증거들이 있다(Bar-Haim & Bart, 2006; Evans, Nelson, & Porter, 2012). 반복적 감각운동 활동 빈도의 증가(즉, 단독적-기능적 행동)는 단순한 운동 행위를 더 자주 연습하게 함으로써 운동 기술 결핍을 보상하려는 아동의 노력을 반영한다는 견해도 있다(Bar-Haim & Bart, 2006).

단독적-능동적 행동에 의해 반영된 사회적 미성숙은 사회적 맥락 내에서 명백해진다. 또래들과 비교해 보았을 때, 단독적–능동적 놀이를 더 자주 하는 아동들은 보다 거친 놀이와 낮은 사회적 및 사회인지적 기술, 보다 높은 수준의 공격성과 외현화 행동을 보이는 경향이 있었다(Coplan, 2000; Coplan, Gavinski-Molina, et al., 2001; Coplan, Wichmann, et al., 2001; Evans et al., 2012; Nelson et al., 2009). 단독적–능동적 놀이에 가장 자주 참여하는 아동들은 보다 많은 적응 문제를 보이며, 보다 빈약한 학업 기술과 학교에 대한 태도를 보이는 것으로 교사에 의해 평정되었다(Coplan, Wichmann, et al., 2001; Rubin, 1982).

더욱이 발생 빈도가 현저히 낮음에도 불구하고, 단독적–능동적 놀이는 또래들로부터 거절과 같은 부정적 반응을 불러일으키는 것으로 나타났다(Hart et al., 2000; Rubin, 1982; Rubin & Mills, 1988). 이러한 점에서 단독적–능동적 행동을 자주 보이는 아동은 미성숙한 행동 때문에 또래들로부터 적극적으로 고립되는 것으로 추측된다(Rubin & Mills, 1988). 게다가, 또래와 성공적으로 상호작용 하는 능력의 부족은 고립에 반응하여 더욱 고독의 상태로 철수하게 할 수도 있다. 따라서 단독적–능동적 놀이는 다른 아이들이 그 아동과 함께 노는 것을 원하지 않기 때문에 주로 혼자 노는 아동을 반영하는 것일 수 있다(이 책의 8장 참조).

마지막으로, 단독적–능동적 놀이의 시사점을 고려할 때 맥락이 특별히 중요한 것으로 보인다. 붐비는 유치원 놀이방에서 단독적–극적 놀이(단독적–능동적 놀이의 한 구성요소)가 관찰된다면 이는 아마도 위험 깃발을 들어야 하는 것인지도 모르지만, 어린 아동이 단독적–극적 놀이를 자신의 방(예: 인형놀이)에서 혼자 하고 있는 경우는 일반적이고 규준적인 활동으로 간주될 수 있다(Coplan, Wichmann, et al., 2001). 더욱이 사회적 극화 놀이(sociodramtic play: 또래와 공유하는 가장놀이)는 어린 아동들의 인지적, 언어적, 그리고 사회–정서적 기능에 긍정적인 영향을 미치는 것으로 널리 인정되고 있다(Berk, Mann, & Ogan, 2006; Fisher, 1992; Fein, 1989). 가령 Elias와 Berk(2002)은 취학 전 아동 표본에서 단독적–극적 놀이가 자기 조절과 부정적으로 연관된 반면, 사회적 극화 놀이 참여는 교실에서의 자기 통제 향상을 예측하였는데, 특히 충동성이 높은 아동들의 경우에 그러했다고 보고했다. 이것은 단독적–능동적 놀이를 자주 하는 아동들이 또래들과 함께하는 가장놀이에 참여하는 것을 배우게 될 때 독특한 유익을 누릴 수 있음을 의미한다(Elias & Berk, 2002).

흥미롭게도, 물리적 환경이 아동들의 놀이에 어떤 영향을 줄 수 있는지에 대한 관심이 증가하고 있다(예: Hirose, Koda, & Minami, 2012). 이러한 점에서 단독적-능동적 놀이가 놀이터에서 나타날 때 다소 다른 의미를 가질 수 있다는 예비적인 증거들이 있다. 예를 들면, 단독적-능동적 놀이는 실내와 비교해 보았을 때 야외 자유 놀이 시간에 더 많이 관찰되었는데(Bar-Haim & Bart, 2006; Nelson et al., 2008), 이는 아마도 야외 활동에서 단독적-기능적 유형의 활동들(예: 뛰기, 스윙, 슬라이드)을 할 기회가 보다 많기 때문일 것이다(Spinrad et al., 2004). 따라서 이러한 맥락에서 이런 행동들은 보다 적절하다고 간주될 수 있다. Nelson과 동료들(2008)은 이러한 주장에 대해 경험적인 지지를 더 했다. 놀이터에서의 단독 놀이에 대한 관찰 연구에서 그들은 단독적-극적 놀이(하지만 단독적-기능적인 놀이는 아님)가 부적응 지수들과 관련되어 있음을 발견했다(예: 충동성, 미성숙, 공격성). 이에 따라 놀이터에서의 단독적-능동적 행동은 아마도 맥락적으로 보다 규준적이며, 따라서 부적응적 결과들과 관련될 것으로 예상되지 않는다(Bar-Haim & Bart, 2006; Spinrad et al., 2004).

단독적-수동적 행동: "나 혼자 노는 것도 괜찮아… 지금은…."

세 번째 아이는 놀이방의 구석에서 퍼즐의 완성에 몰두하여 조용히 놀고 있다. 이 아동은 단독적-수동적(solitary-passive play) 놀이에 참여하고 있는 것인데, 이 놀이는 단독적-구성적(solitary-constructive) 행동과 단독적-탐색적(solitary-exploratory) 행동을 포함한다(Coplan et al., 1994; Rubin, 1982). 단독적-구성적 행동은 무언가를 창조하기 위한 목적에서 대상을 조작하는 행위(예: 블록으로 빌딩 만들기, 퍼즐 조립하기)를 의미하며, 단독적-탐색적 행동은 정보를 얻기 위해 대상을 탐색하거나 대상을 조작하는 것을 포함한다(예: 이 물건이 대체 어떻게 작동하나?)(Rubin, 1982). 단독적-수동적 행동은 유아기 비사회적 놀이의 가장 흔한 형태인데, 실내 자유 놀이를 하는 동안에 20~45%의 비율로 나타나는 것으로 관찰되었으며(Coplan, 2000; Coplan, Gavinski-Molina, et al., 2001; Nelson et al., 2005; Rubin et al., 1978), 다소 낮은 비율이긴 하지만 실외 놀이에서도 관찰되었다(Blatchford, Baines, & Pellegrini, 2003; Nelson et al., 2008; Spinrad et al., 2004).

우리는 주저하는 행동이 수줍음과 사회불안의 반영이며, 단독적-능동적 행동은 사회적 미숙과 또래 배척의 한 지표라는 점을 강조하였다. 또래들이 존재하는 가운데서 나타나는 단독적-수동적 놀이는 아동기 비사교성의 지표(즉, 두려움 없는 고독선호)라고 제안되었다(Rubin & Asendorpf, 1993). 그러나 비사회적 놀이의 다른 형태들과는 다르게 단독적-수동적 놀이는 특정한 세트의 심리학적 특성과 일대일 대응 관계를 보이지 않는 듯하다.

우선, 초기 아동기에 비교적 잦은 빈도로 나타나는 것으로 보아 단독적-수동적 놀이는 가장 규준적 형태의 비사회적 놀이로 간주할 수 있다(Coplan, 2011; Rubin, 1982). 실제로 단독적-수동적 행동은 어린 아동에게 몇 가지 적응적 기능을 제공할 수도 있다. 예를 들어, 사회적 상호작용 기회의 가용 여부와 상관없이 일반적으로 많은 연구자와 이론가는 아동기 고독의 긍정적 가치를 옹호해 왔다(예: Henninger, 1994; Martlew et al., 1976; Phillips & Sellitto, 1990). 더욱이 유아기 교실 장면의 맥락에서 단독 놀이는 꼭 필요한 것으로 기술되기도 하였다(Katz & Buchholz, 1999). 단독적-수동적 놀이의 목표-지향적 특성은 유치원에서 교육적으로 가치가 있다(Moore et al., 1974; Rubin, Maioni & Hornung, 1976). 또한 단독적-수동적 놀이(예: 사물 조작)의 구성적 요소들은 아동이 공간개념, 비율, 수학을 학습하는 데 도움이 되는 것으로 여겨진다(Ness & Farenga, 2007; Rubin et al., 1978). 따라서 이러한 비사회적 놀이는 교사에 의해 실제로 강화되거나 격려될 것이다(Rubin, 1982; Rubin et al., 1978).

이러한 긍정적이고 **규준적** 특성과 일치하게 관찰된 단독적-수동적 놀이는 (1) 기질적인 주의집중 및 정서 조절(즉, 낮은 수준의 부적 정서, 달래기 쉬움)에 대한 부모의 평정, (2) 대물지향적 과제에서의 과제 지속성 및 기술과 관련되는 것으로 나타났다(Coplan, 2000; Coplan & Rubin, 1998; Coplan et al., 1994; Coplan, Gavinski-Molina, et al., 2001;

Rubin, Coplan, Fox, & Calkins, 1995). 유사하게, 몇몇 다른 연구결과는 이러한 형태의 비사회적인 놀이가 유아기의 심리적 부적응 지표와 유의하게 연관되어 있지 않다고 제시하였다(Bar-Haim & Bart, 2006; Coplan, 2000; Coplan & Rubin, 1998; Coplan et al., 1994; Doctoroff, Greer, & Arnold, 2006; Lloyd & Howe, 2003; Nelson et al., 2008; Rubin et al., 1995).

이러한 결과들은 단독적–수동적 행동이 비교적 양호한 형태의 고독이라는 설명을 반영한다(Rubin, 1982). 앞서 언급되었듯이, 유아기의 단독적–수동적 놀이는 또한 고독선호(preference for solitude), 즉 비사교성(unsociability)의 행동적 지표로 추정되어 왔다(예: Rubin & Asendorpf, 1993). 그러나 비록 직관적으로는 매력적이지만, 실제로 이러한 주장을 지지해 주는 실증적 증거들은 사실상 매우 적다(Coplan & Weeks, 2010). 게다가 부모 보고, 교사 평정, 또래 지명, 그리고 자기보고를 사용하여 측정한 소수의 유아기 연구에서 관찰된 단독적–수동적 놀이는 아동의 비사교성과 유의한 관련을 보이지 않았다(Coplan, Prakash, et al., 2004; Harrist, Zaia, Bates, Dodge, & Pettit, 1997; Spangler & Gazelle, 2009).

이러한 형태의 놀이가 상대적으로 흔하게 나타나는 점에 비추어 볼 때 놀랍지는 않지만, 더 나아가서 다른 연구들은 아이들이 단독적–수동적 놀이에 참여하는 이유가 다양하다고 제안한다(Coplan, 2011). 가령 Henderson과 동료들(2004)은 수줍은 아동들이 또래집단 맥락에서 단독적–수동적 행동을 하는 것은 사회적 불편감에 대처하기 위한 전략이라고 주장하였다(Asendorpf, 1991). 다른 연구자들은 단독적–수동적 놀이와 부정적 또래 반응 간의 관련성을 보고했다(Coplan et al., 2007; Evans et al., 2012; Nelson et al., 2005; Spinrad et al., 2004). 이 관점에서 보면 몇몇 아동은 또래에 의해서 적극적으로 배제되었기 때문에 단독적–수동적 놀이로 후퇴하는 것으로 추정해 볼 수 있다(Rubin & Mills, 1988).

그러면 유아기 단독적–수동적 놀이의 본질과 함의에 대해서 어떠한 결론을 내릴 수 있을까? 또래집단 내에서 이러한 형태의 비사회적 행동이 관찰되는 것은 꽤 규준적이며 실제로 적응적 기능을 갖는다는 점은 명백한 것으로 보인다. 또한 다른 형태의 비사회적 놀이와는 달리, 이러한 형태의 놀이는 기저의 사회정서적 어려움을 반영하는 것으로 보이지 않는다. 그러나 빈번하게 단독적-수동적 놀이를 하는 아동들은 여전히 우리의 관심을 끌기에 충분하다. 이 장의 시작 부분에서 언급했듯이, 혼자 노는 이유가 무엇이든 간에 또래들과 사회적으로 어울리지 못하는 어린 아동들은 아마도 또래집단의 유익을 놓쳐 버릴 것이며, 이후의 아동기에 중요한 사회정서적 및 인지적 기술의 습득 및 실행이 뒤처질 수 있다(Rubin et al., 2009).

혼자 놀기: 완화 요인과 향후 연구 방향

이 장에서 우리는 유아기의 고독을 다차원적 구인으로서 제시하였다. 따라서 우리는 부모, 교사, 그리고 심리학자들이 또래 맥락에서의 혼자 놀기(playing alone)를 광범위하고 분화되지 않은 구인으로 사용하여 단일한 위험 지표로 삼아서는 안 된다고 주장한다. 실제로 이 연령대에 나타나는 단독 놀이의 여러 구조적 형태는 분명히 서로 다른 사회-정서적 결과들과 연관된다는 수렴적 증거들이 있다. 게다가 비사회적 놀이와 그 결과들 사이의 관계는 추가적인 완화 요인들에 의해 더 복잡해질 수 있다. 우리는 이 마지막 절에서 이 주제 관련 향후 연구의 방향에 대해 간략히 논의하고자 한다.

발달적 차이

비사회적 놀이의 원인과 결과에 대한 대부분의 연구결과는 어린 아동들에게 초점을 맞춰 왔다(Coplan, 2011). 모든 형태의 비사회적 놀이는 중기 혹은 그 이후의 아동기가 되면 점차 더 문제가 될 소지가 있다고 추론되어 왔는데(Asendorpf, 1991; Rubin & Asendorpf, 1993), 이는 이 시기에 또래 상호작용의 빈도와 질이 향상될 것으로 기대되기 때문이다(Rubin et al., 2009). 이 점에서 단독적 활동들은 또래에게 사회 규범에서 점점 벗어나는 것으로 보일 수 있다. 또한 거절이나 배제와 같은 부정적 또래 반응들을 이

끌어 낼 가능성도 있다(Rubin & Mills, 1988; Younger & Piccinin, 1989).

그러나 학령 전기 연령대를 넘어서 단독 놀이를 관찰한 실증 연구들(Blatchford et al., 2003; Coplan et al., 2013; Nelson et al., 2005; Gazelle, 2008; Spangler & Gazelle, 2009)은 소수에 불과하다. 그럼에도 불구하고 보다 나이가 많은 또래들이 모든 형태의 비사회적 놀이에 대해서 더욱 부정적인 반응을 나타내는 것을 보여 주는 몇몇 예비적인 증거들이 있다.

예컨대, 3학년 표본 집단(8~9세) 대상의 연구에서 Gazelle(2008)은 주저하는 행동과 단독적-수동적 놀이(이 연령에서는 단독적-능동적 행동이 거의 관찰되지 않는다)가 배제, 거부, 괴롭힘 피해의 또래 평정치와 상관이 있다고 보고하였다. 비슷하게, 최근 Coplan과 동료들(2013)은 4~6학년(10~13세)의 아동 표본 집단에서 주저하는 행동과 단독적-수동적 놀이는 자기보고된 외로움, 또래관계의 부정적 지각, 괴롭힘 피해가 포함된 다양한 또래문제와 연관된다고 보고했다.

유아기 이후의 비사회적 놀이와 사회-정서적 기능 지표들 간의 관계를 더 잘 설명하기 위해서는 후속 연구가 필요하다. 이러한 관련성은 매우 복잡할 수 있는데, 이후의 청소년기에는 또래들이 고독을 점차 더 인내하며 받아들일 수 있게 된다고 제안되었기 때문이다(Larson, 1997; 이 책의 10장 참조).

성차

후속 연구에서는 아동기 비사회적 놀이에서 나타나는 성차 또한 연구해야 할 것이다. 사회적 맥락에서의 놀이와 비교하자면, 어린 아동들은 단독 놀이에 참여하는 동안에 좀 더 성 특징적인 활동을 선호하는 경향이 있다고 제안되었다(Goble, Martin, Hanish, & Fabes, 2012). 하지만 여태껏 이 주제는 상대적으로 주목을 거의 받지 못했다.

유아기 비사회적 놀이의 여러 하위 형태가 관찰되는 빈도에 있어서는 성차가 없는 것으로 보인다(Coplan, Gavinski-Monlina et al., 2001). 모든 형태의 사회적 위축이 여아들보다 남아들에게 사회적으로 받아들여지기가 어려운데, 그 이유는 또래집단에서의 비사회적 행동은 사회주장성 및 지배와 관련된 남성의 성 규범을 어기는 것이기 때문이다(Rubin et al., 2009). 이러한 생각과 일치하게 아동기 수줍음과 비사교성 모두 여아들보다 남아들의 경우에 또래 배제 및 거부와 보다 상관이 있는 것으로 보고되었다(예: Coplan & Weeks, 2010; Coplan, Prakash et al., 2004; Gazelle & Ladd, 2003; Spangler & Gazelle, 2009).

같은 맥락에서 Coplan, Gavinski-Monlina와 동료들의 연구(2001)는 남아들에게서 나타나는 단독적-수동적 행동들이 내재화 문제, 사회성 부족, 낮은 학업성취와 보다 관련되어 있다고 보고하였다. 이와 대조적으로 이러한 형태의 비사회적 놀이를 자주 보이는 여아들은 남아들에 비하여 내재화 문제가 덜 일어나고, 보다 높은 학업성취를 보였다. Nelson과 동료들(Hart et al., 2000; Nelson et al., 2005)은 주저하는 행동과 단독적-수동적 놀이 모두가 여아보다는 남아의 경우에 또래 거부와 더 강하게 관련되어 있다는 것을 보고하였다.

단독적-능동적 행동의 결과는 보다 복잡한 것으로 보인다. Coplan, Gavinski-Molina와 동료들(2001)은 단독적-능동적 놀이에 가장 많이 참여하고 있는 (남아는 아니고) 여아들이 비교 또래들에 비해서 불안과 공격성 등 더 많은 행동 문제(예: 불안, 공격성)를 보인다는 것을 발견했다. 저자들은 여아들에 비해 남아들이 보이는 활기와 활동적 특성 때문에 단독적-능동적 행동이 사회적으로 더 수용 가능할 것이라고 추측하였다. 보다 최근에 Nelson과 동료들(Nelson, Hart, Yang, Wu, & Jin, 2012)은 단독적-능동적 놀이가 여아들에게는 관계적 공격성과, 남아들에게는 신체적 공격성과 연관되어 있다는 사실을 보고하였다.

많은 연구가 비사회적 놀이와 사회-정서적 기능 지표 간의 관련성에서 성차가 있다는 것을 구체적으로 보고하지는 않고 있다(Coplan, 2011). 더욱이 (시간이 소모되는 행동적 관찰을 수행해야 하는 자료들 때문에) 상대적으로 작은 표본 크기가 성을 포함하는 상호작용 효과를 탐지하는 데 어려움을 초래하고 있다. 후속 연구에서는 아이들의 성과 연령을 모두 고려하여 그 효과를 살펴볼 필요성이 있다. 서로 다른 형태의 비사회적 놀이의 시사점이 성별에 따라 다른 것은 서로 다른 발달 시기에 따라 더 혹은 덜 명백할 수도 있다.

문화적 차이

이 장에서 살펴본 다양한 연구는 북미 아동들을 대상으로 수행되었다. 하지만 최근 비서구 문화에서의 아동기 고독 연구에 대한 관심이 증가하고 있다(Chen, 2010). 문화에 따라 비사회적 놀이의 몇몇 형태와 빈도가 차이를 보일 수 있음을 시사하는 몇몇 증거가 있다. 예를 들어, 서구 문화에 비해서 아시아 문화에서 주저하는 행동의 출현이 보다 더 많이 나타나는 것으로 보인다(Chen et al, 1998; Eisenberg, Pidada, & Liew, 2001; Farver, Kim, & Lee, 1995; Rubin, Hemphill, et al., 2006; 2권의 11장 참조).

아마도 보다 흥미로운 점은 문화에 따라 여러 유형의 비사회적 놀이가 가지는 의미와 영향이 차이가 있을 수 있다는 점이다. 가령, 수줍고 조용한 행동은 전통적으로 중국과 다른 아시아 문화권에서는 보다 긍정적인 것으로 여겨져 왔는데, 이는 아마도 이러한 행동이 집단 의존, 사회적 절제, 겸양과 같은 문화적으로 소중히 여기는 특성을 반영하기 때문일 것이다(Chen, Rubin, & Li, 1995; Chen, Rubin, & Sun, 1992). 이러한 개념을 지지하여 Chen과 동료들(2006)은 캐나다 유치원생들 사이에서 주저하는 행동에 대해서 더 큰 또래거부(즉, 명백한 거부, 비동의)로 반응하는 것을 관찰하였다고 보고하였다. 반대로, 중국 아동들 사이에서는 동일한 행동이 또래들로부터 긍정적인 반응(예: 승인)을 이끌어 낼 가능성이 더 컸다. 유사하게 French와 동료들(2011)은 중국과 캐나다의 7세 아동 네 명이 재미있는 장난감 하나를 함께 갖고 노는 동안의 상호작용을 관찰하였다. 연구결과 중 중국 아동들의 표본에서(캐나다 아동 표본에서는 그렇지 않음), 수동적이며 주저하는 행동들이 또래 선호도와 정적으로 관련되어 있었다.

Hart와 동료들(2000)은 미국, 러시아, 중국의 미취학 아동들을 대상으로 하여 비사회적 놀이에 대한 교사의 평정과 또래 선호도(또래가 지명하는 방법을 통해 측정되었음) 사이의 연관성을 검토하였다. 그 결과, 주저하는 행동이 이 세 문화권에 걸쳐 비선호와 관련되어 있는 것으로 나타났다. 또한 최근 수행된 두 연구에서는 아시아 문화권에서 비사회적 놀이와 사회-정서적 기능의 지표 간의 관계를 구체적으로 탐색하였다. Nelson과 동료들(2012)은 교사에 의해 평정된 미취학 아동의 단독적-수동적 행동, 단독적-능동적 행동, 그리고 주저하는 행동이 친사회적 행동 및 주장적 행동과 모두 부적으로 관련되어 있다는 것과 산만함, 두려움, 우울(모두 교사에 의해 평정됨)과 정적으로 관련되어 있다는 것을 보고하였다. 단독적-능동적 놀이는 또한 교사가 평정한 공격성 및 괴롭힘 피해와 연관되어 있었다. Choo와 동료들(2012)은 말레이시아 미취학 아동을 대상으로 비사회적 놀이를 연구하였는데, 교사가 평정한 단독적-능동적 놀이의 정도는 부모가 평정한 아동의 부주의 기질 및 어려움과 연관되어 있었으며, 교사가 평정한 과잉행동 및 산만함과도 연관되어 있었다. 그리고 단독적-수동적 놀이는 교사가 평정한 아동의 비사교성과도 관련되어 있었다.

　이러한 세 연구 모두 아동의 비사회적 놀이를 측정하기 위해 교사 평정치를 사용하고 있다는 점을 주목하는 것이 중요하다. 수용 가능한 심리측정적 속성의 증거가 있음에도 불구하고, 교사보고는 비사회적 놀이행동의 하위유형 간의 상관, 특히 단독적-수동적 및 단독적-능동적 놀이 간의 상관을 높이는 것으로 보인다(Coplan & Rubin, 1998; Evans et al., 2012; Hart et al., 2000). 후속 연구를 통해(행동 관찰을 포함하여), 여러 문화에 걸쳐 나타나는 다양한 형태의 비사회적 놀이가 갖는 의미와 시사점을 보다 명료히 밝힐 필요가 있다.

결론

　혼자 노는 것을 배우는 것이 어린 아동들에게 중요한 발달 기회를 제공할 수 있다. 그러나 잠재적으로 함께 놀 수 있는 또래들이 있는 데에도 불구하고, 과독하게 단독적 행동을 한다면 이는 대체로 부적응적인 것으로 간주되어 왔다. 우리가 지금까지 논한 바와 같이, 비사회적인 놀이는 복잡하고 다차원적인 현상이다. 유아기의 서로 다른 하위유형의 단독적 활동은 서로 다른 **원인**과 **결과**를 갖는 것으로 보인다. 이 장 초반부에 묘사한 유치원 놀이방을 다시금 떠올리자면, 무리 지어 노는 아이들의 주변을 맴도는 아이(즉, 주저하는 행동)는 그들과 함께 놀고 싶지만 놀이집단에 참여하기에는 너무 수줍음이 많을지도 모른다. 블록을 서로 부딪히면서 주변을 뛰어다니는 아이(즉, 단독적-능동적 놀이)는 놀이를 시작해 보려는 이전의 다소 미숙한 노력들이 다른 아이들에게 비난을 받았기 때문에 그렇게 하고 있는지도 모른다. 끝으로, 퍼즐을 맞추며 놀고 있는 아이(즉, 단독적-수동적 놀이)는 지금 특정 시간에 혼자 놀면서 전적으로 만족할 수도 있다.

단독 놀이의 모든 형태가 부적응적이지 않은 것은 명확한 듯하다. 다양한 완화요인들(예: 나이, 성별, 맥락, 문화)에 대한 이해가 높아진다면 아동이 고독을 어떻게 경험하는지, 또래들이 다양한 비사회적 행동에 어떻게 반응하는지에 대해서 훨씬 더 미묘한 차이를 밝혀 낼 수 있을 것이다. 현재로서 우리는 홀로 있는 행동의 기저에 깔린 이유가 그 행위 자체보다 더 많은 것을 이야기해 줄 수 있음을 주장한다.

참고문헌

Andrus, R. (1924). *A tentative inventory of the habits of children from two to four years of age.* Contributions to Education, No. 160. New York: Columbia University, Teachers College.

Asendorpf, J. B. (1990). Beyond social withdrawal: Shyness, unsociability, and peer avoidance. *Human Development, 33,* 250-259.

Asendorpf, J. B. (1991). Development of inhibited children's coping with unfamiliarity. *Child Development, 62,* 1460-1474.

Bakeman, R., & Brownlee, J. R. (1980). The strategic use of parallel play: A sequential analysis. *Child Development, 51,* 873-878.

Bar-Haim, Y., & Bart, O. (2006). Motor function and social participation in kindergarten children. *Social Development, 15,* 296-310.

Bates, A. P. (1964). Privacy-A useful concept? *Social Forces, 42,* 429-434.

Berk, L. E., Mann, T. D., & Ogan, A. T. (2006). Make-believe play: Wellspring for development of self-regulation. In D. G. Singer, R. M. Golinkoff, & K. Hirsh-Pasek (Eds.), *Play = learning: How play motivates and enhances children's cognitive and socialemotional growth* (pp. 74-100). New York: Oxford University Press.

Blatchford, P., Baines, E., & Pellegrini, A. (2003). The social context of school playground games: Sex and ethnic differences, and changes over time after entry to junior school. *British Journal of Developmental Psychology, 21*, 481-505.

Blurton-Jones, N. G. (1972). Categories of child-child interaction. In N. G. Blurton-Jones (Ed.), *Ethological studies of child behavior* (pp. 97-127). Oxford, UK: Cambridge University Press.

Bott, H. (1928). Observation of play activities of three-year-old children. *Genetic Psychology Monographs, 4*, 44-88.

Buhler, C. (1928). *Kindheit und jugend*. Leipzig, Germany: Hirzel Verlag.

Buhs, E. S., & Ladd, G. W. (2001). Peer rejection as an antecedent of young children's school adjustment: An examination of mediating processes. *Developmental Psychology, 37*, 550-560.

Buhs, E. S., Ladd, G. W., & Herald, S. L. (2006). Peer exclusion and victimization: Processes that mediate the relation between peer group rejection and children's classroom engagement and achievement? *Journal of Educational Psychology, 98*, 1-13.

Buss, A. H., & Plomin, R. (1984). *Temperament: Early developing personality traits*. Hillsdale, NJ: Erlbaum.

Cheek, J. M., & Buss, A. H. (1981). Shyness and sociability. *Journal of Personality and Social Psychology, 41*, 330-339.

Chen, X. (2010). Shyness-inhibition in childhood and adolescence: A cross-cultural perspective. In K. H. Rubin & R. J. Coplan (Eds.), *The development of shyness and social withdrawal* (231-235). New York: Guilford.

Chen, X., DeSouza, A., Chen, H., & Wang, L. (2006). Reticent behavior and experiences in peer interactions in Canadian and Chinese children. *Developmental Psychology, 42*, 656-665.

Chen, X., Hastings, P. D., Rubin, K. H., Chen, H., Cen, G., & Stewart, S. L. (1998). Child-rearing attitudes and behavioral inhibition in Chinese and Canadian toddlers: A cross-cultural study. *Developmental Psychology, 34*, 677-686.

Chen, X., Rubin, K. H., & Li, B. (1995). Social and school adjustment of shy and aggressive children in China. *Development and Psychopathology, 7*(2), 337-349.

Chen, X., Rubin, K. H., & Sun, Y. (1992). Social reputation and peer relationships in Chinese and Canadian children: A cross-cultural study. *Child Development, 63*(6), 1336-1343.

Choo, M. S., Xu, Y., & Haron, P. F. (2012). Subtypes of nonsocial play and psychosocial adjustment in Malaysian preschool children. *Social Development, 21*, 294-312.

Cooley, C. H. (1902). *Human nature and the social order.* New York: Scribner.

Coplan, R. J. (2000). Assessing nonsocial play in early childhood: Conceptual and methodological approaches. In K. Gitlin-Weiner, A. Sandgrund, & C. Schaefer (Eds.), *Play diagnosis and assessment* (2nd ed., pp. 563-598). New York: Wiley.

Coplan, R. J. (2011). Not just "playing alone": Exploring multiple forms of nonsocial play in childhood. In A. D. Pellegrini (Ed.), *The Oxford handbook of the development of play* (pp. 185-201). New York: Oxford University Press.

Coplan, R. J., & Arbeau, K. (2009). Peer interactions and play in early childhood. In K. H. Rubin, W. Bukowski, & B. Laursen (Eds.), *Handbook of peer interactions, relationships, and groups* (pp. 143-161). New York: Guilford.

Coplan, R. J., Arbeau, K. A., & Armer, M. (2008). Don't fret, be supportive! Maternal characteristics linking child shyness to psychosocial and school adjustment in kindergarten. *Journal of Abnormal Child Psychology, 36*, 359-371.

Coplan, R. J., DeBow, A., Schneider, B. H., & Graham, A. A. (2009). The social behaviors of extremely inhibited children in and out of preschool. *British Journal of Developmental Psychology, 27*, 891-905.

Coplan, R. J., Findlay, L. C., & Nelson, L. J. (2004). Characteristics of preschoolers with lower perceived competence. *Journal of Abnormal Child Psychology, 32*, 399-408.

Coplan, R. J., Gavinski-Molina, M. H., Lagacé-Séguin, D., & Wichmann, C. (2001). When girls versus boys play alone: Gender differences in the associates of nonsocial play in kindergarten. *Developmental Psychology, 37*, 464-474.

Coplan, R. J., Girardi, A., Findlay, L. C., & Frohlick, S. L. (2007). Understanding solitude:

Young children's attitudes and responses towards hypothetical socially-withdrawn peers. *Social Development, 16*, 390-409.

Coplan, R. J., Prakash, K., O'Neil, K., & Armer, M. (2004). Do you "want" to play? Distinguishing between conflicted shyness and social disinterest in early childhood. *Developmental Psychology, 40*, 244-258.

Coplan, R. J., Rose-Krasnor, L., Weeks, M., Kingsbury, A., Kingsbury, M., & Bullock, A. (2013). Alone is a crowd: Social motivations, social withdrawal, and socio-emotional functioning in later childhood. *Developmental Psychology, 49*, 861-875.

Coplan, R. J., & Rubin, K. H. (1998). Exploring and assessing non-social play in the preschool: The development and validation of the Preschool Play Behavior Scale. *Social Development, 7*, 72-91.

Coplan, R. J., Rubin, K. H., Fox, N. A., Calkins, S. D., & Stewart, S. (1994). Being alone, playing alone, and acting alone: Distinguishing among reticence and passive and active solitude in young children. *Child Development, 65*, 129-137.

Coplan, R. J., & Weeks, M. (2010). Unsociability in childhood. In K. H. Rubin & R. J. Coplan (Eds.), *The development of shyness and social withdrawal* (pp. 64-83). New York: Guilford.

Coplan, R. J., Wichmann, C., & Lagacé-Séguin, D. (2001). Solitary-active play: A marker variable for maladjustment in the preschool? *Journal of Research in Childhood Education, 15*, 164-172.

Craig, M. (1922). Some aspects of education and training in relation to mental disorder. *Journal of Mental Science, 68*, 209-228.

Dealy, C. E. (1923). Problem children in the early school grades. *Journal of Abnormal Psychology & Social Psychology, 18*, 125-136.

Doctoroff, G. L., Greer, J. A., & Arnold, D. H. (2006). The relationship between social behavior and emergent literacy among preschool boys and girls. *Applied Developmental Psychology, 27*, 1-13.

Eckerman, C. O., Whatley, J. L., & Kutz, S. L. (1975). Growth of social play with peers during the second year of life. *Developmental Psychology, 11*, 42-49.

Eisenberg, N., Pidada, S., & Liew, J. (2001). The relations of regulation and negative emotionality to Indonesian children's social functioning. *Child Development, 72*, 1747-1763.

Elias, C. L., & Berk, L. E. (2002). Self-regulation in young children: Is there a role for sociodramatic play? *Early Childhood Research Quarterly, 17*, 215-238.

Evans, C. A., Nelson, L. J., & Porter, C. L. (2012). Making sense of their world: Sensory reactivity and novelty awareness as aspects of temperament and correlates of social behaviours in early childhood. *Infant and Child Development, 21*, 503-520.

Fantuzzo, J., Coolahan, K., Mendez, J., McDermott, P., & Sutton-Smith, B. (1998). Contextually-relevant validation of peer play constructs with African American head start children: Penn Interactive Peer Play Scale. *Early Childhood Research Quarterly, 13*, 411-431.

Farver, J. M., Kim, Y. K., & Lee, Y. (1995). Cultural differences in Korean-and Anglo-American preschoolers' social interaction and play behaviors. *Child Development, 66*, 1088-1099.

Fein, G. G. (1989). Mind, meaning, and affect: Proposals for a theory of pretense. *Developmental Review, 9*, 345-363.

Fisher, E. P. (1992). The impact of play on development: A meta-analysis. *Play & Culture, 5*, 159-181.

Fox, N. A., Henderson, H. A., Rubin, K. H., Calkins, S. D., & Schmidt, L. A. (2001). Continuity and discontinuity of behavioral inhibition and exuberance: Psychophysiological and behavioral influences across the first four years of life. *Child Development, 72*, 1-21.

Fox, N. A., Rubin, K. H., Calkins, S. D., Marshall, T. R., Coplan, R. J., Porges, S. W., et al. (1995). Frontal activation asymmetry and social competence at four years of age: Left frontal hyper and hypo activation as correlates of social behavior in preschool children. *Child Development, 66*, 1770-1784.

French, D. C., Chen, X., Chung, J., Li, M., Chen, H., & Li, D. (2011). Four children and one toy: Chinese and Canadian children faced with potential conflict over a limited resource. *Child Development, 82*, 830-841.

Gazelle, H. (2008). Behavioral profiles of anxious solitary children and heterogeneity in peer relations. *Developmental Psychology, 44*, 1604-1624.

Gazelle, H., & Ladd, G. W. (2003). Anxious solitude and peer exclusion: A diathesis-stress model of internalizing trajectories in childhood. *Child Development, 74*, 257-278.

Goble, P., Martin, C. L., Hanish, L. D., & Fabes, R. A. (2012). Children's gender-typed activity choices across preschool social contexts. *Sex Roles, 67*, 435-451.

Guimond, F-A., Brendgen, M., Forget-Dubois, N., Dionne, G., Vitaro, F., Tremblay, R. E., et al. (2012). Associations of mother's and father's parenting practices with children's observed social reticence in a competitive situation: A monozygotic twin difference study. *Journal of Abnormal Child Psychology, 40*, 391-402.

Harrist, A. W., Zaia, A. F., Bates, J. E., Dodge, K. A., & Pettit, G. S. (1997). Subtypes of social withdrawal in early childhood: Sociometric status and social-cognitive differences across four years. *Child Development, 68*, 278-294.

Hart, C. H., Yang, C., Nelson, L. J., Robinson, C. C., Olsen, J. A., Nelson, D. A., et al. (2000). Peer acceptance in early childhood and subtypes of socially withdrawn behavior in China, Russia, and the United States. *International Journal of Behavioral Development, 24*, 73-81.

Hastings, P. D., Sullivan, C., McShane, K. E., Coplan, R. J., Utendale, W. T., & Vyncke, J. D. (2008). Parental socialization, vagal regulation and preschoolers' anxious difficulties: Direct mothers and moderated fathers. *Child Development, 79*, 45-64.

Hay, D. F., Caplan, M., & Nash, A. (2009). The beginnings of peer interaction. In K. H. Rubin, W. Bukowski, & B. Laursen (Eds.), *Handbook of peer interactions, relationships, and groups* (121-142). New York: Guilford.

Henderson, H., Marshall, P., Fox, N. A., & Rubin, K. H. (2004). Converging psychophysiological and behavioral evidence for subtypes of social withdrawal in preschoolers. *Child Development, 75*, 251-263.

Henninger, M. (1994). Adult perceptions of favorite childhood play experiences. *Early Child Development and Care, 99*, 23-30.

Hirose, T., Koda, N., & Minami, T. (2012). Correspondence between children's indoor and outdoor play in Japanese preschool daily life. *Early Child Development and Care, 182*(12), 1611-1622.

Holmberg, M. (1980). The development of social interchange patterns from 12-42 months. *Child Development, 51*, 448-456.

Kagan, J., Reznick, J. S., Clarke, C., Snidman, N., & Garcia Coll, C. (1984). Behavioral inhibition to the unfamiliar. *Child Development, 55*, 2212-2225.

Katz, J. C., & Buchholz, E. S. (1999). "I did it myself ": The necessity of solo play for preschoolers. *Early Child Development and Care, 155*, 39-50.

Kohlberg, L., LaCrosse, J., & Ricks, D. (1972). The predictability of adult mental health from childhood behavior. In B. B. Wolman (Ed.), *Manual of child psychopathology* (pp. 1217-1284). New York: McGraw-Hill.

Ladd, G. W., Kochenderfer, B. J., & Coleman, C. C. (1996). Friendship quality as a predictor of young children's early school adjustment. *Child Development, 67*, 1103-1118.

Ladd, G. W., & Price, J. M. (1987). Predicting children's social and school adjustment following the transition from preschool to kindergarten. *Child Development, 58*, 1168-1189.

Larson, R. (1997). The emergence of solitude as a constructive domain of experience in early adolescence. *Child Development, 68*, 80-93.

Lehman, H. C. (1926). The play activities of persons of different ages, and growth stages in play behavior. *Pedagogical Seminary, 33*, 250-272.

Lehman, H. C., & Anderson, T. H. (1928). Social participation vs. solitariness in play. *Pedagogical Seminary, 34*, 279-289.

Levy-Shiff, R., & Hoffman, M. A. (1989). Social behavior as a predictor of adjustment among three-year-olds. *Journal of Clinical Child Psychology, 18*, 65-71.

Lloyd, B., & Howe, N. (2003). Solitary play and convergent and divergent thinking skills in preschool children. *Early Childhood Research Quarterly, 18*, 22–41.

Lowenstein, P., & Svendsen, M. (1938). Experimental modification of the behavior of a selected group of shy and withdrawn children. *American Journal of Orthopsychiatry, 8*, 639-654.

Martlew, M., Connolly, K., & McLeod, C. (1976). Language use, role and context in a five year-old. *Journal of Child Language, 5*, 81-99.

Maslow, A. H. (1970). *Motivation and personality* (2nd ed.). New York: Harper & Row.

Mead, G. H. (1934). *Mind, self, and society*. Chicago: University of Chicago Press.

Moore, N., Evertson, C., & Brophy, J. (1974). Solitary play: Some functional reconsiderations. *Developmental Psychology, 10*, 830-834.

Morris, D. P., Soroker, E., & Burruss, G. (1954). Follow-up studies of shy, withdrawn children –I. Evaluation of later adjustment. *American Journal of Orthopsychiatry, 24*, 743-754.

Nelson, L. J., Hart, C. H., & Evans, C. A. (2008). Solitary-functional play and solitary-pretend play: Another look at the construct of solitary-active behavior using playground observations. *Social Development, 17*, 812-831.

Nelson, L. J., Hart, C. H., Evans, C. A., Coplan, R. J., Olson Roper, S., & Robinson, C. C. (2009). Behavioral and relational correlates of low self-perceived competence in young children. *Early Childhood Research Quarterly, 24*, 350-361.

Nelson, L. J., Hart, C. H., Yang, C., Wu, P., & Jin, S. (2012). An examination of the behavioral correlates of subtypes of nonsocial play among Chinese preschoolers. *Merrill-Palmer Quarterly, 58*, 77-109.

Nelson, L. J., Rubin, K. H., & Fox, N. A. (2005). Social withdrawal, observed peer acceptance, and the development of self-perceptions in children ages 4 to 7 years. *Early Childhood Research Quarterly, 20*, 185-200.

Ness, D., & Farenga, S. J. (2007). *Knowledge under construction: The importance of play in developing children's spatial and geometric thinking*. Lanham, MD: Rowman & Littlefield.

Parten, M. B. (1932). Social participation among preschool children. *Journal of Abnormal*

Psychology, 27, 243-269.

Perez-Edgar, K., Schmidt, L. A., Henderson, H. A., Schulkin, J., & Fox, N. A. (2008). Salivary cortisol levels and infant temperament shape developmental trajectories in boys at risk for behavioral maladjustment. *Psychoneuroendocrinology, 33*, 916-925.

Phillips, R., & Sellitto, V. (1990). Preliminary evidence on emotions expressed by children during solitary play. *Play and Culture, 3*, 79-90.

Piaget, J. (1926). *The language and thought of the child*. London: Routledge & Kegan Paul.

Piaget, J. (1962). *Play, dreams, and imitation in childhood*. New York: Norton.

Robins, L. N. (1966). *Deviant children grown up*. Baltimore: Williams & Wilkins.

Robinson, C. C., Anderson, G. T., Porter, C. L., Hart, C. H., & Wouden-Miller, M. (2003). Sequential transition patterns of preschoolers' social interactions during child-initiated play: Is parallel-aware play a bidirectional bridge to other play states. *Early Childhood Research Quarterly, 18*, 3-21.

Rubin, K. H. (1982). Non-social play in preschoolers: Necessary evil? *Child Development, 53*, 651-657.

Rubin, K. H. (1985). Socially withdrawn children: An "at risk" population? In B. Schneider, K. H. Rubin, & J. Ledingham (Eds.), *Children's peer relations: Issues in assessment and intervention* (pp. 125-139). New York: Springer-Verlag.

Rubin, K. H., & Asendorpf, J. B. (1993). Social withdrawal, inhibition, and shyness in childhood: Conceptual and definitional issues. In J. B. Asendorpf & K. H. Rubin (Eds.), *Social withdrawal, inhibition, and shyness in childhood* (pp. 3-17). Hillsdale, NJ: Erlbaum.

Rubin, K. H., Bukowski, W. M., & Parker, J. G. (2006). Peer interactions, relationships and groups. In N. Eisenberg (Vol. Ed.), *The handbook of child psychology* (6th ed., pp. 571-645). New York: Wiley.

Rubin, K. H., Cheah, C. S. L., & Fox, N. (2001). Emotion regulation, parenting and display of social reticence in preschoolers. *Early Education and Development, 12*, 97-115.

Rubin, K. H., Coplan, R. J., & Bowker, J. (2009). Social withdrawal in childhood. *Annual*

Review of Psychology, 60, 11.1-11.31.

Rubin, K. H., Coplan, R. J., Fox, N. A., & Calkins, S. D. (1995). Emotionality, emotion regulation, and preschoolers' social adaptation. *Development and Psychopathology, 7*, 49-62.

Rubin, K., Fein, G. G., & Vandenberg, B. (1983). Play. In P. Mussen (Series Ed.) & E. M. Hetherington (Vol. Ed.), *Handbook of child psychology* (Vol. 4, 4th ed., pp. 693-774). New York: Wiley.

Rubin, K. H., Hemphill, S. A., Chen, X., Hastings, P., Sanson, A., LoCoco, A., et al. (2006). A cross-cultural study of behavioral inhibition in toddlers: East-west-north-south. *International Journal of Behavioral Development, 30*, 219-226.

Rubin, K. H., Hymel, S., & Mills, R. S. L. (1989). Sociability and social withdrawal in childhood: Stability and outcomes. *Journal of Personality, 57*, 238-255.

Rubin, K. H., Maioni, T. L., & Hornung, M. (1976). Free play behaviors in middle-and lower-class preschoolers: Parten and Piaget revisited. *Child Development, 47*, 414-419.

Rubin, K. H., & Mills, R. S. L. (1988). The many faces of social isolation in childhood. *Journal of Consulting and Clinical Psychology, 56*, 916-924.

Rubin, K. H., Watson, K., & Jambor, T. (1978). Free play behaviors in preschool and kindergarten children. *Child Development, 49*, 534-536.

Smilansky, S. (1968). *The effects of sociodramatic play on disadvantaged preschool children*. New York: Wiley.

Smith, P. (1978). A longitudinal study of social participation in preschool children: Solitary and parallel play reexamined. *Developmental Psychology, 14*(5), 517-523.

Spangler, T., & Gazelle, H. (2009). Anxious solitude, unsociability, and peer exclusion in middle childhood: A multitrait-multimethod matrix. *Social Development, 18*, 833-856.

Spinrad, T. L., Eisenberg, N., Harris, E., Hanish, L., Fabes, R. A., Kupanoff, K., et al. (2004). The relation of children's everyday nonsocial peer play behavior to their emotionality, regulation, and social functioning. *Developmental Psychology, 40*, 67-80.

Stern, L. W. (1924). *The psychology of early childhood*. New York: Henry Holt.

Sullivan, H. S. (1953). *The interpersonal theory of psychiatry*. New York: Norton.

Verry, E. E. (1923). *A study of mental and social attitudes in the free play of preschool children*. Master's Thesis, State University of Iowa, IA.

Winnicott, D. W. (1965). *The maturational processes and the facilitating environment: Studies in the theory of emotional development*. New York: International Universities Press.

Younger, A. J., & Piccinin, A. M. (1989). Children's recall of aggressive and withdrawn behaviors: Recognition memory and likability judgments. *Child Development, 60*, 580–590.

8

아동기 또래거부:
사회집단, 거부민감성 및 고독

Drew Nesdale & Melanie J. Zimmer-Gembeck

아동이 다른 아동과 상호작용하는 것은 매우 중요하다. 유아기와 아동 중기를 거치면서 이러한 중요성은 급격히 증가하는데, 이는 다른 아동 개인이나 집단과의 상호작용의 빈도가 더욱 빈번해지고 다양해지기 때문이다(Rubin, Bukowski, & Parker, 2006). 그러나 또래와의 상호작용이 증가하면서 또래에게 거부 당할 가능성도 커진다. 또래로부터 거부 당하는 경험, 심지어 거부의 위협조차도 아동의 사회적ㆍ정서적ㆍ인지적 기능에 큰 영향을 줄 수 있다. 이에 따라 또래거부의 원인과 결과에 대해 많은 연구가 진행되었다(Rubin et al., 2006). 이러한 연구결과들은 또래거부가 아동에게 매우 큰 영향을 미친다는 것을 확인하였다. 예컨대, 또래거부는 일부 아동의 정서적 흥분, 적대감, 공격성을 증가시킬 수 있으며(Dodge et al., 2003), 다른 경우에는 사회적 위축과 고독 경향을 증가시킬 수 있는데, 이는 결국 외로움, 불안 및 우울로 이어질 수 있다(Rubin,

Coplan & Bowker, 2009). 요컨대, 또래에 의한 거부경험이 가지는 영향력은 가족, 학교 및 이웃의 영향력을 넘어설 수 있다는 것이다(Rubin et al., 2009).

이 장의 목적은 또래거부의 영향에 대한 이해를 높이는 연구들을 개관하는 것으로, 또래집단에 의한 거부가 아동에게 미치는 영향에 초점을 맞추고 있다. 연구에 따르면, 아동의 사회적 집단 참여는 정규교육 이전에 시작되어 중기 아동기 내내 증가한다. 이는 모든 연령대의 아동에게 집단 참여가 중요하다는 것을 반영한다. 실제로 일부 연구에서는 만약 어떤 사회적 집단에 의해 수용되거나 그 집단에 소속될 가능성이 학령기(그렇지 않다면 더 어린 나이의) 아동들에게 주어진다면 그들은 그 집단에 소속되고자 노력한다는 것을 보여 준다(Nesdale, 2007). 더욱이 선행 연구는 중기 아동기에 걸쳐 아동의 사회적 상호작용이 그들의 사회적 집단 내에서 점점 더 많이 일어난다는 것을 보여 주고 있다(Rubin et al., 2006). 뿐만 아니라, 집단에 수용되는 것에 대한 아동의 염려가 중기 아동기에 걸쳐 크게 증가한다는 것을 보여 주는 연구결과도 있다(Ojala & Nesdale, 2012).

그러나 최근 수십 년 동안 아동의 또래관계 및 그 영향에 대한 연구는 급격히 증가하였지만, 아동의 집단 경험에 기저하고 있는 집단 내 및 집단 간 과정에 대한 관심은 부족하였다. 게다가 아동 집단의 구조와 조직에 관한 문제, 집단에 소속되어 있다는 것이 아동의 집단 내 및 집단 간 태도, 신념, 행동에 어떠한 영향을 미치는지에 대한 관심 또한 부족하였다. 이 장과 특히 관련이 있는 것은 장기간이든, 단기간이든 또래집단 거부 일화(예: 누구에 의해, 어디에서, 어떻게, 무슨 이유로, 얼마나 자주, 어떤 결과가 나타났나)의 특정 측면이 미치는 영향과 관련된 문제를 다룬 연구가 상대적으로 매우 적다는 점이다.

이에 따라 이 장에서는 또래집단 거부가 아동들에게 미치는 영향에 관한 연구를 검토하고자 한다. 거의 대부분의 사람이 엄청난 충격까지는 아니더라도, 언제라도 또래(동료)로부터 거부 당하는 불쾌한 경험을 겪을 수 있다. 이를 고려할 때, 특별히 우려되는 것은 이러한 또래거부가 가끔 또는 드물게 또래집단 거부를 당한 아동들뿐 아니라 지속적 또는 만성적으로 거부를 당한 아동들에게 미치는 영향이다.

　관련된 맥락을 제공하기 위해 아동의 사회집단 참여에 대한 연구와 또래집단 참여가 아동에게 미치는 중요한 영향을 밝힌 결과들을 먼저 개관할 것이다. 이어서 상관연구와 실험연구를 기반으로, 아동에 대한 즉각적이며 만성적인 또래집단 거부의 특성과 영향에 초점을 맞출 것이다. 또한 만성적 거부를 뒷받침하는 하나의 기제로 알려진 Downey와 동료들의 거부민감성(Rejection Sensitivity: RS) 모델을 설명하고자 한다(Downey & Feldman, 1996; Feldman & Downey, 1994). 여기서 특별히 관심을 갖는 것은 이 모델이 어린 아동의 만성적 거부경험에 대해 어느 정도로 설명을 제공할 수 있느냐는 것이다. 이 문제에 대한 일부 초기 연구들 또한 간략히 살펴볼 것이다. 마지막으로, 우리는 아동의 또래집단 거부라는 사회적 현상에 대해 앞으로 유망한 연구의 방향을 논의하면서 결론을 내릴 것이다.

　이 장과 관련하여 몇 가지 명료화가 필요한 점에 주목할 필요가 있다.

　첫째, 거부(rejection)라는 용어는 다른 사람을 사회집단과 관련하여 배제, 박탈, 추방 또는 거절하는 행위들을 지칭할 때 사용된다.

　둘째, 그러한 행위의 결과가 거부 당한 아동을 혼자 있게 만들고 고독을 경험하게 할 수 있으므로 이 장에서는 아동의 고독에 초점을 두고자 한다.

　셋째, 이 장은 6세에서 12세, 즉 중기 및 후기 아동기에 있는 아동들을 다룬다. 물론 또래거부와 관련된 많은 과정이 이 연령 이전의 시기에, 특히 보육 혹은 유치원 환경에서 다른 아동들과 상호작용하면서 나타나기 시작할 수도 있다. 그러나 이러한 과정이 출현하여 공고화되는 것은 초등학교 시기인 중기 아동기 동안이라고 할 수 있다.

　넷째, 집단(group)이라는 용어는 이 장에서 포괄적인 의미로 사용된다. 이 용어는 흔히 공통점(예: 특성, 관심사, 행동, 과제)을 공유하며 상호작용하는 두 명 이상의 아동들의 모임을 가리킨다. 아동들은 타고난 특성(예: 성별, 인종)에 따라 서로 다른 집단으로 나뉘기도 하고, 성인 권위자에 의해 특정 집단(교실, 팀, 종교 등)에 배정되기도 하지만, 아동 스스로 어떤 집단(놀이집단, 특별한 흥미그룹)에 들어갈지를 결정하기도 한다. 집단참여(group membership)란 아동이 무리와 자신을 동일시하거나, 그 무리에 헌신하거나, 그 무리의 일부로 생각하는 상황을 의미한다. 전형적으로 아동의 이러한 집단참여는 외집단(out-group; 동일시하지 않고, 소속되어 있지 않은 집단)보다 내집단(in-group; 동일시하거나 소속되어 있는 집단)을 더 좋아하는 것을 통해 드러난다.

집단참여의 기반과 영향

아동의 사회적 인식은 처음에는 양육자와의 상호작용을 통해 나타나지만(Durkin, 1995), 생후 6개월쯤에 이르러서는 다른 아동들을 향하여 나타내기 시작한다(Nesdale, 2007). 유아기 발달 기간(0~5세)에는 또래와의 상호작용이 보다 빈번해지고 질적으로 발전하는데, 이는 어린 아동에게도 사회적 상호작용이 상당히 중요하다는 것을 시사한다(Durkin, 1995). 사실 몇몇 연구자에 따르면, 아동의 초기 사회적 행동은 아마도 태생적이며 근원적인 소속 및 수용에의 욕구를 반영한다(Baumeister & Leary, 1995).

아동에게 있어 집단참여의 중요성이 중기 아동기를 지나면서 증가한다는 것을 보여 주는 일련의 증거가 있다(Rubin et al., 2006). 예를 들면, 아동은 외집단(out-group)의 성원들보다는 내집단(in-group)을 좋아하고, 내집단의 성원들이 자신과 비슷한 것으로 지각한다(Bigler, 1995; Bigler, Jones, & Lobliner, 1997; Nesdale, Durkin, et al., 2004, 2005). 또한 집단참여를 통해 아동은 적어도 일부 자기개념과 자기 가치감을 얻는다(Verkuyten, 2007). 이와 같은 연구결과를 고려한다면, 그들이 어떤 선택을 할 때에나 선호를 나타낼 때, 혹은 내집단과 외집단 사이에 보상을 배분할 때, 내집단에 대해 강한 편향을 드러내는 것은 놀라운 일이 아니다. 뿐만 아니라 내집단에 대해 특성 귀인을 할 때에는 외집단에 비해 더 크게 긍정적으로 귀인한다는 점도 놀라운 일이 아니다(Nesdale, 2001 참조).

중요한 것은 아동들이 집단 구성원 사이에서 공유되고 있는 집단 내 및 집단 간 태도, 신념, 행동에 대한 규준에 순응한다는 점이다(Duffy & Nesdale, 2010; Nesdale & Lawson, 2011; Nesdale, Maass, Durkin, & Griffiths, 2005; Nesdale, Maass, Kiesner, Durkin, & Griffiths, 2008; Ojala & Nesdale, 2004). 왜냐하면 그들은 그렇게 하지 않는다면 집단참

여가 어렵다는 것을 알고 있기 때문이다. 더욱이 배제에 대한 집단의 규준은 소수민족 외집단 구성원에게 공감하려는 아동의 경향성을 부정하기에 충분하다는 것을 보여 주는 연구도 있다(Nesdale, Griffiths, Durkin, & Maass, 2005). 게다가 아동들은 집단 내 규준을 따르지 않는 집단성원을 좋아하지 않으며, 집단으로부터 제외시키려고 한다(예: Abrams, Rutland, & Cameron, 2003; Abrams, Rutland, Cameron, & Marques, 2003; Nesdale, 1999; Nesdale & Brown, 2004). 흥미롭게도, 선행 연구에서는 아동이 집단에 임의로 배정되더라도 자신이 직접 놀이집단을 선택하는 상황에서의 결과와 유사한 결과가 얻어진다고 제안하였다(Bigler, 1995; Bigler et al., 1997; Brown & Bigler, 2004).

요컨대, 연구들은 중기 아동기 집단참여의 중요성을 명백히 입증하고 있다. 이 시기 동안에 아동은 기꺼이 집단원이 되어 집단과 자신을 동일시하며, 집단의 선택이나 임의 배정 여부와는 상관없이 외집단보다 내집단을 선호하는 행동을 드러낸다.

또래집단 거부와 그 영향

선행 연구결과를 고려할 때, 또래집단 거부 또는 그러한 거부의 위협조차도 아동의 사회, 정서 및 인지 기능에 큰 영향을 미칠 것으로 예상할 수 있다. 여기서 두 가지 질문은 다음과 같다. 또래집단 거부는 거부 당한 아동 자신에게 어떤 영향을 줄 수 있는가? 그리고 그러한 거부는 다른 사람들과의 상호작용에 어떤 후속적 영향을 미치는가?

지금까지 이러한 질문들에 대한 답변은 주로 거부된 것으로 분류된 아동들을 **평범한**(average), **무시된**(neglected), **논쟁적인**(controversial) 또는 **인기 있는**(popular) 다른 아동들과 비교한 관찰 및 상관 연구에서 나온 것이다(Coie, Dodge, & Kupersmidt, 1990; McDougall, Hymel, Vaillancourt, & Mercer, 2001 참조). 이러한 연구들에서 아동(또는 교사)은 보통 그들이 좋아하거나 싫어하는 다른 아동들을 지명하는데, **거부된**(rejected) 아동들이란 **좋아한다**(like)는 지명은 거의 받지 못하고 **싫어한다**(dislike)는 지명을 많이 받은 아동들을 말한다. 추가적으로 또래들 혹은 교사들은 거부된 아동의 주목할 만하거나 또는 문제가 되는 특성이나 속성이 무엇인지 기술하게 된다(Cadwallader, 2001).

관찰연구 및 전향적 연구들(Rubin et al., 2006 참조)을 포함한 이와 같은 연구들에 기초하여 또래거부는 불안, 불행, 분노, 사회적 위축, 외로움, 고독 및 우울 등 다양한 내적 고통의 지표들과 관련되는 것으로 밝혀져 왔다(Bierman, 2004; Rubin et al., 2009; Sandstrom & Zakriski, 2004; Zimmer-Gembeck, Hunter, Waters, & Pronk, 2009; Zimmer-Gembeck, Waters, & Kindermann, 2010). 또한 거부된 아동들은 다양한 인지적 과제를 상대적으로 유능하게 수행하지 못하는 경우가 많다. 이러한 인지적 과제에는 또래 단서에 집중하고 이를 해석하는 것(Dodge & Feldman, 1990), 사회적 문제를 해결하는 것(Nelson & Crick, 1999), 행동에 대한 적절한 표현 규칙을 이해하는 것(Jones, Abbey, & Cumberland, 1998) 등이 포함된다. 게다가 거부 당한 아동은 더 공격적이고 파괴적이며, 학업에 시간을 덜 쓰고, 사회적 접촉을 잘 시도하지 않을 뿐만 아니라, 사회적으로 더 위축되는 경향이 있다. 또한 다른 사람들과 어울리거나 친사회적 놀이에 성공적으로 참여하지 못하고, 사회적 능력이 떨어지며, 교사들과 부정적인 상호작용을 하는 경향이 있다(예: Anthonysamy & Zimmer-Gembeck, 2007; Coie et al., 1990; McDougall et al., 2001; Zimmer-Gembeck, Geiger, & Crick, 2005). 불행히도, 이러한 문제는 또래들에 의해 더 악화되는 것으로 보인다. 또래들은 이러한 아동을 학교생활에 적응하지 못한 아이나 비정상적인 아이로 인식하는 경향이 있으며, 관심은 덜 주는 반면 더 많이 괴롭히는 경향이 있다. 또한 거부 당한 아동에게서 관찰되는 부정적 속성을 그 아동의 탓으로 돌리고, 아동의 행동을 더 부정적으로 해석하며, 그러한 부정적 행동에 대해 거부 당한 아동 자신이 더 많은 책임을 져야 한다고 지각하는 경향이 있다(예: Nangle, Erdley, & Gold, 1996).

또래거부의 심리사회적 및 사회인지적 상관 변인들에 대한 연구는 지속적으로 누적되고 있지만, 아동이 일상에서 실제로 견뎌 내는 거부경험들과 이러한 경험들이 아동에 따라 서로 얼마나 다른지에 대해서는 상대적으로 거의 알려져 있지 않다. '거부'는 집단의 활동으로부터 다양한 정도의 추방(예: 1시간, 1일, 영원히)과 괴롭힘 피해(예: 비방하거나 신체적 괴롭힘을 동반하는)로 나타날 수 있는데, 이에 따라 고립과 고독을 덜 혹은 더 초래할 수 있다. 그러나 이러한 다양한 차이는 선행 연구들에서 제대로 규명되지 못했다. 오히려 앞서 언급한 것처럼, 거부된 것으로 판정하는 기준은 다른 아동들이 대상 아동에 대한 반감을 은밀히 드러내는 단순한 지명이나 평가에 기초하고 있다(Rubin et al., 2006; Sandstrom & Zakriski, 2004). 뿐만 아니라, 공격성을 나타내는 아동 또는 사회적으로 위축된 아동의 경우에는 거부를 겪을 가능성이 더 높다는 연구가 있지만 또래거부가 아동의 개인적 속성(예: 옷차림, 냄새, 외모)이나 성격적 특성(예: 의존성, 비주장성)에 따라 얼마나 자주 달라지는지, 또는 아동이 속하는 것으로 지각되는 집단이나 범주(예: 민족, 종교)에 따라 얼마나 자주 달라지는지는 명확히 이해되지 않았다.

더욱이 또래거부와 다른 정서, 인지, 행동 측정치 간의 인과적 관계의 방향은 다소 모호하게 보인다. 왜냐하면 모든 결과가 대부분 횡단적 상관연구들에서 얻어졌기 때문이다(Dodge et al., 2003; Sandstrom & Zakriski, 2004). 관찰 연구 및 이후의 전향적 연구들은 인과관계에 대한 주장을 뒷받침하지만, 이러한 준실험 설계의 전형적인 특징은 엄격한 인과 관계에 대한 결론을 여전히 허용하지 않는다는 점이다(Cillessen & Mayeux, 2004). 간단히 말해, 연구자들이 실험연구 설계를 활용하지 못함(때로는 실험연구를 할 수 없음)으로 인해 누가 거부를 했는지, 어떤 상황이었는지, 무슨 이유였는지, 누구를 대상으로 했는지, 얼마나 자주 일어났으며, 어떤 구체적 영향이 있었는지, 그리고 거부가 있었는지 등과 같은 요인들이 아동에게 미치는 영향을 체계적으로 검토하는 것은 심각히 제한을 받을 수밖에 없다.

마지막으로, 진행 중이거나 만성적인 거부와 비교하여 간헐적인 또래집단 거부의 이유 및 영향을 평가하거나 비교하려는 시도는 거의 없었다. 또래집단 거부와 그 영향력에 대해 알려진 것들 중 대부분이 또래 반감 지표에 근거하고 있다. 이로 인해 현존하는 선행 연구들의 결과는 주로 간헐적인 또래집단 거부보다는 만성적이고 진행 중인 또래집단 거부와 관련이 있다. 그 이유는 거부 당하는 아동을 지명하는 아동의 반응은 지명된 아동과의 이전 경험(직/간접적)을 반영한 것이기 때문이다. 그러나 지명된 아동들이 몇 년, 몇 달, 혹은 며칠 동안 거부를 겪었는지, 거부의 상황과 본질이 무엇인지에 대해서는 그야말로 불확실하다. 분명한 것은 또래거부의 원인과 영향에 대한 종합적인 설명을 얻기 위해서는 간헐적 거부의 즉각적인 정서적 · 인지적 · 행동적 영향과 만성적 거부의 장기적 영향 모두를 평가하는 것이 매우 중요하다는 것이다.

간헐적 또래거부와 그 영향에 대한 설명

몇몇 연구자는 통제된 실험 연구에서 아동의 또래지위를 조작함으로써 또래거부가 아동의 반응에 미치는 즉각적 영향을 연구하였다. 그러나 이러한 연구들에서는 윤리적 문제 때문에 또래지위가 모호하게 조작될 수밖에 없었고, 이로 인해 또래집단 거부가 실제로 발생했는지 여부가 명확하지 않은 경향이 있다(Sandstrom, Cillesen, & Eisenhower, 2004; Zakriski & Coie, 1996). 예를 들어, Downey, Lebolt, Rincon과 Freitas(1998)는 실험에 참여하는 아동들에게 초대된 친구가 오고 싶어 하지 않아서 회기에 참여하지 않을 것이라고 말했다. 이런 모호함에도 불구하고, 아동들은 고조된 불안감을 보였다. 또래거부 상황이 불분명하다 해도 실제로는 아동에게 불안감을 야기한 것이다. 그 이유는 무엇이었을까? 누군가와 놀 수 없다는 좌절이었을까? 아니면 거절당했다는 느낌이나 믿음 때문이었을까? 아니면 단순히 모호성이나 상황의 불확실성 때문이었을까? 또한 이들 실험에서 주어진 거부는 한 집단의 또래들이 아닌 한 명의 아동으로부터 당하는 경험이었다.

이러한 연구의 한계를 고려하여, Nesdale과 동료들(Nesdale, 2008 참조)은 일련의 연구를 통해, (1) 또래집단 거부와 수용이 아동의 정서 및 인지 반응에 미치는 즉각적 인과적 효과, (2) 또래거부가 공격성 및 집단 간 편견과 같은 태도와 행동에 미치는 영향, (3) 또래거부가 태도나 행동에 미치는 영향이 인지 및 정서 반응에 의해 매개되는 정도를 검토하였다. 각 연구는 아동의 외집단 편견 발달에 관한 연구에서 사용되었던 사회집단 모의실험 패러다임을 이용하였다(Nesdale, Durkin et al., 2004, 2005; Nesdale & Flesser, 2001; Nesdale, Maass et al., 2005). 이 패러다임에서 아동은 임의로 특정 집단에 할당되고, 다른 집단원은 그 아동이 집단 내에서 거부되거나 공개적으로 지지 받는 것처럼 행동한다. 또한 또래집단 지위를 조작하는 것 외에도, 다른 아동들에 의해 아동이 수용/거부되는 이유, 수용/거부하는 집단의 크기, 그러한 집단의 규준들, 아동의 성별과 인종 등의 조작이 가능하다. 이를 통해 다양한 아동의 반응이 자신과 관련하여(예: 불안, 부적 정서, 자존감), (수용하거나 거부하는) 내집단 구성원과 관련하여(예: 호감, 신뢰, 함께 놀고자 하는 마음, 공격적 의도), 그리고 외집단 구성원과 관련하여(예: 편견, 괴롭힘, 공격성) 연구될 수 있다.

앞서 개관한 또래관계 문헌과 마찬가지로, 이러한 연구들은 또래집단의 거부나 수용을 조작하는 것이 실험에 참여한 아동들의 부적 정서와 불안을 증가시킨다는 점을 보여 준다. 또한 수용된 아동들에 비해 거부된 아동은 자신을 거부하는 내집단에 대해 유의하게 낮은 수준의 긍정적 태도를 보였다(예: Nesdale & Lambert, 2007, 2008; Nesdale & Pelyhe, 2009; Nesdale et al., 2010). 뿐만 아니라, 연구결과는 아동들의 부적 정서와 불안의 증가가 거부집단의 구성, 즉 거부집단이 참가자와 다른 한 명의 집단원으로 구성되었는지, 아니면 다른 세 명의 집단원으로 구성되었는지 여부와 관련이 없다는 것을 보여 주었다(Nesdale & Lambert, 2007).

이에 더하여 Nesdale과 Lambert(2007/2008)는 또래집단 거부가 아동의 위험 감수 경향성을 유의하게 증가시킬 뿐만 아니라, 반사회적 행동(예: 다른 사람들과 논쟁하기, 교사가 이야기할 때 이야기하기, 다른 사람들의 물건을 사용하기, 다른 사람들을 방해하기)에 참여하는 경향성 또한 유의하게 증가시켰다고 보고하였다. 더욱이 또래집단 거부가 아동의 반사회적 행동에 미치는 영향은 부적 정서에 의해 완전 매개되었다. 또한 연구결과(Nesdale et al., 2007)는 거부된 아동들이 그들의 개인적 자질(즉, 아동이 그림을 잘 그리지 못했기 때문에)보다는 범주적 이유(즉, 아동이 특정 학교에 다니기 때문에)로 인해 거부당했을 때 내집단을 덜 좋아하게 된다는 것을 보여 주었다. 범주적 이유의 다른 예로는 아동의 인종이나 성별이 포함되며, 다른 개인적인 자질에는 아동의 외모나 냄새 여부가 포함된다.

한편, 이 연구에서는 또래집단 거부가 아동의 전반적 자존감에 거의 영향을 미치지 않는다는 것을 보여 주었는데, 이는 미미한 영향을 보고하고 있는 다른 한 연구

(Nesdale & Pelyhe, 2009)와 다소 상반되는 결과다. 아동 대상의 이와 같은 연구결과는 성인대상의 연구결과(Baumeister & Tice, 1990, Leary, 1990, Williams, 2001)와도 일치하는데, 이것은 아동과 성인 모두에게 있어서 거부 일화는 자존감보다 부적 정서와 불안에 즉시적인 효과를 미친다는 점을 시사한다. 아마도 개인의 자존감은 시간이 지남에 따라 누적되는 긍정적 및 부정적 경험을 바탕으로 만들어지기 때문에 단지 하나의 부정적 경험(예: 또래집단 거부)이 개인의 자존감을 파괴하지는 않을 것이다. 그러나 반복되는 거부경험은 분명히 자존감 감소로 이어질 수 있다.

또래집단 거부와 대인 공격성

많은 연구에서 공격성과 거부의 관련성이 자주 보고되었으며, 공격성은 거부를 결정하는 주요 요인 중 하나로 확인되었다(Bierman, 2004; Coie et al., 1990; Rubin et al., 2006). 그러나 또래집단 거부 일화가 만성적 거부경험이 없는 아동의 대인 공격성에 미치는 즉각적인 효과에 대해서는 거의 밝혀진 바가 없다. 더욱이 또래거부에 의해 아동의 공격성이 선동된다면, 아동은 본인을 거부한 내집단의 구성원을 향해 어느 정도의 공격성(즉, 반응적 공격성)을 보일까? 또한 거부된 아동이 자신을 거부한 집단의 구성원에게 직접적으로 보복할 수 없는 상황이라면, 어느 정도로 방향을 바꾸어 다른 사람들이나 다른 집단의 구성원에게 공격성(즉, 전위된 반응적 공격성)을 보일까? 또한 수용된 아동의 경우에는 내집단에 공격적 행동을 보이지 않을 것으로 예상할 수 있겠지만, 그렇다면 보복과 관련 없는 다른 목표의 달성을 위한 공격성(즉, 선제적 혹은 도구적 공격성)을 보이는 것에는 어느 정도로 동기화될 것인가(Dodge & Coie, 1987)? 이러한 의문들을 검토하기 위해 Nesdale과 Duffy(2011)는 아동이 집단에 의해 거부되거나 수용되는 모의실험을 진행하였다. 대상 아동에게 공격행동에 관한 일련의 짧은 글을 제시한 후, 내집단 또는 외집단의 구성원을 직접적(예: 치기, 밀기, 물건 뺏기, 폭언) 혹은 간접적(예: 기만, 추방, 조작, 험담)으로 공격하려는 그들의 의도를 측정하였다.

　　다소 의외의 결과는 또래집단 거부가 직접적 공격 의도에 영향을 미치지 않았다는 점이다. 아마도 이러한 결과는 직접적 공격의도가 간접적 공격의도에 비해 더 심각한 형태의 공격의도라는 것을 시사하고 있는 것으로 보인다. 또한 만성적 공격성을 보이는 아동들이 실험대상으로 선발되지 않았다는 사실도 이러한 결과에 영향을 미쳤을 것으로 보인다. 그러나 실험 참여자들의 간접적 공격 의도는 반응적 공격성, 전위된 공격성 또는 선제적 공격성을 보이는 아동들의 반응패턴과 일치하는 양상을 보이는 것으로 나타났다. 가령, 반응적 공격성과 마찬가지로 실험에 참여한 아동들은 수용보다는 또래집단 거부 이후에 내집단을 향하여 더 강한 공격 의도를 나타냈다. 주목할 만한 점은 기존 전향적 연구들은 1~3학년의 초기 또래거부 경험이 5~7학년의 공격성 증가를 예측하는 것으로 보고한 반면(예: Dodge et al., 2003), Nesdale과 Duffy의 연구는 사회적 집단에 의한 거부가 간접적 공격에 참여하려는 아동의 의도를 즉각적으로 증가시켰다는 것을 보여 주었다는 점이다. 더욱이, 또래에 의한 도발(예: 좌절, 괴롭힘)이 공격적 아동의 공격성에 미치는 영향을 보여 주는 연구들(예: Dodge, 1980)은 있지만, 이들의 연구는 또래집단 거부가 거부 또는 수용 조건에 무작위로 할당된 일반 아동(즉, 공격적인 아동으로 분류되지 않은 아동)의 간접적 공격의도를 유의하게, 그리고 즉각적으로 증가시킨다는 것을 보여 주었다.

　　또한 전위된 반응적 공격성과 마찬가지로 자신을 거부하는 내집단에 대항하여 보복하지 못하는 아동들은 자신을 거부하는 내집단을 향하여 반응적 공격성을 드러냈던 아동들과 유사한 수준으로 외집단을 향하여 공격의도를 드러냈다. 재구성된 좌절-공격가설(frustration-aggression hypothesis; Berkowitz, 1989)에 따르면, 이와 같은 결과는 세 가지 조건 하에서 일어난다. 첫째, 보복의 가능성이 없을 때, 둘째, 자신을 거부하는 내집단 구성원과 공격이 가능한 다른 대상들 사이에 유사성이 인지될 때, 셋째, 처벌이나 보복에 대한 두려움이 거의 없을 때다(Miller, 1948). 현재의 연구에서 이러한 조건들이 충족되었기 때문에 외집단을 향한 공격 의도의 증가는 전위된 반응적 공격성의 예로 볼 수 있을 것이다.

　　마지막으로, 선제적 공격성과 마찬가지로 수용된 아동들은 내집단보다는 외집단을 향하여 더 강한 공격 의도를 보였다. 사회적 정체성 접근(Tajfel & Turner, 1979)에 따르면, 현재 연구의 참여자가 내집단의 새로운 구성원이자 아마도 자신감 없는 구성원이라는 점을 감안할 때, 집단 구성원에게 수용될 가능성을 높이고, 내집단에서의 지위에 기여하기 위하여 내집단 편향 및 외집단에 대한 부정성을 보였을 가능성이 있다. 이와 마찬가지로, 또 다른 연구에서는 아동들이 집단에 수용되기 위하여 괴롭힘을 증가시킨다는 사실을 밝혀내기도 하였다(Sanders, Smith, & Cillessen, 2009).

또래집단 거부와 집단 간 편견

이런 집단 시뮬레이션 방법을 이용한 연구는 또래집단 거부가 소수 민족 집단 구성원에 대한 편견이나 차별과 같은 반사회적 태도와 행동을 부추길 가능성을 제기하였다. 그러나 이와 관련한 두 편의 초기 연구는 또래집단 거부가 외집단 편견에 미치는 그와 같은 효과를 증명하는 데 실패하였다(Nesdale & Pelyhe, 2009; Nesdale et al., 2010, 연구 1). 두 연구 모두에서 또래집단 거부는 아동들의 부정적 정서를 크게 증가시켰고 자신을 거부하는 내집단에 대한 아동들의 호감을 현저히 감소시켰다. 반면, 또래집단에 의해 거부되거나 수용된 아동들은 두 연구 모두에서 동일하게 외집단을 긍정적으로 보았다.

이러한 결과는 단순히 또래집단 거부가 외집단 편견을 유발하는 것은 아니라는 점을 시사하고 있지만, 거부된 아동이 거부경험 이후에 어떤 집단에도 소속되지 못한 채 남아 있게 된다는 점에 주목할 필요가 있다. 거부된 아동은 이와 같은 불안정하고 불확실한 상황 가운데 놓이게 되면서, 대체로 잘 알려지지 않은 외집단 구성원에 대해 편견을 표현하기보다 자신의 지위와 집단참여의 부재에 더 많은 관심을 가질 가능성이 클 것으로 보인다.

이러한 견해는 거부가 성인에게 미치는 영향에 관한 Williams(2001)의 모델과 일치하는 것이다. 이 모델에 대해 간단히 설명하자면, 또래거부는 불안감과 부정적 정서를 직접적으로 부추기게 되는데, 단기적으로 이것은 새로운 관계를 형성하거나 재확립하려는 시도로 이어진다. 그러나 만일 이러한 시도가 성공적이지 못하다면, 장기적으로 자존감 감소와 스스로 결정한 고립(self-imposed isolation)으로 이어진다.

이러한 점들을 고려하여 Nesdale과 동료들(2007)은 거부 당한 아동의 지위에 대한 불확실성이나 모호성을 제거하기 위해 최초 집단에서 거부 당한 아동을 새로운 집단에 재배정하였다. 연구의 이와 같은 절차는 자신을 수용하거나 거부한 최초 집단, 그리고 새로운 수용 집단 및 외집단에 대한 아동의 태도를 평가할 수 있도록 만들었다. 예상대로 또래집단에 의해 거부된 아동들은 수용된 아동들에 비해 자신을 거부한 최초 집단을 보다 부정적으로 여기는 것으로 나타났다. 반면, 또래집단에게 거부되거나 수용된 아동들은 이후에 나타나는 새로운 수용적 내집단에 대해서는 동일하게 긍정적인 태도를 보였다. 또한 아동들은 최초의 내집단에서 수용되거나 거부된 것과 상관없이 외집단보다 새로운 수용적 내집단에 대해 보다 긍정적인 태도를 보였는데, 이러한 결과는 다른 연구결과들과 일치한다(예: Bigler, 1995; Bigler et al., 1997; Nesdale & Flesser, 2001; Nesdale et al., 2003, 2004; Yee & Brown, 1992).

그러나 이 연구에서 결정적으로 중요한 점은 이전 집단에서 거부된 아동들이 수용된 아동들보다 외집단에 대해 상대적으로 더 부정적인 태도를 나타냈다는 것이다. 다만, 이 연구가 또래집단 거부와 외집단 편견 사이에 존재하는 인과관계를 확인하였다고는 하지만 이러한 인과관계가 직접적인 것도, 또 명확한 것도 아니라는 주장이 일각에서 제기되고 있다. 간단히 말해, 이러한 결과들은 아동이 또래집단에 참여하는 것이 매우 중요하다는 점을 보여 주고 있는데, 이것은 거부된 아동이 표현하는 외집단을 향한 편견이 실제로는 그가 또 다른 또래집단의 구성원으로 참여할 수 있는지 여부에 달려 있다는 사실을 통해 확인할 수 있다. 이와 동일한 연구결과가 적어도 두 가지 다른 연구에서 보고되었다(Nesdale et al., 2009, 2010).

요컨대, 집단 시뮬레이션 패러다임을 이용한 실험 연구들은 또래집단 거부 일화가 일반적인 학령기 아동들의 부적 정서를 부추긴다는 것을 밝혀 냈다. 결국, 이러한 부적 정서반응(예: 분노, 걱정, 불행감)은 타인을 향한 파괴적이고 논쟁적이며 간섭적인 행동을 부추기거나 매개할 수 있다. 게다가 우리가 살펴본 바와 같이, 또래집단 거부 일화는 아동의 공격성과 집단 간 편견에 직접적이고 인과적인 영향을 미칠 수 있다.

만성적 또래집단 거부와 그 영향에 대한 설명

연구들은 또한 장기간 지속되는 만성적인 거부가 낮은 자존감과 빈약한 자기개념, 사회적 위축, 외로움, 우울, 그리고 점진적으로 보다 심각해지는 자기-파괴적이며 반사회적인 행동과 관련될 수 있음을 보여 준다. 이러한 행동에는 학업 곤란, 무단결석, 고등학교 중퇴, 폭력 및 공격성, 청소년 비행, 약물남용 및 관계의 어려움 등이 포함될 수 있다(Coie et al., 1990; McDougall et al, 2001; Rubin et al., 2006). 뿐만 아니라, 만성적 거부가 성인의 사회인지, 성격, 정신건강 및 사회적 행동에 심각하며 장기적인 부정적 영향을 미칠 수 있다는 점에 주목할 필요가 있다(Baumeister, Twenge, & Nuss, 2002; Leary, 2001; Williams, 2001; Williams, Cheung, & Choi, 2000).

Downey와 동료들에 따르면, 일부 사람들에게 있어 특정한 거부경험은 시간이 지남에 따라 실제로 거부의 가능성에 대한 과민 반응으로 이어질 수 있으며, 이는 장기적으로 부정적인 영향을 끼칠 수 있다. Downey와 동료들은 애착이론(Bowlby, 1969)과 사회인지이론(Downey, Bonica, & Rincon, 1999)을 바탕으로 거부경험이 거부민감성(RS)에 대한 소질(disposition)을 부추긴다고 주장하였다. 이러한 소질은 사회정보처리의 한 패턴을 의미하는 것으로, 대인관계에서 나타날 수 있는 암묵적이거나 공공연한 거부행위를 매우 쉽게 자각하고 이에 과도하게 반응하며 거부행위가 나타나지 않을까 노심초사하는 높은 경향성을 포함하고 있다(Downey & Feldman, 1996; Feldman & Downey, 1994). RS 모델은 [그림 8-1]에 간단히 표현되어 있다(Levy, Ayduk, & Downey, 2001, p. 252).

이 모델에 따르면, 사람들의 소속 욕구가 계속해서 거부 당할 때 RS가 발달하며, 이것은 지속적인 거부기대를 야기시킨다([그림 8-1]의 링크 1). 그러한 기대는 거부가 가능

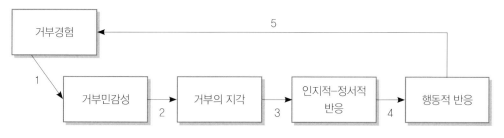

[그림 8-1] 단순화된 거부민감성(RS) 모델

출처: Levy et al. (2001). p. 252.

한 상황에서 활성화되어 악의 없는 단서를 거부의 증거로 지각하게 만든다(링크 2). 이러한 지각은 불안과 분노와 같은 부정적 정서반응을 유발하고(링크 3), 사회적 위축, 반응적 적대감 및 보복과 같은 부적응 행동의 가능성을 증가시킨다(링크 4). 이러한 과잉반응은 실제 거부로 이어지게 되는데, 모순적이게도 이 과정에서 자기충족적 예언이 생성될 수 있다(링크 5).

RS 모델의 링크 1에 관한 연구들은 부모 및 또래의 거부를 상대적으로 많이 경험한 사람들이 거부기대도 더 크다는 것을 보여 주었다(Feldman & Downey, 1994; Downey et al., 1999; McLachlan, Zimmer-Gembeck, & McGregor, 2010; Zimmer-Gembeck & Wright, 2007). 링크 2, 3 및 4와 일치하는 것으로, 주어진 상황이 불확실할 때에도 RS는 증가된 고통, 그리고 거부를 지각할 준비와 상관을 보이는 것으로 나타났다(Downey & Feldman, 1996; Downey, Lebolt, et al., 1998). 이러한 지각은 실제적인 거부경험이 미치는 영향을 넘어서는 다양한 부정적 인지, 정서, 행동적 결과들을 초래하는데(Sandstrom et al., 2004), 여기에는 사회적 위축, 외로움, 우울증, 분노와 적대감, 상대방에 대한 질투와 통제적 행동, 관계 해체 및 가정폭력 등이 포함된다(Ayduk, Downey, & Kim, 2001; Downey & Feldman, 1996; Downey, Feldman, & Ayduk, 2000; Petherick & Zimmer-Gembeck, 2006; Watson & Nesdale, 2012; Zimmer-Gembeck & Vickers, 2007). 마지막으로, 관련 연구들은 RS가 실제 거부로 이어질 수 있으며(링크 5), 그와 같은 과정에서 자기충족적 예언이 만들어질 수 있다는 점을 밝혀 냈다(Downey, Freitas, Michaelis, & Khouri, 1998).

현재까지 보고되고 있는 연구들은 성인 연구를 중심으로 RS 모델의 대략적인 윤곽을 지지해 주고 있다. 그러나 Downey와 동료들(Downey, Freitas, et al., 1998)은 이 모델을 통하여 거부기대가 공격성, 사회적 위축, 외로움과 같은 구체적인 행동적 어려움으로 연결된다고 예측하는 것은 어렵다고 인식하였다. 즉, 이 모델은 RS 모델의 핵심이라고 여겨지는 중재 과정(링크 2~4 선행 텍스트)에 대한 세부사항이 여전히 부족하였다.

결과적으로, Downey와 동료들은 이 RS 모델을 확장하여 거부기대가 불안(즉, 불안 기대)이나 분노(즉, 분노기대)와 같이 차후에 일어날 거부에 대해 자기방어를 준비하게 하는 방어지향적 감정을 수반할 수 있다고 제안하였다(Downey et al., 1999). 나아가 그들은 선행하는 구체적 정서의 유형(즉, 불안 또는 분노 기대)이 실행되는 행동적 반응의 유형(즉, 사회적 위축 또는 적개심과 공격성)을 예측한다고 제안하였다. 다시 말해, 야기된 불안 및 분노 기대의 상대적 수준에 따라 특정한 행동 반응을 예측할 수 있다는 것이다(London, Downey, Bonica, & Paltin, 2007).

현재 시점에서 개정된 RS 모델의 이러한 가설들은 성인 참여자를 포함하고 있는 두 연구에서만 검토되었다(Zimmer-Gembeck & Nesdale, 2013). 각 연구에서는 참여자들의 RS(거부에 대한 불안, 거부에 대한 분노, 거부의 가능성)가 측정되었으며, 이와 함께 일련의 시나리오에서 표현되고 있는 암묵적 거부에 대한 반응으로 나타나는 사회적 위축 및 반응적 공격성이 측정되었다. 두 연구에서 특히 주목한 것은 참여자의 불안 RS(또는 거부불안)가 반응적 공격성보다 사회적 위축과 더 밀접한 관련이 있는지, 분노 RS(또는 거부분노)가 사회적 위축보다 반응적 공격성과 더 밀접한 관련이 있는지, 거부가능성이 위축과 반응적 공격성 모두와 관련이 있는지 여부였다. 개정된 RS 모델과 마찬가지로, 두 연구의 결과(〈표 8-1〉의 연구결과 참조)는 세 가지 예측을 모두 지지했다.

요컨대, 이러한 연구결과는 만성적 거부가 성인에게 미치는 영향에 관하여 설명을 제공하고 있는 광범위한 RS 모델을 지지한다. 특히, 개정된 RS 모델을 강력하게 지지하고 있으며, 이 모델의 핵심이라 할 수 있는 매개 과정을 보다 명료화하고 있다. 간단히 말해, 이러한 연구결과는 RS가 높은 개인들이 거부의 가능성에 대해 서로 관련되어 있지만 또한 다른 정서적 반응(즉, 분노, 불안)으로 반응할 수 있으며, 이러한 정서적 반응들은 서로 다른 반응들(즉, 각각의 보복, 사회적 위축)과 독특하게 관련되어 있음을 보여준다.

〈표 8-1〉 불안 및 분노 거부기대가 암묵적 사회적 거부 시나리오에 반응하여 위축과 반응적 공격성에 미치는 영향에 대한 연구 1의 회귀분석 결과(N=464, 연령 17~22세)

독립변인	모델 1: 위축		모델 2: 반응적 공격성	
	B(SE)	β	B(SE)	β
RS-거부가능성	0.04(0.007)	0.22**	0.03(0.007)	0.19*
RS-불안	0.05(0.006)	0.36**	0.00(0.006)	0.03
RS-분노	0.00(0.006)	0.02	0.04(0.006)	0.28**

*$p < .05$.
**$p < .001$.
주: 모델 1 R^2=0.21, $F(3460)$=40.8, $p < 0.001$. 모델 2 R^2=0.13, $F(3461)$=22.55, $p < 0.001$. RS=거부민감성.

거부민감성과 아동

아동들 또한 만성적 거부를 경험할 수 있고, 이로 인한 영향을 받을 수 있다는 점을 고려할 때 제기되는 의문은 아동들도 학령기 이후로 이전에 있었던 거부경험에 근거하여 차후 거부에 대한 기대를 발달시킬 수 있느냐 하는 것이다. 즉, 학령기 아동들도 RS 모델에서 제시하고 있는 구체화된 방식에 따라 거부를 불안하게 기대하고 쉽게 지각하는 것을 배울까? 만일 그렇다면, 그들도 성인과 마찬가지로 인지, 감정, 행동에서의 과잉반응을 보일까? 실제로 성인들이 경험하는 만성적 거부의 영향에 있어서 RS가 어떠한 역할을 하는지에 대한 Downey와 동료들의 연구에 비추어 볼 때, 아동들이 감내하는 만성적 거부경험에 이러한 과정의 씨앗이 뿌려지는 것이 가능할까? 만일 그렇다면, RS 모델에 기술된 과정이 중기 아동기의 아동들에게서 나타나기 시작하는 것이 가능하지 않을까?

현재까지의 연구들은 주로 청소년들을 대상으로 RS 모델의 여러 측면을 평가했지만

(London et al., 2007; McLachlan et al., 2010), 중기 아동기 동안의 RS를 다루는 연구도 하나 있다(Nesdale, Zimmer-Gembeck, & Roxburgh, 출판 중). 이 연구는 참여자인 6~12세 아동의 인지 및 언어적 요구를 충족시키기 위해 자료를 수정하였다는 점을 제외하고 이전에 설명한 두 성인 연구(Zimmer-Gembeck & Nesdale, 2013)와 거의 유사하다. 이 연구는 부모 및 또래의 거부 정도에 대한 아동의 지각, 그들의 거부민감성, 몇몇 암묵적 거부 시나리오에 대한 그들의 행동 반응(즉, 사회적 위축, 보복 및 공격)을 평가하였다.

RS모델의 링크 1과 일치하게 연구결과는 부모 및 또래의 거부 모두가 높은 RS와 관련되어 있음을 보여 주었다. 또한 링크 2와 3 및 수정된 RS 모델과 일치하는 결과로 분노보다는 거부에 대한 불안이 암묵적 거부에 대한 사회적 위축과 더 밀접하게 관련되어 있음을 보여 주었다. 이와는 반대로, 불안보다는 거부에 대한 분노가 암묵적 거부에 대한 보복과 더욱 강하게 관련되어 있었다(〈표 8-2〉 참조). 그러나 거부가능성은 아동들의 위축이나 보복 기대와 관련이 없었다.

요컨대, 이 연구는 6살 정도의 어린 아동들에게서 RS가 측정 가능하며, 심지어 이 연령대에서도 아동들의 반응이 RS 모델과 일치함을 보여 준다. 따라서 중기 아동기의 아동들도 거부의 가능성에 대해 특유의 정서적 반응(즉, 불안 또는 분노)을 나타내며, 이러한 정서적 반응은 특정 행동적 반응(즉, 각각의 사회적 위축, 반응적 공격성)과 관련되어 있다고 할 수 있다.

〈표 8-2〉 불안 및 분노 거부기대가 암묵적 사회적 거부 시나리오에 반응하여 위축과 반응적 공격성에 미치는 영향에 대한 회귀분석 결과(N=144 아동, 연령 6~12세)

독립변인	모델 1: 위축		모델 2: 반응적 공격성	
	B(SE)	β	B(SE)	β
RS-거부가능성	0.51(0.29)	0.14[a]	0.19(0.18)	0.09
RS-불안	0.43(0.22)	0.17*	0.04(0.13)	0.13
RS-분노	0.41(0.27)	0.13	0.37(0.16)	0.20*

[a]p=.08.

*$p < 0.05$.

주: 모델 1 R^2=0.10, $F(3140)$=5.03, $p < .01$. 모델 2 R^2=0.06, $F(3140)$=2.77, $p < .05$. RS=거부민감성.

이러한 결과는 성인 RS와의 연속성을 보여 주는 결과이지만, 일부 비연속성도 보여 주고 있다. 특히, 성인의 지각된 거부가능성은 그들의 사회적 위축 및 반응적 공격성 모두와 관련되어 있었지만(Zimmer-Gembeck & Nesdale, 2013), 이 연구에 참여한 아동의 경우에는 그렇지 않았다. 명백히 아동들은 어린 나이에서부터 거부에 대한 특유의 정서적 반응들을 습득하며, 이러한 반응들은 특정 행동 반응들과도 관련되어 있다. 그러나 아직까지는 후속되는 거부가능성에 대한 아동들의 인지적인 평가가 거부 경험에 대한 그들의 예상 반응과 관련이 있다고 볼 수는 없다.

요약 및 결론

상당수의 선행 연구가 아동의 또래집단 거부에 초점을 맞추고 있는데, 이를 통하여 거부를 경험한 아동들의 공통적인 정서적·인지적·행동적 반응뿐만 아니라 거부에 선행하는 전형적인 요인들에 대해 많은 것을 알게 되었다. 그렇지만 관련 연구는 여전히 부족한 실정이다. 이로 인해 누가, 누구를, 언제, 어디서, 무슨 이유로, 어떻게 거부하는지, 거부는 어떤 즉각적, 단기적 및 장기적 영향을 미치는지, 그리고 이런 영향을 매개하는 변인은 무엇인지 등과 같이 구체적인 변인들의 영향과 관련해서는 아직 명확하게 밝혀지지 않은 부분들이 많다. 아마도 가장 중요한 것은 많은 연구결과가 여전히 비선호(dislike) 지표를 바탕으로 하고 있다는 점이다. 즉, 거부 당하는 아동들은 그들을 비선호하거나 선호하는 다른 아동들의 은밀한 지명에 근거하여 정해진다.

그러나 일부 연구자는 집단 시뮬레이션 패러다임뿐 아니라 몇몇 기술을 사용하여 변인을 조작하고 인과관계를 추론함으로써 앞서 언급한 문제 중 일부를 해결하고자 노력하고 있다. 이 연구들은 또래거부와 그 영향을 이해하는 데 있어 특히 간헐적인 또래거부의 일화 및 또래거부를 당한 아동의 정서적·인지적·행동적 반응에 미치는 즉각적인 영향과 관련하여 이를 이해하는 데 새로운 희망을 주고 있다.

이와 동시에, 만성적 거부는 그것이 명백한 형태이든 은밀한 형태이든 그러한 피해가 미치는 상당한 부정적 효과로 인해 오랫동안 연구자들의 관심을 받아왔지만, Downey와 동료들의 거부 자극 모델은 이 주제에 대하여 새로운 자극을 던져 주었다. 비록 현재까지는 청소년보다 성인의 만성적 거부에 주로 국한되어 있으나, 이 모델은 지금까지의 연구결과로부터 상당한 지지를 얻고 있다. 아동들 또한 만성적인 거부 및 그 영향을 경험한다는 점을 감안할 때, RS 모델이 제시한 방식에 따라 일부 학령기 아동 역시 거부를 불안하게 기대하고 쉽게 지각하며, 인지, 정서 및 행동에서 과잉반응을 보이는지 의문을 제기할 수 있다. 현존하는 연구가 단지 한 편임에도 불구하고, 연구결과는 RS 모델과 거의 일치하고 있다. 중요한 점은 성인, 청소년, 아동을 대상으로 한 지금까지의 연구결과가 또래거부와 고독 간의 관련성과도 무관하지 않다는 점이다.

또래거부와 고독

RS 모델과 일치하는 것으로, 연구결과들은 불안한 RS(또는 거부불안)를 경험하는 성인들이 반응적 공격성보다 사회적 위축으로 반응할 가능성이 크고, 이러한 반응은 이후의 외로움, 고립, 고독 및 우울증과 연관된다는 점을 보여 준다(Watson & Nesdale, 2012; Zimmer-Gembeck & Nesdale, 2013). 이와는 대조적으로, 분노 RS(또는 거부분노)를 경험하는 개인은 사회적 위축보다는 보복, 적대감, 반응적 공격성을 보일 가능성이 더 크다.

유사하게, 본 저자는 최근의 한 연구를 통해 거부분노보다 거부불안을 경험하는 6세 아동들의 경우에 암묵적 거부에 사회적 위축으로 반응할 가능성이 더 높다는 것을 보여 주었다. 이와 반대로, 거부불안보다 거부분노를 경험하는 아동은 일반적으로 보복과 반응적 공격을 보일 가능성이 더 높았다. 이 연구에서는 아동들의 불안한 RS, 사회적 위축, 외로움, 고독 및 우울 사이의 유의한 상관 가능성을 다루지는 않았지만, 다른 연구결과들은 사회적 위축이 매우 어린 아동기에서부터 외로움, 우울한 정서와 관련이 있음을 보여 주었으며(Coplan, Closson, & Arbeau, 2007; Hymel, Rubin, Rowden, & Le Mare, 1990), 이러한 반응들이 또래거부에 의해 강화된다는 것을 보여 주었다(Boiven & Hymel, 1997).

후속 연구 방향

최근의 연구들은 만성적인 거부가 아동에게 어떤 영향을 미치는지에 대해 RS 모델이 도움이 됨을 시사하고 있다. 그러나 향후 연구에서 분명히 다뤄야 할 다양한 문제들이 존재한다. 가령, 어린 아동들이 연속적인 RS 과정(즉, 거부경험 → 거부기대 → 정서 및 행동적 과잉반응)을 습득한다면, 이러한 반응들을 설명하는 기제는 무엇일까? 예컨대, RS의 발달이 인지 왜곡이나 부정확성(예: 사회적 단서의 비인식 또는 오해석, 자신과 타인의 행동에 대한 편향 또는 오귀인, 다른 사람의 행동에 대한 편향된 평가 또는 판단, 부적절한 반응 결정)을 어느 정도로 반영할 수 있으며, 이것은 Crick과 Dodge(1994)가 사회정보처리 모델 및 아동의 반응적 공격성과 관련하여 기술한 내용과 유사한 것인가?

더 나아가, 거부불안으로 인한 사회적 위축이라는 아동의 행동반응은 어떠한 이유로 사회적 고립, 우울 및 외로움으로 이어지며, 거부분노로 인한 적개심과 보복은 어떠한 이유로 관계의 어려움과 폭력으로 이어질 수 있는가? 또한 아동 RS의 발달을 촉진(예: 소속과 수용의 필요성) 또는 조절(예: 정서적 공감)하는 다른 개인차 변인은 무엇인가?

일부 어린 아동들이 RS를 발달시킨다면, 이것이 청소년기와 성인기에 안정적인 반응 패턴으로 자리 잡을 가능성은 어느 정도일까? 중기 아동기에서 청소년기로 접어들면서 점점 사회적 지식과 수완이 증가함에 따라 RS는 변화 또는 경감될 수 있을 것인가? 마지막으로, 어린 아동에게서 어떻게 RS를 줄이거나 소거시킬 수 있을까? 아동들에게 특히 효과적일 수 있는 특정 전략(예: RS 주기에서 특정 링크를 차단하기, 반사회적 행동 재교육, 지지적 관계 형성)이 있을까?

또래집단 거부가 아동에게, 특히 만성적으로 거부된 아동에게 미치는 매우 파괴적인 영향을 감안할 때, 이러한 질문들은 연구자의 관심이 필요한 중요한 문제임에 틀림이 없다. 이러한 질문에 대한 답변을 얻는 것을 시작으로 연구자들은 또래거부에 관여하는 아동의 경향성을 감소시키고, 그러한 거부에 대처하는 아동의 기술과 탄력성 증진을 위한 개입 개발에 비로소 착수할 수 있을 것이다.

참고문헌

Abrams, D., Rutland, A., & Cameron, L. (2003). The development of subjective group dynamics: Children's judgments of normative and deviant in-group and out-group individuals. *Child Development, 74*, 1840-1856.

Abrams, D., Rutland, A., Cameron, L., & Marques, J. M. (2003). The development of subjective group dynamics: When in-group bias gets specific. *British Journal of Developmental Psychology, 21*, 155-176.

Anthonysamy, A., & Zimmer-Gembeck, M. J. (2007). Peer status and the behaviors of maltreated children and their classmates in the early years of school. *Child Abuse and Neglect, 31*, 971-991.

Ayduk, O., Downey, G., & Kim, M. (2001). Rejection sensitivity and depressive symptoms in women. *Personality and Social Psychology Bulletin, 27*, 868-877.

Baumeister, R. F., & Leary, M. R. (1995). The need to belong: Desire for interpersonal attachments as a fundamental human motivation. *Psychological Bulletin, 117*(3), 497-529.

Baumeister, R. F., & Tice, D. M. (1990). Anxiety and social exclusion. *Journal of Social and Clinical Psychology, 9*, 169-195.

Baumeister, R. F., Twenge, J., & Nuss, C. K. (2002). Effects of social exclusion on cognitive processes: Anticipated aloneness reduces intelligent thought. *Journal of Personality and Social Psychology, 83*, 817-827.

Berkowitz, L. (1989). Frustration-aggression hypothesis: Examination and reformulation. *Psychological Bulletin, 106*, 59-73.

Bierman, K. L. (2004). *Peer rejection*. New York: Guildford Press.

Bigler, R. S. (1995). The role of classification skill in moderating environmental influences on children's gender stereotyping: A study of the functional use of gender in the classroom. *Child Development, 66*, 1072-1087.

Bigler, R. S., Jones, L. C., & Lobliner, D. B. (1997). Social categorization and the formation of intergroup attitudes in children. *Child Development, 68*, 530-543.

Boiven, M., & Hymel, S. (1997). Peer experiences and social self-perceptions: A sequential model. *Developmental Psychology, 33*, 135-145.

Bowlby, J. (1969). Attachment and loss: Vol. 1. Attachment. New York: Basic Books.

Brown, C. S., & Bigler, R. S. (2004). Children's perceptions of gender discrimination. *Developmental Psychology, 40*, 714-726.

Cadwallader, T. W. (2001). Sociometry reconsidered: The social context of peer rejection in childhood. *International Journal of Action Method: Psychodrama, Skill Training, and Role Playing, 53*, 99-118.

Cillessen, A. H. N., & Mayeux, L. (2004). Sociometric status and peer group behavior: Previous findings and current directions. In J. B. Kupersmidt & K. A. Dodge (Eds.), *Children's peer relations* (pp. 3-20). Washington, DC: American Medical Association.

Coie, J. D., Dodge, K. A., & Kupersmidt, J. B. (1990). Peer group behavior and social status. In S. R. Asher & J. D. Coie. (Eds.), *Peer rejection in childhood. Cambridge Studies in Social and Emotional Development* (pp. 17-59). New York: Cambridge University Press.

Coplan, R. J., Closson, L. M., & Arbeau, K. A. (2007). Gender differences in the behavioral associates of loneliness and social dissatisfaction in kindergarten. *Journal of Child Psychology and Psychiatry, 48*, 988-995.

Crick, N. R., & Dodge, K. A. (1994). A review and reformulation of social-information processing mechanisms in children's social adjustment. *Psychological Bulletin, 115*, 74-101.

Dodge, K. A. (1980). Social cognition and children's aggressive behavior. *Child Development, 51*, 162-170.

Dodge, K. A., & Coie, J. D. (1987). Social-information processing factors in reactive and proactive aggression in children's peer groups. *Journal of Personality and Social Psychology, 53*, 1146-1158.

Dodge, K. A., & Feldman, E. (1990). Issues in social cognition and sociometric status. In S. R. Asher & J. D. Coie (Eds.), *Peer rejection in childhood: Origins, consequences, and intervention* (pp. 119-155). New York: Cambridge University Press.

Dodge, K. A., Lansford, J. E., Burks, V. S., Bates, J. E., Pettit, G. S., Fontaine, R., et al. (2003). Peer rejection and social information processing factors in the development of aggressive behavior problems in children. *Child Development, 74*, 374-393.

Downey, G., Bonica, C., & Rincon, C. (1999). Rejection sensitivity and adolescent romantic relationships. In W. Furman, B. Bradford Brown, & C. Feiring (Eds.), *The development of romantic relationships in adolescence* (pp. 148-174). New York: Cambridge University Press.

Downey, G., Feldman, S., & Ayduk, O. (2000). Rejection sensitivity and male violence in romantic relationships. *Personal Relationships, 7*, 45-61.

Downey, G., & Feldman, S. I. (1996). Implications of rejection sensitivity for intimate relationships. *Journal of Personality and Social Psychology, 70*, 1327-1343.

Downey, G., Freitas, A. L., Michaelis, B., & Khouri, H. (1998). The self-fulfilling prophecy in close relationships: Rejection sensitivity and rejection by romantic partners. *Journal of Personality and Social Psychology, 75*, 545-560.

Downey, G., Lebolt, A., Rincon, C., & Freitas, A. L. (1998). Rejection sensitivity and children's interpersonal difficulties. *Child Development, 69*, 1074-1091.

Duffy, A., & Nesdale, D. (2010). Group norms, intra-group position and children's bullying intentions. *European Journal of Developmental Psychology, 10*, 1740-1756.

Durkin, K. (1995). *Developmental social psychology: From infancy to old age.* Oxford: Blackwell.

Feldman, S., & Downey, G. (1994). Rejection sensitivity as a mediator of the impact of childhood exposure to family violence on adult attachment behavior. *Developmental and Psychopathology, 6*, 231-247.

Hymel, S., Rubin, K. H., Rowden, L., & Le Mare, L. (1990). Children's peer relationships: Longitudinal prediction of internalizing and externalizing problems from middle to late childhood. *Child development, 61*, 2004-2021.

Jones, D. C., Abbey, B. B., & Cumberland, A. (1998). The development of display rule knowledge: Linkages with family expressiveness and social competence. *Child Development, 69*(4), 1209-1222.

Leary, M. R. (1990). Responses to social exclusion: Social anxiety, jealousy, loneliness, depression, and low self-esteem. *Journal of Social and Clinical Psychology, 9*, 221-229.

Leary, M. R. (2001). Toward a conceptualization of interpersonal rejection. In M. R. Leary (Ed.), *Interpersonal rejection* (pp. 3-20). New York: Oxford University Press.

Levy, S. R., Ayduk, O., & Downey, G. (2001). The role of rejection sensitivity in people's relationships with significant others and valued social groups. In M. R. Leary (Ed.), *Interpersonal rejection* (pp. 251-289). New York: Oxford University Press.

London, B., Downey, G., Bonica, C., & Paltin, I. (2007). Social causes and consequences of rejection sensitivity. *Journal of Research on Adolescence, 17*, 481-506.

McDougall, P., Hymel, S., Vaillancourt, T., & Mercer, L. (2001). The consequences of childhood peer rejection. In M. R. Leary (Ed.), *Interpersonal rejection* (pp. 213-247). New York: Oxford University Press.

McLachlan, J., Zimmer-Gembeck, M. J., & McGregor, L. (2010). Rejection sensitivity in childhood and early adolescence: Peer rejection and protective effects of parents and friends. *Journal of Relationships Research, 1*, 31-40.

Miller, N. E. (1948). Theory and experiment relating psychoanalytic displacement to stimulus-response generalization. *Journal of Abnormal and Social Psychology, 43*, 155-178.

Nangle, D. W., Erdley, C. A., & Gold, J. A. (1996). A reflection on the popularity construct: The importance of who likes or dislikes a child. *Behavior Therapy, 27*, 337-352.

Nelson D., & Crick, N. R. (1999). Rose-colored glasses: Examining the social information processing of prosocial young adolescents. *Journal of Early Adolescence, 19*, 17-38.

Nesdale, D. (1999). Developmental changes in children's ethnic preferences and social cognitions. *Journal of Applied Developmental Psychology, 20*, 501-519.

Nesdale, D. (2001). Development of prejudice in children. In M. Augoustinos & K. Reynolds (Eds.), *Understanding the psychology of prejudice and racism* (pp. 57-72). London: Sage.

Nesdale, D. (2007). Children's perceptions of social groups. In J. A. Zebrowski (Ed.), *New research on social perception* (pp. 1-46). Hauppauge, NY: Nova Science Publishers.

Nesdale, D. (2008). Peer group rejection and children's intergroup prejudice: Experimental studies. In S. Levy & M. Killen (Eds.), *Intergroup attitudes and relations in childhood through adulthood* (pp. 32-46). Oxford: Oxford University Press.

Nesdale, D., & Brown, K. (2004). Children's attitudes towards an atypical member of an ethnic in-group. *International Journal of Behavioral Development, 28*, 328-335.

Nesdale, D., & Duffy, A. (2011). Social identity, social group rejection and young children's reactive and proactive aggression. *British Journal of Developmental Psychology, 29*, 823-841.

Nesdale, D., Durkin, K., Maass, A., & Griffiths, J. (2004). Group status, out-group ethnicity, and children's ethnic attitudes. *Journal of Applied Developmental Psychology, 25*, 237-251.

Nesdale, D., Durkin, K., Maass, A., & Griffiths, J. (2005). Threat, group identification, and children's ethnic prejudice. *Social Development, 14*, 189-205.

Nesdale, D., Durkin, K., Maass, A., Kiesner, J., Griffiths, J., Daly, J., et al. (2010). Peer group rejection and children's out-group prejudice. *Journal of Applied Developmental Psychology, 31*, 134-144.

Nesdale, A. R., & Flesser, D. (2001). Social identity and the development of children's group attitudes. *Child Development, 72*, 506-517.

Nesdale, D., Griffiths, J., Durkin, K., & Maass, A. (2005). Empathy, group norms and children's ethnic attitudes. *Journal of Applied Developmental Psychology, 26*, 623-637.

Nesdale, D., & Lambert, A. (2007). Effects of experimentally-manipulated peer rejection, on children's negative affect, self-esteem, and maladaptive social behavior. *International Journal of Behavioral Development, 31*, 115-122.

Nesdale, D., & Lambert, A. (2008). Effects of experimentally-induced peer group rejection on children's risk-taking behavior. *European Journal of Developmental Psychology, 5*, 19-38.

Nesdale, D., & Lawson, M. J. (2011). Social groups and children's intergroup attitudes: Can school norms moderate the effects of social group norms? *Child Development, 82,* 1594–1606.

Nesdale, D., Maass, A., Durkin, K., & Griffiths, J. (2005). Group norms, threat and children's ethnic prejudice. *Child Development, 76,* 1–12.

Nesdale, D., Maass, A., Griffiths, J., & Durkin, K. (2003). Effects of in-group and out-group ethnicity on children's attitudes towards members of the in-group and out-group. *British Journal of Developmental Psychology, 21,* 177–192.

Nesdale, D., Maass, A., Kiesner, J., Durkin, K., & Griffiths, J. (2008). Effects of group norms on children's intentions to bully. *Social Development, 17,* 889–907.

Nesdale, D., Maass, A., Kiesner, J., Durkin, K., Griffiths, J., & Ekberg, A. (2007). Effects of peer group rejection, group membership, and group norms, on children's out-group prejudice [Special issue: Social Identity and Intergroup Attitudes in Children and Adolescents]. *International Journal of Behavioral Development, 31,* 526–535.

Nesdale, D., Maass, A., Kiesner, J., Durkin, K., Griffiths, J., & James, B. (2009). Effects of peer group rejection and a new group's norms on children's intergroup attitudes. *British Journal of Developmental Psychology, 27,* 783–797.

Nesdale, D., & Pelyhe, H. (2009). Effects of peer rejection on children: Social anxiety, self-esteem, and attitudes towards the in-group and out-group. *European Journal of Developmental Psychology, 6,* 294–317.

Nesdale, D., Zimmer-Gembeck, M. J., & Roxburgh, N. (in press). Peer group rejection in childhood: Effects of rejection ambiguity, rejection sensitivity, and social acumen. *Journal of Social Issues.*

Ojala, K., & Nesdale, D. (2004). Bullying as a group process: The effects of group norms and distinctiveness threat on attitudes towards bullying. *British Journal of Developmental Psychology, 22,* 19–35.

Ojala, K., & Nesdale, D. (2012). Group belongingness and intra-and intergroup attitudes in children. Griffith University, Queensland, Australia.

Petherick, J., & Zimmer-Gembeck, M. J. (2006). Attachment patterns during year 12: Rejection sensitivity, loneliness, social competence, and support as correlates of stability and change. *Australian Journal of Educational and Developmental Psychology, 23*, 65-86.

Rubin, K., Bukowski, W., & Parker, J. G. (2006). Peers, relationships and interactions. In W. Damon, R. Lerner, & N. Eisenberg (Eds.), *Handbook of child psychology: Vol 3. Social emotional and personality development* (6th ed., pp. 571-645). Hoboken, NJ: Wiley.

Rubin, K. H., Coplan, R. J., & Bowker, J. C. (2009). Social withdrawal in childhood. *Annual Review of Psychology, 60*, 141-171.

Sanders, J. B. P., Smith, P. K., & Cillessen, A. H. N. (2009, August). *Cyberbullies: Their motives, characteristics, and types of bullying.* Paper presented at fourteenth European Conference on Developmental Psychology, Vilnius, Lithuania.

Sandstrom, M. J., Cillesen, A. H. N., & Eisenhower, A. (2004). Children's appraisal of peer rejection experiences: Impact on social and emotional adjustment. *Social Development, 12*, 530-550.

Sandstrom, M. J., & Zakriski, A. L. (2004). Understanding the experience of peer rejection. In J. B. Kupersmidt & K. A. Dodge (Eds.), *Children's peer relations. From development to intervention. Decade of behavior* (pp. 101-118). Washington, DC: American Psychological Association.

Tajfel, H., & Turner, J. (1979). An integrative theory of intergroup conflict. In W. G. Austin & S. Worchel (Eds.), *The social psychology of intergroup relations* (pp. 33-47). Monterey, CA: Brooks/Cole.

Verkuyten, M. (2007). Ethnic in-group favoritism among minority and majority groups: Testing the self-esteem hypothesis among pre-adolescents. *Journal of Applied Social Psychology, 37*, 486-500.

Watson, J., & Nesdale, D. (2012). Rejection sensitivity, social withdrawal, and loneliness in young adults. *Journal of Applied Social Psychology, 42*, 1984-2005.

Williams, K. D. (2001). *Ostracism.* New York: Guildford Press.

Williams, K. D., Cheung, C. K. T., & Choi, W. (2000). CyberOstracism: Effects of being ignored over the internet. *Journal of Personality and Social Psychology, 79*, 748-762.

Yee, M. D., & Brown, R. J. (1992). Self-evaluations and intergroup attitudes in children aged three to nine. *Child Development, 63*, 619-629.

Zakriski, A. K., & Coie, J. D. (1996). A comparison of aggressive-rejected and nonaggressive-rejected children's interpretations of self-directed and other-directed rejection. *Child Development, 67*, 1048-1070.

Zimmer-Gembeck, M. J., Geiger, T. A., & Crick, N. R. (2005). Relational and physical aggression, prosocial behavior, and peer relations: Gender moderation and bidirectional associations. *Journal of Early Adolescence, 25*, 421-452.

Zimmer-Gembeck, M. J., Hunter, T. A., Waters, A. M., & Pronk, R. (2009). Depression as a longitudinal outcome and antecedent of young adolescents' peers relationships and peer-relevant cognition. *Development and Psychopathology, 21*, 555-577.

Zimmer-Gembeck, M. J., & Nesdale, D. (2013). Anxious and angry rejection sensitivity, social withdrawal and retribution in high and low ambiguous situations. *Journal of Personality, 81*, 29-38.

Zimmer-Gembeck, M. J., & Vickers, C. (2007). Romantic experiences and depressive symptoms: Testing the intensifying roles of rejection sensitivity and relationship commitment. In Z. J. Pearce (Ed.), *Proceedings of the APS relationships interest group* (pp. 112-117). Melbourne: Australian Psychological Society.

Zimmer-Gembeck, M. J., Waters, A. M., & Kindermann, T. (2010). A social relations analysis of liking for and by peers: Associations with gender, depression, peer perception, and worry. *Journal of Adolescence, 33*, 69-81.

Zimmer-Gembeck, M. J., & Wright, J. L. (2007). Rejection sensitivity and romantic attachment orientation are associated with parental psychological control. In R. S. Grenell (Ed.), *Adolescent behavior research studies* (pp. 121-139). New York: Nova Science Publishers.

9

청소년기 홀로 있음에 대한 친화성과 아동기 고독선호:
두 연구 전통의 연계

Luc Goossens

쉬는 시간 동안, 다른 친구들과 잘 어울려 놀지 않는 초등학생을 보게 되면 어른들은 종종 걱정에 휩싸이곤 한다. 그러나 성인이 홀로 있다거나 청소년이 자신의 방에서 홀로 시간을 보내고 있다면, 대부분의 사람은 이를 그다지 우려하지 않는다. 이처럼 대상에 따라 반응이 다른 것은 우리 사회의 성인 구성원이 가진 신념을 보여 준다. 그것은 홀로 보내는 시간이 청소년기와 성인기에는 특정한 이점을 가지고 있지만, 아동기에는 그렇지 않다는 생각이다. 그러나 과학적 연구들은 특정한 형태의 홀로 보내는 시간이 그 구체적인 방식은 다르다 할지라도, 발달하고 있는 개인에게 생애 각 시기에 따라 독특한 유익을 준다는 점을 보여 주었다. 이 장에서는 이와 같은 연구결과들을 개관하고자 한다.

특히 이 장에서는 아동기의 단독 놀이(solitary play)와 성인기의 홀로 보내는 시간

(time spent alone) 각각에 집중해 온 두 연구 전통을 기술하고자 한다. 이 두 연구 전통은 지금까지도 여전히 서로 연계되지 못한 채로 남아 있다. 그리고 최근까지도 각각의 분야에 속해 있는 연구자들 사이에서 제대로 된 소통이 이뤄지지 않고 있다. 이 장의 첫 두 절에서는 이 두 연구 전통에 대하여, 그리고 두 연구 전통과 관련된 과학적 탐구 영역들(동기 및 성숙 이론에 뿌리를 두고 있는)에 대하여 개관할 것이다. 마지막 절에서는 고독의 의미를 전생애에 걸쳐 명확하게 밝히려는 노력의 일환으로 두 연구 전통이 서로 연계될 수 있는 여러 방식을 제안할 것이다.

아동기의 혼자 놀기와 기저 동기

아동의 사회적 발달에 관심을 가지고 있는 많은 연구자들은 혼자 노는 아동, 보다 일반적으로는 주위에 또래가 있음에도 사회적 상호작용에 참여하지 않는 아동에게 특별한 주의를 기울여 왔다(Coplan, Rubin, Fox, Calkins, & Stewart, 1994). 종종 행동적 고독(behavioral solitude)으로 언급되기도 하는 이와 같은 사회적 상호작용의 부재는 그 원인을 외부 혹은 내부에서 찾을 수 있다. 전자의 경우에는 아동이 사회적 상호작용에서 능동적으로 배제되는 것으로, 이러한 상황을 적극적 고립(active isolation)이라고 명명한다(Rubin, Bukowski, & Parker, 2006). 후자의 경우에는 사회적 위축(social withdrawal)으로 일컬어지며, 아동이 스스로 사회적 상호작용으로부터 멀어지는 것을 말한다. 사회적 상호작용에서 멀어지려는 아동은 그렇게 행동하는 몇 가지 이유를 가지고 있는데, 결과적으로 그들은 혼자 놀기에 대한 서로 다른 동기적 배경에 따라 몇 가지 집단으로 구별될 수 있다(Rubin, Coplan, & Bowker, 2009). 첫 번째 아동 집단은 또래를 두려워하거나 사회적으로 불안한 모습을 보인다. 이러한 유형의 사회적 위축을 표현하기 위하여 수줍음(shyness) 또는 불안한 고독(anxious solitude)과 같은 용어들이 사용되고 있다. 두 번째 아동 집단은 혼자 하는 활동들(solitary activities)을 두려워하지 않고 선호하는 모습을 보인다. 비사교성(unsociability)이나 사회적 무관심(social disinterest)과 같은 용어들이 이러한 유형의 사회적 위축을 표현하고 있다(Coplan & Rubin, 2010). 그러나 두 용어 모두 다소 부정적인 의미를 내포하고 있기 때문에 점차 **고독선호**(preference for solitude)라는 용어의 사용 빈도가 늘어나고 있다. 고독선호라는 용어는 사회적 상호작용에서 두려움 없이 물러나는 아동이 다른 사람과 함께 시간을 보내기보다 홀로 하는 활동 추구에 더 큰 흥미를 느끼고 있다는 사실을 강조하고 있다(Coplan & Weeks, 2010a).

사회적 위축에 대한 보다 정교한 개념화는 사회적 접근동기와 사회적 회피동기의 조합에 기반하고 있다. 이것은 아동의 사회적 위축 유형을 두 가지가 아닌 세 가지로 구분한다(Asendorpf, 1990, 1993). 예컨대, 수줍어하는 아동은 높은 수준의 사회적 접근동기와 회피동기를 가지고 있다(즉, 다른 아이들과 어울려 놀고 싶지만 두려움이나 불안 때문에 그렇게 하지 못함). 그러나 비사교형 아동은 동기적 역동에서 반대의 패턴을 보인다. 그들은 낮은 사회적 접근과 회피동기를 가지고 있다(즉, 사회적 접촉에서 물러서지만 다른 아이들을 두려워하지는 않음). 또한 사회적 회피형(socially avoidant) 아동은 낮은 사회적 접근과 높은 회피동기를 가지고 있다(즉, 다른 아이들과 어울리기를 원하지 않으며 또래들을 두려워함). 물론 대다수의 아동은 네 번째 유형인 비위축형(non-withdrawn) 범주에 포함된다. 비위축형에 속한 아동들은 사교적인 것으로 볼 수 있는데, 이들은 낮은 사회적 회피와 높은 접근동기를 가지고 있다. 이들은 활달하고, 다른 사람들과 어울리는 것을 즐기며, 사회적으로 유능하다(Asendorpf, 1990, 1993).

이와 같은 개념화는 다양한 유형의 위축행동을 평가하기 위한 여러 측정도구 개발에 영감을 주었다. 이러한 측정도구 중 아동의 비사회적 놀이에 대한 관찰을 포함하고 있는 측정도구는 사회적 위축의 유형을 구별하는 핵심 정보를 제공한다. 또한 또래지명을 포함하는 측정도구의 경우, 부분적으로 능동적 고립과 중첩될 수 있는 보다 넓은 의미의 위축 개념을 이해하는 데 활용된다(개관을 위해서는 이 책의 7장 참조). 그리고 이중 모형(즉, 사회적 접근동기와 사회적 회피동기)에서 영감을 받은 다른 측정도구들은 사회적 위축의 기저 동기를 보다 직접적으로 평가한다. 예컨대, 아동용 사회적 선호 척도(Child Social Preference Scale: CSPS; Coplan, Prakash, O'Neill, & Armer, 2004)에서 엄마는 자녀가 다른 아이들과 어울려 놀지 않는 이유를 평가한다. 하지만 엄마가 지각하는 아동의 동기는 명백하게 주관적이라고 할 수 있다. 따라서 나이가 많은 아동을 대상으로 엄마가 아닌 아동 자신에게 직접 그 기저 동기를 평가하게 하는 자기보고식 CSPS의 사용이 점차 증가하고 있다(Bowker & Raja, 2011). 한편, 일부 연구자는 아동용 사회적 선호 질문지(Child Social Preference Questionnaire: CSPQ; Coplan et al., 2013)를 사용하여 아동의 고독선호를 측정한다(Coplan et al., 2013). CSPQ는 "나는 다른 아이들과 함께 있기보다 혼자 노는 것이 더 좋다."와 같은 문항들을 포함하고 있으며, 홀로 하는 활동에 대한 기저 동기는 탐색하지 않는다(사회적 위축 측정을 위한 평가도구 개관을 위해서는 Rubin et al., 2009 참조).

연구자들은 이와 같이 다양한 측정도구를 사용하여 아동기 사회적 위축 관련 문헌에서 제시하는 두 가지 핵심 가정에 대한 증거를 수집해 왔다. 첫째, 연구자들은 비사교성 혹은 사회적 무관심의 기저에 다른 아이들에 대한 두려움이 아닌 긍정적 동기가 존재한다는 것을 입증하고자 하였다. 기저 동기에 따른 사회적 위축의 다양한 유형이 요인분석을 통하여 쉽게 구별될 수 있으며, 측정의 신뢰도 또한 높다는 사실은 이러한 가정을 지지하고 있다. 이는 부모(엄마)-보고(Coplan et al., 2004) 및 자기-보고(Bowker & Raja, 2011) 모두에서 확인할 수 있다. 둘째, 연구자들은 비사교성(최근 고독선호로 불리기도 하는)이 상대적으로 경미한 형태의 사회적 위축이라는 것을 입증하고자 하였다. 구체적으로, 이러한 형태의 위축행동은 내재화 문제와 기껏해야 제한적인 연관성만을 보일 것으로 예상되었다.

이러한 예상은 이중 모형에 기반을 둔 사회적 위축의 다양한 유형을 비교할 때 확실하게 입증된다. 수줍음과 사회적 무관심에 대한 부모(엄마)-보고에서 비사교형 아동(즉, 낮은 수줍음과 높은 사회적 무관심)의 내재화 문제는 수줍어하는 아동(즉, 높은 수줍음과 낮은 사회적 무관심; Coplan & Weeks, 2010b)보다 적게 나타났으며, 위축되지 않은 아동과 비교할 때에도 큰 차이를 보이지 않았다. 또한 수줍음 및 고독선호에 대한 자기-보고에서도 비사교형 아동(즉, 낮은 수줍음과 높은 고독선호)의 내재화 문제는 위축되지 않은 아동과 유사한 수준으로 나타났으며, 특히 수줍음-갈등형 아동(즉, 높은 수줍음과 낮은 고독선호) 및 회피형 아동(즉, 높은 수줍음과 높은 고독선호)과 비교할 때 더 적은 내재화 문제를 보였다. 한편, 후자의 연구결과는 사회적 회피가 우울 증상의 초기 신호일 수도 있다는 생각과 일치한다(Coplan et al., 2013).

청소년기에 홀로 있기 원하는 것과 그것의 적응적 기능

성인기의 사회적 발달을 탐구하는 연구자들은 성인이 홀로 보내는 시간에 주안점을 두는 경향이 있었다. 이 경우, 관련 측정을 위해 자기보고 방법이 주로 사용되어 왔으며(예: Leary, Herbst, & McCrary, 2003; Long, Seburn, Averill, & More, 2003), 홀로 보내는 시간의 양, 홀로 하는 활동의 즐거움, 고독선호 등이 자기보고를 통해 측정될 수 있다. 예컨대, 고독 선호 척도(Preference For Solitude Scale: PSS; Burger, 1995) 문항에서 응답자들은 홀로 하는 활동, 그리고 다른 사람과 함께하는 활동 사이에서 선택을 해야만 한다. 홀로 있는 시간에 대한 성인의 기저 동기 또한 아동기 연구에서와 마찬가지로 이 연구 분야에서 가장 관심 있는 주제가 되어 왔다. 여기서 핵심이 되는 가정은 홀로 시간을 보내는 성인이 그렇게 행동하는 긍정적인 동기를 가지고 있다는 것이다. 그들은 혼자 있으면서 타인에 대한 두려움이 없을 때, 혹은 유친(affiliation) 동기가 단순히 낮을 때 자신만의 흥미를 추구하고 싶어 한다(이 책의 12장 참조).

여러 연구가 이와 같은 의견을 지지하고 있다. 예컨대, PSS에서 높은 점수를 보이는 젊은 성인은 낮은 점수를 보이는 성인에 비해 더 많은 시간을 홀로 보내는 경향이 있었다. 이러한 경향은 사회적 불안의 효과를 통계적으로 제거한 후에도 계속 유효하였다(Burger, 1995, 실험 5). 젊은 성인을 대상으로 하는 또 다른 연구에서는 홀로 하는 활동의 잦은 빈도와 즐거움이 다른 사람들과 시간을 함께 보내려는 낮은 욕구[즉, 낮은 친애 동기나 낮은 소속욕구로 나타나는 낮은 관계지향성(sociotropicism)]가 아닌 홀로 시간을 보내는 것에 대한 강렬한 열망[즉, PSS와 유사한 검사도구에 의해 측정된 높은 수준의 단독지향성(solitropicism)]과 주로 관계가 있음을 보여 준다(Leary et al., 2003).

 나아가, 성인기 고독을 연구하는 연구자들은 아동기 고독에 대해 유사한 관심을 가지고 있는 연구자들에 비해 한 걸음 더 나아가는 경향이 있다. 그들은 고독이 수많은 측면에서 유익하거나 적응적인 기능을 할 수 있다고 주장한다. 자신만의 시간(외부에서 강요하지 않고 능동적으로 획득한)을 보내는 것은 보다 나은 통찰력과 정서적 자기회복에 기여할 뿐만 아니라, 어떤 사람에게는 창의성 신장에도 도움을 줄 수 있다는 것이다(Long & Averill, 2003; 이 책의 6장 참조). Long 등(2003)은 대학생을 대상으로 수행한 그들의 연구에 기초하여 고독의 잠재적 유익을 내부지향(예: 내적 평화)과 외부지향(예: 영성)의 두 가지 차원으로 나누어 제시하였다. 한편, 긍정적 영향을 미칠 수 있다는 관점은 아마도 Abraham Maslow(1954)에 의해 가장 설득력 있게 표현되었다고 할 수 있다. Maslow는 자신의 내적 잠재력을 완전하게 실현한 사람(즉, 자기실현한 성격)의 경우에는 사생활을 소중하게 여기고 고독을 즐긴다고 하였다. 비록 그들이 다른 사람들과 어울리는 것을 매우 좋아한다 하더라도, 그들은 개인적인 발견과 내적 잠재력의 계발을 위해 정기적으로 자신만의 시간을 가진다.

 성인기 성숙의 구인에 초점을 맞춘 이러한 개념화에서 청소년기는 아동기에서 성인기로 넘어가는 과도기적 단계에 해당한다. 아동들은 혼자 있으려 하지 않으며 홀로 있는 시간을 건설적으로 사용하는 것에 어려움을 느낀다. 이에 반해, 청소년 시기의 고독은 의도적이고 계획적인 기능을 가지기 시작한다. 그들이 홀로 보내는 시간은 개별화 및 정체성 형성(즉, 부모로부터 심리적 거리를 두고 미래의 계획을 고민하는 것; Goossens & Marcoen, 1999; Larson, 1990; 청소년기 고독 관련 연구의 개관을 위해서는 Goossens, 2006 참조)을 위한 발달 과업을 다루는 데 사용된다. 청소년들이 홀로 있음의 유익을 점차 깨닫게 됨에 따라, 달리 말해 고독이 건설적인 전문 영역으로 청소년기에 처음 등장하게 됨에 따라(Larson, 1997) 많은 학자는 청소년 및 성인 연구에서 **홀로 있음에 대한 친화성**(affinity for aloneness)이라는 용어를 사용하였다. 구체적인 어감을 고려할 때, 이 용어는 아동기 사회적 위축 관련 연구에서 사용되고 있는 **고독선호**에 비해 그 의미가 다소 광범위해 보인다.

 청소년기 고독에 적극적인 관심을 가지고 있는 연구자들은 홀로 있음에 대한 친화성이 임상적인 우울증이나 조현병에서 나타나는 병리적인 형태의 사회적 무관심과 구분되어야 한다고 주장한다. 예컨대, 작가 및 예술가와 같은 일부 성인 집단은 일시적으로 거의 자폐적인 고독 상태에 빠져 있는 것처럼 보이지만, 그들 자신은 창조적 작업 과정 속에서 이와 같은 상태를 명백하게 초월하고 있다(Bucholz, 1997; Storr, 1988).

　이러한 이론적 개념에 기초하여 연구자들은 성인의 홀로 있음에 대한 친화성을 다루는 연구문헌에서 다음의 세 가지 핵심 가정에 대한 증거를 찾아내고자 노력해 왔다. 첫 번째 가정은, 비병리적 형태의 비사교성이 청소년기 이후에는 홀로 있음에 대한 친화성으로 나타난다는 것이다. 두 번째 가정은, 청소년들은 긍정적 이유로(즉, 홀로 있는 것은 그들로 하여금 자신의 흥미를 추구할 수 있도록 도와주기 때문에) 홀로 보내는 시간을 소중하게 여길 것이라는 것이다. 이와 같은 두 번째 가정에 비추어 볼 때, 청소년의 홀로 있음에 대한 친화성을 다루는 연구 프로그램은 아동기 사회적 위축을 다루는 연구전통과 가장 밀접하게 닿아 있다고 할 수 있다. 마지막이자 세 번째 가정은, 성인 성숙의 핵심 요소라고 할 수 있는 홀로 있음에 대한 친화성이 안녕감(well-being)과는 정적 관계를, 내재화 문제와는 부적 관계를 보인다는 것이다.

홀로 있음에 대한 친화성 개념의 핵심 가정 검증

　앞서 언급한 세 가지의 핵심 가정은 청소년의 외로움과 홀로 있음에 대한 태도를 평가하는 연구 프로그램을 통해 실증적으로 검증되었다. 이 프로그램은 이 장의 저자에 의해 공동으로 기획되었으며, 현재까지도 진행 중이다. 연구 프로그램의 일부는 홀로 있음에 대한 친화성, 그리고 이와 대응관계를 보일 것으로 추정되는 지루함을 다루었다(이 연구 프로그램의 이론적 배경에 대한 개관을 위해서는 Goossens, 2004 참조; 외로움과 홀로 있음에 대한 태도의 구별은 Galanaki, 2004 참조). 연구 프로그램에서는 많은 수의 문항에 요인분석을 실시하였으며, 그 결과 외로움에 대한 두 가지 척도와 청소년의 홀로 있음에 대한 태도를 다루는 두 가지 하위척도가 각각 도출되었다. 외로움에 대한 두 가지 척도 중 하나는 부모와의 관계에서 경험되는 외로움을 측정하였고(예: "나는 부모님이 나를 소외시킨다고 느낀다."), 또 다른 하나는 또래와의 관계에서 경험되는 외로움을 측정하였다(예: "나는 친구가 없기 때문에 슬프다."). 홀로 있음에 대한 태도를 다루는 두 가지 하위척도는 홀로 있음에 대한 친화성(예: "나는 혼자 있기를 원한다.")과 홀로 있음에 대한 혐오(예: "나는 혼자 있을 때 기분이 나쁘다.")를 각각 측정하였다(Marcoen, Goossens, & Caes, 1987). 아동ㆍ청소년용 외로움 및 홀로 있음 척도(Loneliness and Aloneness Scale for Children and Adolescents: LACA)로 지칭되는 이 4가지 척도는 일반적으로 낮은 내적 상관을 나타낸다. 특히 홀로 있음에 대한 태도를 측정하는 두 하위척도의 경우에는 거의 0에 가까운 상관을 보이는데(Marcoen & Goossens, 1993), 이는 청소년의 홀로 있음에 대한 두 가지 태도(친화성, 혐오)가 서로 독립되어 있다는 것을 시사한다. 또한 이전의 연구들은 상대적으로 나이가 많은 아동(Goossens & Beyers, 2002) 및 청소년(Goossens et al., 2009)을 대상으로 4가지 척도의 구인 타당도를 명백하게 증명하였다.

비병리적 형태의 비사교성

앞서 언급한 첫 번째 핵심 가정은 9~12학년 벨기에 청소년으로 구성된 3가지의 표본집단을 대상으로 검증되었다. 첫 번째 집단(N=371)은 LACA와 사교성 측정을 위한 두 가지 표준화된 척도에 응답하였다. 이 두 척도는 Cheek와 Buss(1981), Eaves와 Eysenck(1975)에 의해 개발되었다. 이들 척도에 포함된 문항들의 예시로는 "당신은 밖으로 나가는 것을 엄청 좋아합니까?" "나는 다른 사람과 함께 있는 것을 좋아한다."를 들 수 있다. 나머지 두 집단(N=264, N=252)은 LACA와 비사교성 측정을 위한 두 가지 척도에 응답하였다. 비사교성 측정을 위한 첫 번째 척도는 네덜란드 자기애성 척도(Dutch Narcissism Scale; Ettema & Zondag, 2003)의 하위척도 중 고립을 나타내는 척도로, 다른 사람에게 이해받지 못한다는 느낌, 다른 사람에게 닿을 수 없을 것 같은 느낌 등 비교적 경미한 형태의 비사교성을 다루고 있다. 이 척도의 문항 예시로는 "다른 사람들은 내가 생각하거나 느끼는 것을 전혀 알지 못한다"를 들 수 있다. 비사교성 측정을 위한 두 번째 척도는 사회지향성 자율성 척도(Sociotropy Autonomy Scale: SAS; Clark & Beck, 1991)의 하위척도 중 고독/무감각 척도로, 홀로 하는 활동에 대한 선호, 다른 사람의 요구와 바람에 대한 무감각 등 비교적 현저히 드러나는 형태의 비사교성을 다루고 있다. 이 척도의 문항 예시로는 "나는 때때로 의도치 않게 내가 가장 사랑하는 사람들에게 말로 상처를 준다(무감각)" "나는 동행하는 사람 없이 혼자 밖으로 나가 새로운 장소를 찾아다니는 것을 좋아한다(고독)"를 들 수 있다. 3가지의 표본집단을 통해 확인된 LACA와 사교성/비사교성 척도의 상관관계는 〈표 9-1〉과 같다.

〈표 9-1〉 LACA와 사교성/비사교성 척도의 상관관계

척도	N	부모관계 외로움	또래관계 외로움	홀로 있음에 대한 혐오	홀로 있음에 대한 친화성
사교성-CB	371	-0.13*	-0.32***	0.40***	-0.34***
사교성-EE	371	0.02	-0.38***	0.28***	-0.32***
고립	264			-0.05	0.46***
	252			-0.04	0.36***
고독/무감각	264			-0.01	0.13*
	252			-0.03	0.10

주: CB는 Cheek와 Buss(1981)의 척도, EE는 Eaves와 Eysenck(1975)의 척도임.
$p^* < .05, p^{***} < .001$.

〈표 9-1〉에서 제시된 바와 같이, 홀로 있음에 대한 친화성 척도는 두 사교성 척도 및 경미한 형태의 비사교성 척도(고립)와 낮거나 중간 수준(즉, rs가 0.30~0.50 사이)의 유의한 상관을 나타내었다. 그러나 현저한 형태의 비사교성 척도(즉, 고독/무감각)와는 유의한 상관을 나타내지 않거나, 나타내더라도 작은 크기의 상관을 보였다. 이와 같은 상관관계의 패턴은 홀로 있음에 대한 친화성 척도가 병리적이지 않은 형태의 비사교성을 측정할 수 있다는 생각과 일치하는 것이다. 특히, 홀로 있음에 대한 청소년의 친화성이 클수록 다른 사람과 함께 있는 것이 좋다거나 다른 사람에게 이해 받고 있다고 진술하

는 경향이 줄어들었다. 그렇다고 해서 다른 사람의 요구나 감정에 무감각해지는 모습을 보이는 것은 아니었다. 〈표 9-1〉의 다른 상관관계는 홀로 있음에 대한 혐오가 사교성을 측정할 수는 있지만 비사교성과는 아무런 관계가 없다는 것을 보여 준다. 마지막으로, 또래관계에서의 외로움은 사교성과 유의한 부적상관을 보였다.

홀로 있음의 동기

앞서 언급한 바와 같이, 홀로 있음에 대한 친화성이라는 구인의 핵심적인 측면은 청소년들이 긍정적인 이유로(즉, 홀로 있는 것은 자신의 흥미를 추구할 수 있도록 도와주기 때문에) 홀로 보내는 시간을 소중하게 여길 것이라는 점이다. 이와 같은 가정은 5~6학년 벨기에 청소년으로 구성된 2가지 표본집단을 대상으로 검증되었다. 홀로 있음에 대한 친화성 척도에서 일부 문항은 홀로 있을 때 하게 되는 활동에 대하여 언급하면서 그런 활동을 하게 되는 기저 동기를 은연중에 드러내고 있다(예: "조용하게 어떤 생각을 할 수 있기 때문에"). 그러나 또 다른 문항들은 이러한 활동이나 그 기저 동기를 상당히 모호하게 표현하고 있거나(예: "나는 많은 사람과 어떤 일을 하지 못하는 것이 아니라 그것을 하기 위해 사람들로부터 빠져 나온다."), 홀로 있음에 대한 이유를 부정적 또는 반응적으로 언급하고 있다(예: "시끄러운 소음을 피하기 위해 나는 사람들로부터 거리를 둔다."). 따라서 청소년들이 홀로 있기를 원하는 긍정적인 이유를 보다 세부적으로 검토하는 연구를 통해 이 척도(홀로 있음에 대한 호감 척도)의 구인 타당도 검증을 위한 추가적인 증거를 확인할 수 있다.

검증을 위한 첫 번째 연구에서는 청소년들(N=500)에게 LACA와 아동의 고독 척도(Children's Solitude Scale: CSS; Galanaki, 2008)를 작성하도록 하였다. CSS의 문항들은 동일한 문장으로 시작된다. 예컨대, "나는 혼자 있기를 좋아한다."라는 문장의 뒤를 이어 그와 같이 행동하는 구체적인 이유가 나열된다(예: "숙제를 하기 위해서" "내 비밀을 지키기 위해서" "더 쉽게 더 잘 집중하기 위해서"). 그리스 초기 청소년을 대상으로 CSS에 대한 요인분석을 실시한 결과, 백일몽-집중, 비판으로부터의 자유/독립, 사생활 및 활동, 집중-성취라는 4요인 구조가 나타난 바 있다.

그러나, 벨기에 초기 청소년을 대상으로 CSS에 대한 요인분석을 실시한 결과는 전자의 요인구조와 유사하지만 동일하지 않은 3요인 구조로 나타났다. 3요인은 자기성찰/집중(예: "미래의 계획을 세우기 위해서"), 비판으로부터의 자유(예: "다른 사람의 간섭 없이 내가 원하는 것을 하기 위해서"), 활동(예: "만들기나 조각그림 맞추기를 하기 위해서")으로 명명되었다. 이 연구에서는 LACA 하위척도에 대한 CSS 하위척도(3개)의 설명력을 알아보기 위해 중다회귀분석을 실시하였고, 이를 통해 확인된 상관계수 및 회귀계수는 〈표 9-2〉와 같다.

〈표 9-2〉 홀로 있음의 동기가 외로움 및 홀로 있음에 대한 태도에 미치는 영향의 중다회귀분석 결과

독립변인	부모관계 외로움		또래관계 외로움		홀로 있음에 대한 혐오		홀로 있음에 대한 친화성	
	β	r	β	r	β	r	β	r
자기성찰/집중	-0.02	0.04	0.25**	0.30**	0.16**	0.20**	**0.58****	0.60**
비판으로부터의 자유	0.32**	0.26**	0.08**	0.21**	0.13**	0.19**	-0.12**	0.16**
활동	-0.04	0.06	0.02	0.17**	-0.03*	0.10*	0.04	0.25**
수정된 R^2	0.08		0.09		0.05		0.31	

$p^* \langle .05, p^{**} \langle .01.$

〈표 9-2〉에서 제시된 바와 같이, CSS의 모든 하위척도(3가지)는 홀로 있음에 대한 친화성 척도와 유의한 상관을 나타내었다. 회귀분석의 결과는 자기성찰/집중 척도가 홀로 있음에 대한 친화성 척도와 가장 강력하고 밀접한 연관성이 있다는 것을 보여 준다. 전체적으로, CSS의 3가지 하위척도는 홀로 있음에 대한 친화성 점수 변량의 31%를 설명하고 있다. 그러나 다른 LACA 하위척도에 대한 CSS 하위척도의 설명력은 상당히 낮은 편이다(설명된 변량은 5~10% 사이). 이러한 결과는 홀로 있기를 좋아하는 청소년(홀로 있음에 대한 친화성 척도에서 높은 점수를 보이는)이 **긍정적인 이유**(주로 자기성찰과 더 높은 수준의 집중을 성취하기 위해)로 그와 같은 행동을 보일 것이라는 생각을 지지하고 있다.

검증을 위한 두 번째 연구에서는 홀로 있음에 대한 친화성과 아동기 연구문헌에

서 개념화된 사회적 위축의 기저 동기 간 연계성을 평가하고자 하였다. 이를 위해 또다른 벨기에 초기 청소년들(N=324)이 LACA와 자기보고식 아동용 사회적 선호 척도(Children's Social Preference Scale: CSPS-R; Bowker & Raja, 2011)에 응답하였다. CSPS-R은 사회적 위축의 서로 다른 유형을 평가하는 4가지 하위척도로 구성되어 있다. 사회적 위축의 유형은 수줍음(예: "나는 수줍음을 많이 느끼기 때문에 때때로 다른 아이들과 함께 어울릴 수 있는 기회를 놓친다."), 비사교성(예: "나는 다른 사람들과 함께 있기보다 혼자 시간을 보내는 것이 더 좋다."), 회피(예: "나는 다른 사람들을 좋아하지 않기 때문에 혼자 노는 것을 선택한다."), 사회적 고립(예: "나는 친구들과 놀고 싶지만 그들은 나와 놀고 싶어 하지 않는다.")으로 구분될 수 있다. 벨기에 초기 청소년들이 응답한 CSPS-R에 대하여 요인분석을 실시한 결과, 수줍음, 비사교성, 사회적 고립이라는 3가지 요인이 확인되었다. 두 문항으로 구성된 회피척도는 낮은 내적 합치도로 인해 요인에서 제외되었다. 이 연구에서는 LACA 하위척도에 대한 CSPS-R 하위척도(3가지)의 설명력을 알아보기 위해 중다회귀분석을 실시하였고, 이를 통해 확인된 상관계수 및 회귀계수는 〈표 9-3〉과 같다.

〈표 9-3〉 사회적 위축의 하위유형이 외로움 및 홀로 있음에 대한 태도에 미치는 영향의 중다회귀분석 결과

독립변인	부모관계 외로움		또래관계 외로움		홀로 있음에 대한 혐오		홀로 있음에 대한 친화성	
	β	r	β	r	β	r	β	r
고립	0.13	0.21***	**0.67***	0.76***	0.18**	0.17**	0.08	0.25***
수줍음	0.18*	0.23***	0.14**	0.50***	0.17**	0.15**	0.05	0.25***
사회적 무관심	-0.02	0.07	0.05	0.29***	-0.33***	-0.22***	**0.46***	0.48***
수정된 R^2	0.06		0.60		0.13		0.25	

$p^* \langle .05, p^{**} \langle .01, p^{***} \langle .001$.

〈표 9-3〉에서 제시된 바와 같이, CSPS-R의 모든 하위척도(3가지)는 홀로 있음에 대한 친화성 척도와 유의미한 상관을 나타내었다. 회귀분석의 결과는 비사교성 척도가 홀로 있음에 대한 친화성 척도와 가장 강력하고 밀접한 연관성을 가진다는 것을 보여 준다. 전

체적으로, CSPS-R의 3가지 하위척도는 홀로 있음에 대한 친화성 점수 변량의 25%를 설명하고 있다. 또 다른 회귀분석의 결과는 사회적 고립 척도가 또래관계에서의 외로움 척도와 가장 강력하고 밀접한 연관성을 가진다는 것을 보여 준다. 더불어 CSPS-R의 3가지 하위척도는 또래관계에서의 외로움 점수 변량의 60%를 설명하고 있다.

CSPS-R에 언급되어 있는 것과 같이, 이러한 결과는 홀로 있음에 대한 친화성이 고독선호 또는 비사교성과 관련이 있다는 것을 시사한다. 추가적으로 확인할 수 있는 것은 또래와의 관계에서 느끼는 외로움이 또 다른 형태의 위축, 즉 사회적 고립과 관련이 있다는 사실이다. 요컨대, 홀로 있는 시간을 좋아한다고 진술한 벨기에 초기 청소년들은 고독을 선호하는 반면, 자신이 외롭다고 진술한 청소년들은 또래에게서 배제되었다고 느끼는 것이다. 이러한 연구결과의 전체적인 패턴은 인도 청소년(Bowker & raja, 2011) 및 북미 대학생(Nelson, 2013)을 대상으로 수행된 선행 연구결과들과 동일한 선상에 있는 것으로 볼 수 있다.

내재화 문제와의 관련성

홀로 있음에 대한 친화성이 안녕감과는 정적인 관련성을, 내재화 문제와는 부적인 관련성을 나타낼 것이라는 가정은 이전 연구에서 아직 명확한 결론에 도달하지 못했다. 예상과는 달리, Waskovic와 Cramer(1999)의 연구는 높은 PSS(Burger, 1995) 점수가 높은 수준의 외로움, 소외, 사회불안과 관련이 있다는 것을 확인하였다. 다른 연구자들은 혼재된 양상의 결과를 보고하기도 하였다. 예컨대, Larson과 Lee(1996)는 홀로 있음에 대한 친화성을 측정하기 위해 고독 대처 척도(Solitary Coping Scale)와 고독 위로 척도(Solitary Comfort Scale)라는 2가지 척도를 개발하였다. 고독 대처 척도는 성인들이 스트레스에 대처하기 위해 홀로 시간을 보내는 경향을 다루고 있다. 이와는 대조적으로, 고독 위로 척도는 성인들이 홀로 있을 때 얼마나 편안함을 느끼는지를 평가하고 있다 (두 척도의 문항 예시로는 각각 "혼자 있는 것은 스트레스를 줄이는 데 도움을 준다"와 "때때로 나는 혼자서 즐거운 시간을 보낸다"를 들 수 있다). 이 두 척도 상의 점수와 내재화 문제 및 안녕감과의 관련성은 각각 다르게 나타났다. 다시 말해, 고독 대처 척도 점수는 내재화 문제 및 안녕감과 별다른 관련성을 보이지 않았지만, 고독 위로 척도의 경우에는 그 점수가 높을수록 낮은 수준의 우울 증상 및 신체 증상, 그리고 삶에 대한 높은 만족도를 보였다(Larson & Lee, 1996).

이와 같은 명백한 연구결과의 패턴은 홀로 있음에 대한 태도의 다양한 측면이 서로 구분될 수 있으며, 그 각각은 어떠한 형태로든 안녕감과 구체적인 관련성(즉, 부적이거나 정적이거나 중립적인)을 가진다는 것을 시사한다. 본 저자는 홀로 있음에 대한 청소년의 친화성 연구를 진행하면서 많은 수의 관련 측정치를 수집하고 요인분석을 통해 이러한 구인의 다양한 측면을 실증적으로 정의하기로 결정하였다. 이와 같은 과정을 통해 추출된 요인들은 내재화 문제의 측정치들과 관련성을 보일 것이다.

연구대상인 9~12학년 벨기에 청소년들(N=252)은 다수의 고독 관련 측정 검사에 응답하였다. 여기에는 홀로 있음에 대한 친화성 및 홀로 있음에 대한 혐오를 측정하는 LACA의 하위척도, 고독을 측정하는 사생활 질문지(Privacy Questionnaire; Marshall, 1974)와 사생활 선호 척도(Privacy Preference Scale: PPS; Pedersen, 1979)의 하위척도, 청소년용 고독 척도(Solitude Scale for Adolescents: SSA; Marcoen, 1992), PSS(Burger, 1995), 고독 대처 척도와 고독 위로 척도(Larson & Lee, 1996), 비사교성 평가를 위해 고립을 측정하는 네덜란드 자기애성 척도(Dutch Narcissism Scale)의 하위척도(Ettema & Zondag, 2003)와 고독/무감각을 측정하는 SAS(Clark & Beck, 1991)의 하위척도가 포함되었다. 사실, 여기서 사용된 표본집단은 앞서 비사교성 척도와 LACA의 관련성을 평가할 때 사용되었던 표본집단 중 하나다.

이와 더불어, 연구에 참여한 청소년들은 내재화 문제 측정을 위한 표준화된 검사에도 응답하였다. 여기에는 역학연구센터 우울 척도(Center for Epidemiological Studies-Depression Scale: CES-D; Radloff, 1977)의 요약판(Roberts & Sobhan, 1992), UCLA 외로움 척도(UCLA Loneliness Scale; Russell, Peplau, & Cutrona, 1980)의 요약판(Roberts, Lewinsohn, & Seeley, 1993), 그리고 소외감(Jessor & Jessor, 1977) 및 사회불안(Fenigstein, Scheier, & Buss, 1975) 척도가 포함되었다.

 고독 관련 척도들 간의 상호 상관을 확인하기 위하여 사각회전을 이용한 요인분석이 실시되었다. 분석결과, 〈표 9-4〉에서 제시된 바와 같이 3가지 요인이 추출되었다. 첫 번째 요인은, 홀로 있음에 대한 친화성 척도, 이와 유사한 고독 관련 척도(PPS/PQ), 그리고 고독 대처 척도에서 산출된 높은 부하량에 의해 정의되었다. 두 번째 요인은, 홀로 있음에 대한 혐오 척도 및 이와 유사한 홀로 있음에 대한 부정적 태도 척도(SSA)에서 산출된 높은 부적 부하량, 그리고 고독 위로 척도 및 PSS에서 산출된 높은 정적 부하량에 의해 정의되었다. 마지막으로 세 번째 요인은, 고독/무감각, 그리고 고립에서 산출된 높은 부하량에 의해 정의되었다. 이와 같은 요인분석 결과에 따라 추출된 3가지 요인은 고독을 통한 대처(solitary coping), 고독을 통한 위로(solitary comfort), 비사교성(unsociability)으로 각각 명명되었다. 비사교성의 경우, 사회적 회피(즉, 사회적 상황에서 멀리 떨어져 있으려는 경향)와 사회적 쾌감상실(즉, 사회적 경험이나 활동을 즐길 수 있는 능력이 없음) 양쪽 모두와 관련이 있는 것으로 보인다(VandensBos, 2007).

〈표 9-4〉 고독 관련 척도에 대한 탐색적 요인분석(프로맥스 회전) 결과: 요인부하량

척도	고독을 통한 대처	고독을 통한 위로	비사교성
홀로 있음에 대한 혐오	0.37	**-0.97**	-0.10
홀로 있음에 대한 친화성	**0.94**	-0.21	0.01
고독-PPS	**0.87**	-0.07	-0.12
고독-PQ	**0.85**	-0.04	-0.06
홀로 있음에 대한 긍정적 태도(SSA)	**0.76**	0.04	0.19
홀로 있음에 대한 부정적 태도(SSA)	-0.26	**-0.61**	**0.47**
홀로 있음에 대한 선호(SSA)	0.04	0.40	**0.63**
PSS	0.30	**0.43**	0.33
고독을 통한 대처	**0.73**	0.06	0.16
고독을 통한 위로	0.37	**0.62**	-0.13
고립	0.30	-0.17	**0.69**
고독/무감각	-0.14	-0.08	**0.85**

주: 0.40보다 큰 요인 부하량은 진하게 표시함.

　　이러한 3요인의 요인점수를 예측변수로 하여 내재화 문제 측정치들을 예측하는 회
귀분석을 실시하였으며, 이를 통해 확인된 상관계수 및 회귀계수는 〈표 9-5〉와 같다.
분석결과, 비사교성 점수가 높을수록 모든 종류의 내재화 문제 점수가 높아지는 것으
로 나타났다. 나아가 비사교성은 회귀분석에서 모든 내재화 문제 측정치들과 가장 큰
고유한 관련성을 보였다. 고독을 통한 대처 요인의 높은 점수 또한 모든 유형의 내재화
문제 점수와 관련이 있었으며, 보다 높은 수준의 우울 및 소외감과 고유한 관련성을 보
였다. 이와는 대조적으로, 고독을 통한 위로 점수는 어떠한 내재화 문제와도 상관을 보
이지 않았으며, 심지어 회귀분석에서는 내재화 문제와 부적인 고유한 관련성을 보이기
도 하였다.

〈표 9-5〉 고독의 차원들이 내재화 문제에 미치는 영향의 중다회귀분석 결과

독립변인	우울		외로움		소외감		사회불안	
	β	r	β	r	β	r	β	r
고독을 통한 대처	0.28**	0.23**	0.13*	0.11**	0.28**	0.33**	0.08	0.16*
고독을 통한 위로	-0.31**	-0.11	-0.23**	-0.04	-0.30**	-0.05	-0.05	0.03
비사교성	0.33**	0.35**	0.61**	0.63**	0.62**	0.65**	0.26**	0.25**
수정된 R^2	0.20		0.42		0.49		0.07	

$p^* < .05, p^{**} < .01$.

　　이러한 결과는 홀로 있음에 대한 친화성의 다른 유형들(특히 고독을 통한 대처나 비사
교성 같은)과 비교할 때, 홀로 있으면서 평안한 것은 내재화 문제와 아무런 연관성이 없
다는 것을 시사한다. 다시 말해, 홀로 있음에 대한 친화성의 다른 유형이 적절히 통제
된다면, 고독을 통한 위로는 청소년들에게 유익한 영향을 미칠 수도 있다는 것이다. 한
편으로, 비사교성(즉, 사회적 회피와 사회적 쾌감 상실이 혼합된)이 청소년들에게 부정적
인 영향을 미친다는 점은 자명한다. 그러나 고독을 통한 대처가 부정적인 영향을 미친
다는 결과는 아마도 그 대처 유형에 따라 안녕감 및 내재화 문제와의 관련성이 달라질
수 있음을 의미할 수도 있다. 청소년들은 그들이 홀로 있을 때 스트레스를 다루는 과

정에서 반추나 회피와 같이 그다지 효과적이지 못한 대처전략을 사용할 수도 있다. 청소년의 외로움을 다루고 있는 최근의 연구는 버려짐에 대한 반추가 외로움과 우울 증상 간의 관계를 매개한다고 보고하고 있다(Vanhalst, Luyckx, Goossens, & Teppers, 2012; Vanhalst, Luyckx, Raes, & Goossens, 2012). 이와 유사한 일련의 부적응적 대처 과정이 고독을 통한 대처와 모든 종류의 내재화 문제 및 안녕감의 부재를 연결하는 고리 역할을 할 수도 있다.

향후 전망

이 장에서 기술한 바와 같이, 아동의 고독선호와 청소년의 홀로 있음에 대한 친화성이라는 두 가지 전통의 연구는 꽤 성공적으로 수행되어 왔으며, 각각의 핵심 가정을 지지하는 실증적 증거들 또한 지속적으로 축적되어 왔다. 그러나 이 두 접근은 다른 연구 전통들과는 종종 연계되고 있음에도 불구하고, 정작 서로는 여전히 멀찌감치 떨어진 채로 남아 있다. 향후 연구에서는 두 전통에서 연구를 수행하는 연구자들이 관련 자료를 공동으로 축적하고, 협력적인 연구 프로젝트 수행을 위해 노력해야 할 필요가 있다. 아동기 및 청소년기 고독에 대한 연구는 이와 같이 서로 밀접하게 연계된 상태에서 중요한 개념적 · 발달적 · 맥락적 쟁점을 다루어야 할 것이다.

먼저 개념적 수준에서는 이 두 전통에 걸쳐 활발한 상호교류가 이루어지는 것이 특히 중요하다. 예컨대, 가장 기초적인 수준에서 아동의 고독선호를 측정하기 위해 새롭게 개발된 CSPQ(Coplan et al., 2013)와 홀로 있음에 대한 친화성 척도가 청소년을 대상으로 할 때에도 높은 상관을 나타내는지 여부를 검토할 수 있다. 또한 아동기 연구 전통에서 강조되고 있는 기저 동기 연구가 청소년기 연구 전통에서의 기저 동기 연구로 이어질 수 있다. 다시 말해, 청소년기 연구 전통에 포함된 연구자들이 홀로 보내는 시간에 대한 기저 동기를 보다 체계적으로 탐구해야 한다는 것이다. 이러한 맥락에서 청소년들이 홀로 시간을 보낼 수 있다는 통제감을 가지면서 그렇게 하도록 강요된다고 느끼지 않는 것은 고독의 유익한 효과를 설명하는 핵심 요소가 될 수 있다. 자기결정이론(Ryan & Deci, 2000)에 영감을 받은 일부 연구들(Chua & Koestner, 2008)의 경우에는 이와 같은 연구의 방향을 지지하고 있는 듯하다.

여전히 개념적 수준에서 논의를 이어가자면, 본 장을 통해 소개한 청소년 발달 관련 연구 프로그램에서 정의된 바와 같이 홀로 있음에 대한 혐오의 개념은 아동기 연구 전통과 연계함으로써 보다 정교한 이중 모형으로 발전될 수 있을 것이다. 지금까지 홀로 있음에 대한 혐오를 측정하던 하위척도는 그 자체로서 독립적이라기보다 홀로 있음에 대한 친화성을 부적인 방식으로 보다 정교하게 분석하는 과정에서, 관련 요인들 중 하나를 정의하는 데 사용되어 왔다. 그러나 홀로 있음에 대한 친화성 척도와 홀로 있음에 대한 혐오 척도가 단지 낮은 크기의 상관만을 보이고 있기 때문에 이 두 척도에서 산출되는 점수의 다양한 조합을 통해 집단을 서로 다른 유형으로 구별할 수 있을 것이다. 한 예비 연구는 군집분석을 통하여 연구 대상 청소년들을 3가지 유형으로 구분하였다. 첫 번째 집단은 홀로 있음에 대한 진정한 친화성(즉, 높은 수준의 친화성, 낮은 수준의 혐오), 두 번째 집단은 홀로 있음에 대한 진정한 혐오(즉, 낮은 수준의 친화성, 높은 수준의 혐오), 세 번째 집단은 홀로 있음에 대한 무관심(즉, 낮은 수준의 친화성, 낮은 수준의 혐오) 집단으로 분류되었다. 처음 두 집단은 몇몇 흥미로운 특성을 보여 주기도 하였다. 가령, 대처양식으로 기능하는 홀로 있음에 대한 친화성은 사회적 지지 추구의 감소와 관련이 있었고, 홀로 있음에 대한 혐오는 정서 표현의 증가와 관련이 있었다. 그러나 가장 명백한 결과는 홀로 있음에 대한 무관심 집단이 다른 두 집단에 비해 보다 나은 심리적 적응 프로파일을 가지고 있었다는 점이다(Teppers, Luyckx, Vanhalst, Klimstra, & Goossens, 2011).

여전히 개념적이기는 하지만, 보다 일반적인 수준에서 논의하자면, 홀로 보내는 시간에 대한 긍정적 평가 및 부정적 평가에 사용되는 여러 구인이 중요한 차이점에 의해 구별될 수 있다는 것을 연구자들은 설명할 수 있어야 한다. 긍정적 평가 영역에서는 적어도 서로 다른 3가지 구인이 사용되고 있다. 홀로 있는 능력(Winnicott, 1958), 홀로 있음에 대한 친화성(보다 포괄적인 용어로 간주되는), 그리고 고독선호가 그것이다. 부정적 평가 영역에서도 서로 다른 3가지 구인이 사용되고 있는데, 홀로 있지 못함(Schwab, 1997), 홀로 있음에 대한 혐오, 그리고 홀로 있음을 견디지 못함(경계선 성격장애 연구에서 종종 사용되는 용어임; Choi-Kan, Zanarini, Frankenburg, Fitzmaurice, & Reich, 2010; 2권의 11장 참조)이 그것이다.

다음으로 발달적 수준에서는 아동의 전형적인 사회적 위축 형태를 청소년기의 발달적 결과와 연계시킬 수 있다. 예컨대, 아동기 및 청소년기 양쪽 모두에서 적절한 측정 도구를 사용한다면 다음과 같은 가정을 검증할 수 있다. 비사교성을 보이는 아동은 청소년기 이후 홀로 보내는 시간의 유익을 보다 쉽게 알아차리는 데 있어서 상대적으로 준비가 잘 되어 있을 수 있다는 것이다(Coplan & Weeks, 2010a). 만일 이것이 사실이라면, 그들은 홀로 있음에 대한 친화성 척도에서 높은 점수를, 내재화 문제 지표에서는 낮은 점수를 나타낼 것이다. 이러한 특정적인 발달적 결과는 아동기 수줍음의 장기적인 효과와 대비될 수 있다. 선행 연구들은 수줍음이 많거나 사회적으로 억제된 아동의 경우, 내재화 문제의 징후는 거의 보이지 않지만 조심스럽고 말수가 적은 성인으로 성장한다고 보고하고 있다(Asendorpf, 2010). 따라서 다양한 발달 기간을 포함하는 종단 연구를 통해 아동기 사회적 회피가 청소년기 우울증 발생 위험 증가와 관련된다는 가정을 검증할 수 있다(Coplan et al., 2013).

끝으로 맥락적 수준에서 논의하자면, 연구자들은 보다 큰 도전을 기꺼이 감내해야만 한다. 아동과 청소년 연구에서는 자신의 흥미를 추구하기 위해 규칙적으로 홀로 있는 것을 선호하거나 혹은 홀로 있음에 대한 친화성을 보이는 젊은이들이 또 다른 상황에서는 상호 만족스러운 사회적 상호작용에 참여할 수 있다고 가정된다. 아동과 청소년이 고독과 활발한 사회적 상호작용의 미묘한 균형을 어떻게 효과적으로 다루는지에 대해서는 아직 이해가 부족한 편이다. 아동 및 청소년들을 대상으로 사용되는 자기보고식 측정은 이와 같은 복잡한 질문을 다루기에 아직 적합하지 않다.

이 모든 영역에서의 진보를 위해서는 아동과 청소년 발달 양쪽의 전문가들이 서로 힘을 모아 고독이 실제로 무엇이며, 시간이 지남에 따라 그것이 어떻게 전개되는지, 그리고 고독이 활발한 사회적 참여와 어떠한 관련성을 가지고 있으며 또 어떻게 서로 통합되어 정의될 수 있는지 이해하기 위해 노력해야 한다. 이 장은 단지 그러한 포괄적인 연구 프로그램의 확립을 향한 첫 걸음일 뿐이다.

참고문헌

Asendorpf, J. (1990). Beyond social withdrawal: Shyness, unsociability, and peer avoidance. *Human Development, 33*, 250-259.

Asendorpf, J. (1993). Abnormal shyness in children. *Journal of Child Psychology and Psychiatry, 34*, 1069-1081.

Asendorpf, J. B. (2010). Long-term development of shyness: Looking forward and looking backward. In K. H. Rubin & R. J. Coplan (Eds.), *The development of shyness and social withdrawal in childhood* (pp. 157-175). New York: Guilford Press.

Bowker, J. C., & Raja, R. (2011). Social withdrawal subtypes during early adolescence in India. *Journal of Abnormal Child Psychology, 39*, 201-212.

Bucholz, E. S. (1997). *The call of solitude: Alonetime in a world of attachment*. New York: Simon and Schuster.

Burger, J. M. (1995). Individual differences in preference for solitude. *Journal of Research in Personality, 29*, 85-108.

Cheek, J. M., & Buss, H. A. (1981). Shyness and sociability. *Journal of Personality and Social Psychology, 41*, 330-339.

Choi-Kan, L. W., Zanarini, M. C., Frankenburg, F. R., Fitzmaurice, G. M., & Reich, D. B. (2010). A longitudinal study of the 10-year course of interpersonal features in borderline personality disorder. *Journal of Personality Disorders, 24*, 365-376.

Chua, S. N., & Koestner, R. (2008). A self-determination theory perspective on the role of autonomy in solitary behavior. *Journal of Social Psychology, 148*, 645-647.

Clark, D. A., & Beck, A. T. (1991). Personality factors in dysphoria: A psychometric refinement of Beck's Sociotropy-Autonomy Scale. *Journal of Psychopathology and Behavioral*

Assessment, 13, 369–388.

Coplan, R. J., Prakash, K., O'Neill, K., & Armer, M. (2004). Do you "want" to play? Distinguishing between conflicted shyness and social disinterest in early childhood. *Developmental Psychology, 40*, 244–258.

Coplan, R. J., Rose-Krasnor, L., Weeks, M., Kingsbury, A., Kingsbury, M., & Bullock, A. (2013). Alone is a crowd: Social motivations, social withdrawal, and socioemotional functioning in later childhood. *Developmental Psychology, 49*, 861–875.

Coplan, R. J., & Rubin, K. H. (2010). Social withdrawal and shyness in childhood: History, theories, definitions, and assessments. In K. H. Rubin & R. J. Coplan (Eds.), *The development of shyness and social withdrawal in childhood* (pp. 3–20). New York: Guilford Press.

Coplan, R. J., Rubin, K. H., Fox, N. A., Calkins, S. D., & Stewart, S. (1994). Being alone, playing alone, and acting alone: Distinguishing among reticence and passive and active solitude in young children. *Child Development, 65*, 129–137.

Coplan, R. J., & Weeks, M. (2010a). Unsociability and the preference for solitude in childhood. In K. H. Rubin & R. J. Coplan (Eds.), *The development of shyness and social withdrawal in childhood* (pp. 64–83). New York: Guilford Press.

Coplan, R. J., & Weeks, M. (2010b). Unsociability in childhood: Conceptualization, assessment, and associations with socio-emotional functioning. *Merrill-Palmer Quarterly, 56*, 105–130.

Eaves, L. J., & Eysenck, H. J. (1975). The nature of extraversion: A genetic analysis. *Journal of Personality and Social Psychology, 32*, 102–112.

Ettema, H., & Zondag, H. (2003). *Nederlandse Narcisme Schaal* (NND) [Dutch Narcissism Scale, DNS]. Unpublished manuscript, Faculty of Theology, Catholic University of Brabant, Tilburg, the Netherlands.

Fenigstein, A., Scheier, M., & Buss, A. H. (1975). Public and private self-consciousness: Assessment and theory. *Journal of Consulting and Clinical Psychology, 43*, 522-527.

Galanaki, E. P. (2004). Are children able to distinguish among the concepts of aloneness, loneliness, and solitude? *International Journal of Behavioral Development, 28*, 435-443.

Galanaki, E. P. (2008, July). Children's solitude scale: A new instrument for measuring beneficial aloneness in childhood. In E. P. Galanaki (Chair), *Alone again, naturally? Unsociability and preference for solitude in childhood and adolescence.* Symposium conducted at the biennial conference of the International Society for the Study of Behavioral Development (ISSBD), Würzburg, Germany.

Goossens, L. (2004). Eenzaamheid en alleen zijn bij adolescenten: Een overzicht van het Leuvense onderzoek [Loneliness and aloneness in adolescents: An overview of the research program in Leuven]. In L. Goossens, D. Hutsebaut, & K. Verschueren (Eds.), *Ontwikkeling en levensloop: Liber amicorum Alfons Marcoen* [Development and life-span: Festschrift Alfons Marcoen] (pp. 151-169). Leuven, Belgium: Universitaire Pers Leuven.

Goossens, L. (2006). Affect, emotion, and loneliness in adolescence. In S. Jackson & L. Goossens (Eds.), *Handbook of adolescent development* (pp. 51-70). Hove, UK: Psychology Press.

Goossens, L., & Beyers, W. (2002). Comparing measures of childhood loneliness: Internal consistency and confirmatory factor analysis. *Journal of Clinical Child Psychology, 31*, 252-262.

Goossens, L., Lasgaard, M., Luyckx, K., Vanhalst, J., Mathias, S., & Masy, E. (2009). Loneliness and solitude in adolescence: A confirmatory factor analysis of alternative models. *Personality and Individual Differences, 47*, 890-894.

Goossens, L., & Marcoen, A. (1999). Adolescent loneliness, self-reflection, and identity: From individual differences to developmental processes. In K. J. Rotenberg & S. Hymel (Eds.), *Loneliness in childhood and adolescence* (pp. 225-243). New York: Cambridge University Press.

Jessor, R., & Jessor, S. (1977). *Problem behavior and psychosocial development.* New York: Academic Press.

Larson, R. W. (1990). The solitary side of life: An examination of the time people spend alone from childhood to old age. *Developmental Review, 10*, 155-183.

Larson, R. W. (1997). The emergence of solitude as a constructive domain of experience in early adolescence. *Child Development, 68*, 80-93.

Larson, R., & Lee, M. (1996). The capacity to be alone as a stress buffer. *Journal of Social Psychology, 136*, 5-16.

Leary, M. R., Herbst, K. C., & McCrary, F. (2003). Finding pleasure in solitary activities: Desire for aloneness or disinterest in social contact? *Personality and Individual Differences, 35*, 59-68.

Long, C. R., & Averill, J. R. (2003). Solitude: An exploration of benefits of being alone. *Journal for the Theory of Social Behaviour, 33*, 21-44.

Long, C. R., Seburn, M., Averill, J. R., & More, T. A. (2003). Solitude experiences: Varieties, settings, and individual differences. *Personality and Social Psychology Bulletin, 29*, 578-583.

Marcoen, A. (1992, April). *The wish and the capacity to be alone.* Poster session presented at the Third European Workshop on Adolescence, Bologna, Italy.

Marcoen, A., & Goossens, L. (1993). Loneliness, attitude towards loneliness and solitude: Age differences and developmental significance during adolescence. In S. Jackson & H. Rodriguez-Tomé (Eds.), *Adolescence and its social worlds* (pp. 197-227). Hove, UK: Erlbaum.

Marcoen, A., Goossens, L., & Caes, P. (1987). Loneliness in pre-through late adolescence: Exploring the contributions of a multidimensional approach. *Journal of Youth and Adolescence, 16*, 561-576.

Marshall, N. J. (1974). Dimensions of privacy preferences. *Multivariate Behavioral Research, 9*, 255-272.

Maslow, A. H. (1954). *Motivation and personality.* New York: Harper and Row.

Nelson, L. J. (2013). Going it alone: Comparing subtypes of withdrawal on indices of adjustment and maladjustment in emerging adulthood. *Social Development, 22*, 522-538.

Pedersen, D. M. (1979). Dimensions of privacy. *Perceptual and Motor Skills, 48*, 1291-1297.

Radloff, L. S. (1977). The CES-D scale: A self-report depression scale for research in the general population. *Applied Psychological Measurement, 1*, 385-401.

Roberts, R. E., Lewinsohn, P. M., & Seeley, J. R. (1993). A brief measure of loneliness suitable for use with adolescents. *Psychological Reports, 72*, 1379-1391.

Roberts, R. E., & Sobhan, M. (1992). Symptoms of depression in adolescence: A comparison of Anglo, African, and Hispanic Americans. *Journal of Youth and Adolescence, 21*, 639-651.

Rubin, K. H., Bukowski, W. M., & Parker, J. G. (2006). Peer interactions, relationships, and groups. In W. Damon, R. M. Lerner (Series Eds.) & N. Eisenberg (Vol. Ed.), *Handbook of child psychology: Vol. 3. Social, emotional, and personality development* (6th ed., pp. 571-645). New York: Wiley.

Rubin, K. H., Coplan, R. J., & Bowker, J. (2009). Social withdrawal in childhood. *Annual Review of Psychology, 60*, 141-171.

Russell, D., Peplau, L. A., & Cutrona, C. E. (1980). The revised UCLA Loneliness Scale: Concurrent and discriminant validity evidence. *Journal of Personality and Social Psychology, 39*, 472-480.

Ryan, R. M., & Deci, E. L. (2000). Self-determination theory and the facilitation of intrinsic motivation, social development, and well-being. *American Psychologist, 55*, 68-78.

Schwab, R. (1997). *Einsamkeit: Grundlagen fur die klinisch-psychologische Diagnostik und Intervention* [Loneliness: The foundation of clinical assessment and intervention]. Bern, Switzerland: Huber.

Storr, A. (1988). *Solitude*. London: Harper Collins.

Teppers, E., Luyckx, K., Vanhalst, J., Klimstra, T., & Goossens, L. (2011, August). Attitudes toward solitude during adolescence: A person-centered approach. In J. Vanhalst & L. Goossens (Chairs), *Loneliness and related constructs in childhood and adolescence: Implications for adjustment*. Symposium conducted at the fifteenth European Conference on Developmental Psychology (ECDP), Bergen, Norway.

VandenBos, G. R. (Ed.) (2007). *APA dictionary of psychology*. Washington, DC: American Psychological Association.

Vanhalst, J., Luyckx, K., Goossens, L., & Teppers, E. (2012). Disentangling the longitudinal relation between loneliness and depressive symptoms: Prospective effects and the intervening role of coping. *Journal of Social and Clinical Psychology, 31*, 810–834.

Vanhalst, J., Luyckx, K., Raes, F., & Goossens, L. (2012). Loneliness and depressive symptoms: The mediating and moderating role of uncontrollable ruminative thoughts. *Journal of Psychology: Interdisciplinary and Applied, 146*, 259–276.

Waskovic, T., & Cramer, K. M. (1999). Relation between preference for solitude scale and social functioning. *Psychological Reports, 85*, 1045–1050.

Winnicott, D. W. (1958). The capacity to be alone. *International Journal of Psychoanalysis, 39*, 416–420.

10

청소년기와 성인진입기의 사회적 위축

Julie C. Bowker, Larry J. Nelson, Andrea Markovic, & Stephanie Luster

아동기, 청소년기, 성인기의 또래(동료)관계는 건강한 심리사회적 발달과 기능에 있어서 매우 중요하다. 또래들은 개인의 사회인지적 성장에 기여할 뿐만 아니라, 개인의 사회적 기술을 발달시키고 유지시키는 데 특별한 기회를 제공한다. 또한 또래들은 중요한 정서적·사회적 지지를 제공함으로써 나와 타인에 대한 긍정적인 느낌을 불러일으키고 대인관계에서 오는 스트레스 요인을 적절하게 다룰 수 있도록 도와준다(Rubin, Bukowski, & Parker, 2006). 또래관계가 없다면, 개인은 사회적으로 능숙한 기술과 행동들을 제대로 습득할 수 없고, 친구관계 형성에 어려움을 겪는 등 발달에 중요한 기회와 경험들을 놓칠 수 있다(Rubin, Coplan, & Bowker, 2009). 또한 외로움을 쉽게 느낄 수 있는데, 외로움은 모든 문화와 연령에 상관없이 심리적 괴로움을 강력하게 예측하는 변인이다(예: Cacioppo, Hawkley, & Thisted, 2010; Heinrich & Gullone, 2006; 2권의 2장 참조).

이러한 증거에 기초하여 이 장에서 다루게 될 핵심적인 질문은 또래로부터 철회하거나 또래를 회피하는 청소년 및 젊은 성인들이 발달적 관점에서, 그리고 심리적 안녕의 관점에서 어떤 모습을 보이는지에 관한 것이다. 우리는 이러한 사람들을 종종 **사회적으로 위축**(socially withdrawn)되었다고 말한다(Rubin et al., 2009). 사회적으로 위축된 사람들은 불안이나 공포, 또는 고독을 선호하는 활동(Coplan & Armer, 2007)으로 인해 친밀하든 그렇지 않든 또래들과 함께하는 사회적 상황을 회피한다. 결과적으로 이들은 다른 또래들에 비해 혼자 더 많은 시간을 보낸다. 물론 거부적이고 적대적인 또래들을 만나게 되는 경우도 있겠지만, 사회적으로 위축된 사람들은 상당한 양의 시간을 혼자 보내며 이를 그들 스스로 **선택**한다는 점을 강조하는 것이 중요하다.

지난 30년 동안, **아동기** 사회적 위축이 정신병리의 가장 강력한 위험 요인 중 하나로 확인되어 왔음(Rubin et al., 2009)에도 불구하고, **청소년기와 성인진입기**(emerging adulthood)에 또래로부터 철수하는 것이 어떠한 영향을 미치는지에 대해서는 잘 알려져 있지 않다(Bowker, Rubin, & Coplan, 2012). 이러한 연구 격차는 놀라운 것으로, 그 이유는 청소년기와 성인진입기에 걸쳐 심리적 안녕을 위해서는 친밀하고 가까운 또래관계에 관여하는 것이 더욱 중요하지만(Rubin, Bukowski, et al., 2006), 동시에 고독과 **혼자**만의 시간에 대한 필요성 및 가치 또한 증가(Larson, 1990)하기 때문이다. 아동기 이후의 사회적 위축을 다루는 연구는 새로운 연구 분야다. 따라서 이 장에서는 청소년기와 성인진입기에 특별히 초점을 맞춘 연구들을 처음으로 개관하고자 한다.

이 장에서 우리는 발달 이론 및 관련 연구들을 사회적 위축에 관한 연구들과 통합하여 제시함으로써 청소년기와 성인진입기의 사회적 위축에 대한 포괄적 관점을 형성하도록 돕고자 한다. 우리는 사회적 위축이 아동기뿐만 아니라 아동기 이후에도 계속적으로 부적응에 영향을 미치는 위험 요인이지만, 향후 연구에서는 적응 결과 변인들을 선정하고 그 결과를 해석함에 있어서 청소년기와 성인진입기의 발달적 특징을 더욱 주의 깊게 고려해야 할 필요가 있다고 주장한다. 우리는 또한 향후 몇 년에 걸쳐 사회적 위축의 다양한 동기를 탐색하고 이와 관련된 결과들을 분석하는 연구들이 더 많아지기를 희망한다. 이 장에서는 먼저 청소년기와 성인진입기의 발달적 특성을 살펴볼 것이

다. 이어서 현존하는 연구들에 대한 개관 및 향후 연구 방향을 세부적으로 논의하고자
한다.

청소년기와 성인진입기의 발달

청소년기

일반적으로 청소년의 발달 시기를 10~22세로 본다. 청소년기는 아동기와 성인기 또
는 아동기와 성인진입기를 이어 주는 발달적 변화 및 전환의 기간으로 설명되기도 한
다(Collins & Steinberg, 2006). 발달심리학자들은 청소년기를 초기 청소년기(10~14세),
중기 청소년기(14~18세), 후기 청소년기(18~22세)라는 3개의 하위 기간으로 구분한
다. 그러나 최근에는 후기 청소년기의 경우, 성인진입기의 일부분으로 연구되어 왔다
(Arnett, 2004).

청소년 발달에 대한 포괄적 이론은 존재하지 않는다. 하지만 사회학습이론(Bandura
& Walters, 1963), 대인관계이론(Sullivan, 1953), 사회인지이론(예: Piaget, 1932) 등이 청소
년기의 발달적 변화와 다양한 기능을 설명하는 데 사용되어 왔다. 심리학자들에 의해
가장 일반적으로 연구되어 온 청소년기 변화에는 **생물학적 성숙**(예: 체중, 신장, 성적인 발
달을 포함한 사춘기의 발달적 변화), **인지**(예: 가설적 문제에 대해 추상적으로 사고하는 능력의
발달, 자기성찰과 반추로 이어지는 인지적 변화), **사회적 관계**(예: 가족이 아닌 사람들과 함께
보내는 시간의 증가, 이성관계의 발달, 또래와 어울리는 것/성공적인 또래관계를 가지는 것의
중요성 증가; Collins & Steinberg, 2006)와 관련되어 있다. 이러한 변화들은 각각 독립적으
로 일어나는 것이 아니라 다른 변화들과 서로 영향을 주고받는다. 예컨대, 사춘기에는
이성 친구에 대한 사회적 관심과 연애감정이 나타날 수 있다. 또한 이성 또래와의 관계
는 자의식(self-consciousness)의 증가, 특히 신체적 외모와 사춘기 변화에 대한 자의식
의 증가로 이어질 수 있다(Ricciardelli & McCabe, 2001; Lieberman, Gauvin, Bukowski, &

White, 2001).

　사회적 관계의 회피로 인한 결과들을 고려할 때, 청소년기에 나타나는 사회적 관계의 변화는 특히 중요하다고 할 수 있다. 예컨대, 청소년들은 가족보다는 또래들과 더 많은 시간을 보낸다(Rubin, Bukowski, et al., 2006). 따라서 청소년들의 또래 경험은 심리적 안녕에 많은 영향을 미치게 된다. 이러한 연구결과들은 사회적으로 위축된 청소년들은 아동기가 한참 지난 후에도 계속해서 심리적 문제를 경험할 수 있고, 이들의 심리적 문제 중 일부는 실제로 더 나빠질 수 있다는 주장으로 이어졌다(Rubin et al., 2009). 한편, 청소년기에 나타나는 또 다른 발달적 변화는 사생활의 가치, 그리고 혼자 있는 시간의 가치가 증가한다는 것이다(Larson, 1990). 이와 관련된 일부 연구들을 살펴보면, 청소년기의 고독이 이 시기 전반에 걸쳐 심리적 건강 및 안녕에 더 유익하다고 보고하고 있다(Larson, 1990, 1997). 이를 근거로 반대의 가설이 제기될 수 있는데, 사회적 위축 청소년들에게서 관찰되는 일부 문제가 나이가 들어감에 따라 실제로는 감소할 수도 있다는 것이다. 그러나 Larson과 동료들은 청소년들이 고독의 시간을 적당하게(깨어 있는 시간의 30%) 보낼 때 고독이 청소년기 심리적 적응에 가장 효과적일 수 있다고 주장하였다. 예컨대, 그들의 연구에서는 적당한 양의 고독을 경험한 청소년이 고독을 전혀 경험하지 않거나 고독을 자주 경험한 청소년에 비해 긍정적인 적응 양상을 더 많이 보인다고 하였다(Larson & Csikszentmihalyi, 1978). 이와 같이 적당한 양의 고독은 유익을 가져올 수 있지만 많은 양의 고독(즉, 사회적으로 위축된 사람들이 일반적으로 경험하는)은 지속적으로 해로운 영향을 미칠 수 있다.

성인진입기

　청소년기에서 벗어난 젊은이들은 20대에 접어들면서 여러 발달의 과정을 거치게 된다. 그 발달 경로에는 수많은 개인적 다양성이 존재하기 마련이다. 문화나 사회경제적 지위, 그리고 개인적 특성 등은 이 기간 동안 개인에게 많은 영향을 미칠 수 있는 여러 가지 책임, 기대, 기회를 만들어 낸다. 이와 같은 다양성을 감안한다면, 청소년기에서 벗어나 20대를 관통하는 모든 발달적 경로를 완전하게 아우르는 단 하나의 이론이란 존재하지 않는다고 볼 수 있다. 그러나 **성인진입기 이론**(Arnett, 2000)은 성인진입기의 일부 독특한 측면을 살펴보는 데 매우 유용하다. 또한 이 이론은 성인진입기의 사회적 위축이 잠재적으로 어떠한 발달적 영향을 미칠 수 있는지 이해하는 데 도움을 줄 수 있다.

　Arnett(2004)는 성인진입기(18~27세)의 중요한 특징으로 다음과 같은 5가지를 언급하였다. 첫째, 성인진입기는 **과도기적 느낌의 시기**로, 이 시기에 속한 대부분의 사람은 자신을 청소년으로도 성인으로도 보지 않는다. 둘째, 성인진입기는 **가능성의 시기**로, 이 시기에 속한 대부분의 젊은이는 극도로 낙관적이며 미래에 대한 높은 기대를 가진다. 셋째, 성인진입기는 **불안정성의 시기**로, 이 시기에는 일, 관계, 교육, 주거에서의 불안정성이 특징적으로 나타나는 경향이 있다. 넷째, 성인진입기는 **정체성 탐색의 시기**로, 이 시기에 속한 많은 사람이 교육, 일, 사랑, 세계관 등의 영역에서 자유롭게 자신의 정체성을 탐색해 나간다. 마지막으로, 성인진입기는 **자기에게 초점을 맞추는 삶의 시기**이다. 이것은 성인진입기에 속한 사람들이 자기중심적이라기보다는 그들이 사회적 의무와 또 다른 책임감으로부터 훨씬 더 자유롭기 때문에 자신에 대해 생산적으로 집중하는 것이 가능하다는 의미다.

　다시 말해, 문화적 요인, 사회경제적 요인 및 다른 요인들은 젊은이들이 이러한 다양한 특징을 경험하는 정도를 제한할 수 있지만, 이러한 요인들은 사회적으로 위축된 젊은이들이 이 시기에 마주해야 할 일부 측면을 반영하고 있다. 더욱이 청소년기를 지난 대부분의 젊은이는 독립적인 의사결정과 행동을 할 수 있는 자립적이고 자율적인 개인으로 변모하는 과정을 밟게 된다. 어떤 사람에게는 이와 같은 전환이 청소년기 이후부터(또는 청소년기 동안에) 즉각적으로 나타날 수 있겠지만, 어떤 사람에게는 20대 후반이나 30대 초반으로 지연되어 나타날 수도 있다. 어쨌든, 새로운 사회적 장면(예: 대학 강의실, 직장, 군대)에 속해 있는 자신을 발견하게 되며, 새로운 발달적 도전(예: 독립적인 의사결정, 정체성 발달, 공동체 생활/헌신적인 관계)에 직면하는 시기가 바로 청소년기 이후의 이 시기 동안이며, 이러한 사회적 장면과 발달적 도전에 사회적 위축은 중요한 의미를 가질 수 있다.

청소년기 및 성인진입기 사회적 위축의 상관변인 및 결과

사회적 위축과 청소년기

또래로부터의 회피나 철수의 상관변인과 결과에 대한 대부분의 연구는 일반적으로 어린 아동이나 초등학생들을 대상으로 수행되었다(Bowker, Rubin et al., 2012; Rubin et al., 2009). 그러나 일부 청소년 대상의 연구에서는 사회적 위축이 아동기에서부터 청소년기에 이르기까지 비교적 안정된 구성개념이라는 것을 보여 주고 있다(예: Oh et al., 2008). 다시 말해, 또래를 회피하는 아동들은 청소년기에 접어든 이후에도 지속적으로 또래를 회피하는 경향이 있다는 것이다. 또한 앞서 언급한 것처럼, 청소년기에는 사생활이나 혼자 있는 시간의 중요성이 더욱 강조되고 있음에도 불구하고(예: Larson, 1990), 사회적으로 위축된 청소년들은 아동기에서 이미 경험한 또래 문제들(예컨대, 또래배제와 또래괴롭힘 피해)과 유사한 어려움을 계속해서 겪고 있는 것으로 보인다(Rubin, Wojslawowicz, Rose-Kransnor, Booth-LaForce, & Burgess, 2006; Oh et al., 2008). 그러나 일부 청소년기 연구를 살펴보면, 아동기 연구에서 확인되었던 사회적 위축과 또래거부 간의 유의미한 관련성이 나타나지 않고 있다(예: Bowker & Raja, 2011). 또래거부는 또래의 적극적인 반감을 반영하고 있는 반면, 또래배제 및 또래괴롭힘은 또래를 따돌리거나(예: 그룹 활동에 참여하지 못하게 하는 것) 학대하는(예: 반복적인 욕설, 신체적 괴롭힘) 행동과 관련이 있다. 따라서 청소년기로 접어들게 되면 또래를 회피하기로 결정한 사회적 위축 청소년의 선택이 그들의 또래들로부터 존중 받을 수 있다는 것은 충분히 가능한 일이며, 이는 사생활에 대한 청소년들의 욕구 증가에 기인한 것일 수 있다. 그러나 사회적으로 위축된 청소년은 여전히 또래의 무리에 포함되는 것을 원치 않을 것이다. 그것은 그들의 소심하고 수줍어하는 행동이 사회적 상호작용 및 관계 형성을 위한 또래집단의 규범과 기대에 그리 어울리지 않기 때문일 것이다. 또한 위축된 청소년들은 쉽게 반격하거나 앙갚음할 수 없는 약하고 만만한 대상으로 비춰지기 때문에 또래들로부터 지속적으로 괴롭힘을 당할 가능성도 있다(Rubin, Wojslawowicz, et al., 2006).

　사회적으로 위축된 청소년이 그렇지 않은 청소년에 비해 심리적으로 더 좋지 않은 결과를 보일 것이라는 증거는 계속해서 보고되고 있다. 청소년기 긍정적 심리적 적응에 커다란 영향을 미치는 또래 상호작용의 중요성을 감안할 때, 이는 그다지 놀라운 사실이 아니다. 청소년의 사회적 위축과 관련된 심리적 부적응의 결과로 외로움, 불안, 우울 증상 등을 들 수 있다(예: Mounts, Valentiner, Anderson, & Boswell, 2006; Muris, Merckelbach, Schmidt, Gadet, & Bogie, 2001; Woodhouse, Dykas, & Cassidy, 2012). 특히 중기 아동기에서 후기 아동기로 이어지는 사회적 위축은 낮은 자존감, 임상적으로 중요한 다수의 불안 문제(예: 사회 공포증, 공황/광장공포증, 특정 공포증), 우울증 등 청소년기 심리적 문제의 발달을 보다 심화시킬 수 있다(예: Fordham & Stevenson-Hinde, 1999; Goodwin, Fergusson, & Horvood, 2004; Karevold, Ystrom, Coplan, Sanson, & Mathiesen, 2012; Prior, Smart, Sanson, & Oberklaid, 2000). 이러한 연구결과는 사회적 위축이 실제로 청소년기 동안에 임상적으로 매우 중요한 적응 결과들과 관련된 보다 강력한 위험 요인이 될 수 있음을 시사한다.

　매개변인에 대한 연구는 또래배제와 같은 또래관계의 어려움들이 아동 · 청소년기 사회적 위축과 관련된 일부 심리적 문제들을 부분적으로 설명하고 있음을 보여 주고 있다(예: Bowker & Raja, 2011; Gazelle & Rudolph, 2004). 또한 심각한 또래문제를 경험하는 사회적 위축 청소년은 가벼운 또래문제를 경험하는 사회적 위축 청소년에 비해 심각한 사회적 회피를 나타낼 뿐만 아니라(예: 사회적 주도성이 부족함, 사회적 실수에 대해 쉽게 낙담함; Gazelle & Rudolph, 2004), 시간이 지날수록 그 위축의 정도가 심해지는 것으로 알려졌다(Booth-LaForce & Oxford, 2008; Booth-LaForce et al., 2012; Oh et al., 2008). Oh와 동료들은 사회적 위축 청소년의 심리적 안녕에 기여하는 또래집단 및 양자적 또래관계의 중요성을 강조하면서 특정 동성 친구관계 요인들(예: 친구 없음, 친구관계 불안정성, 사회적으로 위축된 친구를 가짐)이 사회적 위축의 지속적인 증가를 예측한다고 주장하였다. 마지막으로, 많은 사회적 위축 청소년이 부정적으로 편향된 정보처리 경향성을 가지고 있다는 증거가 있다(예: 자기비난; Burgess, Wojslawowicz, Rubin, Rose-

Krasnor, & Booth-LaForce, 2006; Findlay, Coplan, & Bowker, 2009). 이러한 증거는 사회적으로 위축된 청소년들이 외로움, 부정적 정서, 사회불안을 경험하게 되는 이유를 설명한다.

Rubin과 동료들(예: Rubin et al., 2009)은 현존하는 연구들을 바탕으로 사회적으로 위축된 아동과 청소년들에게는 부정적 순환고리가 존재한다고 주장하였다. 불안, 공포, 자기회의는 수줍음과 소심한 행동으로 이어지고, 이는 다시 또래로부터의 부정적 대우를 초래하며, 결과적으로 공포, 불안, 부정적 인지, 사회적 위축 행동을 더욱 강화시킨다. 그러나 모든 사회적 위축 청소년이 사회인지적 편향과 더불어 심리사회적 부적응을 경험하는 것은 아니다. 예컨대, 수줍어하는 어린 청소년을 대상으로 연구를 수행한 Markovic, Rose-Krasnor와 Coplan(2013)은 자신의 성격이 변화 가능하다고 지각하는 청소년들은 고정되어 있다고 생각하는 청소년들에 비해 또래갈등 상황에서 부정적 자기귀인을 하고 또래갈등에 대처하기 위해 회피적인 전략을 선택할 가능성이 낮음을 보여 주었다.

한편, 또 다른 연구(예: Bowker, Markovic, Cogswell, & Raja, 2012)에서는 사회적으로 부적절한 행동(예: 명백한 공격적 행동)을 보이는 사회적 위축 청소년의 경우에는 또래역경(peer adversity)에 처할 위험이 매우 높음에도 불구하고, 이러한 어려움으로부터 이들을 보호할 수 있는 또래가 가치 있게 여기는 특성은 무엇인지에 대한 연구가 아직 부족한 편이라고 지적하고 있다. 또래집단에서 낮은 수준의 또래역경을 경험한 사회적 위축 청소년은 우울 증상을 거의 보이지 않고 또래에게 더 높은 수준의 친사회적 행동을 보이며(Gazelle & Rudolph, 2004), 시간이 지날수록 그 위축의 정도가 경감되어 간다(Booth-LaForce & Oxford, 2008; Oh et al., 2008). 친구가 있는 사회적 위축 청소년이 친구가 없는 사회적 위축 청소년에 비해 또래에게 보다 사교적인 모습으로 비춰지고(Rubin, Wojslawowicz, et al., 2006), 가장 친한 상호적 친구들이 관여된 문제에 대해 자기비난을 하는 경향이 더 적다(Burgess et al., 2006)는 연구도 있다. 나아가, Booth-LaForce와 동료들(2012)은 사회적으로 위축되고 배제된 청소년들 중에서 어머니와 함께 자유 시간을 더 많이 보낸 경우, 시간이 지날수록 그 위축의 정도가 경감된다는 사실을 발견하였다. 이러한 연구결과는 가까운 양자 관계에 참여하는 것(예: 친구, 부모)이 사회적으로 위축된 청소년에게 그저 충분한(just enough) 긍정적인 사회적 상호작용을 제공하여 사회적 두려움 및 사회적 상황에서의 자신감이 보다 개선될 수 있음을 보여 준다. 이러한 사회적 위축 청소년들은 또래에게 보다 긍정적으로 받아들여지게 되는데, 이는 그들의 사회적 행동이 청소년기의 보편적인 사교성 규준에 가깝기 때문이다. 그러나 사회적 위축 및 집단 수준의 또래경험에 대한 연구와 비교할 때, 사회적으로 위축된 어린 청소년의 삶에서 양자 관계의 중요성을 검토한 연구는 극히 드물다.

종합하면, 사회적 위축은 청소년기에도 계속해서 사회적·정서적·심리적 문제의 강력한 위험 요인인 것으로 보인다. 또한 청소년기의 사회적 위축으로 인한 결과에는 커다란 이질성이 존재한다는 증거들이 증가하고 있지만, 이는 친밀한 관계와 사회인지적 경향의 다양성에 의해 일부 설명될 수 있다. 지금까지 수행된 대부분의 연구에서는 불안이나 두려움에 의해 동기화된 청소년기 사회적 위축 연구에 중점을 두었으며, 이는 수줍음, 불안형 위축(anxious-withdrawal), 수줍음 민감성(shyness-sensitivity) 등으로 언급되어 왔고, 불안형 고독(anxious-solitude)이라는 용어(예: Gazelle & Rudolph, 2004; Oh et al., 2008)도 쓰이고 있다. 그러나 일부 청소년들의 사회적 위축은 사회적 무관심(비사교성) 또는 타인을 회피하려는 강한 욕구(회피; Coplan & Armer, 2007)에서 비롯된 것일 수도 있다. Asendorpf, Coplan, 그리고 다른 여러 연구자는 사회적 위축과 관련된 결과들이 그 기저 동기에 따라 달라질 수 있다고 주장하였다(예: Asendorpf, 1990; Coplan, Prakash, O'Neil, & Armer, 2004). 아동기 사회적 위축의 하위유형을 다루고 있는 연구에서는 수줍음/불안형 위축이 사회적 무관심/비사교성에 비해 부적응 지표들과 더욱 강력하게 관련되어 있음을 보여 주고 있다. 그러나 아동 및 청소년기의 회피와 상관관계를 보이는 변인, 그리고 회피로 인한 결과에 대해서는 아직 알려진 것이 거의 없다. 또한 청소년기 수줍음과 비교할 때, 청소년기 비사교성과 관련된 위험에 대해서도 여전히 연구가 부족한 실정이다(최근의 예외에 대해서는 다음 연구 참조, Bowker & Raja, 2011; Bowker et al., 2012; Coplan et al., 2013).

사회적 위축 연구에서 하위유형에 관한 연구가 상대적으로 등한시되어 온 까닭에 어떤 유형의 사회적 위축 청소년이 가장 어려움을 겪을 것이며, 어떻게 최선의 개입을 할 수 있을지에 대한 우리의 이해가 매우 제한적일 수밖에 없었다. 또한 학교 장면에서의 또래관계를 중심으로 사회적 위축에 대한 연구가 진행됨에 따라 사춘기의 도래나 인지적 특성과 같은 청소년기의 주요 발달적 변화와 사회적 위축이 어떠한 관련이 있는지, 그리고 청소년기 이후에 처음으로 마주하게 되는 학교 밖 맥락(예: 직장)에서 사회적 위축이 어떠한 영향을 미치는지에 대해서는 그리 잘 알려져 있지 않다. 청소년기의 인지적 변화가 사회적으로 위축된 청소년의 심리적 위험을 증가시키는 데 기여하는가? 사춘기 도래에 이르거나 지연되는 것이 사회적 위축 청소년의 취약한 자기개념을 더 악화시키고 사회적 경계심을 증가시키는 데 기여하는가? 학교 밖 맥락에서는 사회적 위축 청소년들의 행동이 비교적 덜 엄격한 잣대로 판단되는가? 이와 같은 질문들은 향후 연구를 위한 주제가 되어야 한다. 또한 사회적 위축 청소년들이 이성의 또래들과 어떻게 지내고 있는지에 대한 연구도 수행될 필요가 있다. 사실 이들의 또래경험에 관한 대부분의 연구는 집단 수준의 또래문제(예: 청소년이 동성과 이성 양쪽 모두의 또래로부터 배제되는 정도)나 동성 또래와의 친구관계에만 집중되어 왔다(예: Rubin, Wojslawowicz, et al., 2006). 그 결과, 사회적 위축 청소년이 어느 성별의 또래로 인해 고충을 느끼고 있는지, 또는 이들이 초기 및 중기 청소년기에서 점차 흔해지는 이성과의 친구관계나 애정관계를 실제로 만들어 갈 수 있는지에 대해서는 그리 잘 알려져 있지 않다(Rubin, Bukowski, et al., 2006). 향후 연구를 위한 또 하나의 주제는 청소년기 사회적 위축의 상관변인과 결과를 서구권과 비서구권으로 구분하여 살펴보는 것이다. 이는 서구권/비서구권 문화에 따라 사회적 행동 및 사회적 관계에 대한 규범과 기대가 다르게 나타날 수 있기 때문이다. 인도의 초기 청소년을 대상으로 사회적 위축 연구를 수행한 Bowker와 Raja(2011)는 수줍음, 비사교성, 회피(이상 자기보고)와 또래거부 간에 유의한 관련성을 발견하지 못하였다. 또한 서구권 연구의 일반적인 결과(사회적 위축 아동대상)와 비교할 때, 사회적 위축 하위유형, 또래배제, 그리고 외로움 사이의 연관성이 상대적으로 적다는 것을 확인하였다. 문화적 규범이나 기대 차이를 고려할 때, 어떤 유형의 청소년기 사회적 위축 행동은 서구권 사회에서보다 비서구권 사회에서 더 잘 수용될 수 있는가? 분명한 것은 청소년기 또래로부터의 사회적 위축이 언제, 어디서, 누구에게 가장 강력한 사회적 및 심리적 위험을 초래하는지 등은 우리에게 아직도 밝혀 내야 할 것들이 많이 남아 있다는 사실이다.

사회적 위축과 성인진입기

이 절의 제목을 '성인진입기의 사회적 위축'이 아닌 '사회적 위축과 성인진입기'로 명명한 데에는 특별한 이유가 있다. 성인진입기 발달에 있어 사회적 위축의 영향을 설명하고 있는 연구들은 똑같이 중요하지만 그 방향이 서로 다른 두 가지 연구 노선으로 구별할 수 있다. 첫 번째 노선은 이전 시기(즉, 아동기, 청소년기)의 사회적 위축이 성인진입기에 나타나는 결과들을 어떻게 예측하는지 이해하고자 하는 것이며, 두 번째 노선은 성인진입기 사회적 위축의 상관변인과 결과를 확인하는 것이다.

먼저, 이전 발달 시기의 수줍음이 성인진입기 및 성인초기의 부정적 결과들을 예측하고 있음을 보여 주는 중요한 종단 연구들이 있다. 예컨대, Caspi와 Silva(1995)는 수줍음의 수준이 높은 3세 아동이 18세가 되었을 때, 충동성, 위험 추구, 공격성, 사회적 세력(social potency; 즉, 힘 있고 결단력 있으며 타인에게 영향을 미치는 걸 좋아하며 리더 역할을 함; Caspi & Silva, 1995)에서 낮은 점수를 받았다고 보고하였다. 다른 유사한 연구들에서는 초기의 수줍음이 향후의 내향성 및 조심성(Kagan & Moss, 1962), 비주장성, 우울, 보다 적은 사회적 지지 자원(Caspi, 2000), 성인 역할 이행(예: 결혼, 부모, 안정적 직업; Asendorpf, Denissen, & van Aken, 2008; Caspi, Elder, & Bem, 1988; Kerr, Lambert, & Bem, 1996)의 지연과 연결됨을 발견하였다. 또한 최근의 한 연구에서는 어린 시절의 사회적 위축이 성인진입기의 발달과 어떠한 연관성이 있는지 이해하기 위하여 성인진입기의 호주와 한국의 성인을 대상으로 청소년기의 수줍음 및 비사교성을 회상하도록 하였다(Kim, Rapee, Oh, & Moon, 2008). 종합하면, 이 노선의 연구들에서는 아동이나 청소년으로서 사회적으로 위축된(특히, 수줍은) 사람들은 이미 부정적 결과의 위험을 안은 채 그들의 20대에 진입한다고 주장하였다.

회고적 종단연구는 매우 흥미롭고 유용함에도 불구하고, 성인진입기 사회적 위축이 현재 성인진입기에 있는 사람들의 발달에 어떠한 영향을 미칠 수 있는지에 대해서는 통찰을 제공하지 않는다. 그러나 삶의 시기가 가지는 독특한 맥락에 따라 사회적 위축의 다양한 유형이 개인의 태도, 신념, 행동에 미치는 영향을 평가하는 것은 매우 중요하다. 따라서 이 장의 후반부는 특별히 성인진입기 사회적 위축의 상관변인과 결과에 중점을 두어 서술하고자 한다.

사회적 위축의 모든 하위유형(이후 이 책에서 다룰 주제)은 성인진입기의 여러 중요한 측면에서 많은 문제를 일으킬 수 있다. 예컨대, 정체감 발달은 성인진입기의 중요한 특징 중 하나로 확인되어 왔다(예: Arnett, 2000; Erikson, 1968). 연구에 따르면, 성인진입기의 수줍어하는 젊은이들은 수줍어하지 않는 또래들에 비해 정체감 탐색과 성취 모두에 있어서 분투하는 경향이 있으며, 낮은 수준의 정체성 헌신을 보이는 것으로 나타났다(Barry, Nelson, & Christofferson, 2013). 또한 진로탐색 및 헌신의 영역에서 성인진입기의 수줍어하는 젊은이들은 보다 낮은 수준의 진로 정체감을 나타내는 동시에 진로계획 및 탐색에 있어서도 일반적으로 덜 성숙한 태도를 보인다(Hamer & Bruch, 1997). 나아가 Phililps와 Brunch(1988)의 연구를 살펴보면, 수줍어하는 대학생이 진로정보 탐색에서 보다 소극적이고, 잠재적 진로 결정에 있어서도 더욱 주저하는 모습을 보인다는 것을 알 수 있다. 뿐만 아니라 이들은 대인관계를 지향하는 진로 분야에 상대적으로 흥미가 더 적은 것으로 나타났다.

성인진입기의 또 다른 중요한 측면은 그들의 생활이 또래(동료)와의 사회적 상호작용(예: 룸메이트, 같은 반 친구, 직장 동료) 및 사회적 관계(예: 연인, 친구, 부모)를 중심으로 이루어진다는 것이다. 관련 연구들에 따르면, 수줍음이 많고 위축된 성인진입기 젊은이들은 위축되지 않은 또래들과 비교할 때 연인과의 데이트에 더 소극적이고(Leck, 2006), 애정관계에서 유능감을 더 적게 느끼는 것으로 나타났다. 뿐만 아니라, 그들은 사회적으로 또래들에게 잘 수용되지 못하며(Nelson et al., 2008), 친구·연인·부모 관계의 질 또한 더 좋지 않은 것으로 나타났다(Barry et al., 2013; Nelson et al., 2008; Rowsell & Coplan, 2012).

실험 연구들은 수줍어하는 사람들에 대해서 다음과 같이 보고하고 있다. 이들은 낯선 사람과의 대화 장면에서 부정적이고 불안한 생각을 더 많이 경험하고(특히 남자들), 상호작용에 대해 긍정적으로 생각하는 경우가 더 적으며, 불안을 나타내는 행동을 더 많이 한다. 또한 신체적 각성이 증가하고, 더 많은 시간을 자신에게 집중하며, 말로 하는 직접적인 대화에 더 적게 참여한다(Bruch, Gorsky, Collins, & Berger, 1989; Melchior & Cheek, 1990). 요컨대, 사회적 상호작용 및 사회적 관계는 성인진입기의 사회적 위축이 중요한 위험 요인으로 작용하는 영역인 것으로 보인다.

더욱이, 성인진입기는 젊은이들이 성을 포함한 다양한 관심사에 대해 탐색하는 시기다. 최근 연구들에서는 수줍음이 젊은 남녀의 성적 태도와 행동에 영향을 미친다고 주장하고 있다. 남성의 경우에는 수줍음이 자위 행위 및 음란물 사용 빈도의 증가와 더불어 보다 허용적인 성적 태도(예: 혼전 성관계, 헌신을 전제하지 않는 성관계, 음란물의 용인)와 관련되어 있었다(Luster, Nelson, Poulsen, & Willoughby, 인쇄 중). 비록 이러한 행동들이 성인진입기의 규준에서 크게 벗어나지는 않는다 하더라도, 단독적인 성적 행동의 증가는 현재의 사교적 성향이나 관계적 결핍을 더욱 악화시킬 수 있다. 이와는 대조적으로, 여성의 경우에는 수줍음이 보다 보수적인 성적 태도 및 더 적은 수의 성적 파트너와 관련되어 있었다(Luster et al., 인쇄 중). 이와 같이 최근에 등장하고 있는 일련의 연구들에서는 성인진입기의 사회적 위축이 중요한 탐색의 영역에서 젊은이들의 여러 신념과 행동에 영향을 미칠 수 있다는 것을 시사한다.

마지막으로, 성인진입기는 직장, 관계, 교육, 주거에서의 불안정성이 두드러지게 나타나는 시기이므로(Arnett, 2004) 일부 젊은이는 여러 영역에서 힘들어하는데, 사회적으로 위축된 젊은이들이 바로 이러한 경우에 해당되는 듯하다. 즉, 수줍어하는 젊은이들은 그렇지 않은 또래들과 비교할 때 학업에서 더 많은 어려움(Hojat, Vogel, Zeleznik, & Bornstein, 1988), 그리고 대학 진학 후에 더 많은 외로움을 경험한다(Mounts et al., 2006). 또한 이들은 일반적으로 행복감(Neto, 2001), 안녕감(Hotard, McFatter, McWhirter, & Stegall, 1989), 종교적 힘(Barry et al., 2013), 자존감 및 자기지각(Nelson et al., 2008) 수준이 더 낮을 뿐만 아니라 불안과 우울 수준이 높다(Nelson et al., 2008).

종합하면, 이러한 연구결과들은 다음과 같은 주장을 뒷받침한다. 성인진입기 젊은이들의 경우, 불안정성, 자립에 대한 더 큰 기대, 신념과 행동에 대한 집중적인 탐색, 사회적 상호작용 및 관계에 대한 증가된 요구 등과 마주하게 되기 때문에 성인진입기의 사회적 위축, 특히 수줍음은 잠재적으로 문제가 될 소지가 있다(일부 보호적인 속성을 가질 가능성도 있는 동시에). 그러나 성인진입기 표본을 사용한 연구들을 살펴보면, 성인진입기 사회적 위축의 모습이 그다지 분명하지는 않다. 이는 거의 대부분의 연구에서 수줍음이 포괄적으로, 그리고 서로 다르게 정의되었기 때문이다. 예컨대, 일부 연구자는 수줍음의 정서적 요소에 중점을 두어 연구를 진행하였다(예: 두려움; "잘 모르는 사람과 함께 있을 때 나는 긴장감을 느낀다."; Mounts et al., 2006). 다른 연구자들은 수줍음과 관련된 정서(즉, 두려움, 불안) 및 인지를 통합하고자 하였다(예: "근처에 낯선 사람이 있을 때 나는 극도로 그들을 의식한다."; Melchior & Cheek, 1990). 그리고 그 외의 연구자들은 수다스러운(역채점), 조용한, 활발한(역채점), 수줍어하는 등과 같은 문항을 사용하여 수줍음의 행동적 요소에 더 초점을 두었다(예: Nelson et al., 2008).

이러한 사례들은 수줍음이라는 용어를 조작하는 방법이 매우 다양하다는 것을 보여준다. 그러나 이것은 성인진입기 사회적 위축 연구가 가지고 있는 모호한 특성 중 하나일 뿐이다. 일련의 성인진입기 연구에서는 사회적 위축의 여러 하위유형, 다시 말해 사회적 위축의 서로 다른 원인을 다루고 있다. 예컨대, 어떤 사람의 경우에는 두려움과 경계심이 그들로 하여금 사회적 장면에서 물러나게 만들며, 어떤 사람의 경우에는 사회적 무관심이나 비사교성이 그러한 행동을 하도록 만든다는 것이다(Nelson, 2013). 그러나 성인진입기 사회적 위축 연구에서 사용되고 있는 조작적 정의들은 사회적 위축의 원인과 관련된 이러한 잠재적인 차이를 배제하고 있는 경우가 많다. 예컨대, 보다 포괄적인 접근을 취하는 사회적 위축 연구들[즉, 수줍음을 '수다스러운(역채점), 조용한, 활발한(역채점), 수줍어하는'으로 조작화; 예: Nelson et al., 2008]은 위축의 동기에 따른 잠재적 차이를 확인하지 않았다.

또한 사회적 위축의 서로 다른 유형을 확인하는 과정에서 상이한 관점과 용어가 중첩되어 사용되는 경우가 많다. 예컨대, Barry와 동료들(2013)은 두려움이나 불안에 의해 초래되지 않는 위축행동을 포착하기 위해 **비사회적**(asocial)이라는 용어를 사용하였다. 또한 성격 관련 연구에서는 수줍음이 많거나 사회적 위축을 가진 사람들을 내향적이거나 사교성이 낮은 사람으로 표현하는 경우도 자주 있다(Briggs, 1988; Cheek & Buss, 1981; Eisenberg, Fabes, & Murphy, 1995; Jones & Briggs, 1984). 수줍음이 내향성이나 낮은 사교성에서 관찰되는 행동 특성과 유사한 특성을 포함하고 있지만, 그 동기의 차이를 고려할 때 수줍음은 분명히 이들과는 다른 독특한 구성개념이며, 이것을 구별하여 사용하는 것은 매우 중요하다. 내향적인 사람과 사교성이 낮은 사람은 혼자 하는 활동을 선호하는 경향이 강하지만, 타인과의 상호작용에서 그다지 많은 어려움을 경험하는 것 같지는 않다(Buss & Plomin, 1984; Eysenck, 1956). 반면, 수줍어하는 사람은 사회적 활동을 강력하게 선호하지만 자신의 두려움과 불안으로 인해 제약을 받고 있는 것처럼 보인다(Henderson & Zimbardo, 2001). 뿐만 아니라, 내향적인 사람은 자극의 수준이 낮은 사회적 환경을 원하는 반면, 수줍어하는 사람은 외향적인 사람과 동일한 수준의 자극이 포함된 사회적 환경을 원할 수 있다(Henderson, Zimbardo, & Carducci, 2010). 종합하면, 성격 연구를 포함한 다양한 연구에서 **비사회적, 내향적, 낮은 사교성, 수줍음**이라는 용어를 상호 교환적으로 사용하고 있다. 물론 이와 같은 용어들에는 중첩되는 특성이 존재하지만, 분명한 것은 이들이 결코 동일하지는 않다는 사실이다(Briggs, 1988).

요컨대, 성인진입기 사회적 위축에 대한 연구들에서는 사회적 위축이 발달적 측면에서 중요한 관심사가 될 수 있음을 시사한다. 그러나 선행 연구의 결과를 보다 정확하게 이해하고 향후 연구의 방향을 보다 올바르게 제시하기 위해서는 연구와 관련된 많은 개념들이 명확해져야 한다. 특히, 기존의 연구들을 살펴보면 다음과 같은 사실을 확인할 수 있다. 첫째, 사회적 위축을 연구함에 있어 포괄적인 접근을 채택하였으며, 둘째, 특정한 구성개념(예: 수줍음)을 다양한 측면(즉, 정서적, 행동적, 인지적)에서 평가하였으며, 셋째, 유사한 구성개념을 다양한 용어로 표현(예: 비사회적, 내향적)하였고, 넷째, 행동 이면에 숨어 있는 동기에 대하여 설명하지 못했다.

사회적 위축에 대한 접근-회피 모델(Asendorpf, 1990, 1993; Gray, 1972)은 성인진입기(또한 청소년기) 사회적 위축 연구의 명확성과 체계성 향상에 큰 도움이 될 것으로 보인다. 앞서 기술한 접근-회피 모델(즉, 수줍음, 비사교성, 회피)은 개인이 사회적 장면에서 스스로 철수하는 이유(즉, 동기)를 이해함에 있어 매우 유용하다. 실제로, 성인진입기 사회적 위축을 다루고 있는 최근의 연구들을 통해 접근-회피 모델은 서로 다른 사회적 위축 유형이 다양한 상관변인 및 결과와 어떠한 관련성을 갖는지 보다 잘 설명하는데 유용하고 새로운 정보를 주는 개념틀이라는 점을 알 수 있다.

특히 Nelson(2013)은 접근-회피 동기의 높고 낮음에 따라 성인진입기 사회적 위축이 수줍음, 회피, 비사교성이라는 3가지 하위유형으로 구분되며, 각각의 하위유형은 부적응 지표와 고유한 관련성을 가진다고 주장하였다. 수줍어하는(높은 접근 동기와 높은 회피 동기) 사람들은 낮은 자기가치, 부정적 평가에 대한 두려움, 우울, 사회적 비교, 자살 생각, 정서 조절 곤란 등으로 어려움을 겪으며, 회피적인(낮은 접근 동기와 높은 회피 동기) 사람들은 낮은 자기가치, 우울, 자해, 자살 생각, 정서 조절 곤란 등과 같은 문제를 보고하였다. 또한 수줍어하는 사람들이나 회피적인 사람들은 비교집단에 비해 가장 친한 친구, 연인, 부모와의 관계의 질이 상대적으로 낮은 것으로 나타났다. 그러나 흥미롭게도 비사교적인(낮은 접근 동기와 낮은 회피 동기) 사람들은 비교집단과 거의 차이를 보이지 않았다. 또한 비사교적인 사람들은 비교집단보다는 높은 수준의 우울을 보고하였지만, 이 외의 내재화 문제와 관련된 다른 어떤 지표에서도 차이를 보이지 않았다.

이와 같은 차이는 사회적 위축의 서로 다른 유형들이 개념적, 실증적으로 분명히 구별될 수 있다는 점을 보여 주고 있으며, 동시에 접근-회피 동기에 기반한 사회적 위축 하위유형 연구의 필요성을 강조하고 있다. 만일 사회적 위축의 측정에 있어 전반적인 평가 척도가 계속해서 사용된다면, 각기 다른 이유로 사회적 장면에서 물러나는 사람들의 중요한 발달적 차이를 확인하기 어려울 것이다. 성인진입기의 고유한 특성을 고려할 때, 향후 연구에서는 20대를 대상으로 사회적 위축의 하위유형과 관련한 다양한 상관변인 및 결과를 평가하는 것이 매우 중요하다.

예컨대, 자율적이며 자기-의존적 생활이 강조되는 성인진입기 젊은이들은 이전보다 더 높은 수준의 책임을 맡게 된다. 그들은 사회적 상호작용을 요구하는 많은 중요한 과업과 맥락(예: 데이트, 모임, 직장 환경, 아파트/기숙사, 교실, 종교단체, 봉사단체) 속에서 자신이 선택한 행동에 대해 스스로 책임을 져야 한다. 따라서 성인진입기 젊은이들이 타인과의 성공적인 상호작용에 실패하거나 상호작용을 하지 않으려 한다면 이는 심각한 문제로 이어질 수 있다. 이를테면, 모든 유형의 사회적 위축은 개인이 배움을 추구하는 데 있어 상당한 지장을 초래한다. 수줍어하는 사람이나 회피적인 사람은 높은 회피동기로 인하여 대학에 입학하는 것을 포기할 수도 있으며, 설령 대학에 입학한다 할지라도 자신의 두려움이나 회피 성향 때문에 강의 시간에 질문하는 것조차 주저할 수도 있다. 두려움이나 회피 성향은 이 외에도 수업에 참여하기, 교수에게 도움 요청하기, 이력 관리하기(즉, 인턴십, 동아리 활동, 멘토링 활동) 등 대학 생활의 질을 향상시킬 수 있는 다양한 시도를 방해할 수 있다.

　성인진입기에서 찾아볼 수 있는 또 하나의 중요한 측면은 친구, 연인, 부모와의 관계에 있어 새로운 변화가 시작된다는 것이다. 일부 연구들에서는 사회적 위축이 이러한 모든 관계의 영역(즉, 친구, 연인, 부모)에서 더 낮은 관계의 질과 관련되어 있다고 주장하고 있다(Barry et al., 2013; Nelson et al., 2008). 그러나 다시 한 번 강조하지만, 이와 같은 주장을 하고 있는 대부분의 연구를 살펴보면, 사회적 위축의 하위유형을 고려하기보다는 수줍음에 대한 전반적 평정치를 사용하고 있음을 알 수 있다. 따라서 향후 연구에서는 사회적 위축의 여러 유형에 따라 상이하게 나타날 수 있는 다양한 관계의 측면(관계의 질, 만족도, 의사소통, 성생활, 공감)을 보다 정교하게 평가할 필요가 있다. 실제로, 관계가 발달하고 유지되는 경로는 사회적 위축의 동기에 따라 다양하게 나타날 수 있다. 예컨대, 연구자들은 수줍어하는 사람들을 대상으로 접근 동기가 연인 관계를 추구하고 또 시작하게 만드는지 살펴볼 수 있다. 또한 연인 관계가 시작된 이후에 회피동기가 그들로 하여금 더 낮은 연인관계의 질을 경험하게 만드는지 살펴볼 수 있다(즉, 공감, 의사소통, 자기노출의 부족; Luster, Nelson, & Busby, 인쇄 중). 나아가 타인과 함께 있고 싶은 마음이 그리 크지 않은 비사교적인 사람들이 연인관계를 어떻게 형성하고 또 유지하는지 확인하는 것은 매우 중요하고 의미 있는 연구가 될 것이다. 뿐만 아니라, 사회적 위축의 다양한 동기는 연인관계와 관련된 다른 문제에도 영향력을 미칠 수 있다. 이를테면 데이트나 동거를 할 것인지, 그리고 한다면 얼마나 자주 할 것인지에 대한 그들의 선택을 좌우할 수 있으며, 결혼의 시기 및 결혼 자체에 대한 그들의 신념조차 바꾸어 놓을 수 있다.

사회적 위축의 하위유형은 부모-자녀 관계에서도 영향을 미칠 수 있다. 성인진입기 젊은이들은 부모와 자신과의 관계가 상호 수평적 관계로 성숙되기를 원하는 경우가 많다(예: Nelson et al., 2007). 물론 부모-자녀 관계의 비수평적 특성이 성인진입기에 이르러 약해진다는 증거는 좀처럼 찾아볼 수 없다. 그러나 젊은이들이 원하는 바와 같이, 성인진입기의 부모-자녀 관계가 이전 시기와는 다르게 변화하고 또 성숙된다는 것은 분명하다. 그럼에도 불구하고, 사회적 위축의 하위유형이 부모-자녀 관계의 여러 측면(예: 관계의 질, 부모의 지식, 부모의 양육방식)과 어떠한 관련성을 가지고 있는지를 평가하는 연구는 매우 드물다. 또한 사회적 위축의 다양한 동기가 그들로 하여금 부모와 함께 더 오랫동안 머무르게 하는지를 확인하는 것도 중요하다. 종종 미디어에서 부모의 집에서 함께 생활하고 있는 젊은이들을 사회적으로 억제되어 있는 모습으로 그려 내곤 한다. 그러나 현재까지 어떠한 연구에서도 사회적 위축의 하위유형과 다양한 거주 형태(예: 부모와 함께 사는 것)와의 관련성을 평가하지는 않았다. 요컨대, 최근의 연구결과들은 사회적 상호작용에서 물러나는 사람들, 특히 수줍어하는 사람들이나 회피적인 사람들에게서 발견되는 위험 요인에 대해 관심을 가져야 한다고 주장하고 있다. 동시에 비사교적인 사람들에게서 발견되는 것과 같이, 사회적 위축에는 적지 않은 적응적 특성이 존재할 가능성도 함께 보여 주고 있다. 이는 앞으로의 연구가 성인진입기에서의 수줍음형 위축, 회피형 위축, 비사교형 위축의 적응 및 부적응 상관변인과 결과를 나누어서 탐색할 필요가 있음을 시사한다.

결론

종합하면, 다양한 형태의 사회적 위축을 나타내는 사람들의 발달 경로를 더 잘 이해하기 위해서는 앞으로 많은 연구가 필요하다. 청소년기는 생물학적 · 인지적 · 사회적 변화가 특징적으로 나타나는 독특한 시기이며, 성인진입기 또한 더욱 독립적이고 자율적인 주체가 되기 위해 분투하는 시기라는 점에서 독특한 시기다. 이 두 발달 시기 동안의 관계의 성질, 탐색, 정체감 발달, 불안정성 및 그 외 다른 특징들은 또래관계 및 사회적 상호작용에서 철수하기로 선택하거나 두려움으로 인해 고군분투하는 사람들의 발달 경로에 대해 관심을 불러일으킨다. 따라서 청소년기 및 성인진입기의 사회적 위축 연구는 발달적 관점에서 보다 많은 이론적 · 실증적 주목을 받을 필요가 있다.

참고문헌

Arnett, J. J. (2000). Emerging adulthood: A theory of development from the late teens through the twenties. *American Psychologist, 5*, 468-480.

Arnett, J. J. (2004). *Emerging adulthood: The winding road from the late teens through the twenties.* New York: Oxford University Press.

Asendorpf, J. B. (1990). Beyond social withdrawal: Shyness, unsociability, and peer avoidance. *Human Development, 33*, 250-259.

Asendorpf, J. B. (1993). Beyond temperament: A two-factor coping model of the development of inhibition during childhood. In K. H. Rubin & J. Asendorpf (Eds.), *Social withdrawal, inhibition, and shyness in childhood* (pp. 265-290). Hillsdale, NJ: Erlbaum.

Asendorpf, J. B., Denissen, J. J. A., & van Aken, M. A. G. (2008). Inhibited and aggressive preschool children at 23 years of age: Personality and social transitions into adulthood. *Developmental Psychology, 44*, 997-1011.

Bandura, A., & Walters, R. H. (1963). *Social learning theory and personality development.* New York: Holts, Rinehart and Winston.

Barry, C. M., Nelson, L. J., & Christofferson, J. (2013). Asocial and afraid: An examination of shyness and anxiety in emerging adulthood. *Journal of Family Studies, 19*, 2-18.

Booth-LaForce, C., Oh, W., Kennedy, A. E., Rubin, K. H., Rose-Krasnor, L., & Laursen, B. (2012). Parent and peer links to trajectories of anxious withdrawal from grades 5 to 8.

Journal of Clinical Child and Adolescent Psychology, 41(2), 138-149.

Booth-LaForce, C., & Oxford, M. L. (2008). Trajectories of social withdrawal from grades 1 to 6: Prediction from early parenting, attachment, and temperament. *Developmental Psychology, 44*(5), 1298-1313.

Bowker, J. C., Markovic, A., Cogswell, A., & Raja, R. (2012). Moderating effects of aggression on the associations between social withdrawal subtypes and peer difficulties during early adolescence. *Journal of Youth and Adolescence, 14*, 995-1007.

Bowker, J. C., & Raja, R. (2011). Social withdrawal subtypes during early adolescence in India. *Journal of Abnormal Child Psychology, 39*, 201-212.

Bowker, J. C., Rubin, K., & Coplan, R. (2012). Social withdrawal during adolescence. In R. Levesque (Ed.), *Encyclopedia of adolescence*. New York: Springer.

Briggs, S. R. (1988). Shyness: Introversion or neuroticism? *Journal of Research in Personality, 22*, 290-307.

Bruch, M. A., Gorsky, J. M., Collins, T. M., & Berger, P. A. (1989). Shyness and sociability reexamined: A multicomponent analysis. *Journal of Personality and Social Psychology, 57*, 904-915.

Burgess, K., Wojslawowicz, J., Rubin, K., Rose-Krasnor, L., & Booth-LaForce, C. (2006). Social information processing and coping styles of shy/withdrawn and aggressive children: Does friendship matter? *Child Development, 77*, 371-383.

Buss, A. H., & Plomin, R. (1984). *Temperament: Early developing personality traits*. Hillsdale, NJ: Erlbaum.

Cacioppo, J. T., Hawkley, L. C., & Thisted, R. A. (2010). Perceived social isolation makes me sad: 5-Year cross-lagged analyses of loneliness and depressive symptomatology in the Chicago Health, Aging, and Social Relations Study. *Psychology and Aging, 25*, 453-463.

Caspi, A. (2000). The child is father of the man: Personality continuities from childhood to adulthood. *Journal of Personality and Social Psychology, 78*, 158-172.

Caspi, A., Elder, G. H., & Bem, D. J. (1988). Moving away from the world: Life-course patterns of shy children. *Developmental Psychology, 24*, 824-831.

Caspi, A., & Silva, P. A. (1995). Temperamental qualities at age three predict personality traits in young adulthood: Longitudinal evidence from a birth cohort. *Child Development, 66*, 486–498.

Cheek, J. M., & Buss, A. H. (1981). Shyness and sociability. *Journal of Personality and Social Psychology, 41*, 330–339.

Collins, W. A., & Steinberg, L. (2006). Adolescent development in interpersonal context. In W. Damon & R. M. Lerner (Series Eds.) & N. Eisenberg (Vol. Ed.), *Handbook of child psychology: Vol. 3. Social, emotional, and personality development* (6th ed., pp. 1003–1067). Hoboken, NJ: Wiley.

Coplan, R. J., & Armer, M. (2007). A "multitude" of solitude: A closer look social withdrawal and nonsocial play in early childhood. *Child Development Perspectives, 1*, 26–32.

Coplan, R. J., Prakash, K., O'Neil, K., & Armer, M. (2004). Do you "want" to play? Distinguishing between conflicted shyness and social disinterest in early childhood. *Developmental Psychology, 40*, 244–258.

Coplan, R. J., Rose-Krasnor, L., Weeks, M., Kingsbury, A., Kingsbury, M., & Bullock, A. (2013). Alone is a crowd: Social motivations, social withdrawal, and socio-emotional functioning in later childhood. *Developmental Psychology, 49*, 861–875.

Eisenberg, N., Fabes, R. A., & Murphy, B. C. (1995). Relations of shyness and low sociability to regulation and emotionality. *Journal of Personality and Social Psychology, 68*, 505–517.

Erikson, E. H. (1968). *Identity: Youth and crisis.* New York: W. W. Norton.

Eysenck, H. J. (1956). The questionnaire measurement of neuroticism and extraversion. *Rivista de Psicologia, 50*, 113–140.

Findlay, L. C., Coplan, R. J., & Bowker, A. (2009). Keeping it all inside: Shyness, internalizing coping strategies and socio-emotional adjustment in middle childhood. *International Journal of Behavioural Development, 33*(1), 47–54.

Fordham, K., & Stevenson-Hinde, J. (1999). Shyness, friendship quality, and adjustment during middle childhood. *Journal of Child Psychology and Psychiatry, 40*(5), 757–768.

Gazelle, H., & Rudolph, K. D. (2004). Moving toward and away from the world: Social approach and avoidance trajectories of anxious solitary youth. *Child Development* 75(3), 829-849.

Goodwin, R. D., Fergusson, D. M., & Horwood, L. J. (2004). Early anxious/withdrawn behaviours predict later internalising disorders. *Journal of Child Psychology and Psychiatry, 45*(4), 874-883.

Gray, J. A. (1972). The psychophysiological nature of introversion-extraversion: A modification of Eysenck's theory. In V. D. Nebylitsyn & J. A. Gray (Eds.), *Biological bases of individual behaviour.* New York/London: Academic Press.

Hamer, R. J., & Bruch, M. A. (1997). Personality factors and inhibited career development: Testing the unique contribution of shyness. *Journal of Vocational Behavior, 50*(3), 382-400.

Heinrich, L. M., & Gullone, E. (2006). The clinical significance of loneliness: A literature review. *Clinical Psychology Review, 26,* 695-718.

Henderson, L., & Zimbardo, P. (2001). Shyness, relationship to social anxiety and social phobia. In S. Hofman & P. diBartolo (Eds.), *Social phobia* (pp. 46-65). New York: Allyn & Bacon.

Henderson, L., Zimbardo, P., & Carducci, B. (2010). Shyness. *Corsini Encyclopedia of Psychology.* doi: 10.1002/9780470479216.corpsy0870

Hojat, M., Vogel, W. H., Zeleznik, C., & Bornstein, B. D. (1988). Effects of academic and psychosocial predictors of performance in medical school on coefficients of determination. *Psychological Reports, 63*(2), 383-394.

Hotard, S. R., McFatter, R. M., McWhirter, R. M., & Stegall, M. E. (1989). Interactive effects of extraversion, neuroticism, & social relationships on subjective well-being. *Journal of Personality and Social Psychology, 57,* 321-331.

Jones, W. H., & Briggs, S. R. (1984). The self-other discrepancy in social shyness. In R. Schwarzer (Ed.), *The self in anxiety, stress and depression* (pp. 93-107). Amsterdam: North Holland.

Kagan, J., & Moss, B. A. (1962). *Birth to maturity*. New York: Wiley.

Karevold, E., Ystrom, E., Coplan, R. J., Sanson, A. V., & Mathiesen, K. S. (2012). A prospective longitudinal study of shyness from infancy to adolescence: Stability, age-related changes, and prediction of socio-emotional functioning. *Journal of Abnormal Child Psychology, 40*(7), 1167-1177.

Kerr, M., Lambert, W. W., & Bem, D. J. (1996). Life course sequelae of childhood shyness in Sweden: Comparison with the United States. *Developmental Psychology, 32*, 1100-1105.

Kim, J., Rapee, R., Oh, K., & Moon, H. (2008). Retrospective report of social withdrawal during adolescence and current maladjustment in young adulthood: Cross-cultural comparisons between Australian and South Korean students. *Journal of Adolescence, 31*, 543-563.

Larson, R. W. (1990). The solitary side of life: An examination of the time people spend alone from childhood to old age. *Developmental Review, 10*, 155-183.

Larson, R. W. (1997). The emergence of solitude as a constructive domain of experience in early adolescence. *Child Development, 68*, 80-93.

Larson, R. W., & Csikszentmihalyi, M. (1978). Experiential correlates of time alone in adolescence. *Journal of Personality, 46*, 677-693.

Leck, K. (2006). Correlates of minimal dating. *The Journal of Social Psychology, 146*(5), 549-567.

Lieberman, M., Gauvin, L., Bukowski, W. M., & White, D. R. (2001). Interpersonal influence and disordered eating behaviors in adolescent girls: The role of peer modeling, social reinforcement, and body-related teasing. *Eating Behaviors: An International Journal, 2*, 215-236.

Luster, S. S., Nelson, L. J., & Busby, D. M. (in press). Shyness and communication: Impacts on self-and partner relationship satisfaction. *Journal of Couple and Relationship Therapy*.

Luster, S. S., Nelson, L. J., Poulsen, F. O., & Willoughby, B. J. (in press). Emerging adult sexual attitudes and behaviors: Does shyness matter? *Emerging Adulthood*.

Markovic, A., Rose-Krasnor, L., & Coplan, R. J. (2013). Shy children's coping with a social conflict: The role of personality self-theories. *Personality and Individual Differences,* *54*(1), 64-69.

Melchior, L. A., & Cheek, J. M. (1990). Shyness and anxious self preoccupation during a social interaction. *Journal of Social Behavior and Personality, 5,* 117-130.

Mounts, N., Valentiner, D., Anderson, K., & Boswell, M. (2006). Shyness, sociability, and parental support for the college transition: Relation to adolescents' adjustment. *Journal of Youth and Adolescence, 35*(1), 68-77.

Muris, P., Merckelbach, H., Schmidt, H., Gadet, B., & Bogie, N. (2001). Anxiety and depression as correlates of self-reported behavioural inhibition in normal adolescents. *Behavior Research and Therapy, 39*(9), 1051-1061.

Nelson, L. J. (2013). Going it alone: Comparing subtypes of withdrawal on indices of adjustment and maladjustment in emerging adulthood. *Social Development, 22,* 522-538.

Nelson, L. J., Padilla-Walker, L. M., Badger, S., Barry, C. M., Carroll, J. S., & Madsen, S. D. (2008). Associations between shyness and internalizing behaviors, externalizing behaviors, and relationships during emerging adulthood. *Journal of Youth and Adolescence, 37*(5), 605-615.

Nelson, L. J., Padilla-Walker, L. M., Carroll, J. S., Madsen, S. D., Barry, C. M., & Badger, S. (2007). 'If you want me to treat you like an adult, start acting like one!' Comparing the criteria that emerging adults and their parents have for adulthood. *Journal of Family Psychology, 21*(4), 665-674.

Neto, F. (2001). Personality predictors of happiness. *Psychological Reports, 88*(3), 817-824.

Oh, W., Rubin, K. H., Bowker, J. C., Booth-LaForce, C., Rose-Krasnor, L., & Laursen, B. (2008). Trajectories of social withdrawal from middle childhood to early adolescence. *Journal of Abnormal Child Psychology, 36*(4), 553-566.

Phillips, S. D., & Bruch, M. A. (1988). Shyness and dysfunction in career development. *Journal of Counseling Psychology, 35,* 159-165.

Piaget, J. (1932). The moral judgment of the child. New York: Harcourt, Brace Jovanovich.

Prior, M., Smart, D., Sanson, A., & Oberklaid, F. (2000). Does shy-inhibited temperament in childhood lead to anxiety problems in adolescence? *Journal of the American Academy of Child and Adolescent Psychiatry, 39*(4), 461–468.

Ricciardelli, L. A., & McCabe, M. P. (2001). Children's body image concerns and eating disturbance: A review of the literature. *Clinical Psychology Review, 21*, 325–344.

Rowsell, H. C., & Coplan, R. J. (2012). Exploring links between shyness, romantic relationship quality, and well-being. *Canadian Journal of Behavioural Science*. doi:10.1037/a0029853.

Rubin, K. H., Bukowski, W., & Parker, J. (2006). Peer interactions, relationships, and groups. In N. Eisenberg (Ed.), *Handbook of child psychology (6th edition): Social, emotional, and personality development* (pp. 571–645). New York: Wiley.

Rubin, K. H., Coplan, R. J., & Bowker, J. C. (2009). Social withdrawal and shyness in childhood. *Annual Review of Psychology, 60*, 141–171.

Rubin, K. H., Wojslawowicz, J. C., Rose-Krasnor, L., Booth-LaForce, C., & Burgess, K. B. (2006). The best friendships of shy/withdrawn children: Prevalence, stability, and relationship quality. *Journal of Abnormal Child Psychology, 34*(2), 143–157.

Sullivan, H. S. (1953). *The interpersonal theory of psychiatry*. New York: Norton.

Woodhouse, S. S., Dykas, M. J., & Cassidy, J. (2012). Loneliness and peer relations in adolescence. *Social Development, 21*(2), 273–293.

11

내향성, 고독, 그리고 주관적 안녕감

John M. Zelenski, Karin Sobocko, & Deanna C. Whelan

고독은 주로 순간적인 경험이다. 그러나 어떤 사람들의 경우에는 고독을 더 쉽게 경험할 수도 있고, 또는 더 많이 원할 수도 있다. 일반적으로 거론되는 성격 차원 중 하나인 내향성–외향성은 사람들 사이에서 나타나는 이와 같은 차이점에 대해 설명하고 있다. 내향적인 사람들은 자신의 마음을 잘 드러내지 않고, 소심하며, 조용한 경향이 있다. 반면에, 외향적인 사람들은 보다 사교적이고, 말수가 많으며, 대담한 편이다. 흥미로운 것은 외향적인 사람들이 내향적인 사람들에 비해 높은 수준의 행복을 보고한다는 것이다(Wilson, 1967). 우리가 흔히 생각하는 매우 행복한 사람은 꽤나 외향적인 모습으로 살아가는 사람일 수도 있다. 그러나 어떤 사람들은 과연 이것이 진실인지에 대해 의문을 가지기도 한다. 카페인이 없는 차를 마시고 좋은 책을 읽으면서 누리게 되는 고요한 행복이 밤새도록 펼쳐지는 광란의 파티와 비견될 수는 없는 것인가? 아마도 내향적인 사람들이 느끼는 행복도 별반 다르지는 않을 것이다. 그러나 이러한 행복이 내면에 감추어져 있기 때문에 모든 사람이 이를 알아차리기란 쉽지 않을 것이다. 이 장에서는 성격 차이에 따른 고독에 대한 성향을 내향성-외향성이라는 성격의 차원에 초점을 두고 살펴보고자 한다. 또한 내향성-외향성이 심리적 안녕과 어떠한 관련성을 나타내고 있는지 살펴보고자 한다.

내향성-외향성에 대한 개관

내향성-외향성이라는 유명한 개념은 흔히 Jung에게서 비롯되었다고 알려져 있다. 그러나 내향성-외향성에 대한 실증적 성격 연구의 경우, 이와는 구별되는 다른 역사를 가지고 있다. 1940년대 초반, Hans Eysenck(Eysenck & Eysenck, 1985)는 신경증-안정성이라는 성격 차원에서 내향성-외향성 차원을 구분했으며, 심리적 고통이 사교성이나 사교성의 부족과는 독립적인 것으로 보인다는 점에 주목하였다. 그는 자신의 성격 모델을 이론적으로나 실증적으로 크게 발전시켰다. Hans Eysenck는 이와 같은 생리학적 특질이론을 제안하면서 외향성이 만성적인 과소자극으로부터 비롯된다고 주장하였다. 따라서 외향적인 사람들은 모험적이고, 사교적이며, 일반적으로 활동적인 행동을 하여 이를 보완하는 자극을 추구한다. 반대로, 내향적인 사람들은 그들의 자극 욕구를 보다 수월하게 충족할 수 있으며, 매우 사교적인 상황에서는 과잉자극되므로 보다 조용한 활동을 선호한다. Eysenck는 또한 특질을 조직화하고 관련 측정도구의 개발을 위해 요인분석이라는 통계적 기법을 사용하였다. 이러한 분석들은 어떤 협소 특질(narrower traits)이 내향성-외향성 영역에 함께 군집하는지(예: 사교성, 주장성, 활동성, 감각 추구) 확인해 주었다. 또한 다른 광역 특질(broad traits)인 신경증(불안, 죄책감, 수줍음), 그리고 이후에는 정신증(반사회성, 충동성, 창의성)이 도출되면서 내향성-외향성 특질이 이러한 특질들과 명확히 구분되었다.

성격의 주요 차원을 탐색하고자 했던 다른 연구자들은 사람들이 사용하는 자연적 언어에 주목하였고, Eysenck와 유사한 결론에 도달하였다. 어휘 가설(lexical hypothesis)에서는 중요한 성격 특질들이 우리가 사용하는 언어 속에 보다 자주 등장하게 될 것이라고 가정한다. 즉, 중요한 특질들은 다양한 동의어가 있으며, 많은 언어 속에서 나타난다(John, Angleitner, & Ostendorf, 1988). Allport와 Odbert(1936)는 초기 연구에서 특질이 표현되고 있는 모든 형용사를 찾아내고자 노력하였다. 그들은 영어사전을 처음부터 끝까지 샅샅이 뒤졌고, 이를 통해 지금 현재에도 그 중요성을 인정 받고 있는 성격 특성 목록을 만들어 내었다. 이후, 많은 연구자가 성격특성 목록에 수록된 많은 형용사의 수를 줄이고, 수정 및 분류하였으며, 이러한 형용사들을 사용한 성격 평정치들을 요인분석하여 어떤 형용사들이 개인에게 함께 나타나는 경향이 있는지 밝혀냈다(이러한 역사에 대한 개관에 대해서는 Goldberg, 1993 참조). 사실, 이와 같은 접근방법은 연구자에 따라 다양하게 적용되어 왔으며, 아예 수용되지 않는 경우도 있었다(Block, 1995, 2010). 그러나 대부분의 성격 심리학자들은 성격 특질의 범주가 다음과 같은 5가지 요인으로 구성된다는 것에 대체로 동의하고 있다. 이는 외향성(내향성)과 정서적 안정성(신경증), 친화성, 성실성, 개방성이다. 이 장에서 다루고 있는 내향성–외향성 특질이 이렇게 다시 등장하게 된다. 실제로, 성격을 포괄적으로 기술하고 있는 연구들을 살펴보면, 거의 대부분이 유사한 성격의 차원들을 거론하고 있다. 일부 측정도구와 이론적 설명들의 경우에는 보다 구체적인 하위 특질의 존재를 부정하기도 한다(이 장 후반부에서 보다 자세하게 논의할 예정). 그러나 내향성–외향성이라는 일반적인 구인은 매우 보편적으로 받아들여지고 있다(외향성에 대한 일반적인 개관 연구는 Wilt & Revelle, 2009 참조).

이와 같은 포괄적 분류체계[즉, 'Eysenck의 체계' 또는 '5요인(Big Five)']의 맥락에서 내향성–외향성을 본다면, 이 특질은 분명 매우 광범위한 특질이다. 내향성–외향성이라는 구성개념은 전체 성격 특질에서 많은 부분을 차지하고 있다. 또한 상대적으로 좁은 수준(narrow level)의 특질이나 측면이 이 같은 **슈퍼 특질**(super trait)에 기여한다. 우리의 초점은 특질을 가장 넓은 수준에서 다루고 있지만, 보다 좁은 수준의 특질을 연구하는 것은 유용한 경우가 많다. 이러한 연구들은 미묘한 차이를 제공할 수 있기 때문이다(이 책의 다른 장들을 참조). 예컨대, 수줍어하는 사람과 비사교적인 사람은 내향성에서 모두 높은 점수를 보인다. 하지만 수줍어하는 사람은 불안으로 인해 어려움을 겪으면서도 더 많은 사회적 접촉을 원하는 반면, 비사교적인 사람은 낮은 수준의 사회적 접촉에도 충분히 만족하는 것처럼 보인다. 수줍어하는 사람과 비사교적인 사람 모두 내향성에서 높은 점수를 받는다. 물론 이 미묘한 차이는 광범위한 수준의 특질에도 차이를 만들어 낼 수 있다. 예컨대, 불안하고 수줍어하는 사람들은 신경증에서 높은 점수를 받는 반면, 단순히 비사교성만을 가진 사람들은 그렇지 않다. 내향성은 통계적으로나 개념적으로 신경증과는 다른 독립적인 특질이다. 일부 내향적인 사람들이 부정적인 정서(신경증의 특징을 보이는)를 경험할 수도 있지만, 거의 동일한 수의 사람들은 이러한 성향을 공유하지 않는다. 또한 내향성이 높은 수준의 불안과 관련된다는 증거는 없지만, 일부 내향적인 사람들의 경우에는 분명 높은 수준의 불안을 보이기도 한다. 하지만 내향성과 다소 중첩되는 이러한 구성개념들(예: 사회불안, 수줍음, 외로움, 민감성, 사회적 무쾌감증)은 구별될 수 있으며, 다른 광범위한 수준의 특질들(예: 신경증)이 이에 도움을 줄 수 있다. 그러나 보다 좁거나 보다 역동적인 구성개념(예: 불안애착)의 경우에는 더욱 미묘한 차이를 가져온다. 이렇게 내향성을 말할 수 있는 방법은 너무나 다양하다. 따라서 내향성은 그야말로 광범위한 개념이라고 할 수 있다.

실증적 근거를 중요시하는 성격 심리학자들은 용어가 함축하고 있는 의미처럼 내향성자(introvert)와 외향성자(extrovert)를 각각 독립된 범주적 유형으로 분류하기보다 정상분포(대부분의 사람들이 중앙 부근에 위치하는)를 가진 하나의 연속적인 차원으로 여기고 있다. 내향성-외향성이 서로 이어지는 하나의 차원임에도 불구하고, 언어가 가지고 있는 편리성 때문에 이 용어를 유형을 나타내는 용어로 각각 구별하여 사용하고 있다는 것이다. 따라서 내향성-외향성은 양극단이 존재하는 하나의 차원이라고 할 수 있으며, 내향성-외향성과 관련된 각각의 특성은 정확하게 서로의 반대편에 위치하게 된다. 예컨대, 어떤 사람이 '외향적인 사람은 매운 음식을 좋아하는 경향이 있다'라는 문장을 읽게 된다면, 그는 높은 수준의 외향성을 가진 사람이 낮은 수준의 외향성, 즉 내향성을 가진 사람들에 비해 매운 음식을 더 좋아할 것이라고 이해하게 될 것이다. 또한 같은 결과를 '내향적인 사람들은 매운 음식을 싫어하는 경향이 있다'라고 기술할 것이다.

내향성의 주요 개념적 특성 하나는 증가된 고독 경험이다. 이와 같은 주장은 상당히 많은 실증적 증거를 가지고 있다. 예컨대, 자기보고식 측정에서 광역 특질인 내향성은 보다 협소한 특질인 고독선호를 직접적으로 측정하는 척도들과 유의한 상관을 보인다 (Burger, 1995; Long, Seburn, Averill, & More, 2003). 다른 연구에서는 참여자들에게 단독적 또는 사회적 활동에 얼마나 많은 시간을 보내고 있는지 응답하게 하였다. 연구의 결과는 내향적인 사람들이 혼자 더 많은 시간을 보낼 것이라는 주장을 뒷받침하였다(예: Argyle & Lu, 1990; Leary, Herbst, & McCrary, 2003). 물론, 이와 같은 자기보고식 측정에서는 기억의 편향으로 인하여 그 결과가 왜곡될 위험이 있다. 짧은 시간 안에 기억을 더듬어 이를 재구성하는 일상재구성법은 이와 같은 기억의 편향을 최소화할 수 있는 측정방법이다. 일상재구성법에 참여한 사람들은 최근의 특정한 하루의 일상을 대략 15개의 일화로 재구성한 후, 각각의 일화와 관련된 질문들에 답하게 된다. 일상재구성법은 연구 대상자가 시간을 어떻게 보내는지에 대한 실제적인 평균을 확인하는데 매우 유용한 방법이며, 특히 하나의 포괄적인 질문을 통해 정보를 얻고자 하는 측정방법과 비교할 때 더욱 그러하다. 이 향상된 측정방법은 내향적인 사람들이 더 많은 시간을 홀로 보낸다는 사실을 확인시켜 주었다(Srivastava, Angelo, & Vallereux, 2008).

경험표집법은 기억의 편향 가능성을 더욱 감소시킬 수 있는 측정방법이다. 경험표집법을 사용하는 연구 대상자들은 하루 중 특정한 여러 시점에 무엇을 하고 있는지 즉시적으로 보고해야 한다. 경험표집법을 통해 확인된 결과들은 내향적인 사람들이 사회적 활동에 그리 많은 시간을 보내고 있지 않다는 사실을 재차 확인시켜 준다(Asendorpf & Wilpers, 1998; Lucas, Le, & Dyrenforth, 2008). 나아가, 경험표집법에서 연구 대상자의 경험은 자기보고가 아닌 객관적인 오디오 기록을 통해 수집될 수 있으며, 또한 이러한 기록은 연구 대상자에 대한 정보를 전혀 알 수 없는 연구자에 의해 코딩될 수 있다. 이러한 표집법을 통해 내향적인 사람들은 더 많은 시간을 홀로 보내며, 외향적인 사람들에 비해 상대적으로 말수가 더 적다는 사실이 확인되었다(Mehl, Gosling, & Pennebaker, 2006). 따라서 내향적인 사람들이 더 많은 고독의 경향을 가지고 있다는 것은 분명해 보인다.

그러나 이러한 확신에도 불구하고, 이 연구에서 나타난 효과크기는 그리 크지 않았으며, 전반적 보고 내용보다는 구체적인 행동의 수를 측정할 때 효과크기가 더 작아지는 경향이 있었다. 따라서 내향적인 사람들은 전형적으로 외향적인 사람들에 비해 더 많은 시간을 홀로 보낼 수 있지만, 사람들은 종종 자신이 선호하는 행동이나 평균적인 행동에서 자주 벗어난다는 점도 고려해 볼 가치가 있다(Fleeson, 2001). 예컨대, 상황적 요구(예: 직업)나 다른 개인적 목표(예: 데이트)는 내향적 성향을 가진 사람들이 외향적으로 행동하도록 만들 수 있으며, 또는 그 반대일 수도 있다. 연구들에 따르면, 이러한 일은 자주 일어난다. 특질에 따른 행동의 평균적 차이는 분명히 존재하지만, 상황에 따른 순간의 변화 또한 크다고 할 수 있다(Fleeson & Gallagher, 2009). 이 장의 다음 절에서 소개하고 있는 대부분의 연구는 특질의 수준 차이에 초점을 두고 있다. 이에 따라 고독 속에서 더 많은 시간을 보내는 사람들(내향적인)과 더 적은 시간을 보내는 사람들(외향적인)이 행복에서 어떠한 차이를 보이는지 살펴보게 될 것이다. 그러나 이것은 고독의 순간들이 그 자체로 즐거운 것이 될 수 있는지, 또는 어떤 사람들은 다른 사람들에 비해 고독을 더 즐기는가라는 질문과는 다소 거리가 있다.

내향성과 행복의 관계를 면밀히 들여다보기

광범위한 수준의 분석에서 외향성에서 높은 점수를 받은 사람들이 높은 수준의 행복을 보고한다는 명백한 증거가 있다. 즉, 내향적인 사람들이 덜 행복하다(DeNeve & Cooper, 1998). 그러나 내향적인 성향을 가진 우리의 학교 동료나 친구, 가족은 이러한 생각에 발끈한다. 이 절에서 우리는 그들의 반론을 고려하고 관련 증거들을 평가할 것이다. 결국 내향성은 실제로 더 낮은 수준의 행복과 관련되어 있다고 결론 내렸지만 우리의 개관은 또한 이러한 관련성에 대해 보다 미묘한 관점을 제시할 것이다.

반론 1: 행복을 측정하는 척도들이 외향성에 편향되어 있다

행복을 정의하는 것은 쉬운 일이 아니며, 실제 행복을 측정하는 척도들은 진정한 행복이 아닌 외향성과의 관련성을 측정하고 있는 것인지도 모른다. 만일 행복에 대한 질문지가 조용한 산책에서의 만족감보다 파티에서의 생동감만을 물어보고 있다면, 이 질문지는 외향적인 형태의 행복에 편향되어 있다고 할 수 있다.

행복은 다양한 측면을 가진 구성개념이므로(Kim-Prieto, Diener, Tamir, Scollon, & Diener, 2005), 이와 같은 반론은 설득력이 있다. 행복의 한 부분은 정서적인 영역이며, 이는 정서적 안녕, 쾌락의 균형, 또는 더 많은 즐거운 정서 경험 및 더 적은 불쾌한 정서 경험으로 구성되어 있다. 또한 행복을 탐구하는 대부분의 연구자는 행복을 측정할 때, 정서적 경험 이상의 더 많은 인지적 평가를 포함시키고 있다. 이를테면 일이 잘 되어 감 또는 삶의 만족도 등이다. 정서적 척도와 인지적 척도들은 실증적인 수준에서 서로 관련성이 있지만, 이와 동시에 차이를 나타내기도 한다(Lucas, Diener, & Suh, 1996). 주관적 안녕감은 쾌락주의적 균형(때때로 긍정적 정서와 부정적 정서의 분리)과 삶의 만족도를 포함하는 개념이다. 이와 같은 쾌락주의적 접근은 더 넓은 개념인 행복주의적 접근과 대비되기도 한다. 행복주의적 전통에서 바라보는 심리적 안녕감은 개인의 적응적 특성을 포함하고 있는 것으로 여겨진다. 예컨대, Ryff(1989)의 심리적 안녕감 척도는 자율성, 환경에 대한 통제력, 개인적 성장, 타인과의 긍정적 관계, 삶의 목표, 그리고 자기수용을 포함하고 있다. 어떤 사람들은 이와 같은 행복주의 지표들이 행복 그 자체로 고려될 수 있는지에 대해 의문을 제기하기도 하지만(Kashdan, Biswas-Diener, & King, 2008), 이러한 지표들은 내향적인 성향의 반론자들이 종종 외향적인 행복보다 더 중요하다고 생각하는 것들이다.

행복과 내향성-외향성 간의 관련성은 행복을 어떻게 조작적으로 정의하느냐에 따라 달라질 수 있다고 믿을 합당한 이유들이 있으며, 현재 광범위하게 사용되고 있는 일부 측정도구들은 실제로 외향적인 사람들에게 유리할 수 있다. 성격 심리학자들은 정서적 경험을 조직하는 방법으로 흔히 2차원 정서원형모형(two-dimensional affect circumplex model)을 사용하고 있다(Larsen & Diener, 1992). 이 개념적 공간은 2개의 차원으로 정의될 수 있는데, 하나는 유쾌한 감정을 불쾌한 감정과 구분하는 차원이며, 다른 하나는 각성의 수준을 구분하는 차원이다. 널리 알려져 있는 정서 척도인 PANAS(Watson, Clark, & Tellegen, 1988)는 두 차원을 45도 회전시켜 평가한다. 따라서 긍정적 정서는 활성화된 유쾌한 감정(열광적인, 흥분된, 각성된)을 포착하는 반면, 부정적 정서는 활성화된 불쾌한 감정(초조한, 화난, 짜증스러운)을 포착한다.

PANAS는 이 활성화 요소 때문에 외향성과의 관련성을 발견하는 데 유리할 수 있다. 예컨대, 실험실에서 외향적인 행동을 조작하면 가장 직접적으로 활성화된 유쾌한 감정들로 이어지며 각성과 단순히 유쾌한 느낌들도 어느 정도 수반된다(McNiel, Lowman, & Fleeson, 2010). 외향적 특질을 가진 사람들은 긍정적 유인이 주어지는 기분 유도 상황에서 정서적 반응성이 증가하지만, 이 또한 활성화된 유쾌한 감정에서 주로 나타난다(Lucas & Baird, 2004; Smillie, Cooper, Wilt, & Revelle, 2012). 또한 내향적인 사람들이 이상적으로 느끼고자 하는 감정이 무엇인지 물어보면, 이들은 더 낮은 수준의 각성과 다소 덜 즐거운 정서를 선택하는 경향이 있다(Rusting & Larsen, 1995). 경험적으로 보았을 때, 외향성과 유사한 특질인 접근동기(BAS)는 유쾌함과 각성 간의 개인 내적 상관을 조절한다(Kuppens, 2008). 다시 말해, 높은 접근동기를 가진(외향적인) 사람들은 순간적인 느낌에서 유인(valence)과 각성 간에 정적 상관을, 낮은 접근동기를 가진(내향적인) 사람들은 부적 상관을 보인다. 즉, 내향적인 사람들은 그들이 덜 각성되었다고 느낄 때 더 좋은 느낌을 갖는다. 따라서 행복이 오직 활성화된 긍정적 정서로만 정의된다면, 내향적인 사람들은 스스로 행복해지기를 원하지 않는다고 볼 수도 있다(적어도 외향적인 사람만큼은 아님). 실제로, 외향성과 유쾌한 정서 간의 상관은 각성된 상태에서 더 큰 경향이 있다. 그러나 각성 수준이 낮은 상태라고 해서 상관이 정반대로 나타나는 것은 아니다(예: Mitte & Kämpfe, 2008; Rusting & Larsen, 1995; Tsai, Knutson, & Fung, 2006; Zelenski & Larsen, 1999). 더욱이, 두 편의 중요한 메타분석 연구는 순수한 유쾌함 차원(적정 수준의 각성)은 명확히 내향성과 부적 상관관계를 보이지만, 상관의 크기는 활성화된 유쾌한 정서와 비교할 때 다소 작다는 것을 확인하였다(Lucas & Fujita, 2000; Steel,

Schmidt, & Shultz, 2008). 가장 최근에 수행되었으며, 가장 큰 규모의 메타분석 연구에서 Steel과 동료들(2008)은 외향성이 부정적 정서와 낮은 상관을 나타낼 뿐만 아니라, 심지어는 낮게 활성화된 긍정적 감정(예: 여유롭거나 만족스러운, 정서원형모형에서 '높게 활성화된 불쾌한 정서'의 반대편에 위치한 정서)조차 예측할 수 있다고 보고하였다. 따라서 특정한 형태의 유쾌한 정서가 외향성과 행복 간의 관계의 강도를 조절하는 것으로 보인다. 그러나 내향성에 대해서는 이처럼 특별히 유리한 구체적인 정서가 아직 발견되지 않았다.

　행복의 다른 측면들(예: 삶의 만족도, 의미)을 고려한다면, 내향적인 사람들이 더 행복할지도 모른다. 그러나 우리는 이를 뒷받침할 수 있는 증거를 찾지 못했다. 예컨대, 반론을 제기하는 내향적인 사람들은 흔히 자신이 의미 있는 삶을 살고 있으며, 또한 이러한 삶에 대해 만족하고 있다고 말한다. 그리고 이러한 의미와 만족감이 황홀감보다 더 중요하다고 말한다. 그러나 연구에 의하면, 이러한 측면들을 측정하는 검사들에서 조차 내향적인 사람들은 외향적인 사람들에 비해 삶의 의미와 만족감에서 더 낮은 점수를 받는다. 예컨대, Ryff(1989)의 심리적 안녕감 척도의 모든 하위범주에서 내향적인 사람들이 외향적인 사람들보다 더 낮은 점수를 보고하였다(Abbott et al., 2008; Cooper, Okamura, & McNeil, 1995). 보다 포괄적으로는 메타분석 결과가 삶의 만족도와 외향성 간에 명백한 정적 상관이 존재하고 있음을 보여 준다(DeNeve & Cooper, 1998; Lucas & Fujita, 2000; Steel et al., 2008). Steel과 동료들은 Riff의 척도 및 다른 유사 척도에 포함되어 있는 행복의 한 범주인 삶의 질에 대해 검토하였다. 그리고 재차 외향성과의 정적인 상관을 발견하였다. 따라서 우리의 결론은 외향성과 행복 간의 관련성이 전적으로 행복의 정의나 측정에서의 편향 때문이라고 말하기는 어렵다는 것이다.

반론 2: 외향성을 측정하는 척도들이 행복에 편향되어 있다

　이러한 반론이 주목하는 점은 일부 외향성을 측정하는 척도나 외향성을 설명하는 모델들이 실제 문항내용 혹은 이론적 구성 측면에 있어서 긍정적인 정서를 포함하고 있다는 사실이다(예: NEO 성격검사 개정판). 이를 감안한다면, 외향성과 관련된 측정도구 및 모형들이 행복, 특히 행복의 정서적인 측면과 상관을 보인다는 사실은 그리 놀라운 일이 아니다. 내향적인 사람들이 덜 행복하다는 주장에 대한 극단적인 반론은 외향성을 측정하는 척도에 긍정적 정서를 포함하는 것이 측정을 오염시켜 외향성과 행복 간의 진정한 관계를 모호하게 만든다는 것이다. 덜 극단적인 반론은 행복과 외향성 간에 연관성이 존재한다는 것을 부정할 수는 없겠지만, 긍정적 정서는 외향성이라는 구성개념의 일부분에 지나지 않는다는 것이다. 지난 수십 년 동안 축적되어 온 요인분석 연구결과들을 살펴보면, 긍정적 정서를 더 많이 경험한 사람들이 사회적이고 활동적이며 적극적인 경향(즉, 광범위한 외향성의 일부 측면)을 보인다는 것을 확인할 수 있다. 이와 같은 요인분석의 논리에만 근거한다면, 외향성의 다른 측면들이 긍정적 정서(이것이 광범위한 구성개념의 일부분이든 또는 하나의 준거 변인이든)와 상관을 보일 것이라고 예상할 수 있다. 다시 말해, 광범위한 수준의 외향성을 측정하는 척도에서 긍정적 정서 요인을 제거한다 할지라도, 척도와 행복과의 연관성이 크게 달라져서는 안 된다(Steel et al., 2008, p.140 사례 참조).

양적 데이터에 근거하였을 때, 긍정적 정서성(positive emotionality)이나 이와 유사한 개념이 외향성의 여러 측면과 주관적 안녕감을 연결하는 공통의 핵심 요인이 될 수 있을 듯하다. 예컨대, 사교성이나 주장성과 같은 외향성의 측면들은 쾌활함이나 긍정적 정서보다 삶의 만족도를 훨씬 잘 예측하지 못한다(Schimmack, Oishi, Furr, & Funder, 2004). 그럼에도 불구하고, 외향성을 광범위하게 측정하는 측정도구에 긍정적 정서성이 명시적으로 포함된 것이 행복과의 상관관계에 크게 영향을 미치지는 않는 것으로 보인다. 예컨대, 이러한 문제를 확인하기 위해 수행된 두 편의 메타분석 연구가 발견한 점은 NEO(긍정적 정서 측면 포함)와 Eysenck 성격 질문지(Eysenck Personality Questionnaire: EPQ; 긍정적 정서 측면 미포함)는 다양한 행복 지표(긍정적 정서, 삶의 만족도, 삶의 질 등)와의 상관에서 매우 유사한 양상을 나타낸다는 것이다(Lucas & Fujita, 2000; Steel et al., 2008). 그러나 흥미롭게도 강한 충동성을 포함하고 있는 Eysenck 성격검사(Eysenck Personality Inventory)의 경우에는 행복 지표들과의 상관관계가 EPQ 또는

NEO에 비해 강력하지 않았다. 따라서 긍정적 정서를 제외한 내향성-외향성의 특정 측면들이 행복과의 관련성 정도에 어느 정도 영향을 미칠 수 있다. 이 점을 염두에 둘 때, 우리는 긍정적 정서로 인한 **오염**이 이러한 외향성과 행복의 관련성을 설명한다고 결론 내릴 수 없다. 오히려 외향성과 안녕감이라는 두 구성개념을 타당하게 중첩시키고자 한다면 보다 충분한 이론적 설명이 뒷받침되어야 할 것이다(추후에 논의함).

반론 3: 내향적인 사람들은 개인주의가 약한 문화권에서 더 행복하다

이 반론은 내향적인 사람들이 덜 행복한 것으로 보고한다는 주장을 완전히 반박하지는 않지만, 하나의 경계 조건을 제시한다. 사실, 외향성과 행복에 관한 많은 연구에서는 개인주의와 주장성을 중요하게 여기는 서구권 문화(특히 미국)에서 대부분 수행되어 왔다. 따라서 신중함, 수동성, 조용한 반성에 더 큰 가치를 두고 있는 문화권에서는 외향성과 행복의 관계가 달라질 수 있다(이 책의 6장 참조). 더욱이 개인주의 문화권에서 살아가는 내향적인 사람들은 타인으로부터 외향적으로 행동하리라는 기대를 받지 않는다면 더 행복할 수도 있다.

일부 근거는 있지만, 양적 데이터에 근거할 때 이 반론은 극단적인 형태로는 사실일 수 없다. 사실 어떠한 문화권에서도 내향적인 사람들이 외향적인 사람들보다 더 행복하다는 연구결과는 찾아볼 수 없다. 그러나 문화적인 차이는 외향성과 행복이 서로 관련되는 정도를 조절하는 것으로 보인다. 예컨대, Lucas와 동료들(1996)은 39개의 다양한 문화권에서 긍정적 정서와 외향성이 서로 정적 상관을 나타내고 있음을 발견하였다. 그리고 동시에 개인주의 문화권에 속한 사람들이 사회적인 상황에서 더 큰 만족감을 느낀다는 것을 확인하였다. 이와 유사하게, Fulmer와 동료들(2010)은 외향성 평균 점수가 더 높은 문화권에서 외향성이 삶의 만족도, 긍정적 정서, 자존감, 그리고 전반적인 행복감을 더욱 강력하게 예측한다고 보고하였다. 따라서 해당 문화권에 적합한 성격은 더 높은 수준의 주관적 안녕감과 관련이 있다고 할 수 있다. 또한 특정한 형태로 표출되는 내향성은 소속된 문화권에 따라 중요한 의미를 가질 수 있다. 예컨대,

Chen, Wang 및 Cao(2011)는 중국 아동을 대상으로 한 연구에서 수줍음은 행복을 예측하지만 비사교성은 불행을 예측한다는 것을 발견하였다. 연구자는 그 결과를 다음과 같이 설명하였다. 중국 문화권에서 수줍음으로 인한 사회적 억제는 충분한 가치가 있겠지만, 타인과의 관계에 대한 관심 부족(즉, 비사교성)은 문화적 규준을 위반하는 것이 될 수 있다는 것이다(물론 이러한 관련성은 시간에 따른 중국 문화와 함께 바뀔 수 있음; Chen, Cen, Li, & He, 2005 참조).

다른 데이터들은 행복에 대한 구체적인 조작적 정의가 중요함을 시사한다. 즉, 외향적인 사람들이 긍정적인 정서를 경험하는 것은 어느 문화권에서나 마찬가지이겠지만, 이에 따르는 만족감은 문화적 특성에 따라 달라질 수 있다는 것이다(Schimmack, Radhakrishnan, Oishi, Dzokoto, & Ahadi, 2002). Tsai와 동료들(2006)의 연구에서는 이와 같은 주장을 뒷받침하고 있다. 그들은 중국인(홍콩)들과 아시아계 미국인들이 낮게 활성화된 유쾌한 정서에 가치를 두고 있으며, 미국 백인들이 높게 활성화된 유쾌한 정서에 가치를 두고 있다고 보았다. 외향적인 사람들이 높게 활성화된 즐거운 정서를 더 많이 경험한다는 것은 어느 문화권에서나 동일하겠지만, 이상적인 정서를 무엇으로 여기는지에 대한 차이는 사람들의 전반적인 안녕감을 증진시킬 수도 있고 또한 감소시킬 수도 있다.

반론 4: 내향적인 사람들의 친구관계는 적지만 강력하며, 행복을 느끼기에 충분하다

이 반론의 가정은 좋은 대인관계가 행복의 일차적인 원인이며, 내향적인 사람들의 수준 높은 인간관계는 더 큰 행복을 느끼게 한다는 것이다. 우리는 이미 내향적인 사람들이 외향적인 사람들에 비해 덜 행복하다는 충분한 증거를 살펴보았으므로 이러한 반론이 강하게 제기된다면 틀렸다고 말할 수밖에 없다. 그러나 내향성, 사회적 관계, 행복의 관련성을 보다 깊이 살펴보는 것은 충분히 고려할 만한 가치가 있는 일이다.

먼저, 내향적인 사람들도 친구가 있으며 사회적 활동에 참여한다. 더욱이 내향적인 사람들도 외향적인 사람들만큼이나(그 이상은 아닐지라도) 사람들과 어울리는 것을 즐기는 것으로 보인다(Fleeson Malanos, & Achille, 2002; Lucas et al., 2008; Srivastava et al., 2008). 내향적인 사람들이 모두 **수줍어하는** 것은 아니며, 사회불안은 신경증 특질과 관련성이 더 높다. 게다가 내향적인 사람들은 외향적인 사람들과 동등한 수준의 사회적 기술을 가지고 있다. 물론 일부 맥락에서는 그러한 기술이 잘 활용되지 않을 수도 있다(Lieberman & Rosenthal, 2001). 또한 강력한 대인관계는 행복에 있어서 매우 중요한 것으로 보인다. Diener와 Seligman(2002)은 그러한 관계들이 최상의 행복을 위해서 반드시 필요한 조건(그러나 여전히 충분하지는 않은)일 수 있다고 주장하였다. 실제로 자신이 매우 행복하다고 보고하는 사람들은 긴밀한 친구관계, 가족관계, 연인관계를 유지하고 있었다. 그러나 이들은 사회적 상호작용에서 관계의 양과 질 모두를 중요시하였다. 이들은 혼자서 보내는 시간을 최소화하고 하루 중 대부분의 시간을 가족, 친구, 그리고 연인과 함께 보냈다. 이러한 연구결과는 순간 표집 방식의 오디오 녹음을 활용한 다른 한 연구를 통해 보다 자세히 탐구되었다(Mehl, Vazire, Holleran & Clark, 2010). 데이터 분석을 통해 이 연구는 행복한 사람들이 더 실질적인 내용으로 대화를 나누며, 잡담은 덜 하지만, 내향성-외향성이 그러한 차이를 설명하지는 않음을 발견하였다. 우리는 내향적인 사람들이 더 많은 시간을 혼자서 보낸다는 증거를 이미 검토하였다. 따라서 외향적인 사람들이 보다 많은 양의 사회적 상호작용으로부터 이러한 실질적 대화의 기회를 얻을 가능성이 크다.

또한 반론을 제기하는 사람들의 직관과는 달리, 외향적인 사람들이 보다 높은 질의 사회적 관계를 맺을 가능성이 더 커 보인다. 사실 내향성-외향성 및 사회적 관계의 질과의 관계성은 양과의 관계와 비교할 때 그 크기가 작고 일관성도 떨어진다. 그러나 일부 연구에서는 내향적인 사람들이 맺는 사회적 관계의 질이 그다지 좋지 않다고 주장하기도 한다. 예컨대, 대학 신입생들을 대상으로 수행한 종단연구에서는 내향적인 학생들일수록 또래지지를 덜 받고 있다고 일관되게(즉, 여러 기간에 걸쳐) 보고하였다(Asendorpf & Wilpers, 1998). 그러나 이러한 관계에서 나타나는 갈등과 내향성-외향성은 유의미한 관련성을 보이지 않았다. 또 다른 연구에서는 내향적인 사람들이 전반적인 관계의 질에서 더 낮은 수준을 보고하며, 특히 내향성은 회피 및 불안정 애착 유형과 상관관계를 보인다고 보고하였다(Noftle & Shaver, 2006; 이 책의 3장 참조). 애착은 관계 만족도에 있어서 외향성보다 훨씬 더 중요한 역할을 하는 것으로 보인다. 이와 같은 데이터에 근거한다면, 내향적인 사람들이 외향적인 사람들에 비해 더 좋은 관계를 가지고 있다고 주장하기는 어렵다. 하지만 연인관계에서는 내향성-외향성이 아닌 친화성, 정서적 안정성, 성실성과 같은 다른 요인들이 더 중요한 것으로 보인다(Botwin, Buss, & Shackelford, 1997; Kelly & Conley, 1987). 따라서 일부 확인되는 관련성에도 불구하고, 내향적인 사람들과 외향적인 사람들이 느끼는 행복의 차이에는 사회적 관계의 질보다는 사회적 관계의 양이 보다 더 기여하고 있는 것으로 보인다.

반론 5: 이보세요! 나와 내 친구는 내향적이지만 행복하다고요

지금까지 개관한 자료들을 볼 때, 결론은 꽤 명확해 보인다. 외향적인 사람들이 내향적인 사람들보다 더 행복하다는 것이다. 그럼에도 불구하고 많은 내향적인 사람도 행복해 보인다(Hills & Argyle, 2001 참조). 이게 어떻게 가능하냐고요? 그 대답은 비교적 간단하다. 대부분의 사람은 행복하다(Diener & Diener, 1996), 대부분의 시간(Zelenski & Larsen, 2000)에! 즉, 아무리 심각한 사회적 약자들이라 할지라도 그들이 보고하고 있는 쾌락적 균형과 만족감 점수는 관련 척도에서 중간점 이상을 나타낸다. 게다가 순간적인 경험에서는 유쾌한 정서가 월등히 높은 빈도로 나타난다. 이 장에서 검토한 많은 연구들은 다음과 같이 공통적으로 주장하고 있다. 그것은 내향적인 사람들이 불행한 것이 아니라 행복한 외향적인 사람들과 비교할 때 다소 덜 행복하다는 것이다. 사실 외향성을 제외하고도 다른 많은 요인이 행복을 예측하고 있다. 물론 단일 요인으로서의 외향성은 다른 요인들에 비해 긍정적인 결과를 예측하며, 실제 가장 좋은 요인 중의 하나로 자주 보고되고 있다(Diener, Suh, Lucas, & Smith, 1999), 또한 외향성이 긍정적 정서의 변량 중 28%를 설명한다는 연구결과도 있다(측정오차 제거; Steel et al., 2008). 하지만 신경증 특질은 훨씬 강력한 요인일 수 있으며, 특히 행복(불행)을 나타내는 일부 지표에서는 더욱 그러하다(Vittersø & Nilsen, 2002). 또한 내향성이 신경증과 상호작용하게 되면 예측력을 상당히 증가시킬 수도 있다(Lynn & Steel, 2006). 요컨대, 대부분의 내향적인 사람은 어느 정도는 행복하다. 그리고 외향적인 사람들처럼 내향적인 사람들이 더 행복해지는 것도 충분히 가능한 것으로 보인다.

왜 내향성-외향성이 행복을 예측하는가

왜 내향성-외향성 특질이 행복을 예측하는가? 이러한 물음에 답하기 위해서는 아마도 내향성-외향성의 원인을 이해하려는 노력이 필요할 것이다. 광범위한 수준에서 내향성-외향성 및 행복은 상당히 유전적이라고 할 수 있으며, (완전히 유전적이라고는 할 수는 없지만) 동일한 유전적 근원을 가지고 있을 가능성이 있다(Eid, Riemann, Angleitner, & Borkenau, 2003). 즉, 같은 유전자가 성격과 행복에 기여하고 있을 수 있다는 것이다. 외향성에 대한 일부 이론들은 유전적 차이에서 비롯되고, 행동의 차이를 만들어 내는 생리학적 원인들을 제안하였다. 예컨대, Eysenck(Eysenck & Eysenck, 1985)는 외향적인 사람들은 대뇌피질의 각성 수준이 낮거나 외부 자극에 상대적으로 덜 민감할 수 있다고 주장하였다. 또한 그는 최적 수준의 각성을 가정하면서 외향적인 사람들의 대담하고, 사교적이며, 활기가 넘치는 삶의 태도는 그들이 필요로 하는 자극을 제공하는 반면, 내향적인 사람들의 조용한 삶의 태도는 과잉자극을 피하도록 돕는다고 주장하였다. Eysenck의 설명은 너무 광범위하지만, 외향적인 사람들이 내향적인 사람들에 비해 즐거운 사회적 상황을 추구하는 이유(즉, 이러한 상황이 각성을 시켜 주기 때문에)를 설명하는 데 도움이 된다. Eysenck가 제안했던 정교한 생리학적 메커니즘(대뇌피질의 각성 수준)이 설령 사실이 아니라 할지라도, 외향적인 사람들의 경우에는 더 많은 사회적 활동에 참여함으로써 더 큰 행복을 느낄 수 있다는 주장은 여전히 설득력이 있다. 한편으로, 외향적인 사람들의 사회적 참여와 이로 인해 얻게 되는 즐거움은 타인으로부터 주목 받는 것에서도 기인할 수도 있다. 외향적인 사람들은 사회적 관심을 받으면서 성장하며, 그들의 열성적 태도는 사회적 관심을 끄는 데 도움이 된다(Ashton, Lee, & Paunonen, 2002). 어떠한 이유를 막론하고 외향적인 사람들이 사회적 상황에서 더 많은 시간을 보낸다는 것은 분명하다. 그러나 사회적 상호작용이 그들의 행복으로 이어지는 지, 아니면 그들의 행복이 사회적 상호작용으로 이어지는지는 그리 분명하지 않다.

일상재구성법이나 경험표집법을 사용하는 연구들에서는 사회적 상황에서 사용한 시간의 총량이 외향성과 행복을 부분적으로 매개하고 있음을 보고하고 있다(Lucas et al., 2008; Srivastava et al., 2008). 다시 말해, 외향적인 사람들이 더 행복한 것은 부분적으로는 그들이 다른 사람들과 더 많이 어울리기 때문이라는 것이다. 유사한 연구결과들에도 불구하고, 저자들은 이와 같은 부분매개 효과가 얼마나 설득력이 있는지에 대해서는 의견을 달리한다. 그러나 사회적 참여가 외향적인 사람들의 행복을 완전하게 설명할 가능성이 없다는 점에 대해서는 두 연구자 모두 동의하다. 다른 연구에서는 실험적 조작을 통하여 결과를 얻어 성격에 대한 시사점을 도출하였다. 예컨대, Fleeson과 동료들(2002)은 실험을 통해 외향적인 행동을 요구 받은 사람들이 내향적인 행동을 요구 받은 사람들에 비해 훨씬 더 높은 수준의 긍정적 정서를 나타내었다고 보고하였다. 그들은 이러한 실험결과에 근거하여 사교성이 행복의 원인이 될 수 있다고 주장하였다. 그러나 실험에서 요구된 지시사항들이 사교성에 국한된 것이 아니었기 때문에 외향적 행동에 포함된 다른 측면들(예: 주장성, 활동성)이 긍정적인 정서를 만들어 내었을 가능성도 존재한다. 또한 실험 상황에서 만들어진 긍정적 기분이 사교성 및 사회적 상황에 대한 선호의 감정을 만들어 내는 것으로 보인다(Whelan & Zelenski, 2012a). 이는 반대 방향의 인과관계를 나타내고 있는 것으로, 행복 또는 행복과 유사한 개념이 오히려 사교성이나 외향성의 원인이 될 수도 있음을 보여 준다.

이러한 가능성은 많이 알려진 다른 이론들과도 일치한다. 이러한 이론들은 외향성을 이끌어 내는 핵심이 보다 직접적으로는 보상 민감성 또는 긍정적 정서 성향에 있다고 제안하고 있다(Carver, Sutton, & Scheier, 2000; Elliot & Thrash, 2002; Zelenski & Larsen, 1999). 예컨대, Gray(Gray, 1981; Gray & McNaughton, 2000)는 외향성과 신경증으로 정의되는 개념적인 성격의 공간이 접근동기와 회피동기를 만들어 내는 2개의 독립적인 두뇌 시스템에 기인한다고 주장하였다. 바로 이 동기 시스템의 강도에 따른 개인차에서 보다 관찰 가능한 외향성 및 신경증 특질이 산출된다. 따라서 외향적인 사람들은 환경에서 나타나는 보상 단서들을 쉽게 알아차리고, 그것을 획득하기 위해 매우 열정적으로 반응할 가능성이 높다. 결과적으로 외향적인 사람들이 보다 긍정적인 정서를 경험할 가능성이 크다. 이러한 관점과 유사하게 외향적인 사람들은 내향적인 사람들에 비해 긍정적인 기분 유도 절차에 반응하여 보다 긍정적인 정서를 더 많이 경험하며(Larsen & Ketelaar, 1991), 특히 유인이 주어지는 상황에서는 더욱 그러하다(Smillie et al., 2012). 더욱이 사회적 상황과 유쾌한 상황이 서로 같지 않을 때, 외향적인 사람들은 사회적 상황보다는 유쾌한 상황을 선택하는 경향이 있다(Lucas & Diener, 2001). 그리고 보상 민감성은 사교성보다는 외향성의 다른 여러 측면과 더욱 관련되어 있다(Lucas et al., 1996; Ashton et al., 2002 참조). 나아가, 신경생리학 분야에서의 내향성-외향성 연구가 발전을 거듭함에 따라 보상체계가 외향성에 있어 매우 중요하다는 생각이 폭넓게 합의되고 있다. 도파민의 역할(Depue & Collins, 1999)과 뇌의 일부 영역을 사례로 들 수 있는데, 이것은 외향성과 관련된 보상 절차 및 긍정적 정서에 관여하고 있다(예: Canli, Sivers, Whitfield, Gotlib, & Gabrieli, 2002; DeYoung et al., 2010; Hermes, Hagemann, Naumann, & Walter, 2011).

한편, 보상반응성과는 다소 다른 관점에서 외향적인 사람들이 대체로 주어진 상황의 변화와 상관없이 보다 높은 수준의 기저선 긍정 정서를 가질 가능성이 있다(Gross, Sutton, & Ketelaar, 1998; Lucas & Baird, 2004). 이는 외향적인 사람들이 쾌락의 가변성을 경험하지 않는다는 것이 아니라, 그들에게서 쾌락이 시작되는 긍정적 정서의 평균적인 설정점(set point)이 대부분의 상황에서 높은 경향이 있다는 것이다. 이에 따르면, 외향적인 사람들은 혼자 있을 때조차 내향적인 사람들에 비해 더 많은 긍정적 정서를 경험하게 된다. 사실 거의 모든 반응성 연구는 실험실 장면에서 수행되어 왔으며, 일상의 생활 속에서 보상반응성을 평가하고 조작한다는 것은 매우 어려운 일이다. 이러한 사회적 반응성 관점(Argyle & Lu, 1990)에 대한 반박으로 내향적인 사람들이 외향적인 사람들만큼이나 사회적 상호작용을 즐긴다는 주장 또한 제기되고 있다(Lucas et al., 2008;

Srivastava et al., 2008). 달리 말하면, 외향적인 사람들은 내향적인 사람들에 비해 혼자 있을 때조차 보다 긍정적인 정서를 보고한다.

보다 인지적인 관점에서 보면 내향적인 사람들과 외향적인 사람들 사이에서 나타나는 행복의 차이는 해석이나 기분 조절의 차이에 의해 부분적으로 설명될 수도 있다. 다시 말해, 내향적인 사람들은 즐거운 상황을 쉽게 알아차리지 못할뿐더러, 잘 찾으려 하지도 않는다. 설령 긍정적인 정서를 경험한다고 해도 이를 잘 유지하지가 어렵다. 이와 유사한 맥락에서 실험실에서 긍정적 또는 부정적 기분을 유도하였을 때, 외향적인 사람들은 즐거운 기분을 더 오랫동안 유지하였다. 내향적인 사람들은 불쾌한 기분을 더 오랫동안 유지한 반면(Hemenover, 2003), 양가적 기분(즉, 즐거운 측면과 불쾌한 측면 모두)을 유도하였을 때에는 외향적인 사람들이 내향적인 사람들에 비해 즐거운 기분을 더 잘 유지하였다(Lischetzke & Eid, 2006). 게다가 여러 연구에서 수집된 설문 데이터는 다음과 같은 생각을 뒷받침하고 있는데, 그것은 개인차가 있는 기분 유지 능력이 외향성과 주관적 안녕감 사이를 부분적으로 매개하고 있다는 것이다(Kämpfe & Mitte, 2010; Lischetzke & Eid, 2006). 또한 외향적인 사람들은 즐거운 자극이나 상황을 선택하는 것으로 보인다. 예컨대, Tamir(2009)는 즐거운 기분이 외향적인 사람들에게 더 유용할 수 있다고 주장하였고, 외향적인 사람들이 향후 노력을 기울여야 하는 과업을 선택할 때 긍정적인 과업 및 자극을 더 선호한다는 것을 보여 주었다. 다시 말해, 외향적인 사람들은 내향적인 사람들에 비해 자신의 기분을 보다 상향 조절하는 경향이 있는데, 이는 아마도 긍정적 기분이 과업 수행에 도움을 줄 것이라는 믿음 때문으로 보인다. 현재의 기분 상태와는 별개로 외향적인 사람들은 긍정적인 인지 편향을 보이기도 한다(Rusting, 1998; Zelenski, 2008). 예컨대, 외향적인 사람들은 미래에 대해 더 긍정적으로 생각하며(Zelenski & Larsen, 2002), 가상의 사건에 대해 더 긍정적으로 평가한다(Uziel, 2006). 또한 그들은 모호한 동음이의어가 주어졌을 때 더 긍정적으로 해석하며(Rusting, 1999), 한 편의 이야기를 만들어 갈 때 더 긍정적인 서술을 선호한다(Rusting). 요컨대, 외향적인 사람들은 긍정적인 생각을 더 쉽게 하는 경향이 있다는 것이다. 이러한 경향은 그들이 즐거운 기분을 찾아내고 또 유지할 수 있도록 돕는다. 물론 외향적인 사람들이 경험한 많은 행복이 시간이 지남에 따라 축적되어 이와 같은 인지적 편향에 기여하였을 가능성도 존재한다.

　　마지막으로, 사회적 압력과 낙인, 미묘한 차별 등이 내향적인 사람들의 안녕감 감소에 기여하였을 수도 있다. 이는 외향성을 강조하는 문화권에서 더욱 그러하다(Cain, 2012 참조). 미국 표본을 대상으로 내향적인 사람들과 외향적인 사람들을 비교한 연구는 흥미로운 결과를 제시하였다. 이 연구에서 내향적인 사람들은 자신을 외향적인 사람과 다르지 않은 **평범한** 사람으로 여기는 반면, 외향적인 사람들은 자신을 내향적인 사람보다 특별한 사람으로 생각하였다(Wood, Gosling, & Potter, 2007). 내향적인 사람들이 여러 사람과 어울리는 데 어려움을 겪는 사례(예: 파티, 공동 작업, 대중 연설)는 많다. 그러나 이러한 사례가 외향적인 사람들이 상황적 규준을 따르는 데 어려움을 겪는 사례(예: 도서관, 개인 과제, 요가)보다 더 많은지는 확실하지 않다. 따라서 낙인에 의한 설명이 타당한지의 여부를 평가하기 위해서는 분명히 보다 많은 실증 연구가 필요하다.

결론 및 향후 연구 방향

　　요컨대, 외향성이 행복을 예측한다는 것은 분명하다. 이러한 관련성의 강도는 행복과 외향성이 어떻게 정의되는지에 따라 다소 달라질 수 있겠지만, 전반적인 관련성은 그야말로 확고하다고 할 수 있다. 외향적인 사람들이 더 행복하다는 것에 대해 많은 잠재적 설명이 존재하며, 최소한 이들 중 하나 이상은 옳은 것으로 보인다. 앞으로의 연구들은 바로 이러한 과정에 대한 설명을 더욱 발전시키는 데 도움이 될 것이다. 현재로서는 사회적 참여, 보상반응성, 설정점, 기분 유지 관점 모두가 어느 정도는 지지를 받고 있다. 외향적인 사람들이 내향적인 사람들에 비해 사회적 상황에 더 잘 부합된다거나 사회적 상황을 보다 더 즐긴다는 주장을 뒷받침하는 증거는 훨씬 더 적다. 실제로 거의 모든 사람이 홀로 시간을 보내는 것보다는 다른 사람들과 어울리기를 즐기는 것으로 보인다.

이를 감안한다면 다음의 질문이 매우 유용할 것으로 생각된다. 즉, 내향적인 사람들이 외향적인 사람들처럼 행동한다면 더 행복해질 것인가? 특질, 그리고 특질과 행복의 관련성은 시간이 지남에 따라 꽤 안정적이지만(Abbott et al., 2008; Costa & McCrae, 1980), 적지 않은 변화 또한 일어날 수 있다(Roberts & DelVecchio, 2000). 더욱이 외향성(그리고 신경증) 특질에서의 변화는 행복에서의 변화와 동시에 일어나는 것으로 보이며, 심지어는 행복에서의 변화 이전에 먼저 일어날 수도 있다(Boyce, Wood, & Powdthavee, 2013; Scollon & Diener, 2006). 단기적으로라도 내향적인 사람들은 분명히 외향적인 행동을 할 수 있다. 그리고 실제로 이러한 모습을 꽤 자주 보인다(Fleeson & Gallagher, 2009). 더욱이 내향적인 사람들이 그들의 일상에서 외향적인 행동을 하게 되면, 외향적인 사람들이 경험하는 것과 유사한 수준의 긍정적 정서를 경험하게 되며, 이러한 양상은 다양한 맥락에서 동일하게 나타난다(Fleeson et al., 2002). 내향적인 사람이라고 해서 아파트에 혼자 있는 동안에만 신나게 춤추는 걸 좋아하지는 않는다는 말이다. 실험실에서 외향적인 행동을 하도록 요구 받았을 때에도 내향적인 사람들은 내향적인 행동을 하도록 요구 받거나 아무런 요구를 받지 않았을 때와 비교하여 보다 큰 즐거움을 보고하였다(McNiel & Fleeson, 2006; Zelenski, Santoro, & Whelan, 2012). 물론 내향적인 사람들이 치러야 하는 '숨겨진 비용'이 외향적인 행동을 통해 얻게 되는 유익의 크기를 감소시킬 가능성도 존재한다. 그러나 최소한 실증적 연구에서는 이러한 비용의 존재를 찾아보기 어렵다. 예컨대, 외향적인 행동을 요구 받은 내향적인 사람들은 부정적 정서(긍정적 정서와 공존하는)를 경험하지도 않고 자기조절이 고갈되는 조짐을 보이지도 않는다(Zelenski et al., 2012). 그리고 특별히 더 많은 노력이 든다고 말하지도 않는다(Gallagher, Fleeson, & Hoyle, 2011). 실제로 내향적인 사람들은 내향적으로 행동할 때보다 외향적으로 행동할 때 이것이 진정한 나의 모습이라는 느낌을 더 많이 받는다고 보고하기도 한다(이 느낌은 행동하는 순간에 지각된 느낌이며, 회상하여 보고할 때에는 이와 반대로 나타난다; Fleeson & Wilt, 2010; Whelan & Zelenski, 2012b).

따라서 현재까지의 증거들은 내향적인 사람들이 외향적으로 행동하는 것이 가능할 뿐만 아니라, 잠재적으로 유익할 수도 있음을 보여 준다. 그러나 한 가지 주의해야 할 점이 있는데, 그것은 **반대 성향**(counter-dispositional)의 행동을 실행하기 위해 소모되는 비용이 장기적 관점에서는 아직 평가되지 못했다는 사실이다(Little, 2008 참조). 실제로 장기간의 외향적인 행동이 내향적인 사람들을 소진시키거나 시간이 경과한 후에 부정적인 결과가 나타날 가능성도 있어 보인다.

　마지막으로, 긍정적 정서를 촉진하는 외향성(특질로서의 외향성, 순간적인 행동으로서의 외향성 모두) 만큼이나 우리의 삶에는 다른 중요한 것들도 있으며, 내향성과 함께 오는 다른 유익들도 있다. 예컨대, 내향적인 사람들은 자신의 행동을 보다 쉽게 조절할 수 있는 것으로 보인다. 반면, 외향적인 사람들이 내향적으로 행동하였을 때 인지적 결핍과 **정서적 결핍**을 경험하기도 한다(Gallagher et al., 2011; Zelenski et al., 2012). 진화론적 관점에서 Nettle(2006)은 외향적인 사람들이 내향적인 사람들에 비해 더 많은 성적 대상을 소유할 수 있으며 성적 탐색이 용이하다는 이점을 가지고 있지만, 외향성에 동반되는 위험(예: 부상, 가족의 불안정성)으로 인해 큰 고통을 겪을 수 있다고 제안하였다. 게다가 내향적인 사람들은 문제 해결 과제(예: Moutafi, Furnham, & Crump, 2003) 및 학업 관련 지식 검사(Rolfhus & Ackerman, 1999)에서 보다 우수한 수행을 보였다. 내향적인 사람들이 외향적인 사람들을 능가할 수 있는 모든 면을 검토하는 것이 우리의 목표는 아니다. 다만 여기서 우리는 한두 가지 예를 근거로 외향성이 내향성보다 반드시 더 좋은 것만은 아닐 수 있다는 점을 인정하고자 하는 것이다. 그러나 외향성이 행복에 더 많은 기여를 한다는 것은 분명하다. 따라서 내향적인 사람들은 그들의 일상에서 외향적인 행동을 조금 더 추가해 보는 것에 대해 진지하게 고민해 볼 필요는 있을 것이다.

참고문헌

Abbott, R. A., Croudace, T. J., Ploubidis, G. B., Kuh, D., Richards, M., & Huppert, F. A. (2008). The relationship between early personality and midlife psychological well-being: Evidence from a UK birth cohort study. *Social Psychiatry and Psychiatric Epidemiology, 43*, 679-687.

Allport, G. W., & Odbert, H. S. (1936). *Trait-names: A psycho-lexical study*. Psychological Review Publications. Personalogical Monographs, Vol. 47. Princeton, NJ: Psychological Review Company, Whole No. 211.

Argyle, M., & Lu, L. (1990). The happiness of extraverts. *Personality and Individual Differences, 11*, 1011-1017.

Asendorpf, J. B., & Wilpers, S. (1998). Personality effects on social relationships. *Journal of Personality and Social Psychology, 74*(6), 1531-1544.

Ashton, M. C., Lee, K., & Paunonen, S. V. (2002). What is the central feature of extraversion? Social attention versus reward sensitivity. *Journal of Personality and Social Psychology, 83*, 245-252.

Block, J. (1995). A contrarian view of the five-factor approach to personality description. *Psychological Bulletin, 117*, 187-215.

Block, J. (2010). The five-factor framing of personality and beyond: Some ruminations. *Psychological Inquiry, 21*, 2-25.

Botwin, M. D., Buss, D. M., & Shackelford, T. K. (1997). Personality and mate preferences: Five factors in mate selection and marital satisfaction. *Journal of Personality, 65*(1), 107-136.

Boyce, C. J., Wood, A. M., & Powdthavee, N. (2013). Is personality fixed? Personality changes as much as "variable" economic factors and more strongly predicts changes to life satisfaction. *Social Indicators Research, 111*, 287-305.

Burger, J. (1995). Individual differences in preferences for solitude. *Journal of Research in Personality, 29*, 85-108.

Cain, S. (2012). *Quiet: The power of introverts in a world that can't stop talking*. New York: Crown Publishers.

Canli, T., Sivers, H., Whitfield, S. L., Gotlib, I. H., & Gabrieli, J. D. E. (2002). Amygdala response to happy faces as a function of extraversion. *Science, 296*, 2191.

Carver, C. S., Sutton, S. K., & Scheier, M. F. (2000). Action, emotion, and personality: Emerging conceptual integration. *Personality and Social Psychology Bulletin, 26*, 741-

751.

Chen, X., Cen, G., Li, D., & He, Y. (2005). Social functioning and adjustment in Chinese children: The imprint of historical time. *Child Development, 76*(1), 182-195.

Chen, X., Wang, L., & Cao, R. (2011). Shyness-sensitivity and unsociability in rural Chinese children: Relations with social, school, and psychological adjustment. *Child Development, 82*, 1531-1543.

Cooper, H., Okamura, L., & McNeil, P. (1995). Situation and personality correlates of psychological well-being: Social activity and personal control. *Journal of Research in Psychology, 29*, 395-417.

Costa, P. T., & McCrae, R. R. (1980). Influence of extraversion and neuroticism on subjective well-being: Happy and unhappy people. *Journal of Personality and Social Psychology, 38*, 668-678.

DeNeve, K. M., & Cooper, H. (1998). The happy personality: A meta-analysis of 137 personality traits and subjective well-being. *Psychological Bulletin, 124*, 197-229.

Depue, R. A., & Collins, P. F. (1999). Neurobiology of the structure of personality: Dopamine, facilitation of incentive motivation, and extraversion. *Behavioral and Brain Science, 22*, 491-569.

DeYoung, C. G., Hirsh, J. B., Shane, M. S., Papademetris, X., Rajeevan, N., & Gray, J. R. (2010). Testing predictions from personality neuroscience: Brain structure and the big five. *Psychological Science, 21*, 820-828.

Diener, E., & Diener, C. (1996). Most people are happy. *Psychological Science, 7*, 181-185.

Diener, E., & Seligman, M. E. P. (2002). Very happy people. *Psychological Science, 13*, 81-84.

Diener, E., Suh, E. M., Lucas, R. E., & Smith, H. L. (1999). Subjective well-being: Three decades of progress. *Psychological Bulletin, 125*(2), 276-302.

Eid, M., Riemann, R., Angleitner, A., & Borkenau, P. (2003). Sociability and positive emotionality: Genetic and environmental contributions to the covariation between different facets of extraversion. *Journal of Personality, 71*, 319-346.

Elliot, A. J., & Thrash, T. M. (2002). Approach-avoidance motivation in personality: Approach and avoidance temperaments and goals. *Journal of Personality and Social Psychology, 82*, 804-818.

Eysenck, H. J., & Eysenck, M. W. (1985). *Personality and individual differences: A natural science approach*. New York: Plenum Press.

Fleeson, W. (2001). Towards a structure-and process-integrated view of personality: Traits as density distributions of states. *Journal of Personality and Social Psychology, 80*, 1011-1027.

Fleeson, W., & Gallagher, M. P. (2009). The implications of big-five standing for the distribution of trait manifestation in behavior: Fifteen experience-sampling studies and a meta-analysis. *Journal of Personality and Social Psychology, 97*, 1097-1114.

Fleeson, W., Malanos, A. B., & Achille, N. M. (2002). An intraindividual process approach to the relationship between extraversion and positive affect: Is acting extraverted as "good" as being extraverted? *Journal of Personality and Social Psychology, 83*, 1409-1422.

Fleeson, W., & Wilt, J. (2010). The relevance of big five trait content in behavior to subjective authenticity: Do high levels of within-person behavioral variability undermine or enable authenticity achievement? *Journal of Personality, 78*(4), 1353-1382.

Fulmer, C. A., Gelfand, M. J., Kruglanski, A. W., Kim-Prieto, C., & Diener, E., Pierro, A., et al. (2010). On "feeling right" in cultural contexts: How person-culture match affects self-esteem and subjective well-being. *Psychological Science, 21*, 1563-1569.

Gallagher, P., Fleeson, W., & Hoyle, R. H. (2011). A self-regulatory mechanism for personality trait stability: Contra-trait effort. *Social Psychology and Personality, 2*, 335-342.

Goldberg, L. R. (1993). The structure of phenotypic personality traits. *American Psychologist, 48*, 26-34.

Gray, J. A., (1981). A critique of Eysenck's theory of personality. In H. J. Eysenck (Ed.), *A model for personality* (pp. 246-276). New York: Springer-Verlag.

Gray, J. A., & McNaughton, N. (2000). *The neuropsychology of anxiety*. Oxford: Oxford University Press.

Gross, J. J., Sutton, S. K., & Ketelaar, T. (1998). Relations between affect and personality:

Support for the affect-level and affective-reactivity views. *Personality and Social Psychology Bulletin, 24*(3), 279-288.

Hemenover, S. (2003). Individual differences in the rate of affect change: Studies in affective chronometry. *Journal of Personality and Social Psychology, 85*, 121-131.

Hermes, M., Hagemann, D., Naumann, E., & Walter, C. (2011). Extraversion and its positive emotional core-further evidence from neuroscience. *Emotion, 11*, 367-378.

Hills, P., & Argyle, M. (2001). Happiness, introversion-extraversion and happy introverts. *Personality and Individual Differences, 30*, 595-608.

John, O. P., Angleitner, A., & Ostendorf, F. (1988). The lexical approach to personality: A historical review of trait taxonomic research. *European Journal of Personality, 2*, 171-203.

Kämpfe, N., & Mitte, K. (2010). Tell me who you are, and I will tell you how you feel? *European Journal of Personality, 24*, 291-308.

Kashdan, T. B., Biswas-Diener, R., & King, L. A. (2008). Reconsidering happiness: The costs of distinguishing between hedonics and eudaimonia. *Journal of Positive Psychology, 3*, 219-233.

Kelly, E. L., & Conley, J. J. (1987). Personality and compatibility: A prospective analysis of marital stability and marital satisfaction. *Journal of Personality and Social Psychology, 52*(1), 27-40.

Kim-Prieto, C., Diener, E., Tamir, M., Scollon, C., & Diener, M. (2005). Integrating the diverse definitions of happiness: A time-sequential framework of subjective well-being. *Journal of Happiness Studies, 6*, 261-300.

Kuppens, P. (2008). Individual differences in the relationship between pleasure and arousal. *Journal of Research in Personality, 42*, 1053-1059.

Larsen, R. J., & Diener, E. (1992) Promises and problems with the circumplex model of emotion. *Review of Personality and Social Psychology, 13*, 25-59.

Larsen, R. J., & Ketelaar, T. (1991). Personality and susceptibility to positive and negative emotional states. *Journal of Personality and Social Psychology, 61*, 132-140.

Leary, M. R., Herbst, K. C., & McCrary, F. (2003). Finding pleasure in solitary activities: Desire for aloneness or disinterest in social contact? *Personality and Individual Differences, 35*, 59-68.

Lieberman, M. D., & Rosenthal, R. (2001). Why introverts can't always tell who likes them: Multitasking and nonverbal decoding. *Journal of Personality and Social Psychology, 80*, 294-310.

Lischetzke, T., & Eid, M. (2006). Why extraverts are happier than introverts: The role of mood regulation. *Journal of Personality, 74*, 1127-1161.

Little, B. R. (2008). Personal projects and free traits: Personality and motivation reconsidered. *Social and Personality Psychology Compass, 3*, 1235-1254.

Long, C. R., Seburn, M., Averill, J. R., & More, T. A. (2003). Solitude experiences: Varieties, settings and individual differences. *Personality and Social Psychology Bulletin, 29*, 578-583.

Lucas, R. E., & Baird, B. M. (2004). Extraversion and emotional reactivity. *Journal of Personality and Social Psychology, 86*, 473-485.

Lucas, R. E., & Diener, E. (2001). Understanding extraverts' enjoyment of social situations: The importance of pleasantness. *Journal of Personality and Social Psychology, 81*, 343-356.

Lucas, R. E., Diener, E., & Suh, E. (1996). Discriminant validity of well-being measures. *Journal of Personality and Social Psychology, 71*, 616-628.

Lucas, R. E., & Fujita, F. (2000). Factors influencing the relation between extraversion and pleasant affect. *Journal of Personality and Social Psychology, 79*, 1039-1056.

Lucas, R. E., Le, K., & Dyrenforth, P. S. (2008). Explaining the extraversion/positive affect relation: Sociability cannot account for extraverts' greater happiness. *Journal of Personality, 76*, 385-414.

Lynn, M., & Steel, P. (2006). National differences in subjective well-being: The interactive effects of extraversion and neuroticism. *Journal of Happiness Studies, 7*, 155-165.

McNiel, J. M., & Fleeson, W. (2006). The causal effects of extraversion on positive affect and neuroticism on negative affect: Manipulating state extraversion and state neuroticism in an experimental approach. *Journal of Research in Personality, 40*, 529-550.

McNiel, J. M., Lowman, J. C., & Fleeson, W. (2010). The effect state of extraversion on four types of affect. *European Journal of Personality, 24*, 18-35.

Mehl, M. R., Gosling, S. D., & Pennebaker, J. W. (2006). Personality in its natural habitat: Manifestations and implicit folk theories of personality in daily life. *Journal of Personality and Social Psychology, 90*, 862-877.

Mehl, M. R., Vazire, S., Holleran, S. E., & Clark, C. S. (2010). Eavesdropping on happiness: Well-being is related to having less small talk and more substantive conversations. *Psychological Science, 21*, 539-441.

Mitte, K., & Kämpfe, N. (2008). Personality and the four faces of positive affect: a multitraitmultimethod analysis using self-and peer-report. *Journal of Research in Personality, 42*, 1370-1375.

Moutafi, J., Furnham, A., & Crump, J. (2003). Demographic and personality predictors of intelligence: A study using the NEO personality inventory and the Myers-Briggs type indicator. *European Journal of Personality, 17*, 79-94.

Nettle, D. (2006). The evolution of personality variation in humans and other animals. *American Psychologist, 61*, 622-631.

Noftle, E. E., & Shaver, P. R. (2006). Attachment dimensions and the big five personality traits: Associations and comparative ability to predict relationship quality. *Journal of Research in Personality, 40*, 179-208.

Roberts, B. W., & DelVecchio, W. F. (2000). The rank-order consistency of personality traits for childhood to old age: A quantitative review of longitudinal studies. *Psychological Bulletin, 126*, 3-25.

Rolfhus, E., & Ackerman, P. L. (1999). Assessing individual differences in knowledge: Knowledge, intelligence, and related traits. *Journal of Educational Psychology, 91*, 511-526.

Rusting, C. L. (1998). Personality, mood, and cognitive processing of emotional information: Three conceptual frameworks. *Psychological Bulletin, 124*(2), 165-196.

Rusting, C. L. (1999). Interactive effects of personality and mood and emotion-congruent memory and judgment. *Journal of Personality and Social Psychology, 77*, 1073-1086.

Rusting, C. L., & Larsen, R. J. (1995). Moods as sources of stimulation: Relationships between personality and desired mood states. *Personality and Individual Differences, 18*, 321-329.

Ryff, C. D. (1989). Happiness is everything, or is it? Explorations on the meaning of psychological well-being. *Journal of Personality and Social Psychology, 57*, 1069-1081.

Schimmack, U., Oishi, S., Furr, R. M., & Funder, D. C. (2004). Personality and life satisfaction: A facet-level analysis. *Personality and Social Psychology Bulletin, 30*, 1062-1075.

Schimmack, U., Radhakrishnan, P., Oishi, S., Dzokoto, V., & Ahadi, S. (2002). Culture, personality, and subjective well-being: Integrating process models of life satisfaction. *Journal of Personality and Social Psychology, 82*, 582-593.

Scollon, C. N., & Diener, E. (2006). Love, work, and changes in extraversion and neuroticism over time. *Journal of Personality and Social Psychology, 91*, 1152-1165.

Smillie, L. D., Cooper, A. J., Wilt, J., & Revelle, W. (2012). Do extraverts get more bang for the buck? Refining the affective-reactivity hypothesis of extraversion. *Journal of Personality and Social Psychology, 103*, 306-326.

Srivastava, S., Angelo, K. M., & Vallereux, S. R. (2008). Extraversion and positive affect: A day reconstruction study of person-environment transactions. *Journal of Research in Personality, 42*, 1613-1618.

Steel, P., Schmidt, J., & Shultz, J. (2008). Refining the relationship between personality and subjective well-being. *Psychological Bulletin, 134*, 138-161.

Tamir, M. (2009). Differential preferences for happiness: Extraversion and trait-consistent emotion regulation. *Journal of Personality, 77*, 447-470.

Tsai, J. L., Knutson, B., & Fung, H. H. (2006). Cultural variation in affect valuation. *Journal of Personality and Social Psychology, 90*, 288-307.

Uziel, L. (2006). The extraverted and the neurotic glasses are of different colors. *Personality and Individual Differences, 41*, 745-754.

Vittersø, J., & Nilsen, F. (2002). The conceptual and relational structure of subjective well-being, neuroticism, and extraversion: Once again, neuroticism is the important predictor of happiness. *Social Indicators Research, 57*, 89–118.

Watson, D., Clark, L. A., & Tellegen, A. (1988). Development and validation of brief measures of positive and negative affect: The PANAS scales. *Journal of Personality and Social Psychology, 54*, 1063–1070.

Weiss, A., Bates, T. C., & Luciano, M. (2008). Happiness is a personal(ity) thing. *Psychological Science, 19*, 205–210.

Whelan, D. C., & Zelenski, J. M. (2012a). Experimental evidence that positive moods cause sociability. *Social Psychological and Personality Science, 3*, 430–437.

Whelan, D. C., & Zelenski, J. M. (2012b, July). *Subjective authenticity and counterdispositional behaviour: Exploring the relation between behaving extraverted and feeling authentic.* Poster presented at the biennial meeting of the International Meaning Conference, Toronto, Ontario, Canada.

Wilson, W. (1967). Correlates of avowed happiness. *Psychological Bulletin, 4*, 294–306.

Wilt, J. & Revelle, W. (2009). Extraversion. In M. Leary & R. Hoyle (Eds.), *Handbook of individual differences in social behavior* (pp. 27–45). New York: Guilford Press.

Wood, D., Gosling, S. D., & Potter, J. (2007). Normality evaluations and their relation to personality traits and well-being. *Journal of Personality, 93*, 861–879.

Zelenski, J. M. (2008). The role of personality in emotion, judgment, and decision making. In K. D. Vohs, R. F. Baumeister, & G. Loewenstein (Eds.), *Do emotions help or hurt decision making? A Hedgefoxian perspective* (pp. 117–132). New York: Russell Sage Foundation Press.

Zelenski, J. M., & Larsen, R. J. (1999). Susceptibility to affect: A comparison of three personality taxonomies. *Journal of Personality, 67*, 761–791.

Zelenski, J. M., & Larsen, R. J. (2000). The distribution of basic emotions in everyday life: A state and trait perspective from experience sampling data. *Journal of Research in Personality, 34*, 178–197.

Zelenski, J. M., & Larsen, R. J. (2002). Predicting the future: How affect-related personality traits influence likelihood judgments of future events. *Personality and Social Psychology Bulletin, 28*, 1000-1010.

Zelenski, J. M., Santoro, M. S., & Whelan, D. C. (2012). Would introverts be better off if they acted more like extraverts? Exploring emotional and cognitive consequences of counter-dispositional behavior. *Emotion, 12*(2), 290-303.

12

사회적 접근 및 회피 동기

Jana Nikitin & Simone Schoch

소속감은 인간의 핵심적 욕구 중 하나다(Baumeister & Leary, 1995). 사회적 유대의 결핍이나 낮은 질의 사회적 유대는 안녕, 건강, 심지어 사망률에 인과적 영향을 미친다(Birditt & Antonucci, 2007; Cohen, Gottlieb, & Underwood, 2000; House, Landis, & Umberson, 1988). 이러한 중요성을 고려하면 만족스러운 사회적 관계를 맺는 것은 인간의 삶에 있어서 본질적 요소라 할 수 있다. 그러나 사람들은 사회적 상호작용을 시작하고 사회적 유대관계를 유지하는 능력에 있어서 다양한 차이를 보인다. 어떤 사람들은 사회적으로 성공하지만 또 어떤 사람들은 그렇지 못하는 이유를 설명하기 위해 우리는 동기적 접근을 사용하고자 한다. 보다 구체적으로, 우리는 수용이나 친밀감과 같은 긍정적인 사회적 결과에 접근하려는 기질적 동기(dispositional motivation)와 거부나 외로움 같은 부정적인 사회적 결과를 회피하려는 기질적 동기에 초점을 맞추고자 한다. 전자의 기질적 동기는 일반적으로 **사회적 접근동기**(social approach motivation)로, 후자는 **사회적 회피동기**(social avoidance motivation)로 지칭된다(McClelland, 1985).

사회적 접근동기와 회피동기는 동기의 기본적 차원으로서, 이 두 차원은 각각 접근하거나 회피하려는 최종 상태에 대한 인지적 표상이 서로 다르다. 다시 말해, 사회적 접근동기에서 행동은 긍정적인 최종 상태(즉, 원하는 상태)에 의해 방향 지워지고, 사회적 회피동기에서 행동은 부정적인 최종 상태(즉, 원하지 않는 상태)에 의해 방향 지워진다는 것이다(Elliot, Gable, & Mapes, 2006). 대부분의 사회적 상황은 모호하기 때문에 (Baldwin, 1992) 긍정적 또는 부정적으로 해석될 수 있다. 예를 들어, 동료의 미소는 상호작용의 시작으로 해석될 수도 있고 비꼬는 것으로 해석될 수도 있다. 사회적 접근동기와 사회적 회피동기에서의 개인차는 이와 같은 사회적 상황을 해석하고 여기에 반응하는 데 영향을 미친다.

이 장에서 우리는 사회적 접근동기와 회피동기의 긍정적 및 부정적 결과들이 어떠한 과정들을 통해 나타날 수 있는지를 설명할 것이다. 또한 발달적 관점에서 이러한 과정들이 어떻게 일생에 걸쳐 변화할 수 있는지를 탐색할 것이다. 마지막으로, 우리는 사회적 접근동기와 회피동기에 대한 연구들이 사회적 고립을 예방하기 위한 개입에 주는 시사점과 그러한 개입이 포함할 수 있는 세부사항을 발달적 관점에서 논의할 것이다.

접근과 회피의 두 기본체계

잠재적인 보상 자극에 대한 반응을 조절하는 선호체계(appetitive system)와 잠재적인 처벌 자극에 대한 반응을 조절하는 혐오체계(aversive system)가 존재한다는 생각은 정서(긍정적 정서 및 부정적 정서, Watson & Tellegen, 1985), 성격(외향성 및 신경증, Eysenck, 1963), 인지적 평가(긍정적 귀인과 부정적 귀인에 대한 평가, Cacioppo, Gardner, & Bernston, 1997), 신경생리학(대뇌의 불균형, Davidson, 1992), 동기(행동활성체계 및 행동억제체계, Gray, 1982; 불일치-감소 체계 및 불일치-확대 체계, Carver & Scheier, 1981)에 대한 연구 등 많은 심리학 분야에서 오랜 역사를 가지고 있다. 일부 연구자들은 선호체계와 혐오체계의 구분이 기본적이고 본질적이라고 주장하였는데(Carver, Sutton, & Scheier, 2000; Elliot & Covington, 2001), 이러한 가정은 실증적 증거에 의해서도 뒷받침된다(Gable, Reis, & Elliot, 2003). Gable과 동료들은 다음과 같이 말했다. "…이러한 기본적인 구분은 일반적이고 조직화된 구성개념으로 사용될 수 있는데, 정서·동기·성격 영역에서 다루어지는 다양하고 구체적인 기질적 과정에는 이러한 개념이 기저에 깔려 있다"(p. 369).

동기 분야에서 이런 구체적인 기질적 과정 중 하나는 사회적 접근 및 회피 동기와 관련이 있다. 사회적 접근 및 회피 동기는 선호체계와 혐오체계를 나타내는 다른 구성개념들과 공통점이 있지만 동일하지는 않은 것으로 보인다. 예를 들어, Nikitin과 Freund(2011)는 사회적 접근동기가 외향성 및 행동활성체계와 중간 정도의 상관을 보이는 반면, 사회적 회피동기는 신경증 및 행동억제체계와 중간 정도의 상관을 보이는 것을 발견하였다. 이러한 구성개념은 그 강조점에서 차이를 보인다. 행동활성 및 행동억제 또는 외향성 및 신경증은 (사회적) 보상과 위협에 보다 일반적인 초점을 두는 반면, 사회적 접근동기와 회피동기는 잠재적인 수용 및 거부적 대인관계 상황에서 무엇이 사람들의 행동이나 인지, 정서를 결정하는가에 초점을 맞춘다(동기와 성격 간의 유사점과 차이점에 대한 자세한 논의에 대해서는 이 책의 11장 참조).

사회적 접근 및 회피 동기와 관련 개념

사회적 접근동기와 회피동기는 단순히 기본적인 선호체계와 혐오체계의 일부가 아니다. 이 개념들은 다른 개념들과도 관련성을 가진다. 예를 들어, 사회적 접근동기와 회피동기는 수줍음에 대한 연구에서 오랫동안 다루어져 왔다(Lewinsky, 1941). 수줍음은 전형적으로 동기적인 접근-회피 간의 갈등으로 특징지어져 왔다. 즉, "한 사람이 다른 사람에게 접근하려는 동기를 가지고 있지만 이러한 접근 경향성이 억제되어 있다"

(Asendorpf, 1990, p. 721).

거부민감성은 사회적 회피동기와 중복되는 또 다른 개념이다. 사회적 회피동기와 유사하게 거부민감성은 일반적인 혐오동기체계의 일부다(Downey, Mougios, Ayduk, London, & Shoda, 2004). 더 나아가 경험과 행동에서도 비슷한 점들이 있다. "거부 당할까 봐 불안해 하고, 거부를 즉시 인지하며, 거부에 대해 과잉행동을 보이는"(Downey & Feldman, 1996, p. 1327) 사람들은 거부에 민감한 사람들인데, 사회적 회피동기가 높은 사람들도 이러한 특성을 보인다(Gable & Berkman, 2008 참조). 더욱이 거부민감성은 "일반화된 부정적인 사회적 기대, 즉 타인과의 상호작용이 거부와 불편함 및 고통을 야기할 것이라는 두려움과 우려"(Mehrabian, 1994, p. 98)의 측면에서 정의되어 왔는데, 거부 당할 것이라는 불안이 회피되어야 하는 부정적인 최종상태라는 점에서 거부에 대한 민감성은 사회적 회피의 핵심이 된다. 따라서 거부민감성과 사회적 회피동기가 종종 동의어로 사용되는 것은 놀라운 일이 아니다(Elliot et al., 2006; Nikitin & Freund, 2010b).

끝으로 사회적 회피동기가 사회불안장애와 유사한 행동 및 경험(새로운 사람을 만날 때, 수줍어하거나 낯선 사회적 상황에서 위축되는 것과 같은; Stein & Stein, 2008)과 관련이 있다 하더라도, 사회적 회피동기만으로 사회불안장애의 진단 기준을 충족하지는 못한다. 따라서 사회적 회피동기와 사회불안장애의 주된 차이점은 관련 경험과 행동에서의 강도 차이일 수 있다.

사회적 접근 및 회피 동기에 대한 연구의 역사적 기원

접근동기와 회피동기의 개인차는 주로 성취(Elliot & Church, 1997)나 권력(Veroff, 1992), 유친(Gable, 2000)과 같은 다양한 영역에서 연구되어 왔다. 유친(affiliation) 영역에서 접근과 회피를 처음으로 구분한 두 명의 연구자는 Mehrabian과 Ksionzky(1970)였다. 유친에 대한 초기 연구가 기질적 유친을 단일 차원으로 가정하고 있는 반면(예: Bass, 1967), Mehrabian과 Ksionzky는 유친에 관한 연구문헌에서 보고되고 있는 다양한 결과를 하나의 틀 내로 통합하기는 어렵다고 주장했다. 따라서 이들은 자신들의 관점에서 보다 만족스러운 통합을 가능하게 하는 두 차원의 유친을 주장하였는데, 일반화된 긍정적 사회적 기대와 행동(즉, 사회적 접근동기) 그리고 일반화된 부정적 사회적 기대와 행동(즉, 사회적 회피동기)이 그것이다.

이런 구분에 근거한 많은 연구는 사회적 접근동기와 회피동기가 대체로 서로 독립적이며 사회적 경험 및 행동을 포함하여 이론적으로 서로 다른(단순히 서로 반대가 아닌) 사회적 관계의 패턴을 보인다고 주장하였다(연구 요약을 위해서는 Mehrabian, 1994 참조). 예를 들어, 사회적 접근동기는 타인과의 유사성 및 양립가능성에 대한 판단, 낯선 사람에 대한 우호적인 인상, 자기노출, 자신감, 타인과의 긍정적 상호작용 등과 정적인 관련이 있다고 밝혀졌다. 이러한 긍정적인 행동은 아마도 사람들이 사회적 접근동기가 낮은 사람들보다 사회적 접근동기가 높은 사람들을 더 좋아하는 이유가 될 수 있을 것이다(Mehrabian, 1994 참조). 이들은 친절하고, 애정을 느끼고, 진실하고, 협력적이며, 인기가 있는 것으로 묘사된다(McAdams & Powers, 1981). 반대로, 사회적 회피동기는 주장성, 리더십, 경쟁적 수행, 자신감, 위협과 적대감을 다루는 능력 등과 부적인 상관이 있었고, 순종적인 사회적 행동과는 정적인 상관이 있다고 밝혀졌다(Mehrabian, 1994). 사회적 회피동기가 높은 사람들이 다른 사람들보다 사회적 상호작용을 적게 하는 것은 아니지만, 이들은 인기가 적고(Mehrabian, 1994), 가까운 사회적 관계에 만족하지 못하고(Downey, Freitas, Michaelis & Khouri, 1998), 외로움을 느낀다(Cutrona 1982; Gable, 2006)고 보고하였다.

기질적인 접근 및 회피 동기에 대한 보다 최근의 연구에서는 기질과 그에 따른 결과들 사이에서 작동하고 있는 인지적·행동적·정서적 과정에 초점을 맞추어 왔다(예: Gable & Berkman, 2008). 이어지는 다음 절에서는 이러한 과정들에 대해서, 그리고 어떻게 이런 과정들이 사회적 접근동기 및 회피동기와 이 동기들로 인한 사회적 및 정서적 결과들 사이의 관련성을 매개하는지에 대해 논할 것이다. 이에 앞서, 그 과정들이 일어나는 맥락들을 살펴보면서 본 논의를 시작하고자 한다.

사회적 동기의 기능: 사회적 관계의 형성과 유지

선행 연구들에 의하면, 사회적 접근동기는 사회적 성공 면에서 긍정적 결과를 가져오고, 사회적 회피동기는 부정적 결과를 가져온다. 이러한 결과는 낯선 사람들(Nikitin & Freund, 2010b)이나, 같은 학급의 학생들처럼 서로 알고 지내는 사이(McAdams & Powers, 1981), 친한 친구들(Gable, 2006), 연인 관계(Downy et al., 1998) 등 다양한 표본에서 확인되었다. 이러한 증거는 이와 같은 기질적 동기들이 사회적 관계를 형성하고 유지하는 데 영향을 미친다는 것을 보여 준다.

새로운 사회적 접촉을 형성해 가는 과정에는 불확실성과 위험이 동반된다(Neuberg, 1996). 회피동기는 원하지 않는 최종 상태를 회피하는 것과 관련되므로 이러한 동기는 손실이 없도록 경계를 늦추지 않게 하며, 결국 위험 회피 행동으로 이어진다(Crowe & Higgins, 1997). 결과적으로, 사회적 회피동기가 높은 사람들은 새로운 사회적 상황에 참여하지 않게 되고, 잠재적인 실패에 자신을 노출시키기보다는 차라리 새로운 관계 형성의 기회를 만들지 않는 것을 선호한다(Eiser & Fazio, 2008). 이는 주로 타인들의 부정적 평가를 두려워하는 것에 그 원인이 있는 것으로 보인다. Beck과 Clark(2009)가 발견하였듯이, 사회적 회피동기는 타인으로부터의 평가가 이루어지는 사회적 상황보다는 그러한 평가가 이루어지지 않는 사회적 상황을 더 선호하는 것과 관련이 있었다. 사회적 회피동기와 반대로 사회적 접근동기는 관계를 시작하는 것과 정적인 상관이 있다. Nurmi와 동료들(Nurmi, Toivonne, Salmela-Aro, & Eronen, 1996)이 보고한 것과 같이 접근-지향적인 사교 전략이 또래관계의 성공적인 시작으로 이어진다.

사회적 관계를 유지하는 과정에는 끈기, 그리고 관계를 강화하는 노력이 수반되기 마련이다(예: Johnson & Rusbult, 1989; Van Lange et al., 1997). 연인에 대한 애착불안(사회적 회피동기와 정적 상관을 보임, Nikitin & Freund, 2010b)이 높은 사람들은 연애 관계에서 그들이 두려워하는 갈등과 거부를 회피하려는 경향이 있다(Gable & Impett, 2012). 반대로, 애착회피 지향성(사회적 접근동기와 부적 상관을 보임, Nikitin & Freund, 2010b)이 높은 사람들은 연애 관계에서 보다 적은 수의 접근 목표를 추구하는 경향이 있다. 친밀감 높이기와 같은 접근 목표들은 더 많이 가까워지는 것을 요구하는 경우가 많은데, 애착회피 지향성이 높은 사람들은 이러한 요구를 불편하게 느낄 수 있으며 결과적으로 이것은 회피 행동으로 이어질 수 있다(Gable & Impett, 2012). 이러한 발견들과 함께 회피동기로 인해 성관계를 가지는 것(예: 상대를 실망시키는 것을 피하기 위함)은 대인관계에서의 안녕감과 부적 상관이 있으며, 시간이 지날수록 관계 유지에 악영향을 끼치는 것으로 드러났다. 반대로, 접근동기로 인해 성관계를 가지는 것(예: 상대를 즐겁게 해 주기 위함)은 개인 및 대인 관계에서의 안녕감과 정적인 상관이 있으며, 관계 유지에 긍정적인 영향을 미쳤다(Impett, Gable, & Peplau, 2005). 덧붙여 Impett와 동료들(2010)은 연인들에 대한 단기 종단연구에서 접근동기가 높은 사람들이 접근동기가 낮은 사람들보다 만족도가 높고 상대의 욕구에 더 잘 반응하는 것으로 평가되었다는 것을 발견하였다. 또 회피동기에서 높은 점수를 얻은 사람들은 회피동기에서 낮은 점수를 얻은 사람들에 비해 관계에 덜 만족하고 반응도 적게 하는 것으로 평가되었다. 더욱이 Impett와 동료들은 사람들이 단지 부정적 결과를 회피하는 데 초점을 맞추는 관계를 맺는 것을 특별히 불만스러워한다는 점을 발견하였다.

요약하면, 사회적 접근동기와 회피동기는 사회적 유대를 유지하는 것뿐만 아니라 그러한 유대의 형성에도 영향을 미친다. 그러나 사회적 접근동기와 회피동기가 가져오는 결과들의 기저에 있는 인지적·정서적·행동적 과정이 맥락과 독립적인 것인지 아니면 맥락과 관련된 것인지는 아직 체계적으로 검증되지 않았다. 사회적 접근동기 및 회피동기의 과정과 관련한 친숙한 사회적 맥락과 친숙하지 않은 사회적 맥락 사이에는 상당한 차이점이 있을 수 있다. 그러나 우리는 이 차이점에 대한 어떠한 가정도 가지고 있지 않다. 따라서 이 장에서는 이 두 맥락을 동등하게 다루고자 한다. 그러나 한 맥락 안에서 발견된 모든 과정이 또 다른 맥락 안에서도 동일하게 적용될 수 있을지에 대해서는 아직까지 제대로 알려져 있지 않으며, 독자들은 이를 분명하게 기억하고 있어야 할 것이다.

사회적 접근 및 회피 동기의 인지, 정서, 행동적 과정

인지적 과정

사회적 자극의 지각 및 해석   주의 및 지각 과정과 관련하여 사회적 회피동기는 부정적 정보를 처리하는 과정의 강화와 관련이 있다. 놀람 반사(startle reflex)에 대한 연구는 사회적 회피동기가 거부 주제를 가진 상황에 대한 보다 큰 주의집중(즉, 힘을 주어 놀람의 정도를 표현하는 눈 깜박임)과 정적 상관이 있다는 것을 보여 주었다 (Downey et al., 2004). 연구자들은 이러한 결과를 거부 단서에 의한 방어적 동기 체계 (defensive motivational system)의 자동적 활성화로 해석하였다. 이와 유사하게 Gomez 와 Gomez(2002)는 단어 조각화 과제(word fragmentation task), 단어 재인 과제(word-recognition task), 자유 단어–회상 과제(free word-recall task)에서 회피동기와 한층 강화된 부정적 정보 처리 과정 간에 정적인 상관이 있음을 발견하였다. 마지막으로 Nikitin 과 Freund(2011)는 응시 시간(gaze-time) 패러다임을 이용하여 청년과 장년 모두에서 회피동기가 화난 얼굴 응시 선호와 정적인 상관이 있으며, 행복한 얼굴 응시 선호와는 부적인 상관이 있다는 것을 보여 주었다.

정보를 해석하는 과정에 대해서 Strachman과 Gable(2006)은 회피동기가 환경 내 존재하는 잠재적 위협에 더 역점을 두는 것과 관련이 있다고 주장하였다. 두 가지 주제의 연구에서 회피동기가 부정적 정보에 대해 더 잘 기억하는 것, 그리고 모호한 사회적 단서를 부정적으로 편향시켜 해석하는 것과 관련이 있다는 것을 확인하였다. 이와 유사하게 Nikitin과 Freund(2010a)는 사회적 회피동기가 모호한 얼굴 표정이 어떻게 해석될지를 예측한다는 것을 보여 주었다. 보다 구체적으로 보면, 사회적 회피동기는 모호한(가려진) 얼굴을 화난 얼굴로 해석하는 것과 정적 상관이 있었고, 모호한 얼굴을 행복한 얼굴로 해석하는 것과는 부적 상관이 있었다. 사회적인 수용이나 거부 면에서 대부분의 사회적 상황이 모호하기 때문에 연구자들은 이 연구에서 검토된 인지적 과정이 사회적 회피동기의 작용과 사회적으로 관련 있는 결과들을 매개하며(예: Fingerman & Lang, 2004), 기질적 요인들이 상황을 해석하는 방식에 영향을 준다(Caspi & Moffitt, 1993)고 믿었다. 사회적 회피동기가 모호한 사회적 단서를 부정적으로 편향되게 해석하도록 유도한다면, 회피동기가 높은 사람들은 쉽게 거부된다고 느낄 수 있을 것이다(Levy, Ayduk, & Downey, 2001). 이런 결과들은 불안에 대한 인지적 모델들이 설명하고 있는 것과 일치한다(Ouimet, Gawronski, & Dozois, 2009). 높은 사회적 회피동기를 가진 사람이 위협 관련 자극에 직면하게 되면 이 자극을 위협으로 해석하게 하는 위협 관련 개념이 활성화된다. 활성화된 개념은 자극에 대한 주의 관여를 강화시켜 위협과 관련된 연상의 활성화를 증가시키며, 자극에 대한 주의 이탈을 방해한다. 결과적으로, 자극의 위협적인 특성이 강화되는 것이다. 불안과 관련된 인지적 과정은 사회적 회피동기의 부정적인 결과를 추동하는 힘일지도 모른다.

반대로, 사회적 접근동기는 긍정적 또는 부정적인 사회적 정보에 대한 해석에서 미미한 역할만 하는 것으로 보인다(Nikitin & Freund, 2010a; Strachman & Gable, 2006). 그러나 일부 연구에서는 접근동기가 중립적인 표현을 긍정적으로 재현하고 해석하는 것과 관련이 있다고 주장하였다(Gomez & Gomez, 2002; Strachman & Gable, 2006). 따라서 접근동기가 높은 사람들이 보다 긍정적인 사건에 관여하게 되는 하나의 기제는 그들이 중립적인 자극 중에서도 잠재적인 사회적 보상을 찾는 것이다.

사회적 성공과 실패에 대한 귀인   사회정보처리 과정의 주의 및 해석 과정에 더하여 사회적 성공과 실패에 대한 귀인이 사회적 동기와 그로 인한 결과들(특히 미래의 사회적 행동) 사이에서 또 다른 인지적 매개변인의 역할을 할 수 있을 것이다. Schoch, Nikitin 및 Freund(2011)는 사회적 동기가 주어진 사회적 상황을 성공의 경험 또는 실패의 경험으로 이끌 뿐만 아니라, 이와 같은 사회적 성공이나 실패의 귀인에도 영향을 미친다고 주장하였다. 이들은 사회적 시나리오 연구를 통해 기질적 접근동기와 회피동기가 사회적 성공과 실패 경험의 귀인에 다양한 영향을 미친다는 것을 발견하였다. 사회적 접근동기는 사회적 수용 시나리오를 접한 후의 적응적 귀인(즉, 사회적 수용에 대한 내적-포괄적-안정적 귀인)과 관련이 있는 반면, 회피동기는 사회적 거부 시나리오를 접한 후의 부적응적 귀인(즉, 사회적 거부에 대한 내적-포괄적-안정적 귀인)과 관련이 있었다. 이러한 결과는 기대의 측면에서 해석되었다. 귀인에 대한 선행 연구에 따르면, 사람들은 기대했던 결과가 나타났을 때 내적이고 안정적인 요인들에서 그 원인을 찾는 반면, 기대하지 않았던 결과가 나타났을 때 외적이고 변하기 쉬운 요인에서 그 원인을 찾는 경향이 있다(예: McMahan, 1973). 따라서 사회적 접근동기가 사회적 성공에 대한 기대와 관련이 있기 때문에(Mehrabian, 1994), 사회적 성공은 내적이고 안정적인 요인에 귀인된다. 반대로, 사회적 회피동기는 사회적 실패에 대한 기대와 관련이 있으며(Mehrabian, 1994), 이는 사회적 실패를 내적이며 안정적인 요인에 귀인하는 현상을 설명한다.

이전에 경험한 사회적 상황들에 대한 귀인은 앞으로의 사회적 상황에 대한 구체적인 기대에도 당연히 영향을 미친다(Schoch et al., 2011). 우리가 새로운 사회적 상황으로 들어갈지 말지는 우리가 앞서 경험한 사회적 성공과 실패를 어떻게 귀인하느냐에 달려있다. 대학 신입생들을 대상으로 수행한 Cutrona(1982)의 전환기 연구에서는 이와 같은 주장을 지지하면서 고질적으로 외로움을 느끼는 학생들이 자신의 외로움을 자신의 잘못 때문이라고 믿는다는 결과를 보여 주었다. 이들은 외로움을 자신의 성격에서 자신이 원하지도 않고 바꿀 수도 없는 측면 때문이라고 보았다. 이런 종류의 부적응적 귀인은 일반적으로 사회적 회피동기가 높은 사람들에게서 나타나는데, 이들은 외적 요인들(예: 인간미 없는 캠퍼스에서 사는 것)과 같은 다른 어려움의 이유는 무시해 버린다. 이러한 결과들과 마찬가지로, 선행 연구들은 일반적으로 타인의 거부에 대해 두려움을 가지고 있는 사람들이 새로운 사회적 상호작용에 대해 강한 부정적 기대를 가지고 있다는 것을 보여 준다(예: Maddux, Norton, & Leary, 1988). 이에 따라 큰 어려움을 예상하는 사람들은 새로운 사회적 접촉을 추구하지 않는 경향이 있다(Rapee & Heimberg, 1997). 결론적으로, 회피동기에서 높은 점수를 얻은 사람들은 거부에 대한 한 번의 경험을 다른 잠재적 대상과의 경험까지도 일반화하는 것으로 보인다. 이는 결과적으로 새로운 상대를 어울림의 대상보다는 사회적 위협의 원천으로 받아들이게 만든다. Maner, DeWall, Bumeister 및 Schaller(2007)는 거부를 경험한 사람들 중 부정적 평가에 대한 두려움이 낮은 사람들만 새로운 상호작용 상대를 멋지고 친절하다고 인식하는 경향이 있음을 발견하였다. 반대로, 거부를 경험한 사람들 중 부정적 평가에 대한 두려움이 높은 사람들은 새로운 사회적 상대를 낙관적인 시각에서 바라보지 않았다. 이러한 사람들은 거부 경험 후에 사회적 유대를 회복하고자 하는 징후를 보이지 않았고, 어떤 경우에는 새로운 상대를 의심하거나 두려워하거나 업신여기는 것과 같은 부정적인 태도로 대하기도 하였다(Maner et al., 2007).

행동적 과정

우리는 사회적 상황의 선택이 사회적 접근동기와 회피동기에 의해 영향을 받는다는 점에 대해 이미 논의하였다. 그러나 사회적 회피동기는 긍정적이거나 부정적인 사회적 사건들의 빈도와는 관련이 없다(Gable, 2006). 높은 회피동기를 가진 사람들이 설사 다른 사람들보다 부정적인 사회적 사건을 더 자주 경험하지 않는다 하더라도 이들은 그러한 사건들이 일어날 때 그 사건들을 더 중요하게 생각하는 것으로 보고하였다(Gable, 2006). 이에 따라 Gable은 다음과 같이 주장하고 있는데, 접근동기가 사회적 결과들과 관련되는 이유는 그것이 긍정적인 사회적 사건들에 노출되는 빈도를 증가시키기 때문인 반면, 회피동기가 사회적 결과들과 관련되는 이유는 부정적인 사회적 사건들이 불가피하게 일어날 때 이러한 사건들에 보다 강렬하게 반응하기 때문이라는 것이다.

사회적 상황에서의 행동에 초점을 맞추면, 사회적 회피동기는 수동적이고 억제된 행동, 시선 회피, 그리고 사회적 상호작용에서의 언어 표현 감소와 관련이 있다(Ayduk, May, Downey, & Higgins, 2003; Nikitin & Freund, 2010b). 더 나아가 회피동기는 집단의 주변에 머물러 있는 것과 관련이 있다(Rapee & Heimberg, 1997). Rapee와 Heimberg에 의하면, 이런 회피 지향적 행동들은 자기충족적 예언을 촉진할 수 있다. 시선 회피와 언어 표현 감소, 주변에 머무르기는 다른 사람들에게 사회적 상호작용에 대한 무관심으로 보일 수 있는데, 이는 결과적으로 높은 회피동기를 가진 사람들이 다른 사람들로부터 덜 긍정적이라고 평가를 받는 이유로 설명할 수 있다.

반대로, 사회적 접근동기는 사회적 상황에서 자신감 있고 능동적인 접근 행동과 관련이 있다(McAdams 1992). 보다 구체적으로 접근동기는 사회적 상황에서의 발언 시간, 모든 집단 구성원과의 자발적이고 친절한 교류, 자신을 다른 사람들에게 보다 가까이 위치시키기, 더 많이 미소 짓기, 그리고 더 많이 시선 마주치기와 정적으로 관련된다(McAdams, 1992; Nikitin & Freund, 2010b). 이런 접근 관련 행동의 결과로, Mehrabian과 동료들은 사람들이 접근동기가 낮은 사람들보다 접근동기가 높은 사람들을 더 좋아한다는 것을 발견하였다. 접근동기가 높은 사람들의 자신감과 친절함은 사회적 상대들에게 충분히 전달되는 것으로 보인다.

정서적 과정

사회적 접근동기가 긍정적인 사회적 정보, 적극적 접근 행동, 그리고 사회적 성공에 도움이 되는 주의 및 해석 과정과 관련되므로 이러한 동기는 사회적 상황에서 긍정적인 정서로 이어질 것으로 가정할 수 있다. 반대로, 사회적 회피동기는 부정적인 사회적 정보와 수동적인 경계 행동, 그리고 사회적 실패의 가능성을 높일 수 있는 주의 및 해석 과정과 관련되므로 이러한 동기는 사회적 상황에서 부정적인 정서로 이어질 수 있다. 사회적 접근 및 회피 동기와 친구관계의 목표에 대한 연구는 이러한 가정을 지지한다. Elliot과 동료들(2006)은 사회적 접근동기가 접근 목표를 예측하고, 접근 목표는 다시 높은 주관적 안녕감(과거 며칠 동안의 긍정적 및 부정적 정서와 삶의 만족도에 의해 측정된)을 예측한다는 것을 발견하였다. 반대로, 사회적 회피동기는 회피 목표를 예측하고, 회피 목표는 다시 외로움과 부정적인 사회적 상호작용의 빈도, 그리고 관계 속에서 일어나는 부정적인 사건들이 안녕감에 미치는 영향을 예측하였다. 이와 유사하게, Nikitin과 Freund(2010b)는 사회적 접근동기가 행복과 같은 긍정적인 정서와 정적인 관련이 있고, 사회적 상호작용에서의 초조함과 같은 부정적인 정서와 부적인 관련이 있다는 것을 발견하였다. 반대로, 사회적 회피동기는 초조함과 정적인 관련이 있었다.

사회적 접근 및 회피 동기의 상호작용

지금까지 우리는 사회적 접근동기와 회피동기를 분리하여 이들의 영향에 대한 실증적 연구결과들에 대해 이야기해 왔다. 앞서 언급한 대로 접근동기와 회피동기는 대체로 독립적이다. 그러나 접근동기와 회피동기는 동시에 발생할 수도 있다. 이런 동시 발생이 사회인지나 행동, 정서에 어떤 영향을 미칠까? Nikitin과 Freund(2008)는 접근동기와 회피동기가 모두 높으면 긍정적 및 부정적 유인에 대해 동일하게 높은 민감성이 야기된다고 주장하였다. 결과적으로 두 가지 동기적 경향성의 서로 상반되는 특성이 활성화되는 것은 정서적 및 행동적 양가성(ambivalence)으로 이어진다는 것이다. 이런 제안과 같은 맥락에서 Nikitin과 Freund(2010b)는 사회적 접근동기와 회피동기가 인지와 정서, 그리고 행동을 예측하는 데 있어서 상호작용 한다는 것을 보여 주었다. 사회적 상호작용 연구에서, 높은 접근동기와 높은 회피동기의 동시 발생은 높은 각성 및 높은 긍정적 정서 두 가지가 모두 관련된다. 더욱이 이는 상황에 대한 통제 및 듣는 중 시선 맞추기도 예측하였다. 이 연구자들은 접근동기와 회피동기 모두가 높은 사람들의 경우에는 상호작용 상대의 수용에 의존하며, 따라서 높은 수준으로 상호작용에 참여하고, 사회적 맥락에서 성공하기 위해 열심히 노력한다고 결론지었다. 이들은 다른 사람들과 어울릴 수 있기 때문에 행복하지만, 동시에 타인으로부터의 거부에 대한 두려움을 가지고 있기 때문에 각성된다. 이러한 연구결과들은 선행 연구들과도 일치한다. 예를 들어, Mehrabian(1994)은 타인에 대한 의존성이 높은 접근동기 및 높은 회피동기와 관련이 있다는 것을 발견하였다. 의존적인 사람들은 사건이나 타인이 자신의 삶에 영향을 미친다고 생각하는 친절하고 사교적인 사람들이다. 이는 접근동기와 회피동기가 동시에 발생할 때, 긍정적인 결과와 부정적인 결과가 모두 나타난다는 것을 보여 준다. 접근동기와 회피동기의 동시 발생으로 인해 생겨나는 양가적 경험에 대한 더 많은 증거는 수줍음에 관한 연구에서 찾을 수 있는데, 수줍음은 접근-회피 갈등(Asendorpf, 1990; Coplan, Prakash, O'Neil, & Armer, 2004)으로 설명될 수도 있고, 또는 행동활성체계 및 행동억제체계에 대한 하위체계 연결가설(Corr, 2002)을 통하여 설명될 수도 있다. 종합하면, 접근동기와 회피동기의 상호작용은 강렬하고 양가적인 경험 및 행동과 관련이 있는 것으로 밝혀졌다.

전생애에 걸친 사회적 접근 및 회피 동기의 기원과 발달

생물학적 기질

사회적 접근 및 회피 동기의 생물학적 기질(substrate)은 유전적 기원을 가지고 있는 것으로 보이지만, 유전학 연구가 특별히 강조되지는 않는다. (사회적) 접근동기와 회피동기에 대한 생물학적 검사는 전두엽의 뇌전도(EEG) 비대칭에 기반을 두고 있다(Davidson, Taylor, & Saron, 1979). 전두엽 EEG 비대칭은 특히 접근동기와 위축 모델(즉, 회피) 동기의 지표로 사용되어 왔다(Davidson, 1995). 접근-위축 모델에 의하면, 좌측 전두엽의 활성화는 선호(appetitive) 행동이나 접근 관련 행동의 증가와 관련이 있다. 접근체계는 즐거움과 관심, 분노와 같은 정서들을 포함한다. 우측 전두엽의 활성화는 방어적, 위축 관련 행동의 증가와 관련이 있다. 위축체계는 두려움과 혐오 같은 정서들을 포함한다. 연구자들은 전두엽 EEG 비대칭을 이와 같은 상태 측정 도구로 사용하였을 뿐만 아니라, 동기적으로 편향된 방식으로 반응하는 사람들의 경향성 측정을 위한 특질 측정 도구로도 연구해 왔다(예: Hagemann, Naumann, Thayer, & Bartussek, 2002). 전두엽 EEG 비대칭에 대한 접근-위축 이론은 휴식기 우측 전두엽에서 더 큰 활성화를 보이는 사람들이 상대적으로 더 강한 위축/억제 경향성을 가지고 있고, 휴식기 좌측 전두엽에서 더 큰 활성화를 보이는 사람들은 상대적으로 더 강력한 접근 경향성을 가지고 있을 가능성이 높다고 제안하였다(Davidson 1995). 휴식기 EEG 비대칭은 시간이 지남에 따라 매우 안정적인 모습을 보인다(Hagemann et al., 2002).

영아의 기질에 있어서 전두엽 EEG 비대칭의 역할을 살펴본 연구들에서는 우측 전두엽 EEG 비대칭을 가진 어린 아동들이 낯선 또래들과 상호작용을 할 때, 사회적 위축을 보이고 사회적으로 부적응적인 방식으로 행동하는 경향이 더 강하다는 것을 발견하였다(예: Fox, Henderson, Rubin, Calkins, & Schmidt, 2001; Fox et al., 1995). 이러한 패턴의 전두엽 EEG 비대칭은 생후 9개월이 지난 영아들에게서 확인될 수 있으며, 그 결과는 이들이 유치원 및 학령기 아동이 되었을 때 나타나는 사회적 위축이나 주저함(reticence)을 예측하였다. 게다가, 시간이 지나면서 안정된 패턴의 행동억제를 보이는 아동들도 안정된 우측 전두엽 비대칭을 나타냈다(Fox & Reeb, 2008).

뇌의 특정 영역과 관련하여 살펴보자면, 행동적으로 억제된 사람들은 새로운 자극이나 위협적인 자극에 대해 반응할 때 편도체의 활동 수준이 높아지고(Fox, Henderson, Marshall, Nichols, & Ghera, 2005), 보상과 벌에 대해 반응할 때 선조체의 활동이 증가하는(Helfinstein, Fox, & Pine, 2012) 특징을 보인다. 편도체의 활성화는 특히 주의 과정과 관련이 있는(새로운 자극과 위협적인 자극에 대한 민감성의 증가) 반면, 선조체 조직들의 활성화는 행동억제와 관련된 회피 행동과 특히 연관되는 것으로 보인다(Helfinstein et al., 2012).

환경적 영향

사회적 접근동기와 회피동기의 발달적 기원에 대해서는 알려진 것이 거의 없다(Fox & Reeb, 2008). 전두엽 EEG 비대칭의 유전 가능성은 비교적 낮은 것으로 보인다(분산의 30% 이하; Anokhin, Heath, & Myers, 2006). 따라서 환경적 요인들이 EEG 비대칭의 발달에 중요한 역할을 하는 것일 수 있다. 가장 중요한 환경적 요인 중 하나는 엄마로부터 받는 보살핌의 질일 수 있다. 예를 들어, Hane과 Fox(2006)는 엄마로부터 양질의 보살핌을 받는 영아들의 우측 전두엽이 낮은 질의 보살핌을 받는 영아들의 우측 전두엽에 비해 더 적게 활성화된다는 사실을 발견하였다. 이 연구자들은 엄마로부터 낮은 질의 보살핌을 받는 영아들이 엄마로부터 양질의 보살핌을 받는 영아들보다 더 큰 두려움, 더 적은 긍정적 공동주의 능력(joint attention), 그리고 더 큰 우측 전두엽 EEG 비대칭을 보인다는 것을 발견하였다. 엄마로부터 낮은 질의 보살핌을 받는 집단에서 발견되는 두려움과 낮은 사교성, 그리고 우측 전두엽 EEG 비대칭의 패턴은 어린 시절 동안 새로운 자극(novelty)에 대해 부정적 반응과 행동억제를 보이는 영아들에게서도 확인되었다(Fox et al., 1995; Fox et al., 2001). 그러나 이러한 변인들이 어떠한 방향으로 서로 관계를 맺고 있는지는 명확하지 않다. 발달 연구(예: Crockenberg & Acredolo, 1983)에서 보고된 것과 같이, 영아들의 부정적 성향이 오히려 엄마-영아 간의 상호작용의 질에 영향을 미칠 수 있다.

뿐만 아니라 기질과 엄마의 행동이 영아의 발달을 조형하는 데 협력적으로 작용한다는 것을 보여 주는 연구들이 증가하고 있다(예: Calkins, 2002; Hane, Cheah, Rubin, & Fox, 2008). 예를 들어, Hane과 동료들(2008)은 낯선 또래와 놀고 있는 4세와 7세 아동의 행동을 관찰하였다. 이에 더하여 7세 아동과 그 어머니가 구조화된 활동과 비구조화된 활동에 함께 참여하고 있는 모습을 관찰하였다. 관찰 결과, 어머니의 긍정적 성향과 부정적 성향이 아동기의 사회적 위축 발달에 다르게 영향을 미쳤다. 어머니의 부정적 성향은 만성적인 사회적 위축을 가진 아동들에게서 나타나는 부족한 사회적 기능과 관련이 있었다. 반면에, 어머니의 긍정적 성향은 이런 아동들의 더 나은 사회적 결과들과 관련이 있었다. 이와 유사하게 Coplan과 동료들은 어머니의 성격 및 양육 방식이 아동의 사회적 위축과 부적응 사이의 관계를 조절한다는 것을 발견하였다(Coplan, Arbeau, & Armer, 2008). 이러한 결과는 어머니가 가진 일반적인 수준의 긍정적 성향과 부정적 성향이 사회적 회피동기의 기질적 소인과 행동으로 드러나는 표현 사이의 관계를 조절한다는 것을 보여 준다.

아동기의 발달적 (불)안정성

앞서 언급한 결과들은 엄마의 보살핌의 질과 같은 환경적 요인들이 사회적 회피동기를 발달시키는 기질적 성향을 완화하거나 증폭시킬 수 있다는 것을 보여 준다. 행동에 대한 연구결과들과 마찬가지로, EEG 비대칭 역시 경험적 요인들에 따라 바뀔 수 있는 것으로 보인다. 예를 들어, Fox와 동료들(2001)은 생후 초기에 우측 전두엽 편향을 보이는 영아들 가운데 시간이 지남에 따라 행동억제가 감소하는 경우, 전두엽 비대칭이 본래의 우측에서 좌측으로 변화한다는 사실을 발견하였다. 보다 구체적으로, 연구자들은 생후 4개월의 영아들을 대상으로 행동억제를 예측할 것으로 여겨지는 기질적 패턴(운동 반응성과 정서 표현 패턴)을 측정하였다. 측정 결과를 바탕으로 새로운 것이 주어졌을 때 높은 운동 반응성과 높은 부정적 정서로 반응하는 영아들을 선별하여 하위표본을 구성하였다. 이 집단에 대해 4년 동안 추이를 추적한 결과, 이들 중 1/4이 조금 넘는 영아들이 지속적으로 행동억제의 패턴을 보인다는 것을 발견하였다. 비슷한 수의 영아들은 4살 때 더 이상 억제되지 않았다. 나머지 영아들은 시간이 지나면서 구별이 가능한 패턴을 보이지 않았다. 게다가 4세 시기가 지나서도 여전히 억제된 아동들은 안정된 우측 전두엽 EEG 비대칭을 보인 반면, 변화를 보인 아동들은 전두엽 EEG 비대칭이 우측에서 좌측으로 이동하는 것을 보였다.

Kagan과 Snidman(1991)은 낯선 사건에 접근하거나 회피하는 생후 4개월의 초기 기질이 1년 후의 두려움 행동과 관련이 있다는 것을 발견하였다. 이들의 연구는 또한 억제된 아동들과 억제되지 않은 아동들이 단일 차원에서의 극단을 나타내는 것이 아니라, 오히려 질적으로 다른 집단에 속해 있다는 주장을 부분적으로 지지하고 있다. 보다 구체적으로 살펴보자면, 생후 4개월의 영아가 높은 운동 활동성과 잦은 울음을 함께 보이는 것은 이후에 나타나는 높은 수준의 두려움을 가장 잘 예측하였다. 반면에, 운동 활동성의 수준은 높으나 괴로움을 보이지 않는 아동들은 훨씬 더 적은 두려움을 보였다. 이와 유사하게, 운동 활동성 수준은 낮지만 화를 잘 내는 아동들은 운동 활동성 수준이 낮고 잘 울지 않는 영아들에 비해 더 큰 두려움을 보였다. 이러한 결과들은 접근 동기 체계와 회피동기 체계가 서로 독립적이라는 생각과 일치한다.

억제에 대한 2요인 모델(Asendorpf, 1990)로부터 발전해 온 최근의 연구에서는 아동기에서의 사회적 접근동기와 회피동기의 상호작용에 대한 탐색이 이루어졌다(Coplan & Rubin 2010; Rubin, Burgess, & Coplan, 2002 참조). Asendorpf(1990)는 접근-회피 갈등 경험 때문에 사회적 위축을 보이는 아동들과 사회적 무관심(즉, 낮은 접근 동기) 때문에 사회적 위축을 보이는 아동들을 구분하였다. 이러한 구분은 실증적 증거에 의해 지

지되었다. 흥미로운 것은 사회적 위축의 결과가 기저에 깔린 동기와는 상관없이 부정
적으로 보인다는 점이다. Coplan과 동료들(2013)은 모든 사회적 위축 아동이 부정적인
또래관계를 보고한다는 것을 발견하였다. 이 연구자들은 사회적 위축 행동이 그 기원
과는 상관없이 사회적 어려움의 표식인 것으로 보인다고 결론 내렸다.

사회적 위축과 관련한 엄마의 보살핌 역할에 대해 살펴보자면, 접근-회피 갈등에 근
거한 사회적 위축은 낮은 수준의 권위적 양육태도(낮은 수준의 온정, 이성적, 민주적 참여)
나 과보호(염려와 간섭)와 관련이 있는 것으로 보인다(Coplan et al., 2004). 다시 말해, 너
무 적거나 너무 많은 양육적 보살핌은 접근-회피 갈등을 특징으로 하는 아동의 수줍음
발달로 이어질 수 있는데, 이것은 양쪽 사례에 속한 아동 모두가 대인관계 상황을 다루
는 방법을 제대로 배우지 못했기 때문이다(너무 과하거나 너무 부족한 부모의 통제로 인하
여). 사회적 무관심(또는 낮은 접근 동기)은 양육 행동과는 관련이 없지만 엄마의 사회적
목표와는 관련이 있다. 아동의 사교성과 또래관계를 중요하게 생각하지 않는 엄마들은
사회적으로 무관심한 자녀를 두기 마련이다(Coplan et al., 2004). 인과관계가 명확하지
는 않지만, 이러한 결과들은 사회적 접근동기와 접근-회피 갈등이 다양한 환경적 요인
에서 비롯될 수 있다는 가정을 지지한다.

아동기 이후의 발달적 (불)안정성

청소년기와 청년기 앞에서 논의한 것처럼 아동기의 기질적인 사회적 접근동기와 회
피동기는 유전적인 기초를 가지고 있으며, 각각 억제되지 않거나 억제된 기질의 결과
인 동시에 엄마의 보살핌의 질과 같은 환경적 요인들의 결과라고 할 수 있다. 억제된
영아들은 향후 일부 형태의 불안 증상이 발달하는 데 있어서 보통보다 약간 높은 정도
의 위험을 가지는 것으로 보인다. 예를 들어, 영아기와 아동기에 걸쳐 엄마의 보고를
통해 평가된 행동억제는 청소년기에 사회불안장애 위험이 4배나 증가하는 것과 관련
이 있었다(Chronis-Tuscano et al., 2009; Essex, Klein, Slattery, Goldsmith, & Kalin, 2010 참
조). 반대로, 높은 수준의 사회불안을 보고한 대학생들은 그들이 어렸을 때 억제되어

있었다고 기억했다(Mick & Telch, 1998). 아동기의 행동억제는 사회불안을 예측하지만 일반화된 불안을 예측하지는 않는다. 이런 데이터는 아동기의 행동억제 전력이 성인기에서 다른 형태의 불안보다 사회불안과 더 강하게 연관된다는 것을 보여 준다.

따라서 접근과 회피의 행동적 특징 및 생리적 특징은 영아기에서 초기 청소년기까지 어느 정도 안정적으로 유지된다고 할 수 있다. 그러나 이는 특히 극단적인 집단의 경우다(Pfeiffer, Goldsmith, Davidson, & Rickman, 2002). 극단적인 수준의 기질적 접근동기와 회피동기를 가진 영아들은 보통 수준의 영아들보다 더 안정적으로 유지된다. 보통 수준의 집단에서는 접근동기와 회피동기의 발달이 안정성보다는 변화를 특징으로 한다(Pfeiffer et al., 2002).

중년기와 노년기 지금까지 청년기 이후의 사회적 접근동기와 회피동기의 발달에 대해서는 알려진 바가 거의 없다. 동기에서의 개인차가 일반적으로 일생에 걸쳐 비교적 안정적일 수 있다는 가정을 뒷받침하는 연구들이 있다. Veroff, Reuman 및 Feld(1984)는 두 번의 설문조사를 거쳐 사회적 동기의 안정성에 대해 조사하였다. 연구결과, 사회적 역할과 관련된 차이가 일부 발견되기는 하였지만 동기의 강도는 모든 연령 집단에 걸쳐 매우 유사하였다. 이와 유사하게 Franz(1994)는 동기의 발달에 관한 종단연구를 통해 중년기에 걸쳐 나타나는 동기의 안정성과 변화 모두에 대한 증거를 발견하였다.

그러나 개인차는 양적 또는 질적으로 조작될 수 있다(Caspi & Moffitt, 1993). 먼저 양적인 차이는 단일 특질 차원에서 개인들 간의 차이(즉, 평균 차이)와 관련이 있다. 이와 같은 차이는 앞선 단락에서 이미 논의하였다. 또한 사람들은 그들이 얼마나 자주 자신의 특질과 관련한 행동, 인지, 정서를 보이는지에 있어서 차이가 있다. 다시 말해, 질적인 차이는 특질과 관련된 결과를 특질이 얼마나 잘 예측하는가와 관련이 있다. 성인기에 걸쳐 사회적 접근동기와 회피동기가 사회적 결과들에 미치는 영향이 안정적일지, 증가할지, 혹은 감소할지를 예상할 수 있게 하는 충분한 근거가 있다. 상대적으로 나이가 많은 성인들은 자신의 정서를 조절하려는 동기가 더 큰 것으로 나타난다(예: Gross et al., 1997). 즉, 이들의 정서 조절 노력이 기질의 영향을 압도하는 것으로 보인다. 이는 성인기가 지나는 동안에 사회적 결과에 미치는 사회적 접근 및 회피 동기의 영향이 감소한다는 것을 의미한다. 이러한 가설은 누적되는 과정들로 인해 시간이 지날수록 기질의 영향이 더욱 강해진다는 가설을 반박한다(Impett et al., 2010). 끝으로, 기질의 영향이 시간이 지나도 안정되게 유지된다는 가설은 Neugarten(1964)의 '성격의 제도화(institutionalization of personality)' 개념에 근거하는 것인데, 이 개념은 성격 특질, 그리고 성격 특질과 사회적 환경의 상호작용이 나이가 들어감에 따라 안정화된다는 것을 가정하였다(Nikitin, Burgermeister, & Freund, 2012).

사회적 접근동기와 회피동기가 성인기에 걸쳐 사회적 결과에 미치는 영향과 관련하여 그 영향이 증가 또는 감소한다는 변화 가설보다 안정성 가설을 지지하는 몇 가지 초기 증거들이 있다. Nikitin과 Freund(2011)는 청년과 노인을 대상으로 수행한 연구를 통해 자기보고된 회피동기가 나이와 관계없이 정서적인 얼굴 표정이 처리되는 방식을 예측한다는 것을 발견하였다. 청년과 노인 모두에게서 회피동기는 화난 얼굴 응시 선호와 정적인 관련이 있었고, 행복한 얼굴 응시 선호와는 부적인 관련이 있었다. 나이는 회피동기의 영향을 조절하지 않았다. 따라서 응시 선호에 대한 회피동기의 영향은 청년기에서 노년기까지 비교적 안정적으로 유지되는 것으로 보인다.

한편으로, 성인기가 지나는 동안에 생활 연령보다 다른 요인들이 기질 표현의 개인차에 더 영향을 미치는 것으로 보인다. Caspi와 Moffitt(1993)는 사람들이 자신의 삶에서 심각한 비연속성을 경험할 때 개인차가 커지는 경향이 있다고 주장하였다. 우리가 새롭고 예상치 못한 사건을 기존의 인지 구조와 행동 구조에 동화시키려고 할 때, 기존의 인지도식들은 변화하는 사건들을 범주화하고 조직화하도록 도움으로써 새로운 경험을 해석하는 데 강력하고 광범위한 영향을 미친다. 따라서 사회적 동기와 같은 사람-관련 변인들은 노년기에 이르기까지 계속해서 사회적 결과에 중요한 영향을 미치며, 심지어 새로운 사회적 상황으로의 전환기 동안에는 그 역할이 더욱 커지는 것으로 보인다.

결론 및 앞으로의 방향

이 장에서 우리는 사회적 접근동기와 회피동기 및 그것의 기저에 깔린 과정들, 그리고 발달적 특성에 대해 논의하였다. 사회적 접근 및 회피 동기와 이 동기들에 수반되는 인지적·정서적·행동적 산물, 그리고 그 결과들을 구분하는 일은 우리로 하여금 전생애에 걸쳐 사회적 상황에서 나타나는 다양한 패턴의 행동과 경험을 설명할 수 있도록 돕는다.

향후 연구는 사회적 회피동기에 수반되는 부정적 인지, 정서, 행동적 산물이 사회적 실패나 외로움의 감소를 위해 어떻게 변화될 수 있는지 알아볼 필요가 있다. 선행 연구들은 대인관계 패턴의 중심에 있는 인지와 신념을 대상으로 개입했을 때 그 효과성을 보여 주고 있다. 예를 들어, Walton과 Cohen(2007)은 수용에 대한 기대를 증가시키는 것을 목적으로 한 실험적인 개입방법을 개발하였다. 수용에 대한 기대의 변화는 자신감, 회복탄력성, 그리고 학업적 성공에도 유의미한 정적 영향을 미쳤다. 이러한 결과와 일치하게 Aronson, Fried 및 Good(2002)은 개입 연구를 통해 개인적 속성(지능과 같은)의 변화 가능성을 학습한 대학생들이 자신의 수강 과목과 학업에 더 많은 가치를 부여하고, 이를 더 즐기며, 더 높은 평균 학점을 받는다는 것을 보여 주었다. 앞에서 언급한 개입은 사건들에 대한 사람들의 설명을 변화시켜 그 사건에 대한 반응도 변하게 하는 귀인 개입의 발자취를 따른다. Dweck(2008)에 따르면, 이와 같은 개입들은 모두 인지 변화의 효과성에 대해 말하고 있으며, 이러한 형태의 개입은 도전 추구, 자기조절, 회복탄력성에 중요한 역할을 한다. 더 나아가 자기이론들, 즉 자신에 대한 인지들을 바꾸는 것은 사람들이 기능하는 방식에 있어서 중요한 실제 생활의 변화를 가져오는 것으로 보인다. 가령, 자신의 수줍음이 바뀔 수 없다고 생각하는 사람들에 비해 자신의 수줍음이 변화 가능하다고 생각하는 사람들은 사회적 상황을 배움의 기회로 보고, 사회적 상호작용을 덜 회피하며, 자신의 수줍음으로 인한 부정적 결과를 적게 보고한다 (Beer, 2002). 더욱이 인지적 개입들은 사교성(예: 다른 사람에게 다가가기)이나 부정적 정서성(예: 실수에 대한 긍정적 대 부정적 반응)과 같이 성인기 동안에 비교적 안정적인 것으로 생각되는 많은 성격 특질을 변화시키는 데 성공적인 것으로 나타났다(Dweck, 2008). 이러한 연구결과들을 기반으로 우리는 사회적 실패와 외로움을 감소시키기 위하여 사회적 상황에 대한 사람들의 인지를 바꾸는 데 초점을 둔 개입들이 필요하다고 제안하는 바다.

단지 사람들의 인지만을 변화시키는 것은 안정적인 행동 변화를 가져오는 데 충분하지 않을 수도 있다. 따라서 행동 또한 개입을 통해 다루어야 한다. 가장 직접적인 개입 방법 중 하나는 사회적 접근동기와 관련된 행동(적극적으로 다른 사람들에게 접근하고, 다른 사람에게 말을 걸며, 자기개방을 하는 것과 같은)에 대한 지식을 사용하여 사회적 회피 성향의 사람들을 대상으로 하는 훈련 프로그램 개발에 이를 적용하는 것이다. 개입이 어떻게 보여야 하는지, 그리고 어떠한 전략이 학습되어야 하는지를 생각해 본다면, 접근동기와 관련된 인지, 정서, 행동이 항상 적응적이고, 회피동기와 관련된 인지, 정서, 행동은 항상 부적응적이라고 주장할 수는 없다. 예를 들어, 새로운 동료들과 즐거운 저녁시간을 가지고 싶어 한다고 생각해 보자. 이제는 다른 상황, 즉 한 친구와 어려운 주제에 대해 이야기하는 상황을 떠올려 보자. 두 가지 상황에서 동일한 방식으로 행동할 수 있겠는가? 아마 그렇지 못할 것이다. 다시 말해, 회피 목표와 회피 수단이 더 적응적인 상황이 있고, 접근 목표와 접근 수단이 더 적절한 상황이 있다. 따라서 회피 전략보다 접근 전략이 더 적절한 사회적 상황과 그 반대의 상황을 구분하도록 사람들에게 가르치는 판별 작업도 개입에 포함되어야 하는 것은 당연하다. 이와 같이 두 번째 단계에서는 개입이 인지적 측면들에 초점을 맞추는 것뿐만 아니라 적절한 접근과 회피 전략에 대한 훈련을 제공하여야 한다.

나아가 전생애에서 언제 이러한 훈련 프로그램이 가장 성공적이고 의미 있게 적용될 수 있을지, 앞으로의 연구는 보다 체계적으로 이를 연구해야 한다. 사회적 접근동기와 회피동기가 사회적 결과에 미치는 영향이 일생에 걸쳐 비교적 안정적이라고 밝혀진 것을 볼 때, 개입은 젊은 세대와 나이가 많은 세대 모두에게 중요한 것일 수 있다. 그러나 젊은 사람들과 나이가 많은 성인들은 동기의 관심사에 많은 차이가 있다. 나이가 들어감에 따라, 그리고 자신이 가지고 있는 자원이 줄어듦에 따라 사람들은 무엇인가를 획득하기 위하여 애쓰는 대신 상실을 회피하려는 동기가 강해진다(Freund & Ebner, 2005). 이러한 동기의 초점 변화도 접근 전략과 회피 전략의 적응성을 변화시키게 되는데, 즉 목표 추구 면에서 접근 전략의 적응성이 떨어지고 회피 전략의 적응성이 오히려 더 커지는 것이다(Freund & Ebner, 2005 참조). 이는 사회적 영역에서도 적용된다. 나이가 많은 성인들이 이미 형성되어 있는 사회적 관계를 유지하려고 동기화되는 것처럼(Antonucci, Fiori, Birditt, & Jackey, 2010) 사회적 회피 행동은 나이가 들어가면서 더 적응적이 되어 간다. 반대로, 젊은 성인들은 새로운 사회적 관계를 형성하려고 동기화된다(Carstensen, 1992; Nikitin & Freund, 2008 참조). 이와 같이 사회적 접근 행동의 적응성은 청년기에 가장 높았다가 성인기를 거치면서 지속적으로 감소한다고 볼 수 있다. 따라서 사회적 접근동기와 회피동기의 중요성이 나이가 많은 성인기에 감소되는 것은 아니라 하더라도, 청년과 나이가 많은 성인들의 적응적 전략은 분명 다를 수 있다.

　종합하면, 사회적 접근 및 회피 동기는 다양한 맥락(이미 형성된 사회적 관계와 새로운 사회적 관계)과 다양한 연령대(노년기와 청년기)에 영향을 미친다. 더 나아가, 이러한 기질들은 사회적 전환기와 같이 사회적으로 불안정한 시기에 개인의 안정성을 강화하는 것으로 보인다. 사회적 접근동기와 회피동기는 인지적·행동적·정서적·신경심리학적 측면에서 상당한 차이가 있는데, 이는 이 동기들이 이론적으로 서로 다르며 단순히 반대가 아님을 시사한다. 더욱이 이 동기들은 사회적 결과를 예측하는 데 있어서 서로 상호작용 하기도 한다. 현재까지 사회적 접근동기의 과정이나 발달은 사회적 회피동기에 비해 훨씬 덜 알려져 있다. 연구에 있어서의 이러한 불균형은 아마도 사회적 접근동기의 결과들과는 달리 사회적 회피동기의 결과들이 사람들에게 해롭다는 사실 때문일 것이다. 그러나 사회적 접근동기의 과정과 발달에 대해 더 많이 알게 된다면, 무엇이 관계를 기능적이고 만족스럽게 하는지 이해하는 데 도움이 될 수 있다. 이러한 지식은 사회적 고립을 예방하기 위한 앞으로의 개입에 적용될 수 있을 것이다.

참고문헌

Anokhin, A. P., Heath, A. C., & Myers, E. (2006). Genetic and environmental influences on frontal EEG asymmetry: A twin study. *Biological Psychology, 71*, 289-295.

Antonucci, T. C., Fiori, K. L., Birditt, K. S., & Jackey, L. M. H. (2010). Convoys of social relations: Integrating life-span and life-course perspectives. In M. E. Lamb & A. M. Freund (Eds.), *The handbook of life-span development: Social and emotional development* (Vol. 2, pp. 434-473). Hoboken, NJ: Wiley.

Aronson, J., Fried, C. B., & Good, C. (2002). Reducing the effects of stereotype threat on African American college students by shaping theories of intelligence. *Journal of Experimental Social Psychology, 38*, 113-125.

Asendorpf, J. B. (1990). Development of inhibition during childhood: Evidence for situational specificity and a two-factor model. *Developmental Psychology, 26*, 721-730.

Ayduk, O., May, D., Downey, G., & Higgins, E. (2003). Tactical differences in coping with rejection sensitivity: The role of prevention pride. *Personality and Social Psychology Bulletin, 29*, 435-448.

Baldwin, M. W. (1992). Relational schemas and the processing of social information. *Psychological Bulletin, 112*, 461-484.

Bass, B. M. (1967). Social behavior and the orientation inventory: A review. *Psychological Bulletin, 68*, 260-292.

Baumeister, R. F., & Leary, M. R. (1995). The need to belong: Desire for interpersonal attachments as a fundamental human motivation. *Psychological Bulletin, 117*, 497-529.

Beck, L. A., & Clark, M. S. (2009). Choosing to enter or avoid diagnostic social situations. *Psychological Science, 20*, 1175-1181.

Beer, J. S. (2002). Implicit self-theories of shyness. *Journal of Personality and Social Psychology, 83*, 1009-1024.

Birditt, K. S., & Antonucci, T. C. (2007). Relationship quality profiles and well-being among married adults. *Journal of Family Psychology, 21*, 595-604.

Cacioppo, J. T., Gardner, W. L., & Berntson, G. G. (1997), Beyond bipolar conceptualizations and measures: The case of attitudes and evaluative space. *Personality and Social Psychology Review, 1*, 3-25.

Calkins, S. D. (2002). Does aversive behavior during toddlerhood matter? The effects of difficult temperament on maternal perceptions and behavior. *Infant Mental Health Journal, 23*, 381-402.

Carstensen, L. L. (1992). Social and emotional patterns in adulthood: Support for socioemotional selectivity theory. *Psychology and Aging, 7*, 331-338.

Carver, C. S., & Scheier, M. F. (1981). *Attention and self-regulation: A control-theory approach to human behavior.* New York: Springer.

Carver, C. S., Sutton, S. K., & Scheier, M. F. (2000). Action, emotion and personality: Emerging conceptual integration. *Personality and Social Psychology Bulletin, 26*, 741-751.

Caspi, A., & Moffitt, T. E. (1993). When do individual differences matter? A paradoxical theory of personality coherence. *Psychological Inquiry, 4*, 247-271.

Chronis-Tuscano, A., Degnan, K. A., Pine, D. S., Perez-Edgar, K., Henderson, H. A., Diaz, Y., et al. (2009). Stable early maternal report of behavioral inhibition predicts lifetime social anxiety disorder in adolescence. *Journal of the American Academy of Child & Adolescent Psychiatry, 48*, 928-935.

Cohen, S., Gottlieb, B. H., & Underwood, L. G. (2000). Social relationships and health. In S. Cohen, L. G. Underwood, & B. H. Gottlieb (Eds.), *Social support measurement and intervention: A guide for health and social scientists* (pp. 3-25). Oxford: Oxford University Press.

Coplan, R. J., Arbeau, K. A., & Armer, M. (2008). Don't fret, be supportive! Maternal characteristics linking child shyness to psychosocial and school adjustment in kindergarten. *Journal of Abnormal Child Psychology, 36*, 359-371.

Coplan, R. J., Prakash, K., O'Neil, K., & Armer, M. (2004). Do you 'want' to play? Distinguishing between conflicted shyness and social disinterest in early childhood.

Developmental Psychology, 40, 244-258.

Coplan, R. J., Rose-Krasnor, L., Weeks, M., Kingsbury, A., Kingsbury, M., & Bullock, A. (2013). Alone is a crowd: Social motivations, social withdrawal, and socioemotional functioning in later childhood. *Developmental Psychology, 49*(5), 861-875.

Coplan, R. J., & Rubin, K. (2010). Social withdrawal and shyness in childhood: History, theories, definitions, and assessments. In K. H. Rubin & R. J. Coplan (Eds.), *The development of shyness and social withdrawal* (pp. 3-20). New York: Guilford Press.

Corr, P. J. (2002). J. A. Gray's reinforcement sensitivity theory: Tests of the joint subsystems hypothesis of anxiety and impulsivity. *Personality and Individual Differences, 33*, 511-532.

Crockenberg, S., & Acredolo, C. (1983). Infant temperament ratings: A function of infants, of mothers, or both? *Infant Behavior & Development, 6*, 61-72.

Crowe, E., & Higgins, E. (1997). Regulatory focus and strategic inclinations: Promotion and prevention in decision-making. *Organizational Behavior and Human Decision Processes, 69*, 117-132.

Cutrona, C. E. (1982). Transition to college: Loneliness and the process of social adjustment. In L. A. Peplau & D. Perlman (Eds.), *Loneliness: A sourcebook of current theory, research, and therapy* (pp. 291-309). New York: Wiley Interscience.

Davidson, R. J. (1992). Anterior cerebral asymmetry and the nature of emotion. *Brain and Cognition, 20*, 125-151.

Davidson, R. J. (1995). Cerebral asymmetry, emotion, and affective style. In R. J. Davidson & K. Hugdahl (Eds.), *Brain asymmetry* (pp. 361-387). Cambridge, MA: MIT Press.

Davidson, R. J., Taylor, N., & Saron, C. (1979). Hemisphericity and styles of information processing: Individual differences in EEG asymmetry and their relationship to cognitive performance. *Psychophysiology, 16*, 197.

Downey, G., & Feldman, S. I. (1996). Implications of rejection sensitivity for intimate relationships. *Journal of Personality and Social Psychology, 70*, 1327-1343.

Downey, G., Freitas, A. L., Michaelis, B., & Khouri, H. (1998). The self-fulfilling prophecy in close relationships: Rejection sensitivity and rejection by romantic partners. *Journal of Personality and Social Psychology, 75*, 545-560.

Downey, G., Mougios, V., Ayduk, O., London, B. E., & Shoda, Y. (2004). Rejection sensitivity and the defensive motivational system: Insights from the startle response to rejection cues. *Psychological Science, 15*, 668-673.

Dweck, C. S. (2008). Can personality be changed? The role of beliefs in personality and change. *Current Directions in Psychological Science, 17*, 391-394.

Eiser, J. R., & Fazio, R. H. (2008). How approach and avoidance decisions influence attitude formation and change. In A. J. Elliot (Ed.), *Handbook of approach and avoidance motivation* (pp. 323-342). New York: Psychology Press.

Elliot, A. J., & Church, M. A. (1997). A hierarchical model of approach and avoidance achievement motivation. *Journal of Personality and Social Psychology, 72*, 218-232.

Elliot, A. J., & Covington, M. V. (2001). Approach and avoidance motivation. *Educational Psychology Review, 13*, 73-92.

Elliot, A. J., Gable, S. L., & Mapes, R. R. (2006). Approach and avoidance motivation in the social domain. *Personality and Social Psychology Bulletin, 32*, 378-391.

Essex, M. J., Klein, M. H., Slattery, M. J., Goldsmith, H. H., & Kalin, N. H. (2010). Early risk factors and developmental pathways to chronic high inhibition and social anxiety disorder in adolescence. *American Journal of Psychiatry, 167*, 40-46.

Eysenck, H. J. (1963). Biological basis of personality. *Nature, 199*, 1031-1034.

Fingerman, K. L., & Lang, F. R. (2004). Coming together: A perspective on relationships across the life span. In F. R. Lang & K. L. Fingerman (Eds.), *Growing together: Personal relationships across the lifespan* (pp. 1-23). New York: Cambridge University Press.

Fox, N. A., Henderson, H. A., Marshall, P. J., Nichols, K. E., & Ghera, M. M. (2005). Behavioral inhibition: Linking biology and behavior within a developmental framework. *Annual Review of Psychology, 56*, 235-262.

Fox, N. A., Henderson, H. A., Rubin, K. H., Calkins, S. D., & Schmidt, L. A. (2001). Continuity and discontinuity of behavioral inhibition and exuberance: Psychophysiological and behavioral influences across the first four years of life. *Child Development, 72*, 1-21.

Fox, N. A., & Reeb, B. C. (2008). Effects of early experience on the development of cerebral asymmetry and approach-withdrawal. In A. J. Elliot (Ed.), *Handbook of approach and avoidance motivation* (pp. 35-49). New York: Psychology Press.

Fox, N. A., Rubin, K. H., Calkins, S. D., Marshall, T. R., Coplan, R. J., Porges, S. W., et al. (1995). Frontal activation asymmetry and social competence at four years of age. *Child Development, 66*, 1770-1784.

Franz, C. E. (1994). Does thought content change as individuals age? A longitudinal study of midlife adults. In T. F. Heatherton & J. L. Weinberger (Eds.), *Can personality change?* (pp. 227-249). Washington, DC: American Psychological Association.

Freund, A. M., & Ebner, N. C. (2005). The aging self: Shifting from promoting gains to balancing losses. In W. Greve, K. Rothermund, & D. Wentura (Eds.), *The adaptive self: Personal continuity and intentional self-development* (pp. 185-202). Ashland, OH: Hogrefe & Huber.

Gable, S. L. (2000). *Appetitive and aversive social motivation.* Unpublished doctoral dissertation, University of Rochester, Rochester.

Gable, S. L. (2006). Approach and avoidance social motives and goals. *Journal of Personality, 74*, 175-222.

Gable, S. L., & Berkman, E. T. (2008). Making connections and avoiding loneliness: Approach and avoidance social motives and goals. In A. J. Elliot (Ed.), *Handbook of approach and avoidance motivation* (pp. 204-216). New York: Psychology Press.

Gable, S. L., & Impett, E. A. (2012). Approach and avoidance motives and close relationships. *Social and Personality Psychology Compass, 6*, 95-108.

Gable, S. L., Reis, H. T., & Elliot, A. J. (2003). Evidence for bivariate systems: An empirical test of appetition and aversion across domains. *Journal of Research in Personality, 37*, 349-372.

Gomez, A., & Gomez, R. (2002). Personality traits of the behavioural approach and inhibition systems: Associations with processing of emotional stimuli. *Personality and Individual*

Differences, 32, 1299-1316.

Gray, J. A. (1982). *The neuropsychology of anxiety: An enquiry into the functions of the septohippocampal system.* New York: Oxford University Press.

Gross, J. J., Carstensen, L. L., Pasupathi, M., Tsai, J., Skorpen, C. G., & Hsu, A. Y. C. (1997). Emotion and aging: Experience, expression, and control. *Psychology and Aging, 12*, 590-599.

Hagemann, D., Naumann, E., Thayer, J. F., & Bartussek, D. (2002). Does resting electroencephalograph asymmetry reflect a trait? An application of latent state-trait theory. *Journal of Personality and Social Psychology, 82*, 619-641.

Hane, A. A., Cheah, C., Rubin, K. H., & Fox, N. A. (2008). The role of maternal behavior in the relation between shyness and social reticence in early childhood and social withdrawal in middle childhood. *Social Development, 17*, 795-811.

Hane, A. A., & Fox, N. A. (2006). Ordinary variations in maternal caregiving influence human infants' stress reactivity. *Psychological Science, 17*, 550-556.

Helfinstein, S. M., Fox, N. A., & Pine, D. S. (2012). Approach-withdrawal and the role of the striatum in the temperament of behavioral inhibition. *Developmental Psychology, 48*, 815-826.

House, J. S., Landis, K. R., & Umberson, D. (1988). Social relationships and health. *Science, 241*, 540-545.

Impett, E. A., Gable, S. L., & Peplau, L. A. (2005). Giving up and giving in: The costs and benefits of daily sacrifice in intimate relationships. *Journal of Personality and Social Psychology, 89*, 327-344.

Impett, E. A., Gordon, A. M., Kogan, A., Oveis, C., Gable, S. L., & Keltner, D. (2010). Moving toward more perfect unions: Daily and long-term consequences of approach and avoidance goals in romantic relationships. *Journal of Personality and Social Psychology, 99*, 948-963.

Johnson, D. J., & Rusbult, C. E. (1989). Resisting temptation: Devaluation of alternative partners as a means of maintaining commitment in close relationships. *Journal of*

Personality and Social Psychology, 57, 967-980.

Kagan, J., & Snidman, N. (1991). Temperamental factors in human development. *American Psychologist, 46*, 856-862.

Levy, S. R., Ayduk, O., & Downey, G. (2001). The role of rejection sensitivity in people's relationships with significant others and valued social groups. In M. R. Leary (Ed.), *Interpersonal rejection* (pp. 251-289). New York: Oxford University Press.

Lewinsky, H. (1941). The nature of shyness. *British Journal of Psychology, 32*, 105-113.

Maddux, J. E., Norton, L. W., & Leary, M. R. (1988). Cognitive components of social anxiety: An investigation of the integration of self-presentation theory and self-efficacy theory. *Journal of Social and Clinical Psychology, 6*, 180-190.

Maner, J. K., DeWall, C. N., Baumeister, R. F., & Schaller, M. (2007). Does social exclusion motivate interpersonal reconnection? Resolving the "porcupine problem". *Journal of Personality and Social Psychology, 92*, 42-55.

McAdams, D. P. (1992). The intimacy motive. In C. P. Smith, J. W. Atkinson, D. C. McClelland, & J. Veroff (Eds.), *Motivation and personality: Handbook of thematic content analysis* (pp. 224-228). New York: Cambridge University Press.

McAdams, D. P., & Powers, J. (1981). Themes of intimacy in behavior and thought. *Journal of Personality and Social Psychology, 40*, 573-587.

McClelland, D. C. (1985). *Human motivation*. Glenview, IL: Scott Foresman.

McMahan, I. D. (1973). Relationships between causal attributions and expectancy of success. *Journal of Personality and Social Psychology, 28*, 108-114.

Mehrabian, A. (1994). Evidence bearing on the Affiliative Tendency (MAFF) and Sensitivity to Rejection (MSR) scales. *Current Psychology, 13*, 97-117.

Mehrabian, A., & Ksionzky, S. (1970). Models for affiliative and conformity behavior. *Psychological Bulletin, 74*, 110-126.

Mick, M. A., & Telch, M. J. (1998). Social anxiety and the history of behavioral inhibition in young adults. *Journal of Anxiety Disorders, 12*, 1-20.

Neuberg, S. L. (1996). Expectancy influences in social interaction: The moderating role of social goals. In J. A. Bargh & P. M. Gollwitzer (Eds.), *The psychology of action: Linking cognition and motivation to behavior* (pp. 529-552). New York: Guilford Press.

Neugarten, B. L. (1964). *Personality in middle and later life*. New York: Atherton Press.

Nikitin, J., & Freund, A. M. (2008). The role of social approach and avoidance motives for subjective well-being and the successful transition to adulthood. *Applied Psychology: An International Review, 57*, 90-111.

Nikitin, J., & Freund, A. M. (2010a). A motivational perspective on reactions to emotional faces. In A. Freitas-Magalhães (Ed.), *Emotional expression: The brain and the face* (Vol. 2). Oporto: University Fernando Pessoa Press.

Nikitin, J., & Freund, A. M. (2010b). When wanting and fearing go together: The effect of co-occurring social approach and avoidance motivation on behavior, affect, and cognition. *European Journal of Social Psychology, 40*, 783-804.

Nikitin, J., & Freund, A. M. (2011). Age and motivation predict gaze behavior for facial expressions. *Psychology and Aging, 36*, 695-700.

Nikitin, J., Burgermeister, L., & Freund, A. M. (2012). The role of age and social motivation in developmental transitions in young and old adulthood. Frontiers in Developmental Psychology, 6, 366.

Nurmi, J-E., Toivonen, S., Salmela-Aro, K., & Eronen, S. (1996). Optimistic, approach-oriented, and avoidance strategies in social situations: Three studies on loneliness and peer relationships. *European Journal of Personality, 10*, 201-219.

Ouimet, A. J., Gawronski, B., & Dozois, D. J. A. (2009). Cognitive vulnerability to anxiety: A review and an integrative model. *Clinical Psychology Review, 29*, 459-470.

Pfeiffer, M., Goldsmith, H. H., Davidson, R. J., & Rickman, M. (2002). Continuity and change in inhibited and uninhibited children. *Child Development, 73*, 1474-1485.

Rapee, R. M., & Heimberg, R. G. (1997). A cognitive-behavioral model of anxiety in social phobia. *Behaviour Research and Therapy, 35*, 741-756.

Rubin, K. H., Burgess, K. B., & Coplan, R. J. (2002). Social withdrawal and shyness. In P. K. Smith & C. Hart (Eds.), *Blackwell handbook of childhood social development* (pp. 330-

352). Malden, MA: Blackwell Publishing.

Schoch, S., Nikitin, J., & Freund, A. M. (2011, September). *Einfluss der Annäherungs-und Vermeidungsmotivation auf die Attribution von sozialer Akzeptanz und Zurückweisung: Ein Altersvergleich* [The impact of approach and avoidance motivation on the attribution of social acceptance and rejection: An age comparison]. Poster session presented at the 20th annual meeting of the Fachgruppe Entwicklungspsychologie der DGPs, Erfurt, Germany.

Stein, M. B., & Stein, D. J. (2008). Social anxiety disorder. *The Lancet, 371*, 1115-1125.

Strachman, A., & Gable, S. L. (2006). What you want (and do not want) affects what you see (and do not see): Avoidance social goals and social events. *Personality and Social Psychology Bulletin, 32*, 1446-1458.

Van Lange, P. A. M., Rusbult, C. E., Drigotas, S. M., Arriaga, X. B., Witcher, B. S., & Cox, C. L. (1997). Willingness to sacrifice in close relationships. *Journal of Personality and Social Psychology, 72*, 1373-1395.

Veroff, J. (1992). Power motivation. In C. P. Smith, J. W. Atkinson, D. C. McClelland, & J. Veroff (Eds.), *Motivation and personality: Handbook of thematic content analysis* (pp. 278-285). New York: Cambridge University Press.

Veroff, J., Reuman, D., & Feld, S. (1984). Motives in American men and women across the adult life span. *Developmental Psychology, 20*, 1142-1158.

Walton, G. M., & Cohen, G. L. (2007). A question of belonging: race, social fit, and achievement. *Journal of Personality and Social Psychology, 92*, 82-96.

Watson, D., & Tellegen, A. (1985). Toward a consensual structure of mood. *Psychological Bulletin, 98*, 219-235.

13

배척과 고독

Eric D. Wesselmann, Kipling D. Williams, Dongning Ren, & Andrew H. Hales

배척(ostracism), 즉 무시되고 배제되는 것은 인간들 사이에서는 다양한 문화와 맥락에서 일어나는 사회적 현상이며(Williams & Nida, 2011), 또한 모든 사회적 동물 사이에서 일어나는 현상이기도 하다(예: Goodall, 1986). 인류 역사의 기록을 보면 선사시대의 부족사회에서부터(Boehm, 1999) 고대 그리스와 현대의 아미시(Amish) 공동체에 이르기까지 의례적 배척(ritualized ostracism)이 있었음을 알 수 있다(Williams, 2001). 감금, 제명, 정치적 유배, 심지어 아이들에게 타임아웃을 시키는 훈육 조치 같은 제도적 관행들은 모두 의례적 배척의 실례로 볼 수 있다(Williams, 2001, 2009). 그러나 많은 배척의 예는 의례적이지 않다. 어떤 경우에는 자신이 무시되고 배제된다고 인식하며, 뿐만 아니라 낯선 사람이 시선 접촉을 해 주지 않는 것과 같이 사소하게 보이는 것도 포함될 수 있다(Wesselmann, Cardoso, Slater, & Williams, 2012).

진화론에서는 인간사회에서 반드시 배척이 나타나고, 다른 사회적 동물 집단에서도 배척이 발생하는 것으로 본다. 사회과학자들은 배척이 진화가 이루어지는 동안 유용한 기능을 제공했다고 주장해 왔다(Gruter & Masters, 1986; Kerr & Levine, 2008; Kurzban & Leary, 2001; Williams, 2009). 인간 및 다른 사회적 동물 집단은 일탈적이거나 성가신 집단 구성원을 다루기 위한 사회적 통제의 형태로 배척을 사용한다. 그리하여 규칙을 준수하고 공동체에 기여하도록 개인 구성원을 동기화함으로써 집단을 강화하려고 한다(Boehm, 1999; Kurzban & Leary, 2001; Ouwerkerk, Kerr, Gallucci, & Van Lange, 2005; Williams, 2001; Zippelius, 1986). 배척에 대한 과학적 연구는 두 가지 관점에서 진행될 수 있는 데, 하나는 배척의 기능에 관한 연구(예: Wesselmann, Wirth, Pryor, Reeder, & Williams, 2013)이며, 다른 하나는 배척된 경험에 대한 연구(Williams, 2009)다. 이 장에서 우리는 배척된 사람들의 관점을 살펴보는 연구에 초점을 맞출 것이다. 이에 따라 우선 배척의 효과를 연구하는 이론적 모델을 검토하고, 이 모델을 뒷받침하는 자료들을 논의하고자 한다. 다음으로, 아직은 초기 단계이지만 연구자들에게 흥미로운 방향을 제시해 주는 배척 연구의 새로운 방향을 제시하는 새로운 영역들에 대해 논의할 것이다. 마지막으로, 배척에 대한 연구가 개인이 고독을 추구하는 방법으로서 **스스로를 배척시켜** 자발적으로 사회적 상호작용에서 철회하는 상황을 고려해야 함을 제안하고자 한다.

배척에 대한 개관

지난 20년간 배척은 사회심리학에서 상당한 주목을 받아 왔다. 배척(ostracism), 사회적 배제(social exclusion), 그리고 거부(rejection)라는 용어는 그 유사성과 차이점에 대한 논쟁에도 불구하고 현존하는 연구들에서 종종 동의어로 사용되는 경향이 있다(Smart Richman, & Leary, 2009; Williams, 2009). 거부는 어떤 대상을 원하지 않는다는 분명한 선언으로 정의되고, **사회적 배제**는 어떤 대상이 다른 사람으로부터 떨어져 있는 경우를, 배척은 대상이 다른 사람들에 의해 무시되며 또한 배제되는 경우를 의미한다(Williams,

2007). 이러한 구성개념에 대한 대부분의 논쟁은 이론적인 것으로, 이들이 미치는 효과가 서로 다르다는 경험적 증거는 거의 없다(Molden, Lucas, Gardner, Dean, & Knowles, 2009 참조). 우리는 이러한 논쟁들을 인정하지만, 이 장에서는 다양한 연구결과를 논의할 때 간단히 배척이라는 용어를 사용하기로 한다.

　배척은 대부분의 사람이 아주 사소한 형태로 매일 경험하고, 인생에서 적어도 한 번은 매우 중요하고 의미 있는 형태로 경험하는 고통스러운 사건이다(Nezlek, Wesselmann, Wheeler, & Williams, 2012; Williams, 2009). 대부분의 사람은 아마도 아동기에 또래 집단에서 적어도 한 번 이상 배척된 경험을 회상할 수 있을 것이다(이 책의 8장 참조). 배척은 세 가지 주요 형태, 곧 물리적·사회적·사이버 배척의 형태로 나타날 수 있다(Williams, Cheung, & Choi, 2000). **물리적 배척**은 다른 사람들로부터 물리적으로 분리되는 것(예: 감금, 추방)을 포함하며, **사회적 배척**은 다른 사람들 앞에서 면대면으로 무시를 당하고 배제되는 것이다(예: **침묵**으로 대함). **사이버 배척**은 기대하는 인정과 의사소통이 예상 시간 내에 일어나지 않는 전자매체를 통해 발생한다(예: 이메일이나 문자가 무시됨). 대부분의 경험적 연구는 두 유형의 배척, 즉 사회적 배척과 사이버 배척에 주로 초점을 두어 왔다.

　배척은 그 대상자에게 심리적으로 해로운 영향을 미쳐 자기통제력 손상(Baumeister, DeWall, Ciarocco, & Twenge, 2005; Oaten, Williams, Jones, & Zadro, 2008), 비인간화 자각(Bastian & Haslam, 2010), 인지 능력 감소(Baumeister, Twenge, & Nuss, 2002)로 이어질 수 있으며, 즉각적인 부정적 생리 반응(예: 코르티솔의 증가, 심혈관 장애; Dickerson & Kemeny, 2004; Gunnar, Sebanc, Tout, Donzella, & van Dulmen, 2003; Josephs et al., 2012; Moor, Crone, & van der Molen, 2010)을 유발할 수도 있다. 더욱이 fMRI(기능적 자기공명영상술) 데이터는 배척이 신체적 통증과 관련된 뇌 영역인 배측전방대상피질(dACC)을 동일하게 활성화시킨다는 것을 보여 준다(Eisenberger, Lieberman, & Williams, 2003; Onoda et al, 2010). 배척은 부정적 기분을 증가시키며, 인간의 4가지 기본적 욕구인 소속, 통제, 의미 있는 실존, 자존감에도 위협이 된다(Williams, 2001, 2009).

Williams의 배척의 시간 경과 모형

Williams(2009)는 개인의 배척 경험은 시간적인 구조를 가지며, 시간에 따라 성격과 상황적인 요인들에 차별적 영향을 미친다고 가정하였다. Williams의 모형은 반사(1단계), 반영(2단계), 체념(3단계)의 3단계를 포함한다.

반사 단계

인간은 영구적인 배척을 미연에 막거나 피할 수 있도록 도움을 준 미세한 단서들을 감지하도록 진화해 왔을 것으로 보인다(Leary, Tambor, Terdal, & Downs, 1995; Wesselmann, Nairne, & Williams, 2012; Williams, 2009). 사람들이 이런 단서를 감지할 때, 반사적으로 나타내는 반응은 즉각적 고통과 욕구만족의 위협이다. 배척의 즉각적인 결과에 관한 전형적인 연구들에서는 욕구 위협과 부정적 정서를 측정하기 위해 자기보고식 척도를 사용하였지만, 생리적 변수나 뇌 활동을 측정한 연구들도 있다(Dickerson & Kemeny, 2004; Eisenberger et al., 2003; Gunnar et al., 2003; Josephs et al., 2012; Moor et al., 2010; Onoda et al., 2010).

배척의 반사 효과들은 배척의 유형이 사회적인 것(Williams & Sommer, 1997)이든, 사이버적인 것(Smith & Williams, 2004; Williams et al., 2000; Williams et al., 2002)이든 상관없이 일어나는 것으로 나타났다. 심지어 눈 맞춤 부족과 같은 간단한 비언어적 단서들도 욕구 만족을 위협하고 부정적 기분을 증가시키기에 충분하다(Wirth, Sacco, Hugenberg, & Williams, 2010). 최근 한 현장 연구에서는 지나가는 사람으로부터 허공 응시(즉, 가는 방향에 있는 다른 사람을 보지만 마치 그 사람이 없는 것처럼 지나쳐 보는 것)를 받은 보행자들이 사회적 유대감의 감소를 느낀다는 것을 증명하였다(Wesselmann, Cardoso, et al., 2012). 다른 연구에서는 다른 사람이 배척을 당하는 것을 단순히 관찰하는 것으로도 관찰자에게 대리적 고통을 초래한다고 제안하였다(Masten, Eisenberger,

Pfeifer, & Dapretto, 2010; Wesselmann, Bagg, & Williams, 2009). 배척의 위력은 단지 현재 사건들에만 국한되는 것이 아니다. 연구 자료들에 따르면, 사람들이 과거의 배척 장면을 회상하거나(Chen, Williams, Fitness, & Newton, 2008), 미래의 장면을 상상할 때에도 (Chen & Williams, 2012), 욕구 위협이 발생한다.

배척의 반사 효과는 개인차와 상황적 요인에 의해서도 완화되지 않았다(Williams, 2009; Boyes & French, 2009; Hawkley, Williams, & Cacioppo, 2011; Wirth, Lynam, & Williams, 2010). 연구 참여자들이 고의로 배척한 것이 아니며, 심지어 실험자가 계획한 것이라는 말을 들어도 배척은 여전히 욕구 만족을 하는 것으로 나타났다(Eisenberger et al., 2003; Zadro, Williams, & Richardson, 2004). 배척하는 것이 바람직하다고 여겨질 때에도 배척은 상처가 될 수 있다. 예를 들어, 배척하는 사람이 미움 받는 외집단에 속한 사람들(즉, the Ku Klux Klan)일 때(Gonsalkorale & Williams, 2007), 배척으로 인해 경제적인 보상이 주어질 때(van Beest & Williams, 2006), 배척이 사이버 게임인 러시안 룰렛에서 죽을 수 있는 가능성을 감소시켜 줄 때(van Beest, Williams, & van Dijk, 2011)조차도 상처가 될 수 있다.

반영 단계

Williams(2009)가 말하는 배척의 반영 단계에서는 위협 당한 기본적 욕구만족이 회복되는 것에 초점을 맞추는데, 이는 배척의 초기 효과가 발생한 후 몇 분 안에 시작될 수 있다(Goodwin, Williams, & Carter-Sowell, 2010; Wirth & Williams, 2009). 반영 단계에 대한 연구들에서는 회복에 영향을 주는 성격과 상황적 요인 및 회복을 촉진시키는 행동 반응 모두를 탐구해 왔다.

회복에 영향을 주는 요인들   배척된 사람(그리고 배척 가해자)의 집단 멤버십(소속)이 욕구 만족 회복에 영향을 줄 수 있다고 증명한 연구가 있다. Wirth와 Williams(2009)는 배척을 일시적 집단 소속(즉, 최소한의 집단 과제)에 귀인한 참여자들이 영구적 집단(즉, 성)

소속에 귀인한 참여자들에 비해 배척에서 보다 빠르게 회복된다는 것을 발견하였다. Goodwin과 동료들(2010)은 영구적 집단 소속에 대한 연구를 확장하여 부당한 대우를 인종차별에 귀인한 참여자들이 이러한 귀인을 하지 않은 참여자들에 비해 더 느리게 회복되는 것을 증명하였다. Zadro, Boland, Richardson(2006)은 성격 차이(즉, 사회불안)가 배척에서 회복하는 데 어떠한 영향을 미치는지에 대해 초점을 맞추었는데, 그 결과 배척을 경험한지 45분이 지났을 때 사회불안 수준이 높은 참여자들이 그렇지 않은 참여자들보다 회복이 더 느리다는 것을 발견하였다. 이 연구자들은 반추가 회복을 저해한다고 주장하였다.

행동 반응들 Williams(2009; Williams & Wesselmann, 2010)는 반영 단계에서 나타나는 개인의 행동 반응들이 욕구만족에 대한 위협을 강화하는 데 기여한다고 주장하였다 (Leary, Twegne, & Quinlivan, 2006 참조). 연구에 따르면, 배척에 대한 2가지 형태의 주요 반응은 친사회적 행동과 반사회적 행동이다. 일부 연구에서는 배척된 사람이 다시 소속되려는 방편으로써 친사회적 반응을 할 수 있다고 주장하였다. 배척된 사람들은 소속된 사람들에 비해 집단 일에 더 열심히 참여하고(Williams & Sommer, 1997), 집단의 규준에 순응하며(Williams et al., 2000), 다시 소속되기 위한 전략들에 집중하고(Molden et al., 2009), 더 순응적인 것을 증명하려 하며(Carter-Sowell, Chen, & Williams, 2008), 새로운 집단 참여에 흥미를 보이는(Maner, DeWall, Baumeister, & Schaller, 2007) 경향이 있었다.

소속된 사람들에 비해 배척된 사람들은 또한 다른 협조적 집단 구성원을 만들어 내거나(Ouwerkerk et al., 2005), 의식하지 못한 채 행동을 모방하거나(Lakin & Chartrand, 2005; Lakin, Chartrand, & Arkin, 2008), 사회적 정보에 관심을 더욱 기울이는 경향이 있다(Bernstein, Young, Brown, Sacco, & Claypool, 2008; Gardner, Pickett, & Brewer, 2000; Pickett, Gardner, & Knowles, 2004; Sacco, Wirth, Hugenberg, Chen, & Williams, 2011). 흥미롭게도 배척된 사람들이 반사회적으로 반응하는 경향성도 증가하는데, 이는 반사회적 행동 대상자의 배척 관여 여부와는 상관이 없다(Buckley, Winkel, & Leary, 2004; Riva, Wirth, & Williams, 2011; Twenge, Baumeister, Tice, & Stucke, 2001; Warburton, Williams, &

Cairns, 2006; Williams, 2001).

연구자들은 배척에 대한 이런 모순된 반응들을 어떻게 조화를 이루는가? Williams (2009)는 배척에 대한 특정 형태의 행동 반응이 개인이 강화하고자 하는 욕구의 주요 형태와 일치한다고 주장하였다. 친사회적 반응은 **소속되고자 하는 욕구**(inclusionary needs; 즉, 소속과 자존감)의 강화에 초점을 맞추고, 공격적 반응은 **권력/도발 욕구** (power/provocation needs; 즉, 의미 있는 실존 및 통제)의 강화에 초점을 맞춘다. Williams 의 주장은 아직 직접적으로 검증되지는 않았지만 간접적인 증거를 제공해 주는 몇 가 지 실험이 있다. 우선 Warburton, Williams, Cairns(2006)는 통제욕구를 회복한 배척된 참여자들은 소속된 참여자들보다 더 이상 공격적이지 않았다는 것을 증명하였다. 통제 감이 회복되지 않은 참여자들은 전형적인 배척 → 공격의 결과를 반복하였다(Twenge et al., 2001). 후속 연구에서는 통제욕구와 배척에 대한 공격적 반응들이 양방향으로 작 용하여 있음을 증명하였다. Wesselmann, Butler, Williams 및 Pickett(2010)의 연구에 서 집단토론 중에 부정적인 대우를 받은 참여자들은 그들이 그 후에 배척 당할 것을 예 상할 수 있었으며, 이 참여자들은 처음에는 긍정적인 대우를 받았다가 갑작스레 배척 을 당한 참여자들에 비해 덜 공격적이었다.

Williams(2009)가 주장한 소속되고자 하는 욕구와 친사회적 행동 사이의 관련성을 뒷 받침하는 연구가 있다. Twenge와 동료들(2007)은 긍정적인 사회적 관계를 떠올리거나 실험자와 유쾌한 상호작용을 한 후 배척 당한 참여자들이 그런 기회가 없었던 참여자들 에 비해 덜 공격적으로 행동한다는 것을 발견하였다. 집단의 맥락에 약간의 정도라도 소속되는 것은 배척에서 회복하는 데 도움이 되며, 후속되는 공격 욕구를 감소시킨다. Bernstein과 동료들(2010)은 소속욕구와 친사회적 반응 간의 관련성에 대해 가장 강력 한 증거를 제공하였는데, 그들의 연구에 따르면, 참여자들의 소속 및 자존감의 욕구는 배척과 잠재적인 소속의 원천과 상호작용 하고자 하는 갈망 간의 관계를 매개하였다.

체념 단계

마지막으로 Williams(2009)는 개인이 만성적으로 배척을 경험한다면 체념 단계로 진행된다고 주장하였다. 이 단계에 있는 개인들은 욕구만족을 회복하려는 시도나 미래의 배척을 미연에 방지하려는 시도가 소용 없다는 것을 안다. 그래서 이런 개인들은 이 상실된 욕구를 받아들이는 경험을 해야 하며, 소외(소속욕구), 우울(자존감), 학습된 무력감(통제), 무가치함(의미 있는 실존) 등의 극단적 결과들을 감내해야 한다. Williams의 시간 경과 모델 중 이 세 번째 단계는 실증적인 연구가 거의 되지 않았지만, 배척에 지속적으로 노출되면 극단적 결과를 가져올 수 있음을 보여 주는 예비적인 증거들이 있다. 만성적인 배척(그리고 조용한 무시)을 참아내고 있는 사람들이 인터뷰 광고에 응하였는데, 이들은 소외, 우울, 포기, 그리고 무가치감에 대한 느낌을 보고하였다. 게다가 많은 이들이 섭식장애와 자살 사고, 심지어는 자살시도까지 보고하였다(Williams & Zadro, 2001; Zadro et al., 2004).

만성적 배척에 대한 평가 방법

만성적 배척과 체념

Williams(2009)의 체념 단계는 배척 경험을 이론적으로 이해하는 가장 새로운 단계이며, 따라서 앞으로 연구가 가장 많이 필요한 영역이기도 하다. 우리는 체념 단계 및 그 결과에 대한 향후의 과학적 연구가 다양한 방법으로 수행되어야 한다고 제안한다. 심리과학은 실험법을 선호하지만 이런 종류의 연구는 연구자가 윤리적으로나 실제적으로나 인간인 참여자들을 장시간 배척할 수 없기 때문에 어려울 수 있다. 우리는 동물 모델을 사용한 연구가 만성적 배척에 대한 실험연구에 유익한 통로가 될 수 있다고 제안한다. 동물 모델은 인간에게 만성적 스트레스가 미치는 영향들에 대한 연구에서 유용하게 활용되어 왔는데, 이는 인간을 대상으로 이런 영향의 상당 부분에 대해 윤리적으로 또는 실제적으로 연구하기 어렵기 때문이다.

대초원 들쥐를 활용한 동물 모델은 인간과 비교할 수 있는 유용한 모델 중 하나다. 들쥐는 사회적으로 일부일처제로 쌍을 이루고, 양부모가 새끼 양육에 참여하며, 인간과 비슷한 스트레스 반응을 가지는 사회적 동물이기 때문이다(Grippo, 2009). 이 동물 연구에서 일반적인 스트레스 조작은 들쥐를 4주 동안 사회적으로 고립시키는 것이다. 이 조작은 인간에게 있어 물리적 배척의 개념과 유사하다(Williams et al., 2000). 이러한 연구들은 고립된 들쥐들이 집단에 포함된 들쥐들보다 우울증과 유사한 증상(Grippo, Cushing, & Carter, 2007)과 학습된 무기력(Grippo, Wu, Hassan, & Carter, 2008)을 보일 가능성이 더 높다는 것을 보여 주는데, 이러한 증상 각각은 만성적 배척이 인간에 미치는 영향에 대해 이론화한 결과다(Williams, 2009). 동물 모델에 기초한 연구를 인간 참여자들에게 일반화하기에는 한계가 있으므로 향후 연구들에서는 만성적 배척 현상을 충분히 설명하기 위해 인간을 대상으로 한 연구들과 동물 모델에 의한 방법들을 함께 활용해야 한다.

인간을 대상으로 만성적 배척을 연구하는 가능한 방법은 만성적 배척의 개인차를 측정하고 이와 이론적으로 관련된 부정적 결과들(즉, 소외, 우울, 무기력, 무의미)과 상관을 알아보는 것이다. 이런 연구는 다양한 척도를 사용하여 수행할 수 있다. Nezlek와 동료들(2012)은 일상생활에서 배척이 일어나는 빈도를 평가하기 위해 참여자들에게 생활사건 관련 일기(event-contingent daily diary)를 작성하게 하였다. 이 연구는 만성적 배척과 관련된 결과들을 평가하지는 않았지만 연구자들은 이러한 연구 방법을 활용할 수 있을 것이다.

다른 연구자들은 이론적으로 관련된 부정적 결과들을 예측하는 데 사용할 수 있는 만성적 배척의 개인차를 측정하는 척도들을 개발해 왔다(Carter-Sowell, 2010; Saylor et al., 2012). 이러한 척도들은 지금까지는 아동과 대학생 표본에 사용되어 왔지만, 보호시설에 수용된 노인이나 환자(Goffman, 1961), 정신질환자(Farina, 2000; Feldman & Crandall, 2007), 노숙자들(Hulme, 2000)과 같이 주류사회에서 전통적으로 주변화된 집단의 구성원에게서 나타나는 만성적 배척 및 이와 이론적 결과들 간의 잠재적 관련성을 평가하는 데 사용될 수 있다. 이들 각 집단에 대한 연구에서는 그들이 대인관계에서뿐만 아니라 전반적으로 사회에 의해서도 배척을 당한다고 주장한다.

만성적 배척에 대한 풍성한 연구가 가능한 또 다른 대상자 집단은 수감된 사람들이다. 감금은 배척의 제도적 형태로 여겨질 수 있다(Williams, 2001; Zippelius, 1986). 잠재적으로 위험한 개인들로부터 사회를 보호하는 것과 더불어 일반적으로 인정되는 교도소의 기능은 사회로부터 수감자를 고립시켜서 그들의 잘못을 반성하고 교화하도록 동기화시키는 것이다(Smith, 2008). 이러한 명시적 형태의 고립이 배척의 느낌을 유발할 것으로 기대할 수 있다. 이와 같은 고립은 징벌적(punitive) 배척과 유사하며, 배척 대상에게 바람직하지 않은 행동을 교정하도록 강제하거나 배척 대상을 집단에서 쫓아내는 처벌에 초점을 둔다(Wesselmann, 2011; Williams, 1997).

그러나 교도소에 있는 사람들도 매일 교도관, 동료 수감자들, 심지어는 면회객들과 빈번히 접촉한다(Arrigo & Bullock, 2008). 이런 일상적 상호작용은 배척의 효과를 완화시키고(DeWall, Twenge et al., 2010b; Twenge et al., 2007 참조) 체념 단계로의 진행을 충분히 막을 수 있다. 장기적인 독방 감금을 점점 보편화하고 있는 교도소의 관행은 교도소 환경에서 나타나는 만성적 배척의 특징에 대해 가장 분명한 통찰을 줄 수 있을 것이다. 독방 감금은 일반적으로 아무런 물건이 없는 작은 방에 수감자만 고립시키는 것이다. 수감자들은 샤워와 운동을 할 때에만 감방을 떠날 수 있으며, 교도관에 의해 신체활동이 전적으로 제한된다. 독방 감금은 몇 달, 심지어는 몇 년씩 이어질 수 있다(Arrigo & Bullock, 2008). 인간관계의 결여는 목표지향적 또는 의미 있는 활동 참여 불가능과 결합되면서 수감자들의 기본적인 욕구를 심각하게 만성적으로 위협할 가능성이 크다.

연구에 따르면, 독방 감금은 개인의 정신건강에 부정적 영향을 미친다. 독방에 감금된 사람들은 일반적인 수감자들과 비교하여 더 우울하고(Haney, 2003), 자살 가능성이 더 높으며(Haney & Lynch, 1997), 출소 후 재범률도 더 높다(Lovell, Johnson, & Cain, 2007). 더욱이 개인이 독방에 오래 감금될수록 정신건강은 더 악화된다(Grassian & Friedman, 1986). 이런 정신건강에 대한 부정적 영향은 고립이 얼마나 오래 지속될 것인지 모른 채 감금될 때 더 악화된다(Toch, 1992). 독방 감금이 정신건강에 미치는 부정적 영향에 대한 이러한 결과들은 만성적 배척의 결과에 대한 Williams(2009)의 가설을 지지하며, 만성적 배척에 직면한 개인들이 종종 배척이 얼마나 지속될지 모른다는 사실을 고려하게 한다(Williams, 2001). 독방 감금의 영향에 관한 연구와 만성적 배척에 관한 연구는 본질적으로 상관연구이기 때문에 동일한 문제를 공유한다. 그럼에도 연구자들은 독방 수감자가 일반 수감실로 다시 돌아갔을 때, 그리고 결국 석방되어 사회에 복귀하였을 때 예측되는 정신건강 증진 패턴에 대해 탐색해야 한다.

만성적 배척에 대한 개입

만성적 배척은 유해한 결과를 가져오기 때문에 체념 단계에 있는 사람들에게 가능한 개입에 대해서도 연구가 필요하다. 이런 사람들에 대한 개입을 직접 다룬 연구는 없지만 유익한 개입방법을 제안하는 연구들은 있다. 최근 연구에서는 아세트아미노펜을 정기적으로 복용하는 사람들은 실험실 장면에서 배척의 부정적 효과가 경감되는 경험을 한다는 것을 보여 주었다(DeWall, MacDonald, et al., 2010a). 다른 연구에서는 옥시토신 (oxytocin, 사회적 친화 호르몬)이 초원 들쥐에게 있어 고립의 유해한 영향을 감소시킬 수 있음을 제안하였다(Grippo, Trahanas, Zimmerman, Porges, & Carter, 2009). 이 연구들은 생화학적 개입이 만성적 배척에 대처하는 데 도움이 될 수 있음을 시사하였다.

생화학적 치료법을 적용할 수 없는 실제적인 또는 윤리적인 이유가 있다면, 만성적 배척에 대한 다른 개입방법을 고려해 볼 수 있다. 긍정적인 사회적 관계나 심지어 상징적인 관계(예: 준사회적 관계)를 떠올리는 것만으로도 배척의 유해한 영향으로부터 회복되는 데 도움이 될 수 있음을 보여 주는 선행 연구들(Gardner, Pickett, & Knowles, 2005; McConnell, Brown, Shoda, Stayton, & Martin, 2011; Twenge et al., 2007)이 있다. 또한 다른 연구들에서는 종교적·영적 신념도 배척에 의해 좌절된 욕구를 만족시키는 데 도움이 될 수 있다고 제안하였다(Aydin, Fischer, & Frey, 2010; Epley, Akalis, Waytz, & Cacioppo, 2008; Wesselmann & Williams, 2010). 주의할 점은 개입으로서의 종교/영성은 이미 이런 신념을 가진 사람들과 그들의 신이 포용적이라는 신념을 유지하고 있는 사람들에게만 유용할 것이라는 점이다(van Beest & Williams, 2011). 더욱이 종교/영성이 만성적으로 배척된 개인들에게 주는 위안은 사이비 종교나 의심쩍은 조직들에 의해 악용될 소지도 있다(Wesselmann & Williams, 2010).

마지막으로, 소셜 네트워킹 미디어가 만성적 배척에 대한 개입방법을 개발하는 데 활용될 잠재력이 있다. 연구에 따르면, 소셜 네트워킹 웹사이트나 이메일, 그 외 다른 형태의 전자기반 커뮤니케이션 매체들은 시공간을 초월하여 의미 있는 인간관계를 형성할 수 있는 기회를 제공해 준다(Bargh & McKenna, 2004; McKenna & Bargh, 1999). 또한 이런 매체들은 사람들에게 낙인, 사회적 불안, 외로움 또는 사회적 기술 부족과 같이 면대면 상호작용을 방해하는 장애물을 극복할 수 있는 기회를 제공해 준다(McKenna & Bargh, 1998, 1999; Peter, Valkenburg & Schouten, 2005; Reid & Reid, 2007; Sheeks & Birchmeier, 2007). 삶의 다른 측면에서 만성적 배척을 경험한 사람들이 그들의 위협 받은 욕구를 충족하기 위해 이러한 매체를 통한 관계를 추구해 나갈 수 있다. 이 접근이 잠재적으로 문제가 될 수 있는 점은 만성적으로 배척된 개인들이 이런 매체에서 또 배척을 경험할 수 있고, 그로 인해 문제를 더 악화시킬 수도 있다는 점이다(Wesselmann & Williams, 2011).

"혼자 있고 싶어요": 자기배척/홀로 있음

Greta Garbo가 자주 인용했던 것처럼, 사람들은 한 번씩 혼자 있고 싶어 한다. 사람들은 언제 자기 자신을 사회적 상황에서 배척시키기로 선택하는가? 혼자 있거나 다른 이들로부터 자신을 고립시키고 홀로 있기로 선택한 사람들도 무시 당하거나 배제된 느낌을 경험하는가? 아니면 이런 상황에서는 배척의 부정적 영향이 무효화되는가? 더욱이 다른 사람들과 너무 많이 함께하는 것이 싫어서 자기배척이 매력적인 대안이 되는 상황들이 존재하는가?

혼자 있고 싶어 하는 이유 중 하나는 예상되는 배척이나 거부를 미연에 막기 위해서다. 사실 거부민감성(Downey & Feldman, 1996)을 정의하는 특징 중 하나는 더 큰 거부에 대한 두려움 때문에 사회적 상황을 회피하는 것이다. 방어적 배척(Williams, 1997, 2009)은 타인이 배척하는 것에 대한 선제공격으로서 다른 사람을 배척할 때 일어난다. 물론 이러한 자기배척(self-ostracism)의 동기는 개인을 분리와 배제라는 소용돌이에 밀어 넣고 체념 단계로의 전환을 가속화시킬 수 있다. 하지만 이러한 형태의 회피가 항상 비합리적이거나 비생산적인 것은 아니다. 사람들은 사회적 상호작용이 불쾌할 것이라고 예상될 때, 사회적 상호작용보다는 고독을 선택하기 때문에(Fox, 1980) 불쾌한 상호작용 속에 있는 것보다는 더 행복하고 스트레스를 덜 경험할 수 있다. 자기배척이 기능적일지 역기능적일지의 여부는 개인이 불쾌함의 가능성을 정확하게 평가하느냐, 아니면 거부나 불쾌함을 과잉기대 하느냐에 따라 결정될 것으로 보인다.

그러나 고독을 추구하는 보다 더 적응적이고 건강한 경우는 그것이 유익한 사색적 혹은 영적 사고나 행동의 기회를 제공하며 창조적 노력을 촉진하기 때문에 개인이 혼자 있기로 선택하는 경우다(Long & Averill, 2003; 이 책의 6장 참조). Henry David Thoreau는 저서에서 "나는 고독만큼 다정한 벗을 본 적이 없다"고 하였다(1983, p. 180). 고독의 동기에 대한 대부분의 연구는 어린 아동들을 대상으로 수행되었고, 어떤 동기들은 그 순간 단순히 사교에 무관심한 것과 관련이 있고, 또 다른 동기들은 수줍음과 부정적인 사회적 상호작용에 대한 두려움과 관련되어 있다는 것을 발견하였다(Bowker & Raja, 2011; Coplan & Armer, 2007; Coplan, Prakash, O'Neil, & Armer, 2004; Galanaki, 2004).

최근에 우리는 대학생들이 고독을 선택하는 동기에 대해 조사하였다. 176명의 학부생에게 사람들이 언제 혼자 있고 싶어 하는지(즉, 직접적으로 또는 휴대전화나 인터넷과 같은 전자 매체를 통해 다른 이들과 사회적으로 접촉이 없음) 생각할 수 있는 만큼 많이 적어 보라고 요청하였다. 조사 참여자들은 955개의 서로 다른 상황을 작성했고, 우리는 그들의 응답에서 나타나는 양상을 기반으로 범주를 만들었다(〈표 13-1〉 참조).

〈표 13-1〉 고독을 추구하는 상황에 대한 조사

범주	총 빈도	하위범주	빈도
부정적 사건이 생겼을 때	272	가족/친구의 죽음	73
		중요한 타자와의 부정적 사건	52
		문제/나쁜 소식	45
		좌절	39
		즐겁지 않은 사회적 상호작용 회피	28
		대인관계 갈등	26
		외로움	6
		기타	3
정신집중	206	공부/일/집중	106
		깊은 사색	62
		종교 관련(예: 기도)	38
감정	194	우울	100
		불안	39
		분노	33
		짜증	7
		기타 부정적 감정들(예: 죄책감, 후회)	10
		누군가에 대한 그리움/향수	4
		행복	1
개인적인 시간	88	소진	34
		'혼자만의 시간'	25
		이완	22
		과도한 사회적 접촉	7
사생활	81	수면	46
		사적인 행위들(예: 개인적인 치장, 비밀스러운 행위들)	31
		불법적 활동들	4
활동	73	여흥(예: 영화, 음악, 취미)	41
		운동	21
		여행	5
		식사	3
		드라이브	2
		쇼핑	1
질병/아픔	36		
기질적 선호	5		

가장 일반적인 범주의 원인들은 **부정적인 사건**이었으며, **정신집중에 관련된 활동과 감정들**(주로 부정적인)이었다. 이 데이터는 사회적 상호작용이 불쾌할 것으로 예상될 때 고독을 바랄 수 있다는 생각(Coplan et al., 2004; Fox, 1980)을 지지해 주며, 불쾌한 사회적 상호작용의 발생 또한 고독에 대한 바람을 증가시킬 수 있음을 보여 준다. 이 데이터는 개인이 사색적인 행동과 관련하여 고독을 추구할 수도 있음을 보여 주지만(Long & Averill, 2003), 참여자들이 작성한 대부분의 이유는 부정적인 사회적 상호작용이나 감정과 관련이 있다는 것을 보여 준다.

이러한 연구 문제들은 만성적 배척에 대해 흥미로운 시사점을 제공한다. 어떤 사람들은 장기간의 자기배척을 능동적으로 선택하고, 적어도 일화적으로라도 이론적으로 설명되는 만성적 배척의 부정적 결과를 경험하지 않는다. 이런 선택을 한 사람들을 대체로 은둔자(hermits)라고 부른다. 고독 속에서 생활하고 사회적 상호작용을 피하는 것을 선택한 사람들로 정의되는 은둔자에 대한 심리학적 연구는 거의 없는 실정이다(Hodgetts et al., 2010). 극소수의 연구들에서는 이런 사람들이 간혹 상처가 된 이전의 사회적 경험으로 인해 사회적 연결을 적극적으로 회피하기로 선택한다는 것을 보여 준다(Jones, 2006; Paul, 2011). 이런 사람들은 종교적 활동이나 준사회적 관계를 통해 위안을 찾는 것으로 자주 보고된다(Conley, 1994; Hodgetts et al., 2010; Paul, 2011). 이런 활동들이 갖는 심리학적 함의에 대한 체계적인 연구는 아직 없었다. 따라서 이런 사람들이 전형적인 사회적 상호작용을 대신하기 위해 활용하는 활동들이 심리적 욕구를 실제로 만족시키는지, 아니면 사람들의 편향된 지각에 불과한 것인지는 확인하기 어렵다. 그럼에도 불구하고, 만성적 배척의 효과에 대한 잠재적인 경계 조건을 탐색하며 아직 연구되지 않은 집단의 심리를 탐색하는 것은 풍성한 연구거리를 제공하는 영역이다.

요약

무시되고 배제됨을 의미하는 배척은 대부분의 사람이 가벼운 형태로 매일 또는 적어도 일생에 한 번 이상은 의미 있는 방식으로 견뎌내야 하는 고통스러운 사건이다. 사람들은 배척에 대해 **반사적인 반응**을 하는데, 이러한 반응은 사회적 고통 및 소속, 통제, 자존감 그리고 의미 있는 실존 같은 기본적인 욕구에 대한 즉각적 고통과 위협을 특징으로 한다. 그 후 배척된 사람들은 배척 일화에 대한 귀인과 판단을 특징으로 하는 **반영단계**로 들어가는데, 이 단계에서 개인은 기본욕구의 만족을 회복하려고 시도한다. 사람들의 회복 시도가 만성적인 배척에 의해 지속적으로 좌절되고 있음을 알게 되면 **체념단계**로 들어간다. 실증연구들은 처음 두 단계에 초점을 맞추어 온 반면, 체념단계에 대해서는 심층면접을 통한 연구를 제외하고는 대부분 연구되지 않은 채로 남아 있다. 이 장의 궁극적인 목적은 배척 연구, 특히 체념 단계에 대한 연구의 향후 방향을 제시하는 것이었다. 우리는 이 영역에서 후속 연구를 위한 몇몇 가능성 있는 연구 방법들을 제안하였다. 또한 우리는 사람들이 종종 사회적 상황으로부터 철수하기로 선택한다는 점(자기배척의 한 형태)을 인정한다. 우리는 어떤 사람들은 부정적 사회적 상호작용으로부터 방어하기 위해 이렇게 하는 반면, 다른 사람들은 자기성찰과 자기발견, 즉 강점과 회복력을 강화시키는 개인 내적 과정을 위해 고독을 선택한다고 제안한다. 우리는 자기배척의 이러한 동기들을 지지하는 탐색적 질적 자료들을 제시하며, 후속 연구에 대해 제언한다.

참고문헌

Arrigo, B. A., & Bullock, J. (2008). The psychological effects of solitary confinement on prisoners in supermax units: Reviewing what we know and recommending what should change. *International Journal of Offender Therapy and Comparative Criminology, 52,* 622-640.

Aydin, N., Fischer, P., & Frey, D. (2010). Turing to God in the face of ostracism: Effects of social exclusion on religiousness. *Personality and Social Psychology Bulletin, 36,* 742-753.

Bargh, J. A., & McKenna, K. Y. A. (2004). The Internet and social life. *Annual Review of Psychology, 55*, 573-590.

Bastian, B., & Haslam, N. (2010). Excluded from humanity: The dehumanizing effects of social ostracism. *Journal of Experimental Social Psychology, 46*, 107-113.

Baumeister, R. F., DeWall, C. N., Ciarocco, N. J., & Twenge, J. M. (2005). Social exclusion impairs self-regulation. *Journal of Personality and Social Psychology, 88*, 589-604.

Baumeister, R. F., Twenge, J. M., & Nuss, C. K. (2002). Effects of social exclusion on cognitive processes: Anticipated aloneness reduces intelligent thought. *Journal of Personality and Social Psychology, 83*, 817-827.

van Beest, I., & Williams, K. D. (2006). When inclusion costs and ostracism pays, ostracism still hurts. *Journal of Personality and Social Psychology, 91*, 918-928.

van Beest, I., & Williams, K. D. (2011). "Why hast thou forsaken me?": The effects of thinking about being ostracized by God on well-being and prosocial behavior. *Social Psychology and Personality Science, 2*, 379-386.

van Beest, I., Williams, K. D., & van Dijk, E. (2011). Cyberbomb: Effects of being ostracized from a death game. *Group Processes and Intergroup Relations, 14*, 581-596.

Bernstein, M. J., Sacco, D. F., Brown, C. M., Young, S. G., & Claypool, H. M. (2010). A preference for genuine smiles following social exclusion. *Journal of Experimental Social Psychology, 46*, 196-199.

Bernstein, M. J., Young, S. G., Brown, C. M., Sacco, D. F., & Claypool, H. (2008). Adaptive responses to social exclusion: Social rejection improves detection of real and fake smiles. *Psychological Science, 19*, 981-983.

Boehm, C. (1999). *Hierarchy in the forest: The evolution of egalitarian behaviour.* Cambridge, MA: Harvard University Press.

Bowker, J. C., & Raja, R. (2011). Social withdrawal subtypes during early adolescence in India. *Journal of Abnormal Child Psychology, 39*, 201-212.

Boyes, M. E., & French, D. J. (2009). Having a Cyberball: Using a ball-throwing game as an experimental social stressor to examine the relationship between neuroticism and coping. *Personality and Individual Differences, 47*, 396-401.

Buckley, K. E., Winkel, R. E., & Leary, M. R. (2004). Reactions to acceptance and rejection: Effects of level and sequence of relational evaluation. *Journal of Experimental Social Psychology, 40*, 14-28.

Carter-Sowell, A. R. (2010). *Salting a wound, building a callous, or throwing in the towel? The measurement and effects of chronic ostracism experiences.* Unpublished doctoral dissertation, Purdue University, West Lafayette, IN.

Carter-Sowell, A. R., Chen, Z., & Williams, K. D. (2008). Ostracism increases social susceptibility. *Social Influence, 3*, 143-153.

Chen, Z., & Williams, K. D. (2012). Imagined future social pain hurts more now than imagined future physical pain. *European Journal of Social Psychology, 42*, 314-317.

Chen, Z., Williams, K. D., Fitness, J., & Newton, N. C. (2008). When hurt won't heal: Exploring the capacity to relive social pain. *Psychological Science, 19*, 789-795.

Conley, C. (1994). *Idaho loners: Hermits, solitaries, and individualists.* Cambridge, ID: Backeddy Books.

Coplan, R. J., & Armer, M. (2007). A 'multitude' of solitude: A closer look at social withdrawal and nonsocial play in early childhood. *Child Development Perspectives, 1*, 26-32.

Coplan, R. J., Prakash, K., O'Neil, K., & Armer, M. (2004). Do you 'want' to play? Distinguishing between conflicted shyness and social disinterest in early childhood. *Developmental Psychology, 40*, 244-258.

DeWall, C. N., MacDonald, G., Webster, G. D., Masten, C., Baumeister, R. F., Powell, C., et al. (2010a). Acetaminophen reduces social pain: Behavioral and neural evidence. *Psychological Science, 21*, 931-937.

DeWall, C. N., Twenge, J. M., Bushman, B., Im, C., & Williams, K. D. (2010b). A little acceptance goes a long way: Applying social impact theory to the rejection-aggression link. *Social Psychological and Personality Science, 1*, 168-174.

Dickerson, S. S., & Kemeny, M. E. (2004). Acute stressors and cortisol responses: A theoretical integration and synthesis of laboratory research. *Psychological Bulletin, 130*, 355-391.

Downey, G., & Feldman, S. I. (1996). Implications for rejection sensitivity for intimate relationships. *Journal of Personality and Social Psychology, 70*, 1327-1343.

Eisenberger, N. I., Lieberman, M. D., & Williams, K. D. (2003). Does rejection hurt? An fMRI study of social exclusion. *Science, 302*, 290-292.

Epley, N., Akalis, S., Waytz, A., & Cacioppo, J. T. (2008). Creating social connection through inferential reproduction: Loneliness and perceived agency in gadgets, gods, and greyhounds. *Psychological Science, 19*, 114-120.

Farina, A. (2000). The few gains and many losses for those stigmatized by psychiatric disorders. In J. H. Harvey & E. D. Miller (Eds.), *Loss and trauma: General and close relationship perspectives* (pp. 183-207). Philadelphia: Brunner-Routledge.

Feldman, D. B., & Crandall, C. S. (2007). Dimensions of mental illness stigma: What about mental illness causes social rejection? *Journal of Social and Clinical Psychology, 26*, 137-154.

Fox, S. (1980). Situational determinants in affiliation. *European Journal of Social Psychology, 10*, 303-307.

Galanaki, E. (2004). Are children able to distinguish among the concepts of aloneness, loneliness, and solitude? *International Journal of Behavioral Development, 28*, 435-443.

Gardner, W., Pickett, C. L., & Brewer, M. B. (2000). Social exclusion and selective memory: How the need to belong influences memory for social events. *Personality and Social Psychology Bulletin, 26*, 486-496.

Gardner, W., Pickett, C. L., & Knowles, M. (2005). Social snacking and shielding: Using social symbols, selves, and surrogates in the service of belonging needs. In K. D. Williams, J. P. Forgas, & W. von Hippel (Eds.), *The social outcast: Ostracism, social exclusion, rejection, and bullying* (pp. 227-242). New York: Psychology Press.

Goffman, E. (1961). *Asylums: Essays on the social situation of mental patients and other inmates.* Garden City, NY: Anchor Books.

Gonsalkorale, K., & Williams, K. D. (2007). The KKK won't let me play: Ostracism even by a despised outgroup hurts. *European Journal of Social Psychology, 37*, 1176-1186.

Goodall, J. (1986). Social rejection, exclusion, and shunning among the Gombe chimpanzees. *Ethology and Sociobiology, 7*, 227-236.

Goodwin, S. A., Williams, K. D., & Carter-Sowell, A. R. (2010). The psychological sting of stigma: The costs of attributing ostracism to racism. *Journal of Experimental Social Psychology, 46*, 612-618.

Grassian, S., & Friedman, N. (1986). Effects of sensory deprivation in psychiatric seclusion and solitary confinement. *International Journal of Law and Psychiatry, 8*, 49-65.

Grippo, A. J. (2009). Mechanisms underlying altered mood and cardiovascular dysfunction: The value of neurobiological and behavioral research with animal models. *Neuroscience and Biobehavioral Reviews, 33*, 171-180.

Grippo, A. J., Cushing, B. S., & Carter, C. S. (2007). Depression-like behavior and stressorinduced neuroendocrine activation in female prairie voles exposed to chronic social isolation. *Psychosomatic Medicine, 69*, 149-157.

Grippo, A. J., Trahanas, D. M., Zimmerman II, R. R., Porges, S. W., & Carter, C. S. (2009). Oxytocin protects against negative behavioral and autonomic consequences of long-term social isolation. *Psychoneuroendocrinology, 34*, 1542-1553.

Grippo, A. J., Wu, K. D., Hassan, I., & Carter, C. S. (2008). Social isolation in prairie voles induces behaviors relevant to negative affect: Toward the development of a rodent model focused on co-occurring depression and anxiety. *Depression and Anxiety, 25*, E17-E26.

Gruter, M., & Masters, R. D. (Eds.). (1986). Ostracism: A social and biological phenomenon. *Ethology and Sociobiology, 7*, 149-395.

Gunnar, M. R., Sebanc, A. M., Tout, K., Donzella, B., & van Dulmen, M. M. H. (2003). Peer rejection, temperament, and cortisol activity in preschoolers. *Developmental Psychology, 43*, 346-368.

Haney, C. (2003). Mental health issues in long-term solitary and 'supermax' confinement. *Crime & Delinquency, 49*, 124-156.

Haney, C., & Lynch, M. (1997). Regulating prisons of the future: A psychological analysis of supermax and solitary confinement. *New York University Review of Law and Social Change, 23*, 477-570.

Hawkley, L. C., Williams, K. D., & Cacioppo, J. T. (2011). Responses to ostracism across adulthood. *Social Cognitive and Affective Neuroscience, 6*, 234-243.

Hodgetts, D. J., Stolte, O., Chamberlain, K., Radley, A., Groot, S., & Nikora., L. W. (2010). The mobile hermit and the city: Considering links between places, objects, and identities in social psychological research on homelessness. *British Journal of Social Psychology, 49*, 285-303.

Hulme, T. (2000). *Societies ostracized: The homeless.* Unpublished honors thesis, Macquarie University, Sydney.

Jones, M. (2006, January 15). *Shutting themselves in. The New York Times.* Section 6, pp. 46-51.

Josephs, R. A., Telch, M. J., Hixon, J. G., Evans, J. J., Lee, H., Knopik, et al. (2012). Genetic and hormonal sensitivity to threat: Testing a serotonin transporter genotype × testosterone interaction. *Psychoneuroendocrinology, 37*, 752-761.

Kerr, N. L., & Levine, J. M. (2008). The detection of social exclusion: Evolution and beyond. *Group Dynamics: Theory, Research, and Practice, 12*, 39-52.

Kurzban, R., & Leary, M. R. (2001). Evolutionary origins of stigmatization: The functions of social exclusion. *Psychological Bulletin, 127*, 187-208.

Lakin, J. L., & Chartrand, T. L. (2005). Exclusion and nonconscious behavioral mimicry. In K. D. Williams, J. P. Forgas, & W. von Hippel (Eds.), *The Social outcast: Ostracism, social exclusion, rejection, and bullying* (pp. 279-295). New York: Psychology Press.

Lakin, J. L., Chartrand, T. L., & Arkin, R. M. (2008). I am too just like you: Nonconscious mimicry as an automatic behavioral response to social exclusion. *Psychological Science, 19*, 816-822.

Leary, M. R., Tambor, E. S., Terdal, S. K., & Downs, D. L. (1995). Self-esteem as an interpersonal monitor: The sociometer hypothesis. *Journal of Personality and Social Psychology, 68*, 518-530.

Leary, M. R., Twegne, J. M., & Quinlivan, E. (2006). Interpersonal rejection as a determinant of anger and aggression. *Personality and Social Psychology Review, 10*, 111–132.

Long, C., & Averill. J. (2003). Solitude: An exploration of the benefits of being alone. *Journal for the Theory of Social Behavior, 33*, 21–44.

Lovell, D., Johnson, L., & Cain, K. C. (2007). Recidivism of supermax prisoners in Washington state. *Crime & Delinquency, 53*, 633–656.

Maner, J. K., DeWall, C. N., Baumeister, R. F., & Schaller, M. (2007). Does social exclusion motivate interpersonal reconnection? Resolving the "porcupine problem." *Journal of Personality and Social Psychology, 92*, 42–55.

Masten, C. L., Eisenberger, N. I., Pfeifer, J. H., & Dapretto, M. (2010). Witnessing peer rejection during early adolescence: Neural correlates of empathy for experiences of social exclusion. *Social Neuroscience, 5*, 496–507.

McConnell, A. R., Brown, C. M., Shoda, M. T., Stayton, L. E., & Martin, C. E. (2011). Friends with benefits: On the positive consequences of pet ownership. *Journal of Personality and Social Psychology, 101*, 1239–1252.

McKenna, K. Y. A., & Bargh, J. A. (1998). Coming out in the age of the Internet: Identity "demarginalization" through virtual group participation. *Journal of Personality and Social Psychology, 75*, 681–694.

McKenna, K. Y. A., & Bargh, J. A. (1999). Causes and consequences of social interaction on the Internet: A conceptual framework. *Media Psychology, 1*, 249–269.

Molden, D. C., Lucas, G. M., Gardner, W. L., Dean, K., & Knowles, M. L. (2009). Motivations for prevention or promotion following social exclusion: Being rejected versus being ignored. *Journal of Personality and Social Psychology, 96*, 415–431.

Moor, B. G., Crone, E. A., & van der Molen, M. W. (2010). The heartbreak of social rejection: Heart rate deceleration in response to unexpected peer rejection. *Psychological Science, 21*, 1326–1333.

Nezlek, J. B., Wesselmann, E. D., Wheeler, L., & Williams, K. D. (2012). Ostracism in everyday life. *Group Dynamics: Theory, Research, and Practice, 16*, 91–104.

Oaten, M., Williams, K. D., Jones, A., & Zadro, L. (2008). The effects of ostracism on self–

regulation in the socially anxious. *Journal of Social and Clinical Psychology, 27*, 471-504.

Onoda, K., Okamaoto, Y., Nakashima, K., Nittono, H., Yoshimura, S., Yamawaki, S., et al. (2010). Does low self-esteem enhance social pain? The relationship between trait self-esteem and anterior cingulate cortex activation induced by ostracism. *Social Cognitive and Affective Neuroscience, 5*, 385-391.

Ouwerkerk, J. W., Kerr, N. L., Gallucci, M., & Van Lange, P. A. M. (2005). Avoiding the social death penalty: Ostracism and cooperation in social dilemmas. In K. D. Williams, J. P. Forgas, & W. von Hippel (Eds.), *The social outcast: Ostracism, social exclusion, rejection, and bullying* (pp. 321-332). New York: Psychology Press.

Paul, R. A. (2011). Solitude in Buddhism and psychoanalysis: The case of the great Tibetan yogi Milarepa. *American Imago, 68*, 297-319.

Peter, J., Valkenburg, P. M., & Schouten, A. P. (2005). Developing a model of adolescent friendship formation on the Internet. *CyberPsychology & Behavior, 8*, 423-430.

Pickett, C. L., Gardner, W. L., & Knowles, M. (2004). Getting a cue: The need to belong and enhanced sensitivity to social cues. *Personality and Social Psychology Bulletin, 30*, 1095-1107.

Reid, D. J., & Reid, F. J. M. (2007). Text or talk? Social anxiety, loneliness, and divergent preferences for cell phone use. *CyberPsychology & Behavior, 10*, 424-435.

Riva, P., Wirth, J. H., & Williams, K. D. (2011). The consequences of pain: The social and physical pains overlap on psychological responses. *European Journal of Social Psychology, 41*, 681-687.

Sacco, D., Wirth, J. H., Hugenberg, K., Chen, Z., & Williams, K. D. (2011). The world in black and white: Ostracism enhances the categorical perception of social information. *Journal of Experimental Psychology, 47*, 836-842.

Saylor, C. F., Nida, S. A., Williams, K. D., Taylor, L. A., Smyth, W., Twyman, K. A., et al. (2012). Bullying and Ostracism Screening Scales (BOSS): Development and applications. *Children's Health Care, 41*, 322-343.

Sheeks, M. S., & Birchmeier, Z. P. (2007). Shyness, sociability, and the use of computer mediated communication in relationship development. *CyberPsychology & Behavior, 10,* 64-70.

Smart Richman, L., & Leary, M. R. (2009). Reactions to discrimination, stigmatization, ostracism, and other forms of interpersonal rejection: A multimotive model. *Psychological Review, 116,* 365-383.

Smith, A., & Williams, K. D. (2004). R U There? Effects of ostracism by cell phone messages. *Group Dynamics: Theory, Research, and Practice, 8,* 291-301.

Smith, P. (2008). 'Degenerate criminals': Mental health and psychiatric studies of Danish prisoners in solitary confinement, 1870-1920. *Criminal Justice & Behavior, 35,* 1048-1064.

Thoreau, H. D. (1983). *Walden and civil disobedience.* East Rutherford, NJ: Oxford University Press.

Toch, H. (1992). *Mosaic of despair: Human breakdowns in prison* (Rev. ed.). Washington, DC: American Psychological Association.

Twenge, J. M., Baumeister, R. F., Tice, D. M., & Stucke, T. S. (2001). If you can't join them, beat them: Effects of social exclusion on aggressive behavior. *Journal of Personality and Social Psychology, 81,* 1058-1069.

Twenge, J. M., Zhang, L., Catanese, K. R., Dolan-Pascoe, B., Lyche, L. R., & Baumeister, R. F. (2007). Replenishing connectedness: Reminders of social activity reduce aggression after social exclusion. *British Journal of Social Psychology, 46,* 205-224.

Warburton, W. A., Williams, K. D., & Cairns, D. R. (2006). When ostracism leads to aggression: The moderating effects of control deprivation. *Journal of Experimental Social Psychology, 42,* 213-220.

Wesselmann, E. D. (2011). *Rehabilitation and protection: Beneficial uses of ostracism in groups.* Unpublished doctoral dissertation, Purdue University, West Lafayette, IN.

Wesselmann, E. D., Bagg, D., & Williams, K. D. (2009). "I feel your pain": The effects of observing ostracism on the ostracism detection system. *Journal of Experimental Social Psychology, 45,* 1308-1311.

Wesselmann, E. D., Butler, F. A., Williams, K. D., & Pickett, C. L. (2010). Adding injury to insult: Unexpected rejection leads to more aggressive responses. *Aggressive Behavior, 36*, 232-237.

Wesselmann, E. D., Cardoso, F. D., Slater, S., & Williams, K. D. (2012). "To be looked at as though air": Civil attention matters. *Psychological Science, 23*, 166-168.

Wesselmann, E. D., Nairne, J. S., & Williams, K. D. (2012). An evolutionary social psychological approach to studying the effects of ostracism. *Journal of Social, Evolutionary, and Cultural Psychology, 6*, 308-327.

Wesselmann, E. D., & Williams, K. D. (2010). The potential balm of religion and spirituality for recovering from ostracism. *Journal of Management, Spirituality, and Religion, 7*, 29-45.

Wesselmann, E. D., & Wiliams, K. D. (2011). Ostracism in cyberspace: Being ignored and excluded in electronic-based interactions. In Z. Birchmeier, B. Dietz-Uhler, & G. Stasser (Eds.), *Strategic uses of social technology* (pp. 127-144). New York: Cambridge University Press.

Wesselmann, E. D., Wirth, J. H., Pryor, J. B., Reeder, G. D., & Williams, K. D. (2013). When do we ostracize? Social Psychological and Personality Science. 4, 108-115.

Williams, K. D. (1997). Social ostracism. In R. M. Kowalski (Ed.), *Aversive interpersonal behaviors* (pp. 133-170). New York: Plenum Press.

Williams, K. D. (2001). *Ostracism: The power of silence*. New York: Guilford Press.

Williams, K. D. (2007). Ostracism. *Annual Review of Psychology, 58*, 425-452.

Williams, K. D. (2009). Ostracism: Effects of being excluded and ignored. In M. P. Zanna (Ed.), *Advances in experimental social psychology* (Vol. 41, pp. 275-314). New York: Academic Press.

Williams, K. D., Cheung, C. K. T., & Choi, W. (2000). Cyberostracism: Effects of being ignored over the Internet. *Journal of Personality and Social Psychology, 79*, 748-762.

Williams, K. D., Govan, C. L., Croker, V., Tynan, D., Cruickshank, M., & Lam, A. (2002). Investigations into differences between social and cyberostracism. *Group Dynamics: Theory, Research, and Practice, 6*, 65-77.

Williams, K. D., & Nida, S. A. (2011). Ostracism: Consequences and coping. *Current Directions in Psychological Science, 20*, 71-75.

Williams, K. D., & Sommer, K. L. (1997). Social ostracism by coworkers: Does rejection lead to social loafing or compensation. *Personality and Social Psychology Bulletin, 23*, 693-706.

Williams, K. D., & Wesselmann, E. D. (2010). The link between ostracism and aggression. In J. P. Forgas, A. W. Kruglanski, & K. D. Williams, (Eds.), *The psychology of social conflict and aggression*. New York: Psychology Press.

Williams, K. D., & Zadro, L. (2001). Ostracism: On being ignored, excluded and rejected. In M. R. Leary (Ed.), *Interpersonal rejection* (pp. 21-53). New York: Oxford University Press.

Wirth, J. H., Lynam, D. R., & Williams, K. D. (2010). When social pain is not automatic: Personality disorder traits buffer ostracism's immediate negative impact. *Journal of Research in Personality, 44*, 397-401.

Wirth, J. H., Sacco, D. F., Hugenberg, K., & Williams, K. D. (2010). Eye gaze as relational evaluation: Averted eye gaze leads to feelings of ostracism and relational devaluation. *Personality and Social Psychology Bulletin, 36*, 869-882.

Wirth, J. H., &Williams, K. D. (2009). "They don't like our kind": Consequences of being ostracized while possessing a group membership. *Group Processes and Intergroup Relations, 12*, 111-127.

Zadro, L., Boland, C., & Richardson, R. (2006). How long does it last? The persistence of the effects of ostracism in the socially anxious. *Journal of Experimental Social Psychology, 42*, 692-697.

Zadro, L, Williams, K. D., & Richardson, R. (2004). How low can you go? Ostracism by a computer is sufficient to lower self-reported levels of belonging, control, self-esteem, and meaningful existence. *Journal of Experimental Social Psychology, 40*, 560-567.

Zippelius, R. (1986). Exclusion and shunning as legal and social sanctions. *Ethology and Sociobiology, 7*, 159-166.

14

노인의 사회적 고립

Elaine Wethington & Karl Pillemer

사회과학에서 가장 오래된 연구 영역 중 하나는 사회적 조직이 갖는 근본적인 중요성과 가족 및 사회적 기관을 통한 사회와의 연결에 관한 것이다(Durkheim, 1897/1951). 사회적 연결의 느슨함 혹은 붕괴의 결과인 사회적 고립(social isolation)은 20세기 중반에 노년 연구의 초석을 놓은 문제 중 하나였다(Cumming & Henry, 1961; Rosow, 1967). 노년 연구의 바탕이 되는 한 가지 가정은 사람들이 나이가 들어감에 따라 사회적 고립에 특히 취약한 모습을 보이는데, 이는 사회적 및 신체적 노화와 관련하여 예상되는 사건들의 영향 때문이라는 것이다. 그러한 사건들에는 은퇴, 배우자의 죽음, 자녀의 독립뿐만 아니라 건강이 악화되고 장애가 생기고 의존적으로 되는 것을 포함한다. 또 다른 가정은 사회적 통합(다른 이들과 연결된 상태)이 노인들 사이에서뿐만 아니라(Rowe & Kahn, 1997) 전생애에 걸쳐 건강의 기본적인 결정 요인이라는 것이다(Berkman, Glass,

Brissette, & Seeman, 2000; House, Umberson, & Landis, 1988; Link & Phelan, 1995).

10여 년 전에 Pillemer와 Glasgow(2000)는 사회적 통합과 노화에 대한 연구들을 개관하면서 사회적 통합이 인생 후반기에서 중요한 주제이며 건강 및 안녕과 관련 있음에도 불구하고, 21세기에 살고 있는 대부분의 노인은 사회적 해체나 사회적 고립으로 위협 받지는 않을 것이라고 결론내렸다(p.41). 하지만 이들은 노인 인구 중에서 사회적 고립의 위험이 더 높은 하위집단이 있을 것이라고 예견했다. 이들 하위집단에는 사회적·경제적 자원이 거의 없는 집단뿐 아니라 미혼, 무자녀, 그리고 인구학적으로 소외된 집단들이 포함된다. Wethington, Moen, Glasgow와 Pillemer(2000)는 사회적 고립의 위험에 처해 있는 노인들을 식별하기 위하여 사회학의 생애과정 관점(Elder, Johnson, & Crosnoe, 2003)과 종단연구 설계를 적용해야 하며, 취약한 노인들의 사회적 고립을 예방하거나 경감시키기 위해 보다 이론에 바탕을 둔 경험적 개입의 발달이 필요하다고 주장하였다.

이후 10년 동안 사회적 참여(social engagement), 사회적 지지, 고독, 외로움과 같은 관련 개념뿐만 아니라, 사회적 통합과 사회적 고립에 대한 연구도 노인학에서 급증하였다(예: Krause, 2011). 노인 인구의 사회적 고립을 줄이기 위해 설계된 개입에 대한 요약적 개관 연구들이 다수 출간되었으며(Cattan, White, Bond, & Learmouth, 2005; Dickens, Richareds, Greaves, & Campbell, 2011; Findlay, 2003; Sabir et al., 2009), 전생애에 걸쳐 외로움을 예방하거나 경감하기 위한 개입들을 개관한 공식적인 메타분석 연구들 (Masi, Chen, Hawkley, & Cacioppo, 2011)도 발간되었다.

이러한 연구에 대한 관심이 증가한 것은 다음과 같은 몇 가지 요인 때문이다. 첫째는, 세계적인 노인 인구 비율의 증가 때문이고, 둘째는, 선진국에서 노인 인구를 돌볼 수 있는 젊은 성인의 수가 상대적으로 부족하기 때문이다. 셋째는, 사회적 네트워크가 더 적고(McPherson, Brashears, & Smith-Lovin, 2006), 결혼 가능성이 낮으며(Lin & Brown, 2012), 그리고 이전 세대보다 아이를 적게 낳은 베이비부머들(1946년과 1964년 사이에 출생)에 대한 우려 때문인데, 이들이 나이가 들었을 때에는 이전 세대의 노인들에 비해 가족의 지원을 덜 받게 될 것이므로 사회적 서비스에 더 의존하게 될 가능성이 높다

(Pillemer & Glasgow, 2000).

　건강에 대한 생애과정 관점(예: Herzman & Power, 2003) 및 사회정서적 선택성 이론 (Carstensen, 1992)과 같은 발달 이론에 기반을 둔 새로운 연구들은 노인의 사회적 고립의 위험을 예측하는 요인들에 점점 더 초점을 맞추어 왔다. 베이비부머들이 노년이 되었을 때 그들의 안녕에 대해 우려할 수밖에 없는 타당한 이유들이 있음에도 불구하고, 사회적 고립이 노년기의 불가피한 부분은 아니라는 이론적 및 실증적 합의가 있다.

　1960년대와 1970년대에 노인들의 전형적인 사회적 관계 및 사회적 관계 참여에 대한 선호와 관련하여 이론적 논쟁이 있었다. 여기에는 2가지 다른 의견이 제시됐다. 첫째는, 유리(disengagement; Cumming & Henry, 1961), 즉 성인들이 나이 들어가면서 사회적 역할과 관계로부터 자발적으로 거리를 두는 것이고, 둘째는, 사회적 관계의 지속 (continuity), 즉 건강과 유동성에서의 변화에도 불구하고 의미 있는 역할에 계속 참여하게 되는 것이다(Rosow, 1967). 이러한 논쟁은 두 번째 관점을 지지하는 실증적 연구들로 해결되었다. 대부분의 노인은 의미 있는 관계와 활동을 유지하기 위해 관계와 일에 적극적으로 참여한다(예: Krause, 2011; Pillemer & Glasgow, 2000). 사회적 활동과 생산적 역할에 참여하는 것은 Rowe와 Kahn(1997)이 제시한 성공적 노화를 위한 3가지 요소 중 하나다. 그들의 이론에 의하면, 사회적 고립 상태는 성공적인 노화이기보다는 성공적이지 않은 노화의 지표로 간주된다. 더욱이 사회적 관계의 유지는 일반적으로 건강과 안녕의 유지에 기여하는 요인이며 노인들에게 바람직한 것으로 여겨진다.

　21세기를 지나면서 가족구조에 변화가 있었지만, 가족 내 세대 간 관계는 그 거리가 멀리 떨어져 있다 해도 여전히 강력하고 중요하게 남아 있다. 대부분의 노인은 자녀와 손자녀의 삶에 관여하고 있으며(Pillemer & Suitor, 2008), 어느 세대이든 피차 돌봄에 대한 기대가 남아 있다. 따라서 인구학적 추세를 고려할 때 자녀와 손자녀들이 향후 노인들을 제대로 돌볼 수 있을지에 대한 우려는 여전히 남아 있을 수밖에 없지만, 가족의 유대가 약해지고 있다는 우려는 불식될 수 있을 것이다.

　이론과 연구의 발전에 따라 사회적 고립의 개념은 여러 구성요소로 구분되어 왔다. 연구자들은 객관적인 사회적 고립(즉, 사회적 유대와 참여의 부족)과 지각된 사회적 고립(단절된 느낌), 그리고 외로움의 상태를 구분하였다(Cornwell & Waite, 2009b). 사회적 고립과 외로움이 신체건강에 미치는 영향 또한 연구되었다(예: Luo, Hawkley, Waite, & Caioppo, 2012). 따라서 21세기의 두 번째 10년을 사는 연구자들은 이제 사회적 고립과 외로움이 어떤 부정적 영향을 미칠 수 있으며 어떤 노인들이 그러한 부정적 영향을 경험할 가능성이 큰지에 대해 보다 큰 확신을 갖고 예측할 수 있게 되었다. 또한 Carstensen의 사회정서적 선택 이론(Carstensen, 1992; Carstensen, Fung, & Charles, 2003)의 등장 또한 사회적 고립과 그 영향을 이해하는 데 도움을 주었다. Carstensen과 동료들은 사람들이 나이가 들어감에 따라 시간의 유한성을 자각하기 때문에 점점 더 이러한 요인의 영향을 받게 된다고 제안하였다. 이러한 자각으로 인해 그들은 사회적 및 정서적 이익을 최대화하고 위험을 최소화하게 된다. 그 결과, 그들은 가장 보상적인 사회적 유대를 선호하고 갈등적이고 방해가 되거나 신뢰할 수 없는 관계는 경시하면서 선택적으로 관계에 투자하고자 한다(Carstensen, 1992; Carstensen et al., 2003). 이런 이유로 사회적 관계의 단순한 감소는 부정적인 것이 아니라 더 보상적인 관계를 위한 선택적 투자의 지표일 수 있다.

이 장에서 우리는 먼저 인구 추세를 검토한 후, 노인학에서 제기되는 사회적 통합 및 사회적 고립의 측정과 이론적 문제에 대해 논의할 것이다. 이어 사회적 고립과 외로움의 유병률에 대한 연구결과들을 요약할 것이며, 사회적 고립, 외로움 및 건강에 대한 문헌에서 나타나는 새로운 연구결과들을 강조할 것이다. 끝으로, 현재 연구가 필요한 중요한 영역들을 포함하여 향후 연구 방향을 논의할 것이다.

인구 추세

21세기의 건강과 장수 혁명은 평균 수명의 증가(Vallin & Mesle, 2009)와 함께 몇몇 만성질환에 대해 의학적으로 보다 잘 통제(Crimmins & Beltrán-Sánchez, 2010)할 수 있게 되었다. 대부분의 사람은 이를 사회의 성공 스토리라고 규정할 것이다. 인습적인 은퇴 연령인 65세를 한참 넘긴 노년기에도 좋은 건강 상태와 경제적 독립을 전례 없이 기대할 수 있게 되었다는 점은 노년층에게 수많은 사회적 변화를 가져왔다. 한편, 2009년 미국에 거주하는 60세 이상 노년 인구 중에서 27%는 혼자 살고 있는 것으로 나타났다(U.S. Census Bureau, 2011). 또한 나이가 들수록 혼자 사는 노인의 비율은 높아지는 경향이 있는데, 이는 배우자를 잃을 가능성이 높아지기 때문이다. 최근 발표된 미국 지역사회 조사(American Community Survey) 자료에 따르면, 65~74세의 성인 중에서는 63%가 결혼한 상태이지만, 90~94세의 경우에는 단지 17.9%가 결혼한 상태로 나타났다(He & Muenchrath, 2011). 이와 같이, 많은 노인은 건강문제와 장애의 증가에도 불구하고 혼자 살고 있다. 특히, 90세 이상의 미국 성인 중 37.3%는 장애로 고통 받는 미국 인구의 실질적인 부분(80% 이상, 95세를 넘으면 90% 이상 증가)을 차지하고 있음에도 불구하고, 집안일을 직접 하면서 혼자 살고 있었다(He & Muenchrath, 2011).

혼자 사는 노인의 수는 기대와 우려를 동시에 가져온다. 세대 간 관계(Sechrist et al., 2012)나 거주지 이동 및 변화(Krout & Wethington, 2003)에 대한 연구 등 각기 다른 노인학 연구 분야에서 분명히 드러나는 점은 노인 인구의 다수가 독립을 선호하고 가능한 한 오랫동안 자신의 집에 머물기를 원한다는 것이다. 이러한 선호는 사생활에 대한, 그리고 친숙한 환경에서 살고자 하는 욕구에 기인할 뿐 아니라, 도시 지역에서의 편의시설 이용과 적절한 노화를 도울 수 있는 노인 소득이나 소득 지원의 증가, 가족 구성원의 원거리 지원 등 노인들이 생을 다하는 날까지 독립적으로 거주하는 것을 선호하게 하는 강력한 사회적 압력에도 기인한다(Klinenberg, 2005, 2012). 거주 공동체, 주택 관리 제품이나 서비스, 보조 및 기타 커뮤니케이션 기술 장비 등에 힘입어 이제 노인들은 앞선 세대의 노인들에 비해 더 오래 독립적으로 살 수 있게 되었다. 한편으로 현재의 노인들은 이전 세대에 비해 자녀의 수가 그리 많지 않을 뿐더러, 이와 같은 적은 수의 자녀들조차 맞벌이를 하느라 시간이 부족하다고 느끼며 바쁜 생활을 이어 나가는 경우가 많기 때문에 세대에 걸쳐 가구를 합치는 것은 더욱 어려워질 수 있다.

사회적 고립의 측정: 정의의 문제

사회적 고립에 대한 현존하는 연구들 중 많은 연구가 혼자 사는 것에 초점을 두고 있다(개관을 위해서는 Sabir et al., 2009 참조). 그러나 노인의 사회적 고립 분야를 연구하는 학자들은 오랫동안 혼자 사는 것이 분명히 고립의 위험 요소이기는 하지만 고립과 동일한 것은 아니라고 주장해 왔다(de Jong-Gierveld, 1987 참조). 여기서 중요한 질문은 노인이 혼자 살거나 다른 노인과 같이 사는 것이 미래의 건강을 위협하는 요인인가 하는 것이다. 몇 가지 중요한 제한 조건이 있기는 하지만, 이에 대한 최근 연구의 답변은 '아니오'다. 미국에서 혼자 또는 둘이서 늙어 가는 세대수가 증가하는 것이 많은 노인의 사회적 통합에 반드시 위협이 되는 것은 아니다.

많은 현존하는 문헌과 마찬가지로 우리는 사회적 통합(social integration)을 한 개인의 모든 관계 및 다른 사람들과의 모든 연결 전체를 의미하는 것으로 광범위하게 정의한다(Berkman et al., 2000; House et al., 1988; Pillemer, Moen, Wethington, & Glasgow, 2000). 그러므로 사회적 통합에는 사회적 역할과 집단에 대한 참여뿐 아니라 사회적 유대, 친구 관계 및 가족 관계의 수가 포함되는데, 이는 사회적 네트워크와 건강에 대한 연구들과 일치되는 견해다(예: Fiori, Antonucci & Cortina, 2006; Hessler, Jia, Madsen, & Pazaki, 1995). 우리는 사회적 고립을 가족, 친구, 이웃, 조직화된 집단 또는 지역사회 구성원과 제한적인 사회적 상호작용을 갖거나 상호작용이 전혀 없는 상태로 정의한다(Berg & Cassells, 1992).

사회적 통합과 사회적 고립을 평가하기 위해 연구에서 자주 사용되는 평가도구에는 Lubben 사회적 네트워크 척도(Lubben Social Network Scale; Lubben et al., 2006)와 Berkman-Syme 사회적 네트워크 척도(Social Network Scale; Berkman & Syme, 1979)가 있다. 이 두 척도는 가족, 이웃, 그리고 커뮤니티 등 중다 수준의 사회적 네트워크와의 상호작용과 접촉 빈도를 측정한다.

따라서 사회적 통합은 사회, 이웃, 그리고 커뮤니티 집단에 소속되어 있는 상태뿐 아니라 기능적인 사회적 지지(예: 정서적, 친화적, 도구적, 실질적 지지)를 받을 수 있는 가까운 관계들을 유지하고 있는 것도 포함한다. 이와 같은 사회적 통합을 노인의 관점에서 고려한다면, 우리 동네에 있는 내 집에서 노후를 보내는 것은 사회적 통합을 유지하고, 친구와 이웃들의 즉각적인 사회적 지지를 받을 수 있도록 확보하며, 사회적 고립을 예방하는 하나의 방식으로 이해될 수도 있다(Wiles, Leibing, Guberman, Reeve, & Allen, 2012). 많은 노인이 혼자 사는 것을 선호하고 있으며(Klinenberg, 2012; Wiles et al., 2012), 이렇게 혼자 사는 것은 개인이 가진 대처 자원을 넘어서는 위기가 발생하기 전까지는 개인의 안녕에 큰 영향을 미치지 않는다(Cloutier-Fisher, Kobayashi, Smith, 2011; Klinenberg, 2005).

연구자들은 가까운 지인이나 가족과 떨어져 사는 것을 사회적 고립이나 사회적 통합 결여의 위험 요인으로 가정하는 경향이 있으나, 사회적 관계에 대한 선행 연구들에서는 단순히 혼자 사는 것이 사회적 고립의 측정치로 사용되는 것은 적절하지 않다고 제안하고 있다. 또한 사회정서적 선택 이론(Carstensen, 1992; Carstensen et al., 2003)은 왜 혼자 사는 것이 합리적인 선택인가에 대해 설명한다. 뿐만 아니라, 노인의 사회적 네트워크에 관한 다른 이론적 및 실증적 연구들에서는 친구, 이웃, 그리고 다른 지역사회 구성원 등 보다 다양한 조합의 네트워크 유대가 있을수록 삶의 만족도나 삶의 질이 높음을 제안한다(Fiori et al., 2006; Thoits, 2011; Vallant, Meyer, Mukamal, & Soldz, 1998). 웰빙의 핵심 지표이자 스트레스 상황에서 완충 역할을 하는 지각된 사회적 지지에 대한 연구에 따르면, 지지 받은 느낌의 지각은 가까운 개인적 네트워크만 관련되는 것이 아니라 집 밖의 더 다양한 네트워크 유대와도 관련되어 있다(Thoits, 2011). 종합해 보면, 이와 같은 새로운 이론적 발전에 비추어 볼 때, 혼자 사는 것을 위험의 지표로 삼는 것은 노인들에게는 잘못 적용되는 것임을 알 수 있다.

사회적 통합의 다양한 측면을 보다 광범위하게 고려하는 방향으로 연구가 진행되면서 특별한 형태의 지각된 지지로 볼 수 있는 외로움, 즉 관계가 부족하다는 지각이 일반 인구나 노인 인구에서 점차 연구의 주제가 되고 있다(개관을 위해서는 이 책의 9장, 2권의 2장 참조). 외로움은 '다른 사람들로부터 분리되어 있다는 지각'(Biordi & Nicholson,

2008) 또는 '현존하는 사회적 관계 네트워크에서 사회화나 사회적 지지의 요구가 채워지지 않았다는 지각'(de Jong-Gieveld, 1987)으로 정의된다. 미국의 연구 문헌에서 표준에 가깝게 사용되고 있는 외로움 척도의 원형은 UCLA 외로움 척도(UCLA Loneliness Scale; Russell, 1996)로, 건강 및 은퇴 조사(National Institute of Aging, 2007)와 전국 건강 및 사회생활 조사(National Health and Social Life Survey)와 같은 대규모 모집단 연구(Health and Retirement Survey; Cornwell, Laumann, & Schumm, 2008)에서 이 척도의 전체 또는 세 문항 단축판(Hughes, Waite, Hawkley, & Cacioppo, 2004)이 사용되고 있다.

사회적 고립과 외로움은 얼마나 흔한가

노인들의 사회적 고립 및 외로움의 유병율을 추정하고 요약하는 일은 쉽지 않은데, 이는 이러한 변인들의 측정이 표준화되어 있지 않기 때문이다. 또한 사회적으로 고립되어 있거나 외로운 사람들을 만나기 어려운 경우가 많다는 점도 유병율 평가를 더욱 복잡하게 한다(Klinenberg, 2005). 최근 연구에서 나타난 주요 진전은 사회적 고립과 외로움의 지표가 현재 분리되어 측정되고 있다는 점이다. 그러나 이러한 발전에도 불구하고, 여전히 불완전하거나 표준화가 안 된 지표들을 사용하는 연구들이 발표되고 있으며, 사회적 고립의 경우에는 더욱 그러하다. 동일한 연구에서 측정했을 때, 사회적 고립을 측정하기 위해 사용된 요인들이 외로움과 완전하게 일치하지는 않더라도 외로움과 상당한 크기의 상관을 보인다는 점은 분명하다(Cornwell & Waite, 2009a, 2009b). 또한 사회적 고립과 외로움은 노인들, 특히 건강 문제에 가장 취약한 노인들 사이에서 우려를 유발하기에 충분할 만큼 흔하다는 점에 대해서도 동의하고 있다.

혼자 사는 것이 노인들의 사회적 고립의 주요 위험 요인임에도 불구하고, 혼자 사는 사람들 모두가 사회적으로 고립되어 있는 것은 아니라는 사실은 연구자들 사이에서 상당한 의견 일치를 보인다(Rokach, 2012). 전형적으로, 사회적 고립은 혼자 사는 것과 하나 이상의 다른 요인들이 결합되어 나타난다. 이러한 요인들에는 지리적 또는 지역사회 고립(Ortiz, 2011), 타인과의 상호작용 부족(Berkman & Syme, 1979), 집단 소속의 부족(Hessler et al., 1995), 시골 지역 거주(Perissinotto, Stojacic Cenzer, & Covinsky, 2012) 등이 있다. 이와 대조적으로, Cornwell과 Waite(2009b)는 앞서 제시한 것들과 같은 사회적 고립의 객관적 측정치들은 사회적 네트워크 크기, 사회적 네트워크 범위, 상호작용의 빈도, 가족의 규모, 친구 수, 집단 모임 참여, 가족 및 친구와의 사교, 자원봉사 활동 등과 같은 지표들과 함께 **사회적 단절**(social disconnectedness: 타인과의 접촉 결여)로 명명되어야 한다고 주장하였다. 그들은 **고립**이라는 단어를 **지각된 고립**에 국한하여 사용할 것을 권고하고 있는데, 여기에는 가족, 친구, 배우자에게 기댈 수 없거나 그들에게 자신을 개방할 수 없는 것, 함께하는 느낌의 부족, 고립감, 배제된 느낌 등이 포함된다.

이와 같은 측정방법의 다양성으로 인해 사회적 고립의 단일 유병율 추정치를 계산하는 것은 매우 어려운 일이다. Ortiz(2011)는 여러 가지 지표를 사용하여 65세 이상인 미국인의 17%가 '사회적 · 지리적으로 고립'되어 있다고 추정했다(p. 1). 사회적 고립의 유병율은 장애인들이나 집에만 있는 사람들과 같은 특정 인구에서는 더 높을 것으로 여겨진다. 예를 들어, Frongillo와 동료들(2010)은 가족 및 친구와의 사회적 상호작용 및 그들로부터의 지지 가용성을 나타내는 몇몇 지표를 사용하여 가정으로 식사를 배달시키는 뉴욕 사람들의 25%가 일상적으로 최소한의 사회적 접촉(2.1%가 오직 식사배달원과 접촉)만을 유지하는 사회적으로 매우 고립된 상태에 있는 것으로 분류될 수 있다고 하였다.

외로움은 흔히 상태(Wilson & Moulton, 2010), 경미한 수준에서 심각한 수준의 외로움을 포함하는 감정의 수준, 혹은 이 둘의 결합(Perissinotto et al., 2012)으로 보고된다. Perissinotto와 동료들은 건강 및 은퇴 조사(Health and Retirement Survey: HRS) 참여자의 43%가 비교적 경미한 외로움에서 심각한 정도의 외로움(외로움의 세 가지 증상 중 적어도 하나에 대해 거의 대부분으로 답함)을 느낀다는 점을 발견했다. HRS 표본을 사용한 이전의 다른 연구에서는 한 문항으로 외로움을 측정하였는데, 이보다 훨씬 낮은 19%의 유병율 추정치를 보고하였다(Theeke, 2009). 또한, 미국은퇴자협회(AARP)의 전국 규모 연구에서 Wilson과 Moulton(2010)은 45세 이상의 미국 성인의 35%가 외로움을 느낀다고 보고했다(UCLA 외로움 척도를 사용함). 직관적인 생각과는 달리, 이 조사에서 노인들이 중년 성인보다 낮은 비율의 외로움을 보고했다. 즉, 45~49세 성인의 43%가 외로운 것으로 분류된 반면, 70세 이상 성인 중에서는 단지 25%만이 외로운 것으로 분류되었다.

미국 전역의 성인집단을 대표하는 AARP 연구의 표본은 연구자가 제공한 컴퓨터를 사용해서 조사 질문에 응답하였는데, 이러한 경우에는 컴퓨터 테크놀로지를 사용하여 응답하는 것을 꺼려하는 지역사회 거주 노인들의 외로움이 과소 추정되었을 가능성도 있다. 그러나 다른 연구자들도 연령과 관련해서 이와 비슷한 결과를 보고했다(예: Hawthorne, 2008). Victor와 Yang(2012)에 따르면, 영국에서 거주하는 60세 이상 성인들의 7.4%가 '항상 또는 거의 대부분', 그리고 18.4%가 '때때로' 외롭다고 보고하였다(p. 95). Fokkema와 동료들(Fokkema, de Jong Gierveld, & Dykstra, 2012)은 지난 한 주간 많은 시간 외로움을 느꼈는지를 묻는 단일 문항(그렇다는 1점, 아니다는 0점)을 사용하여 유럽 14개국의 50세 이상 성인들의 자료를 비교하였다. 이 연구에서 외롭다고 보고한 비율은 6.3%에서 25.4%까지 분포하였다. 약간의 예외는 있었지만, 대체로 남유럽 및 동유럽 국가들이 상대적으로 높은 비율을 보이는 경향이 있었고, 이러한 양상은 이전 연구와도 일치되는 결과였다(Fokkema et al., 2012). 더욱이 Dykstra, van Tilburg 및 de Jong Gierveld(2005)는 노인들의 종단 표본에서 외로움은 시간의 흐름에 따라 증가한다는 것을 발견하였다.

요약하면, 연구들 간에 측정방법과 연령 집단이 다르기 때문에 유병율 추정치 또한 다양하게 나타난다. 그러나 비교적 낮은 추정치를 사용하더라도 사회적 고립과 외로움은 우려의 대상이 될 만큼 흔하다는 것을 보여 주며, 이는 노인의 외로움과 고립을 줄이기 위한 개입이 필요하다는 근거를 제공한다.

노년층 중에서 누가 사회적 고립과 외로움에 취약한가

매우 많은 연구가 인생 후기의 사회적 고립을 예견하는 요인들에 대해 다루고 있다. Pillemer와 Glasgow(2000)가 요약한 바에 따르면, 주요 위험 요인은 독거, 보다 적은 자녀 수, 이혼이나 다른 가족사로 인한 자녀들과의 교류 상실, 자녀로부터 멀리 떨어져 있는 삶, 배우자의 죽음, 좁은 사회적 네트워크, 지역사회나 자원봉사 활동 결여, 장애혹은 이동 문제, 시골 지역 거주, 낮은 대중교통 접근성, 다수의 만성적 건강 문제, 삶의 목적과 의미를 주었던 사회적 역할의 급작스런 혹은 점진적인 상실 등이다.

노년기 외로움에 대한 위험 요인들을 살펴보는 연구가 빠르게 발전하고 있다. Perissinotto와 동료들(2012)은 종단 자료를 활용해서 외로움을 보고한 참여자들은 연령이 보다 높고(71세 이상), 여자이면서, 사회경제적 지위가 낮고, 기능적 손상이 더 심하면서, 다수의 만성적 문제를 갖는다고 보고하였다. 또한 백인일 가능성이 더 적었다. 이런 요인들은 모두 사회적 고립의 위험 요인에 대한 선행 연구들에서 언급되었다 (예: Pillemer & Glasgow, 2000). 그러나 Perissinotto의 연구에서는 사회적 고립의 전형적인 지표 중 일부는 외로움과 크게 관련되지 않았다. 외로운 노인들은 혼자 살고 있을 가능성이 다소 높았지만, 외로움의 감정을 보고한 사람들의 대부분은 혼자 살고 있는 사람들이 아니었다(Perissinotto et al., 2012). 영국 표본에서 노인들 가운데 외로움을 보고하는 핵심 요인은 여성인 것, 현재 결혼한 상태가 아닌 것, 적은 세대 구성원 수, 낮은 교육 수준, 나쁜 건강 상태, 우울한 느낌, 일상 활동에 제약을 받는 것, 자주 사회적 활동을 하지 않는 것, 개인적 문제를 상의할 대상의 부재였다(Victor & Yang, 2012). Fokkema와 동료들은 노인의 외로움을 설명하는 개인적 수준의 핵심 요인은 배우자가 없음, 낮은 사회경제적 지위, 나쁜 건강 상태라고 보고하였다(Fokkema et al., 2012).

45세 이상의 미국 성인을 대상으로 실시한 전국 규모의 외로움 연구에서 Wilson과 Moulton(2010)은 독거노인의 세대 구성이나 비율, 독거와 외로운 느낌 간의 관계에 대해서는 보고하지 않았다. 그러나 그들은 기존의 다른 연구들과 일치하는 결과를 제시하고 있다. 적어도 기혼자는 미혼자에 비해서 외로울 가능성이 더 적었다. 수입이 적은 사람들은 더 외로운 경향이 있었으며, 외로운 사람들은 종교 활동, 자원봉사, 지역사회 활동에 참여하거나 취미를 보고할 가능성이 더 적었다. 외로운 것으로 분류된 사람들은 그들이 외롭다고 느낄 때 다른 사람들에게 다가가거나 상호작용 하기를 주저한다고 보고하였다. 그들은 또한 외롭다고 느낄 때, 잠을 자거나, TV를 시청하거나, 인터넷을 사용하고, 혼자 외출할 가능성이 더 높았다(Wilson & Moulton, 2010).

또 다른 건강 관련 위험 요인인 만성 통증은 사회적 통합을 저해하는 요인으로 점차 인정되고 있다. 특히 노인 인구에서 나타나는 통증은 무기력을 초래할 뿐 아니라 매우 보편적인 건강 문제다. 유병율 추정이 연구에 따라 다양하기는 하지만, 지역사회에 거주하는 모든 노인 인구 중 50%가 만성 통증을 지닌 채 살아가고 있다는 연구결과가 있다(Helme & Gibson, 2001). 연구자와 임상가들은 통증이 노인 자신뿐 아니라 가족과 사회 네트워크에도 영향을 미친다는 것을 알고 있다. 만성 통증은 삶의 질을 저하시키고, 우울 및 사회적 위축과 같은 부정적 결과를 초래한다(예: Jakobsson, Klevsgard, Westergren, & Hallberg, 2003).

통증은 여러 가지 이유에서 사회적 고립과 관련이 있다. 첫째, 상당한 수의 연구가 만성 통증과 가족불화 간의 관련성을 증명하였으며, 만성 통증을 겪는 상황이 가족 갈등과 부정적인 관계의 질에 기여할 수 있음을 밝혔다(Riffin, Suitor, Reid, & Pillemer, 2012). 따라서 어쩌면 만성 통증을 겪고 있는 사람으로부터 확대가족의 성원들은 멀어지려고 할 수 있다. 둘째, 만성 통증을 겪는 사람들은 자신의 고통스러워하는 모습을 다른 사람들에게 보이는 것을 불편하게 여기기 때문에 종종 **스스로를 고립시키는 것으로** 알려져 있다(Smith & Osborn, 2007). 셋째, 통증은 이동에 제한을 가져오는 경우가 많으므로 활동적인 사회생활 추구를 어렵게 만든다(Zhu, Devine, Dick, & Prince, 2007). 그러므로 나이가 들면서 만성 통증의 유병율이 증가함에 따라 노인들은 고립의 위험에 추가적으로 노출될 수 있다.

사회적 고립 및 외로움이 건강과 안녕에 미치는 영향

건강의 저하, 장애뿐 아니라 통증도 사회적 고립과 외로움의 위험을 증가시킨다. 사회적 고립과 외로움은 전생애에 걸쳐 신체적 건강과 안녕에 영향을 미치는 것으로 알려지고 있다. 외로움은 독거, 결혼상태, 활동적인 사회적 역할의 수, 네트워크 크기, 사회적 관계의 수 등과 같은 사회적 고립의 객관적 측정치들이 포함된 회귀모델에서조차도 건강 및 안녕감과 고유한 관계를 갖는 것으로 나타났다(Cornwell & Waite, 2009b). 외로움 및 사회적 고립은 또한 건강의 생리적 지표나 의학적 결과와도 관련된다.

예를 들어, Perissinotto와 동료들(2012)은 미국 건강 및 은퇴 조사(Health and Retirement Survey)에서 외로움이 향후 6년 동안의 이동성 저하, 일상 활동에서의 의존성 증가, 사망률과 전향적으로 관련되어 있음을 보고하였다. 외로움의 영향은 사회적 고립의 객관적 지표, 구체적으로는 독거, 시골 거주를 통제한 후에도 유의하였다. Cacioppo, Hawkley와 동료들은 여러 연구를 통해 외로움이 수면 감소와 수면 교란, 감염 저항력의 저하, 건강 행동 중단과 전향적으로 관련된다고 보고하였다(Hawkley, Burleson, Berntson, & Cacioppo, 2003; Hawkley, Masi, Berry, & Cacioppo, 2006; McDade, Hawkley, & Cacioppo, 2006). Hackett, Hamer, Endrighi, Brydon 및 Steptoe(2012)는 영국의 화이트홀 II 출생동시집단 연구를 통해서 외로움이 여성에게 있어서 스트레스와 관련된 감염 및 내분비 기능 지표를 예측한다고 보고하였는데, 이러한 결과는 외로움이 여성의 감염 체계 및 신경 내분비 체계의 정상적 조절을 방해할 수 있음을 시사한다. 외로움은 또한 알츠하이머를 발달시킬 위험과 전향적으로 관련이 있었다(Wilson et al., 2007).

객관적인 사회적 고립은 또한 건강상태가 보다 안 좋은 것과도 관련된다. 전향적 연구에서 Heffner, Waring, Roberts, Eaton 및 Gramling(2011)은 Berkman과 Syme(1979)의 지표를 이용하여 객관적으로 정의한 사회적 고립이 관상 동맥성 심장질환(C반응성 단백질)의 위험 증가 및 심장질환 사망률과 관련되어 있는 것으로 나타났으며, 중년의 성인들 중 15년 동안 사회적으로 고립된 사람들이 사회적으로 통합된 사람들에 비해 심장병으로 사망할 가능성이 두 배 이상 높았다고 보고하였다.

외로움을 측정하여 분석에서 통제하더라도 사회적 고립의 지표들은 건강결과에 고유한 영향을 미칠 수 있다. 예를 들어, Shankar, McMunn, Banks, 및 Steptoe(2011)는 다항목 척도(동거인 없음, 가족이나 친구와 월 1회 미만으로 접촉함, 집단 접촉의 결여 등)로 측정된 사회적 고립과 외로움 모두 건강 행동 및 심혈관계질환의 발병과 관련되는 생리적 지표들과 전향적으로 관련된다고 보고하였다. 이 연구자들은 사회적 고립과 외로움이 서로 다른 경로를 통해 건강에 영향을 미친다고 제안하였다. 즉, 이 두 변인이 신체적 비활동성 및 기타 위험 행동(예: 흡연)과 관련되지만, 사회적 고립은 특히 혈압, 피브리노겐 수준 및 C반응성 단백질 수준 등과 같은 생리적 지표들과 관련된다는 것이다.

베이비부머들은 나이가 듦에 따라
사회적 고립과 외로움에 더 취약한가

사회적 고립과 외로움 간의 상관이 완전하지는 않지만, 사회적 고립의 지표들이 전생애에 걸쳐 외로움을 유의하게 예측하는 위험 요인임에 주목할 필요가 있다. 사별, 가까운 가족 구성원과의 이별, 건강 문제 악화와 같은 사건들이 외로움과 전향적으로 관련된다는 것 또한 사실이다(개관을 위해서는 Pillemer와 Glasgow, 2000 참조). 더군다나, 외로움은 노년기 동안에 지속적으로 증가하는데(Dykstra et al., 2005), 이는 사별과 같이 노인들에게 빈번하게 발생하는 사건들 때문인 것으로 보인다. 따라서 결혼 행동과 미국인들의 주거환경에 초점을 둔 출생동시집단 연구들은 베이비부머들이 나이가 듦에 따라 외로움과 사회적 고립에서 어떠한 양상을 보이는지 예측하는 자료를 얻을 수 있는 중요한 출처가 된다. Lin과 Brown(2012)은 미래 노인들의 주거환경의 모습을 바꾸어 놓을 수도 있는 베이비부머들의 인구학적 추세에 대해 검토하였다. 베이비부머들 사이에서 나타나는 이혼율 증가, 그리고 자녀들과 노인들의 지리적 이동성 향상으로 인해 보다 많은 성인이 은퇴 연령에 도달함에 따라 혼자 살 것이라는 점이 시사되었다.

더욱이 베이비부머들은 그들의 부모들에 비해 더 적은 자녀를 가지고 있는데, 이러한 사실은 더 적은 자녀들이 그들에게 도움과 돌봄을 제공해야 함을 의미한다.

그러나 이러한 추세를 경감시키는 요인들이 있다. 이전보다 건강 수준이 향상됨으로 인해 베이비부머들은 그들의 지역사회에서 더 오랫동안 독립적으로 거주할 수 있을 것이며, 사회 서비스에 지나치게 의존하기보다 오히려 사회에 생산적인 기여자가 될 가능성도 커질 것이다. 뿐만 아니라, 생활수준이 높아지면서 주거환경의 질도 높아지고 있다. 보편적 설계(universal design)가 확산되면서(Steinfeld & Maisel, 2012) 경제적으로 여유가 있는 노인들은 더 오랜 기간 동안 독립적인 생활을 가능하게 하는 집안 설비마련에 투자할 것이다.

그러나 이러한 발전들이 교육 수준이 높은 사람들에게는 혜택을 줄 수 있지만, 교육수준이 낮은 사람들은 이러한 변화에서 뒤처질 수 있다는 점도 인식할 필요가 있다(Olshansky et al., 2012). 교육과 수입 같은 사회경제적 자원이 부족한 노인들은 각종 혜택(Ortiz, 2011)이나 공식적인 지원을 받을 가능성이 낮다. 수명이 더 길어진다는 것은 보다 긴 은퇴 기간을 의미하며, 성인기를 정의하는 의미 있는 사회적 역할들로부터의 더 먼 거리를 여행해야 함을 의미한다. 사회경제적 지위가 낮은 사람들은 이러한 역할들로부터 거리가 더 멀어지는 경험을 할 수도 있다.

다른 변화하는 요인은 가족 내 세대 간의 관계다. 노인의 증가하는 수명은 중년기, 그리고 노년기까지도 부모가 생존해 있음을 의미한다. 앞에서 언급했듯이, 부모-자녀 관계는 두 세대 모두의 건강과 안녕에 영향을 미치면서 전생애에 걸쳐 지속된다(Sechrist et al., 2012). 자녀와 부모는 시간이 지날수록 서로 더 멀어진다고 한 초창기 노인학 문헌에 등장하는 우려는 그 근거가 없다. 현대의 커뮤니케이션 및 교통 체계, 소셜 미디어 사용의 증가, 그리고 다른 인터넷 기반 커뮤니케이션은 노년기 삶에서 사회적 고립, 심지어는 외로움을 상쇄시키는 강력한 요인이 될 수도 있다.

향후 연구 방향

이 장의 목표는 노인의 사회적 고립과 외로움에 대한 이론과 연구의 현 상황을 보여주고, 향후의 연구와 미래의 노인 세대들을 위해 미래를 예측하는 데 있었다. 이 장의 도입부에서 우리는 사회적 고립과 외로움에 대한 이론과 연구가 다음과 같은 관점으로 이동해 왔다고 진술하였다. 즉, 노인들은 건강 문제가 커지고, 중요한 사회적 역할을 떠나거나 잃게 되면서, 그리고 시간이 제한되어 있다는 인식이 커지면서 이러한 점들을 보상하기 위해 사회적 참여의 유형을 변경할 수는 있지만, 불가피하게 사회적 참여를 하지 않게 되는 것은 아니라는 관점이다. 우리는 또한 연구와 이론이 사회적 고립을 그저 적당하게 측정(예: 독거 여부)하는 수준을 넘어서서 이제는 지각한 사회적 고립 및 외로움을 포함하는 다차원적인 개념으로 이해하기 시작하였다고 진술하였다.

이 장의 요점 중 하나는 건강과 사회적 고립 및 외로움 간의 양방향적 관계다. 건강 상태의 악화는 사회적 고립과 외로움을 증가시킬 뿐 아니라, 사회적 고립과 외로움은 신체적 및 인지적 건강 악화의 강력한 예측 변인이다. 독거나 적은 사회적 네트워크 같은 객관적 요인들인 사회적 환경 또한 사회적 고립으로 이어지는 중요한 위험 요인이다.

그러나 이런 환경적·사회적 요인의 영향은 개인의 생애사, 사회적 맥락, 심지어는 공공정책 등에 따라 매우 달라질 가능성이 있다. 또한 노인들 중에서 사회적 고립과 이에 후속하는 외로움에 상대적으로 더 취약할 것으로 생각되는 하위집단이 있다. 사회적 고립과 외로움에 더 취약하다고 여겨지는 하위집단들은 다음과 같다.

노인 여성 수십 년 전과 비교할 때, 2012년 현재 남성들은 이전보다 더 오래 살게 되었고, 독거하는 여성의 수도 감소되기는 하였지만(Kreider, 2011), 노인 여성은 낮은 재혼율 때문에 취약 집단에 속한다. 노인 여성이 남성들에 비해 평균 수입이 더 낮다는 것, 그리고 노인 여성이 수입을 사회보장제도에 지속적으로 의존하는 경우가 많다는 것을 고려할 때, 독거는 시간이 지남에 따라 노인 여성들을 사회적으로 고립시킬 수 있는 중요한 위험 요소다.

다른 노인을 돌보는 노인(특히, 매우 고령인 사람의 배우자나 자녀)　누군가를 보살펴야 하는 일은 신체적 건강, 안녕, 사회적 상호작용에 영향을 미친다. 가장 최근의 전국적인 노인 장기요양에 관한 조사(National Long-Term Care Survey)에 따르면, 배우자를 돌보는 사람들의 52%가 75세 이상인 것으로 나타났다(Houser, Gibson, & Redfoot, 2010).

미혼 베이비부머　낮아지는 결혼율과 재혼율, 시간이 지날수록 높아지는 이혼율(Lin & Brown, 2012), 더 적은 자녀 수로 인해, 베이비부머들은 강력한 가족유대를 제대로 형성하지 못한 채 노년기로 진입한다.

수입이 낮은 노인　수입이 적은 베이비부머들의 저축이 부족하다는 사실은 잘 알려져 있다. 이것은 사회적 참여를 유지하고 점차 악화될 수 있는 건강을 관리하기 위한 서비스나 테크놀로지에 지불할 돈이 없음을 의미한다(Ortiz, 2011). 보다 부유한 베이비부머들조차도 2008년의 경제위기와 경제 대공황 때문에 어쩌면 기대했던 것보다 더 적은 자원을 가진 채 은퇴할 수도 있으며, 이러한 상황은 그들의 적응 능력을 시험하게 될 것이다(Rosnick & Baker, 2010).

사회적 네트워크가 적은 노인　사회적 네트워크는 은퇴 이후에 시간이 경과할수록 그 크기가 줄어든다. 노인들은 일상적인 사회적 상호작용과 접촉을 더 적게 보고한다(Cornwell, 2011).

지역사회 참여가 없는 노인　지역사회 참여가 유익하다는 강력한 증거에도 불구하고, 특히 노인들의 경우에는 자원봉사 참여율이 낮다(Morrow-Howell, 2010).

노인들의 사회적 고립과 사회적 고립의 유병율, 원인, 결과 등을 이해하는 데 있어서 지난 수십 년간 많은 발전이 있었음에도 불구하고, 두 가지 중요한 문제가 아직 해결되지 않은 채 남아 있다. 표준화된 측정의 부재, 그리고 사회적 고립과 외로움을 감소시키기 위한 이론 기반의 개입이 상대적으로 부족하다는 점이 그것이다.

먼저 언급할 중요한 문제 중 하나는, 사회적 고립을 측정하는 도구들이 여전히 표준화되지 않았다는 점이다. 이와 같은 상황에서 Cornwell과 Waite(2009a, 2009b)가 개발한 사회적 유대감 척도는 한 단계 진보한 척도로 볼 수 있다. 또한 전국 및 지역 조사에서 외로움에 대한 구조화된 질문들을 사용하는 사례가 증가한 것도 나름 발전이라고 할 수 있다. 그러나 이러한 도구가 보다 일관되게 적용될 필요가 있다. 외로움의 유병율과 그 영향을 추정하기가 종종 어려운 것은 이따금씩 느끼는 경미한 형태의 외로운 느낌(상태)을 임상적으로 보다 의미 있는 지속적인 외로움의 상태(특질)와 구분하지 않고 있기 때문이다. 심각하고 지속적인 외로움이 보다 더 혐오스러운 상태임에 틀림이 없지만, 대부분의 연구에서는 심각한 외로움이 건강에 더 큰 위협을 가하는지에 대해서는 명확히 다루지 않고 있다. 그러나 노인들의 심각한 외로움에 대한 개입은 가장 긴급한 목표인 것으로 보인다.

두 번째 문제는, 보다 이론에 기반을 둔 개입의 필요성이다(Dickens et al., 2011; Pillemer & Suitor, 2000). 사회적 고립과 외로움은 서로 원인이 다르다는 증거가 있으므로 외로운 느낌을 경감시키는 결과와 사회적 접촉을 증가시키는 결과를 구분하여 서로 다른 결과에 주목하면서 개입 프로그램을 개발하는 것이 크게 도움이 될 것이다(Masi et al., 2011).

마지막으로, 우리는 노인들의 사회적 고립과 외로움 예방을 돕기 위한 종단 연구와 개입에 생애과정이론을 더 광범위하게 활용함으로써 유익을 얻을 수 있다고 믿는다. 이는 생애과정이론이 노인들이 어떻게 그들의 사회적 네트워크를 발전시키고 유지하는가를 이해하는 데 도움을 주기 때문이다(Berkman, 2009; Wethington et al., 2000). 또한 노인들이 사는 환경의 다양성뿐 아니라 생애 과정에서 노인들의 사회적 고립과 외로움에 선행하여 나타나는 요인들이 무엇인지 더 많은 관심을 기울여야 한다. 노인의 사회적 고립 경향은 단지 인생 후반에 나타나는 독특한 사건이 아니라, 생애 경험의 과정을 따라 발달되는 특성이다. 아마 외로움도 마찬가지일 것이다. 생애 과정 및 사회적 관계에 대한 연구들이 강력하게 제안하고 있는 것은 중년들과 젊은 성인들에게 중년에서부터 노년에 이르기까지의 사회적 접촉을 유지하는 것의 중요성에 대해 교육하는 것이 그들에게 매우 유익할 것이라는 점이다. 사회적 관계는 성공적인 노화의 초석이다.

참고문헌

Berg, R. L., & Cassells, J. S. (Eds.) (1992). Social isolation among older individuals: The relationship to mortality and morbidity. In *The second fifty years: Promoting health and preventing disability* (pp. 243-246). Washington, DC: National Academy Press.

Berkman, L. F. (2009). Social epidemiology: Social determinants of health in the United States: Are we losing ground? *Annual Review of Public Health, 30*, 27-41.

Berkman, L. F., Glass, T., Brissette, I., & Seeman, T. E. (2000). From social integration to health: Durkheim in the new millennium. *Social Science & Medicine, 51*, 843-857.

Berkman, L. F., & Syme, S. L. (1979). Social networks, host resistance, and mortality: A nine-year follow-up study of Alameda County residents. *American Journal of Epidemiology, 109*, 186-204.

Biordi, D. L., & Nicholson, N. R. (2008). Social isolation. In P. D. Larsen & I. M. Lubkin (Eds.), *Chronic illness: Impact and interventions* (7th ed., pp. 85-116). Sudbury, MA: Jones and Bartlett.

Carstensen, L. L. (1992). Social and emotional patterns in adulthood: Support for socioemotional selectivity theory. *Psychology and Aging, 7*, 331-338.

Carstensen, L. L., Fung, X, & Charles, S. T. (2003). Socioemotional selectivity theory and the regulation of emotion in the second half of life. *Motivation and Emotion, 27*(2), 103-123.

Cattan, M., White, M., Bond, J., & Learmouth, A. (2005). Preventing social isolation and loneliness among older people: A systematic review of health promotion interventions. *Ageing and Society, 25*, 41-67.

Cloutier-Fisher, D., Kobayashi, K., & Smith, A. (2011). The subjective dimension of social isolation: A qualitative investigation of older adults' experiences in small social support networks. *Journal of Aging Studies, 25*(4), 407-414.

Cohen, S. (2004). Social relationships and health. *American Psychologist, 59*(8), 676-684.

Cornwell, B. (2011). Age trends in daily social contact patterns. *Research on Aging, 33*(5), 598-631.

Cornwell, B., Laumann, E. O., & Schumm, L. P. (2008). The social connectedness of older adults: A national profile. *American Sociological Review, 73*, 185-203.

Cornwell, E. Y., & Waite, L. J. (2009a). Measuring social isolation among older adults using multiple indicators from the NSHAP study. *The Journals of Gerontology. Series B, Psychological Sciences and Social Sciences, 64*(1), 38-46.

Cornwell, E. Y., & Waite, L. J. (2009b). Social disconnectedness, perceived isolation, and health among older adults. *Journal of Health and Social Behavior, 50*(1), 31-48.

Crimmins, E. M., & Beltrán-Sánchez, H. (2010). Mortality and morbidity trends: Is there compression of morbidity? *The Journals of Gerontology. Series B, Psychological Sciences and Social Sciences, 66*(1), 75-86.

Cumming, E., & Henry, W. (1961). *Growing old: The process of disengagement*. New York: Basic Books.

Dickens, A. P., Richards, S. H., Greaves, C. J., & Campbell, J. L. (2011). Interventions targeting social isolation in older people: A systematic review. *BMC Public Health, 11*, 647.

Durkheim, E. (1897/1951). *Suicide: A study in sociology* (J. A. Spaulding & G. Simpson, Trans.). New York: Free Press.

Dykstra, P. A., van Tilburg, T. G., & de Jong-Gierveld, J. (2005). Changes in older adult loneliness: Results from a seven-year longitudinal study. *Research on Aging, 27*, 725-747.

Elder, G. H., Jr., Johnson, M. K., & Crosnoe, R. (2003). The emergence and development of life course theory. In J. T. Mortimer & M. J. Shanahan (Eds.), *Handbook of the life course* (pp. 3-19). New York: Kluwer Academic/Plenum.

Findlay, R. A. (2003). Interventions to reduce social isolation amongst older people: Where is the evidence? *Ageing & Society, 23*(5), 647-658.

Fiori, K. L., Antonucci, T. C., & Cortina, K. S. (2006). Social network typologies and mental health among older adults. *The Journals of Gerontology. Series B, Psychological Sciences and Social Sciences, 61*(1), 25-32.

Fokkema, T., de Jong-Gierveld, J., & Dykstra, P. A. (2012). Cross-national differences in older adult loneliness. *The Journal of Psychology, 146*(1-2), 201-228.

Frongillo, E. A., Cantor, M. H., MacMillan, T., Issacman, T. D., Sherrow, R., Henry, M., et al. (2010). Who are the recipients of Meals-on-Wheels in New York City?: A profile based on a representative sample of Meals-on-Wheels recipients, Part I. *Care Management Journals, 11*(1), 19-40.

Hackett, R. A., Hamer, M., Endrighi, R., Brydon, L., & Steptoe, A. (2012). Loneliness and stress-related inflammatory and neuroendocrine responses in older men and women. *Psychoendocrinology, 37*(11), 1801-1809.

Hawkley, L. C., Burleson, M. H., Berntson, M. H., & Cacioppo, J. T. (2003). Loneliness in everyday life: Cardiovascular activity, psychosocial context, and health behaviors. *Journal of Personality and Social Psychology, 85*, 105-120.

Hawkley, L. C., Masi, C. M., Berry, J. D., & Cacioppo, J. T. (2006). Loneliness is a unique predictor of age-related differences in systolic blood pressure. *Psychology and Aging, 21*, 152-164.

Hawthorne, G. (2008). Perceived social isolation in a community sample: Its prevalence and correlates with aspects of peoples' lives. *Social Psychiatry and Psychiatric Epidemiology, 43*(2), 140-150.

He, W., & Muenchrath, M. N. (2011). *90+ in the United States: 2006-2008* (United States Census Bureau, American Community Survey Rep. No. ACS-17). Washington, DC: U.S.

Government Printing Office.

Heffner, K. L., Waring, M. E., Roberts, M. B., Eaton, C. B., & Gramling, R. (2011). Social isolation, C-reactive protein, and coronary heart disease mortality among communitydwelling older adults. *Social Science & Medicine, 72,* 1482-1488.

Helme, R. D., & Gibson, S. J. (2001). The epidemiology of pain in elderly people. *Clinical Geriatric Medicine, 17*(3), 417-431.

Herzman, C., & Power, C. (2003). Health and human development: Understandings from life-course research. *Developmental Neuropsychology, 24,* 719-744.

Hessler, R. M., Jia, S., Madsen, R., & Pazaki, H. (1995). Gender, social networks and survival time: A 20-year study of the rural elderly. *Archives of Gerontology and Geriatrics, 21,* 291-306.

House, J. S., Umberson, D., & Landis, K. R. (1988). Structures and processes of social support. *Annual Review of Sociology, 14,* 293-318.

Houser, A., Gibson, M. J., & Redfoot, D. L. (2010). *Trends in family caregiving and paid home care for older people with disabilities in the community: Data from the National Long-Term Care Survey.* Washington, DC: AARP Public Policy Institute. Retrieved from: http://assets.aarp.org/rgcenter/ppi/ltc/2010-09-caregiving.pdf

Hughes, M. E., Waite, L. J., Hawkley, L. C., & Cacioppo, J. T. (2004). A short scale for measuring loneliness in large surveys: Results from two population-based studies. *Research on Aging, 26,* 655-672.

Jakobsson, U., Klevsgard, R., Westergren, A., & Hallberg, I. R. (2003). Older people in pain: A comparative study. *Journal of Pain and Symptom Management, 26*(1), 625-636.

de Jong-Gierveld, J. (1987). Developing and testing a model of loneliness. *Journal of Personality and Social Psychology, 53*(1), 119-128.

Klinenberg, E. (2005). Dying alone: The social production of urban isolation. *Ethnography, 2*(4), 499-529.

Klinenberg, E. (2012). *Going solo: The extraordinary rise and surprising appeal of living alone.* New York: The Penguin Press.

Krause, N. (2011). Social relationships in later life. In R. H. Binstock, L. K. George, S. J. Cutler, J. Henderson, and J. H. Schulz (Eds.), *Handbook of aging and the social sciences* (pp. 182–200). New York: Kluwer Academic/Plenum.

Kreider, R. (2011). Older women less likely to live alone than a generation ago. Random samplings: The official blog of the U.S. Census Bureau. Retrieved from: http://blogs.Census.gov/2011/11/03/older-women-less-likely-to-live-alone

Krout, J., & Wethington, E. (Eds.) (2003). *Residential choices and experiences of older adults: Pathways to life quality*. New York: Springer.

Lin, I-F., & Brown, S. L. (2012). Unmarried boomers confront old age: A national portrait. *The Gerontologist, 52*(2), 153–165.

Link, B., & Phelan, J. (1995). Social conditions as fundamental causes of disease. *Journal of Health and Social Behavior, 36*(Extra issue), 80–94.

Luo, Y., Hawkley, L.C., Waite, L. J., & Cacioppo, J.T. (2012). Loneliness, health, and mortality in old age: A national longitudinal study. *Social Science & Medicine, 74*, 907–914.

Lubben, J., Blozik, E., Gillmann, G., Iliffe, S., von Renteln Kruse, W., Beck, J. C., & Stuck, A. E. (2006). Performance of an abbreviated version of the Lubben Social Network Scale among three European community-dwelling older adult populations. *The Gerontologist, 46*(4), 503–513.

Masi, C. M., Chen, H-Y., Hawkley, L. C., & Cacioppo, J. T. (2011). A meta-analysis of interventions to reduce loneliness. *Personality and Social Psychology Review, 15*(3), 219–266.

McDade, J., Hawkley, L. C., & Cacioppo, J. T. (2006). Psychosocial and behavioral predictors of inflammation in middle-aged and older adults: The Chicago Health, Aging, and Social Relations Study. *Psychosomatic Medicine, 68*(3), 376–381.

McPherson, M., Brashears, M. E., & Smith-Lovin, L. (2006). Social isolation in America: Changes in core discussion networks over two decades. *American Sociological Review, 71*(3), 353–375.

Morrow-Howell, N. (2010). Volunteering in later life: Research frontiers. *The Journals of*

Gerontology. Series B, Psychological Sciences and Social Sciences, 65(4), 461-469.

National Institute on Aging. (2007). *Growing older in America: The Health and Retirement Study.* Washington, DC: National Institutes of Health. Retrieved July 27, 2013, from. http://www.nia.nih.gov/health/publication/growing-older-america-health-and-retirement-study

Olshansky, S. J., Antonucci, T., Berkman, L., Binstock, R. H., Boersch-Supan, A., Cacioppo, J. T., et al. (2012). Differences in life expectancy due to race and educational differences are widening, and many may not catch up. *Health Affairs, 31*(8), 1803-1813.

Ortiz, H. (2011). *Crossing new frontiers: Benefits access among isolated seniors.* National Council on Aging, National Center for Benefits and Enrollment. Retrieved from: http://www.CenterforBenefits.org

Perissinotto, C. M., Stojacic Cenzer, I., & Covinsky, K. E. (2012). Loneliness in older persons: A predictor of functional decline and death. *Archives of Internal Medicine, 172*(14), 1078-1084.

Pillemer, K., & Glasgow, N. (2000). Social integration and aging: Background and trends. In K. Pillemer, P. Moen, E. Wethington, & N. Glasgow (Eds.), *Social integration in the second half of life* (pp. 19-47). Baltimore: Johns Hopkins University Press.

Pillemer, K., Moen, P., Wethington, E., & Glasgow, N. (Eds.) (2000). *Social integration in the second half of life.* Baltimore: Johns Hopkins University Press.

Pillemer, K., & Suitor, J. J. (2000). Social integration and family support: Caregivers to persons with Alzheimer's disease. In K. Pillemer, P. Meon, E. Wethington, & N. Glasgow (Eds.), *Social integration in the second half of life* (pp. 132-157). Baltimore: Johns Hopkins University Press.

Pillemer, K., & Suitor, J. J. (2008). Intergenerational support, care and relationship quality in later life: Exploring within-family differences. In N. Crouter & A. Booth (Eds.), *Caring, negotiation and exchange within and across generations* (pp. 195-231). Washington, DC: Urban Institute Press.

Riffin, C., Suitor, J. J., Reid, M. C., & Pillemer, K. (2012). Chronic pain and parent-child relations in later life: An important, but understudied issue. *Family Science, 3*(2), 75-85.

Rokach, A. (2012). Loneliness updated: An introduction. Journal of Psychology, 146, 1-6.

Rosnick, D., & Baker, D. (2010). The impact of the housing crash on the wealth of baby boom cohorts. *Journal of Aging & Social Policy, 22*(2), 117-128.

Rosow, I. (1967). *Social integration of the aged.* New York: Free Press.

Rowe, J. W., & Kahn, R. L. (1997). Successful aging. *The Gerontologist, 37*(4), 433-440.

Russell, D. W. (1996). UCLA loneliness scale (Version 3): Reliability, validity, and factor structure. *Journal of Personality Assessment, 66*(1), 20-40.

Sabir, M., Wethington, E., Breckman, R., Meador, R., Reid, M. C., & Pillemer, K. (2009). A community-based participatory critique of social isolation intervention research for community-dwelling older adults. *Journal of Applied Gerontology, 28*, 218-234.

Sechrist, J., Suitor, J. J., Pillemer, K., Gilligan, M., Howard, A. R., & Keeton, S. A. (2012). Aging parents and adult children: Determinants of relationship quality. In R. Blieszner, & V. H. Bedford (Eds.), *Handbook of families and aging* (2nd ed.). Santa Barbara, CA: Praeger.

Shankar, A., McMunn, A., Banks, J., & Steptoe, A. (2011). Loneliness, social isolation, and behavioral and biological health indicators in older adults. *Health Psychology, 30*(4), 377-385.

Smith, J., & Osborn, M. (2007). Pain as an assault on the self: An interpretative phenomenological analysis of the psychological impact of chronic benign low back pain. *Psychology of Health, 22*, 517-534.

Steinfeld, E., & Maisel, J. (2012). *Universal design: Creating inclusive environments.* Hoboken, NJ: Wiley.

Theeke, L. A. (2009). Predictors of loneliness in U.S. adults over age sixty-five. *Archives of Psychiatric Nursing, 23*(4), 387-396.

Thoits, P. (2011). Mechanisms linking social ties and support to physical and mental health. *Journal of Health and Social Behavior, 52*, 145-161.

Tomaka, J., Thompson, S., & Palacios, R. (2006). The relation of social isolation, loneliness, and social support to disease outcomes among the elderly. *Journal of Aging and Health,* *18*(3), 359-384.

U.S. Census Bureau. (2011, May 23). Older Americans Month: May 2011. *U.S. Census Bureau News CB11-FF.08.* Washington, DC: U.S. Department of Commerce. Retrieved from https://www.census.gov/newsroom/releasese/archives/facts_for_features_special_editions/CB11-FF.08.html

Vaillant, G. E., Meyer, S. E., Mukamal, K., & Soldz, S. (1998). Are social supports in late midlife a cause or a result of successful physical aging? *Psychological Medicine, 28*, 1159-1168.

Vallin, J., & Meslé, F. (2009). The segmented trend line of highest life expectancies. *Population and Development Review, 35*, 159-187.

Victor, C. R., & Yang, K. (2012). The prevalence of loneliness among adults: A case study of the United Kingdom. *The Journal of Psychology, 146*(1-2), 85-104.

Vincent, G., & Velkoff, V. (2010). *The next four decades, the older population in the United States: 2010 to 2050* (Current Population Rep. No. P25-1138). Washington, DC: U.S. Census Bureau.

Wethington, E., Moen, P., Glasgow, N., & Pillemer, K. (2000). Multiple roles, social integration, and health. In K. Pillemer, P. Moen, E. Wethington, & N. Glasgow (Eds.), *Social integration in the second half of life* (pp. 48-71). Baltimore: Johns Hopkins University Press.

Wiles, J. L., Leibing, A., Guberman, N., Reeve, J., & Allen, R. E. S. (2012). The meaning of "ageing in place" to older people. *The Gerontologist, 52*(3), 357-366.

Wilson, C., & Moulton, B. (2010). *Loneliness among older adults: A national survey of adults 45+. Prepared by Knowledge Networks and Insight Policy Research.* Washington, DC: AARP.

Wilson, R. S., Krueger, K.R., Arnold, S.E., Schneider, J.A., Kelly, J.F., Barnes, L.L., et al. (2007). Loneliness and risk of Alzheimer disease. Archives of General Psychiatry, 64(2), 234-240.

Zhu, K., Devine, A., Dick, I. M., & Prince, R. L. (2007). Association of back pain frequency with mortality, coronary heart events, mobility, and quality of life in elderly women. *Health Services Research, 32*(18), 2012–2018.

찾아보기

편저자 소개

Robert J. Coplan
캐나다 Carleton 대학교 심리학과 교수이며, Pickering Centre for Research in Human Development의 센터
장을 역임하고 있다. 『Social Development in Childhood and Adolescence: A Contemporary Reader』(Wiley
Backwell, 2011)와 『The Development of Shyness and Social Withdrawal』(2010)의 공동 편저자이며, 학술지
『Social Development』의 편집장을 역임하였다.

Julie C. Bowker
미국 New York 주립대학교 Buffalo 캠퍼스의 심리학 부교수로, 친밀한 대인관계가 아동기 및 초기 청소년기
사회정서발달과 정신병리에 미치는 영향에 중점을 두어 연구를 진행하고 있다.

집필자 소개

Robert J. Coplan
Carleton 대학교 심리학과(캐나다 Ontario주 Ottawa
　소재)

Julie C. Bowker
New York 주립대학교 심리학과(미국 New York주
　Buffalo 소재)

William M. Bukowski
Concordia 대학교 심리학과(캐나다 Quebec주
　Montreal 소재)

Marie-Hélène Véronneau
Quebec 대학교 심리학과(캐나다 Quebec주
　Montreal 소재

Mario Mikulincer
Herzliya 학제적 연구 센터 심리학과(이스라엘
　Herzliya 소재)

Phillip R. Shaver
California 대학교 심리학과(미국 California주 Davis
　소재)

Louis A. Schmidt
McMaster 대학교 심리학, 신경과학 및 행동과학과
　(캐나다 Ontario주 Hamilton 소재)
McMaster 대학교 Integrative Neuroscience
　Discovery & Study (MiNDS) 센터(캐나다
　Ontario주 Hamilton 소재)
McMaster 소아병원 Offord 아동연구센터(캐나다
　Ontario주 Hamilton 소재)

Vladimir Miskovic
Florida 대학교 심리학과(미국 Florida주 Gainesville
소재)
McMaster 대학교 Integrative Neuroscience
Discovery & Study (MiNDS) 센터(캐나다
Ontario주 Hamilton 소재)

Evangelia Galanaki
국립 Athens Kapodistrian 대학교 초등교육대학 특
수교육 및 심리학과(그리스 Athens 소재)

James R. Averill
Massachusetts 대학교 심리학과(미국 Massachusetts
주 Amberst 소재)

Louise Sundararajan
Rochester Psychologyiatric 센터 Forensic Unit(미국
New York주 Rochester 소재)

Laura Ooi
Carleton 대학교 심리학과(캐나다 Ontario주 Ottawa
소재)

Drew Nesdale
Griffith 대학교 응용심리대학 및 Griffith 건강 연구소
(호주 Queensland 소재)

Melanie J. Zimmer-Gembeck
Griffith 대학교 응용심리대학 및 Griffith 건강 연구소
(호주 Queensland 소재)

Luc Goossens
Leuven 가톨릭대학교 학교심리학 및 아동 · 청소년
발달학과(벨기에 Leuven 소재)

Larry J. Nelson
Brigham Young 대학교 가족생활학과(미국 Utah주
Provo 소재)

Andrea Markovic
New York 주립대학교 심리학과(미국 New York주
Buffalo 소재)

Stephanie Luster
Brigham Young 대학교 가족생활학과(미국 Utah주
Provo 소재)

John M. Zelenski
Carleton 대학교 심리학과(캐나다 Ontario주 Ottawa
소재)

Karin Sobocko
Carleton 대학교 심리학과(캐나다 Ontario주 Ottawa
소재)

Deanna C. Whelan
Carleton 대학교 심리학과(캐나다 Ontario주 Ottawa
소재)

Jana Nikitin
Zurich 대학교 심리학과(스위스 Zurich 소재)

Simone Schoch
Zurich 대학교 심리학과(스위스 Zurich 소재)

Eric D. Wesselmann
Illinois 주립대학교 심리학과(미국 Illinois주 소재)

Kipling D. Williams
Purdue 대학교 심리과학과(미국 Indiana주 West
　　Lafayette 소재)

Dongning Ren
Purdue 대학교 심리과학과(미국 Indiana주 West
　　Lafayette 소재)

Andrew H. Hales
Purdue 대학교 심리과학과(미국 Indiana주 West
　　Lafayette 소재)

Elaine Wethington
Cornell 대학교 인간발달 및 사회학과(미국 New
　　York주 Ithaca 소재)

Karl Pillemer
Cornell 대학교 인간발달 및 사회학과(미국 New
　　York주 Ithaca 소재)

역자 소개

이동형(Donghyung Lee)
텍사스 A&M 대학교 학교심리학 박사
전 휴스턴교육청 학교심리학자
현 부산대학교 교육학과 교수

〈대표 저서 및 역서〉
학교폭력과 괴롭힘 예방: 원인진단과 대응(공저, 학
　　지사, 2014)
우울불안의 예방과 개입: 학교에서 어떻게 도울 것인
　　가(공역, 학지사, 2011)

김문재(Moonjae Kim)
부산대학교 교육학과 박사과정 수료
현 정원초등학교 교사

김원희(Wonhee Kim)
부산대학교 교육학과 박사과정 수료
전 부산장신대학교 사회복지상담학과 겸임교수
현 한국과학기술원 부설 한국과학영재학교 전임상
　　담원

김주영(Juyoung Kim)
부산대학교 교육학과 박사과정 재학
현 토현중학교 교사

박소영(Soyeong Park)
부산대학교 교육학과 박사과정 재학
전 창원대학교 종합인력개발원 전임상담원
현 BK+ 미래지향적 교육디자이너 양성사업단 연구원

배달샘(Dalsaem Bae)
부산대학교 교육학과 박사과정 재학
현 BK+ 미래지향적 교육디자이너 양성사업단 연구원

신지연(Jiyeon Shin)
부산대학교 교육학과 박사과정 재학
현 BK+ 미래지향적 교육디자이너 양성사업단 연구원

이창우(Changwoo Lee)
부산대학교 교육학과 박사과정 재학
현 장목초등학교 교사

정진영(Jinyoung Jung)
부산대학교 교육학과 박사과정 재학
현 한국청소년상담복지개발원 상담원

최문영(Moonyoung Choi)
부산대학교 교육학과 박사과정 재학
현 경성대학교 교수학습개발센터 전임연구원

한정규(Jeonggyu Han)
부산대학교 교육학과 박사과정 수료
현 BK+ 미래지향적 교육디자이너 양성사업단 연구원

고독의 심리학 1
-고독의 다양한 얼굴들-

The Handbook of Solitude
-Psychological Perspectives on Social Isolation,
Social Withdrawal, and Being Alone-

2019년 2월 20일 1판 1쇄 인쇄
2019년 2월 25일 1판 1쇄 발행

엮은이 • Robert J. Coplan · Julie C. Bowker
옮긴이 • 이동형 · 김문재 · 김원희 · 김주영 · 박소영 · 배달샘 ·
　　　　신지연 · 이창우 · 정진영 · 최문영 · 한정규
펴낸이 • 김진환
펴낸곳 • ㈜ 학지사
　　　　04031 서울특별시 마포구 양화로 15길 20 마인드월드빌딩
대표전화 • 02-330-5114　　팩스 • 02-324-2345
등록번호 • 제313-2006-000265호

홈페이지 • http://www.hakjisa.co.kr
페이스북 • https://www.facebook.com/hakjisa

ISBN 978-89-997-9258-8　93180

정가 18,000원

이 도서의 국립중앙도서관 출판시도서목록(CIP)은 서지정보유통지
원시스템 홈페이지(http://seoji.nl.go.kr)와 국가자료공동목록시스템
(http://www.nl.go.kr/kolisnet)에서 이용하실 수 있습니다.
(CIP 제어번호: CIP2019005757)

교육문화출판미디어그룹 **학지사**
심리검사연구소 **인싸이트** www.inpsyt.co.kr
원격교육연수원 **카운피아** www.counpia.com
학술논문서비스 **뉴논문** www.newnonmun.com
간호보건의학출판 **학지사메디컬** www.hakjisamd.co.kr